ザ・ジャパニーズ

ドウィン・O・ライシャワー
國弘正雄＝訳

角川文庫
21779

THE JAPANESE
by Edwin O.Reischauer

まえがき——日本語版によせて

外国人が日本の読者に対して『ザ・ジャパニーズ』と題した書物を問うことは、不遜なだけでなく滑稽ですらあろう。日本人が自国や自分たちについて知っているのと同じくらいの知識を手に入れることなど、外部者には思いもよらぬことだからである。

だが、内部から見るのと外部から見るのとでは、同じものも異なってみえる。ある国民とその国土に対する内部と外部の見方は、それぞれがそれなりの意味をもち、同じ現実の持つちがった側面をあらわにするかも知れない。

今日のように国際間の交流が活発で、お互いが地球大での不安定な相互依存の上に成り立っている時代においては、外部者の目もその意義がいっそう深まるといえるであろう。とくに日本のように、全世界との関係にその存立を賭けている場合には、外部者の目のほうがむしろ重要な視点を提供できる面もなくはない。

私がこの本を書いたのは、むろん外国人を主たる対象としてであった。私と同国人のアメリカ人はもとより、西欧の諸国民であれ、それ以外の国の人々であれ、日本に関心をもつ外国人読者がその対象だったのである。

日本と日本人に関する、できるだけ包括的かつバランスのとれた叙述に仕上げたい、

日本を理解することがきわめて重要であると私には思われた。アメリカ人にしても他の外国人にしても、現在以上に日本を理解することがきわめて重要であると私には思われた。日本はいまや、世界の有力な一員である。それだけでも日本理解の重要性は緊急である上に、国家、文化、人種などの壁を越えて、相互に理解を深め、より高度な協力のための手法を磨いていくことは、われわれすべてにとって必要な課題となっている。

ただこの本を書くにあたり、日本の読者を念頭においていなかったといえばうそになる。少なくとも本書の一部の執筆にあたっては、日本人が私の脳裏にあった。日本が外部世界にどのように映じているかが、日本人の関心事であるのは当然である。同時に日本人が単に自己の能力だけでなく、世界に占める地位がどれほどのものであり、どのような役割をはたしうるかについて、正しく認識することが大切であると私には思われた。日本人が、賢明な選択のもとに、建設的な役割を演じていくための努力を活発に行なわない限り、地球大での混乱が増大するばかりか、平和で繁栄した世界秩序の可能性は薄らぐ一方だからである。

私は年来、この種の問題について思いをめぐらし、いくつかの考え方を発酵させていった。そしてそれを日本の読者に提示したいと考えたのである。それだけに、小著の日本語訳を刊行するばかりでなく、その一部を雑誌に掲載する労をとってくれた文藝春秋への私の謝意には一方ならぬものがある。

日本におられる皆さんにとっては、私の見方や考え方は、一方的もしくはあやまっていると映るかも知れない。ただこれらの問題について、日本でいま検討が行なわれていることを私は知っている。その作業に際し、私の見解がなにがしかのプラスになれば幸いである。なにか違った視点を示唆し、私よりはもっと正確に問題を提起し、その解決策を促してくれれば、というのが私の願いなのである。

とはいえ、私の主たる対象は、あくまでも外国人読者であった。本書の構成も、材料の選択も、たえず日本にとっての外部者を考慮において行なわれたのである。とくに私が心がけたのは、日本のあるがままの姿を提示することであった。日本史上の各時点からさまざまな風景をとり出し、それを綴り合わせるという手法は私の採らないところであった。なるほどそのやり方は面白くはあろうが、とんでもない知的混乱をひきおこすことになりかねないからである。

つまり私の関心は、あくまでも今日の日本の実相を読者に伝えることにあったのである。だが歴史家の一人として、現在の状況を把握しようと思えば、それがどのような歴史的経緯を経て招来されたかの理解が不可欠であることにも私は十分に気づいていた。日本史の素描以外にも、今日の日本の状況を具体的に取り上げるに当たって歴史的背景を添えたのは、この認識が私の側にあったからである。

本書はかなりの大冊である。だがすべてを詳細にわたって記述するにはスペースが足りないことは、はじめから明らかである。いくつかの側面を十分に論じるためには、それ以外の側面を省略せざるを得ない。そこで日常生活のこまごまとした点については、興味津々たることを承知の上で記述をあきらめ、日本社会についてのより広範なポイントの実例として挙げるにとどめた。

日本経済のめざましい成長についても、日本の歴史的展開の一部として例示し、経済が社会とどのようにかかわり合い、日本の経済発展がその世界的地位と直面する問題をどのように決定したかを示す場合以外には、あえて分析しようとは思わなかった。日本人のなしとげた偉大な芸術的業績についても、文化的発展と社会的様式の要素として論じるため以上には立ち入らなかった。これらの主題は、欧米語で書かれた専門書が十分に取り上げているというのが私の感触である。

私が重点をおいたのは、第一に日本社会のもつ一般的なしくみとその主な側面、第二に日本政府の構造と政治制度の運営方法、第三に外部世界と日本との関係の合わせて三点であった。以上三つの主題に、入門的な第一部第二部を前置した。その一つは、日本のすぎゆきと今日の対外関係の決定要因としての地理的環境に関するものであり、いま一つは、日本史の素描――これについては前述した――であった。

日本の読者にしてみれば、第一部も第二部も入門的にすぎ、とり立てて新奇な事実を含んではいないであろう。ただ外国の観察者がなにを言及に値するものとして取り上げたかに触れることは、あるいは外部者の日本観を垣間見るよすがたりうるかも知れない。いや、日本の社会と政治に関する部分ですら、日本の読者にとってはすでにおなじみの材料から成り立っている。だが、外部者がその材料をどう解釈し分析しているかは、よりいっそうの興味をひくのではないだろうか。

ただ日本人にとってもっとも興味深いと思われるのは、日本と外部世界との関係を取り扱った第五部であろう。そのテーマ自体へのなじみの有無はさておき、この点に関する外部者の見方は、日本人にとってきわめつきの重要性を有するからである。

これだけの量と内容をもつ本をものするにあたっては、日本内外の数多くの学者の業績に負うところが大であった。事実とその解釈の両面においてである。そのなかでもっとも重要なものだけを列挙することすら不可能に近い。

ただ、原著を草稿段階で読んでくれ、数々の貴重な助言を与え、訂正個所を指摘してくれた同僚や友人にはとくに深甚な謝意を表するものである。アルバート・M・クレイグ、藤井宏昭、エズラ・ヴォーゲル、それに妻のハル・松方・ライシャワーの諸氏は全巻を通読し、有益な助言を与えてくれた。他方、ヘンリー・ロソフスキー、ナサニエル・B・セイヤー、デイヴィッド・タイタスの三氏は一部について同じ好意を示してくれた。

また私の永年の友人である國弘正雄氏が、他に類をみない彼の力量を本書の訳出に捧げてくれた厚志に対し、心から感謝するものである。

エドウィン・O・ライシャワー

ザ・ジャパニーズ　目次

政治

世界のなかの日本

舞台

1 国土

日本人のもつ特質の多くが、国土によって大きく規定されてきたことは、他の国民の場合と同様である。日本のおかれている地理的な位置や気候など天与の条件が、日本人の発展のあり方を規制し、同時に一定の方向性を与えたことは、まぎれもない事実である。

この日本人論を、まずは地理的な背景からはじめるのもそのためである。

日本を小国と考えている人は少なくない。日本人自身もそのように思いこんでいる。事実、世界地図に見る日本はきわめて小さい。それは広大なユーラシア大陸の東岸の沖合に位置し、茫洋《ぼうよう》たる太平洋と向かい合った、細長く、ゴツゴツとした小列島である。日本列島は、近隣の中国やソ連、さらには太平洋を越えて対峙する北米大陸などと比べた際には、いかにも小さくみえる。

だが、国土の広さなどというのは、相対的なものにすぎない。かりに西ヨーロッパ諸国と比較すれば、さしもの日本も全くちがってみえるだろう。

日本はカリフォルニア一州より小さいとか、シベリアの一州におかれてすら、どこにあるのかわからない位だなどというよりは、むしろ日本がイタリアよりは大き目で、イギリスの一倍半もの面積を有すると指摘する方が、日本の姿をよりはっきりと浮き彫りにすることになる。

アメリカ人にとっていちばんピンと来る比較は、地勢と人口の両面で、日本は、ニューヨーク、ニュージャージー、ペンシルヴェニアの各州と、メイン州を除くニューイングランド地方の五州とを合わせた位の大きさ、という説明だろうか。

国の大きさを測る物差しにはいろいろあるが、国土面積というのは、決して最重要な物差しではない。のみならず、しばしば手ひどい誤解を招くことにもなりかねない。

ニューギニアの一千平方キロ分——南極大陸やグリーンランドはいうまでもない——を、ライン河下流地域や、イリノイ州の豊かな農地の十平方キロと同一視することは、とんでもない話である。シベリアやアラスカ、それにカナダ北西部などは、鉱物資源を蔵しているとはいえ、人間の居住地域から隔絶している。これらの地域は、経済的なプラスというよりは、むしろマイナスの方がまさっている。

国の大きさを測る上で、もっとも有意義な物差しは、人口である。この目盛りに従うと、世界には四つの「人口大国」が存在する。

まず、中国とインド。この両国の人口は、いまや十億台に向かって伸びつづけている。次にソ連とアメリカ。この両国は、歴史の偶然から広大な大陸に領土を拡張する機会に恵まれ、その過程で、優に二億を上まわる人口を擁するにいたった。

インドネシアとブラジルも、その地理的な広がりからして、いずれは「人口大国」の仲間入りをはたすだろう。現にインドネシアは、数年前に日本の人口を凌駕したし、ブラジルも、いまや日本を上まわりつつある。日本の人口はこの両国につぎ、世界第七位だが、この順位は、ついさきごろまで世界の列強とみなされてきた西ヨーロッパの主要国よりもはるか上位にある。

十七世紀初頭、日本はおよそ二千五百万の住民をかかえていた。これは当時、ヨーロッパで最大の広さを誇っていたフランスをかなり上まわる大人口で、当時のイギリスの人口の数倍にも上っている。今日、日本の総人口は、一億一千五百万見当と推定される。(一九七五年暮に施行された最新の国勢調査は、一億一千二百万弱という数字を示した)。

この数字は、日本が西ヨーロッパの四大国——西ドイツ、イギリス、イタリア、フランス——のどの一国と比べても、ほぼ二倍の人口を擁することを示している。

ある一国の大きさを測るもう一つの重要な物差しは、その生産力、すなわちGNP(国民総生産)である。これは開発された資源と人口、それになによりもその国の技術力、これらを総合したものといえる。

この目盛りによれば、日本はまぎれもない大国の一員であり、米ソ二超大国につぐ、世界第三位の地位を占めている。日本はすでに、西ヨーロッパの大国のずっと先を行っており、いまや、ソ連に迫ろうという勢いを示している。ただし、ソ連の方が人口において二倍以上、国土面積では六十倍という優位にあるのは事実だが。

(ここで一つ付記しておくが、本書ではGNPその他の具体的な数字は一切省いてある。

時代おくれの統計ほど無意味なものはない、というのが意図的に省略した理由である。人口が急増し、経済もまた急成長している今日、統計数字の多くは、またたく間に時代がかってしまう。それに急激な経済成長の場合、その数字は、インフレの激化によって実体以上に肥大する。筆者が、むしろ大まかな数値的傾向や、比率を好んで用いてきたのは、そのためである。その方が、時代おくれになるおそれが少ないと考えられるからだ)。

ここで二枚の型やぶりの地図をかかげておくことも無意味ではなかろう。お互いに、従来のありきたりな地図にあまりにも狎《な》れすぎていることを思うと、一種の解毒剤として有益だと考えられるからである。

その地図の一つは国の大小が人口に比例して描かれており、いま一つはGNPに比例している。筆者がこの二つの地図をはじめて考えついたのは、一九六四年のことであった。第二次大戦の敗北が尾を引き、実勢をはるかに下まわる評価を蒙っていた日本人に対し、日本がかなりの大国であることを指摘するのが、そのもくろみであった。以下一八ページから二一ページの地図は、一九七四年にそれ以前のものを手直しして作成したものである。すでに日本は経済大国へと浮上していた。

これら二つの地図を対照させてみると、日本の相対的な大きさとともに、世界の全体像が浮かび上ってくる。

世界の人口の多くが、中国、インド亜大陸、インドネシア、ならびに開発途上諸国に

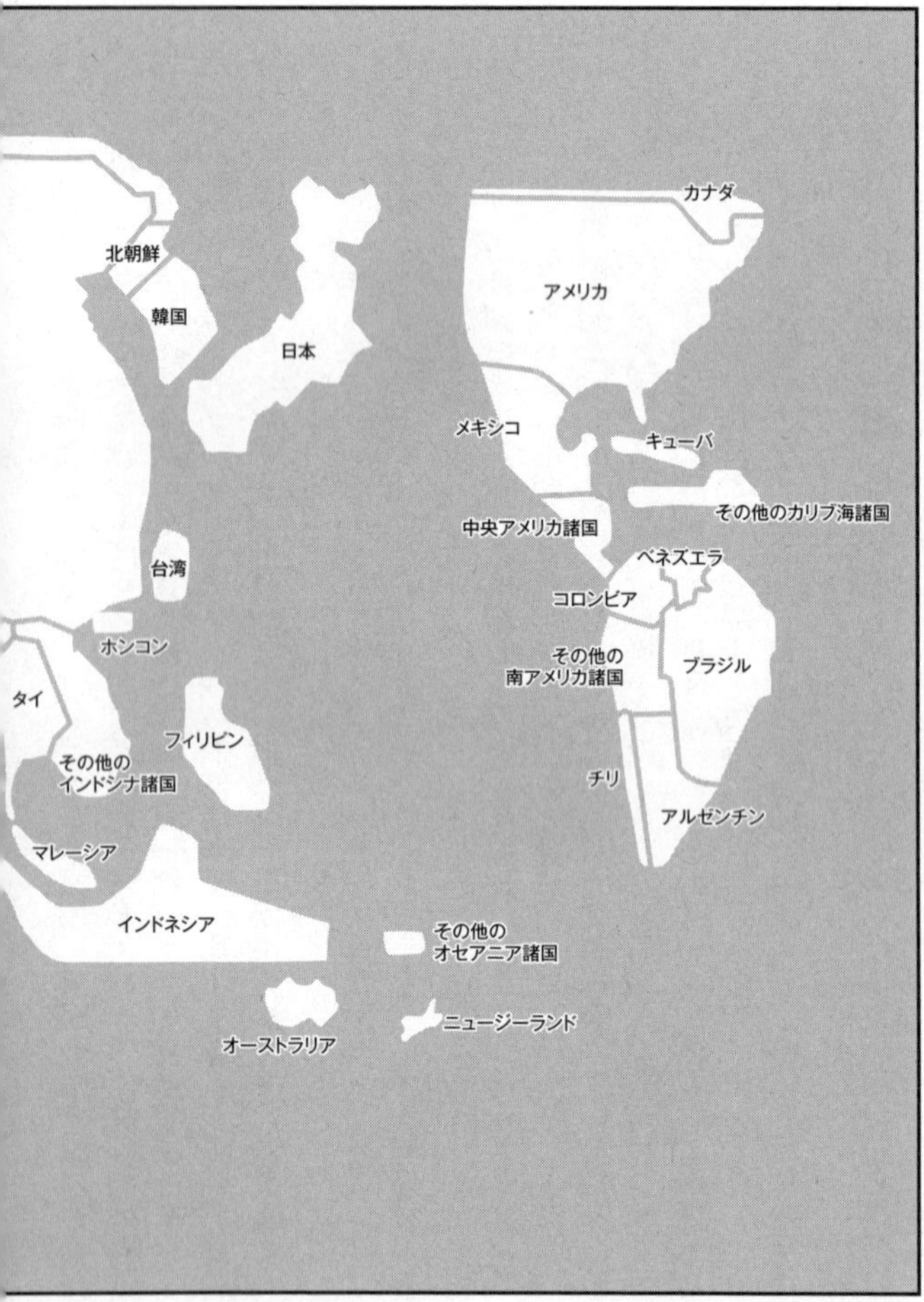
北朝鮮
韓国
日本
カナダ
アメリカ
メキシコ
キューバ
その他のカリブ海諸国
中央アメリカ諸国
ベネズエラ
コロンビア
台湾
ホンコン
その他の
南アメリカ諸国
ブラジル
タイ
フィリピン
その他の
インドシナ諸国
チリ
アルゼンチン
マレーシア
インドネシア
その他の
オセアニア諸国
ニュージーランド
オーストラリア

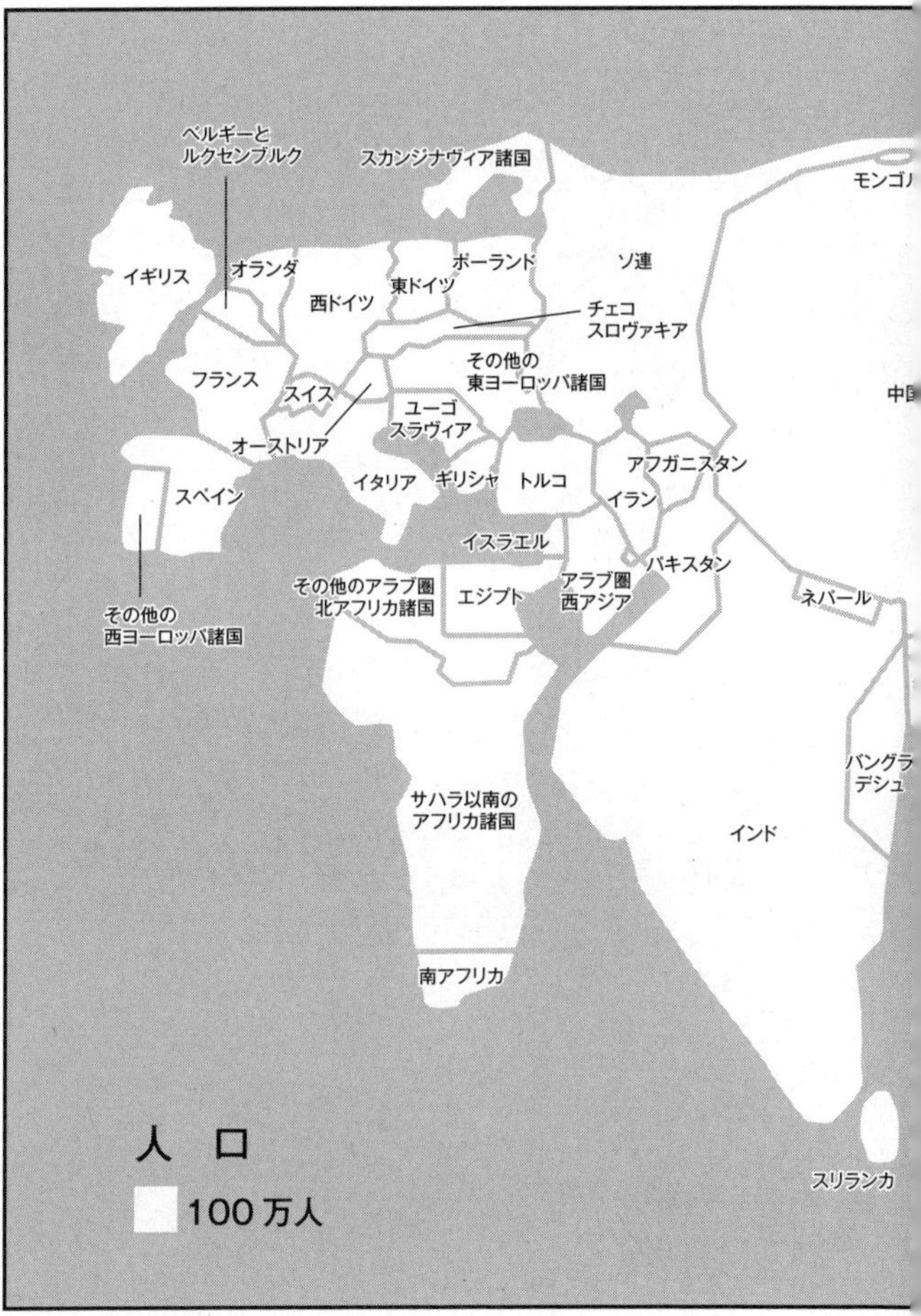
ベルギーと
ルクセンブルク
スカンジナヴィア諸国
モンゴル
イギリス
オランダ
西ドイツ
東ドイツ
ポーランド
ソ連
チェコ
スロヴァキア
その他の
東ヨーロッパ諸国
フランス
スイス
ユーゴ
スラヴィア
中国
オーストリア
アフガニスタン
スペイン
イタリア
ギリシャ
トルコ
イラン
イスラエル
パキスタン
その他のアラブ圏
北アフリカ諸国
エジプト
アラブ圏
西アジア
ネパール
その他の
西ヨーロッパ諸国
バングラ
デシュ
サハラ以南の
アフリカ諸国
インド
南アフリカ
人　口
100万人
スリランカ

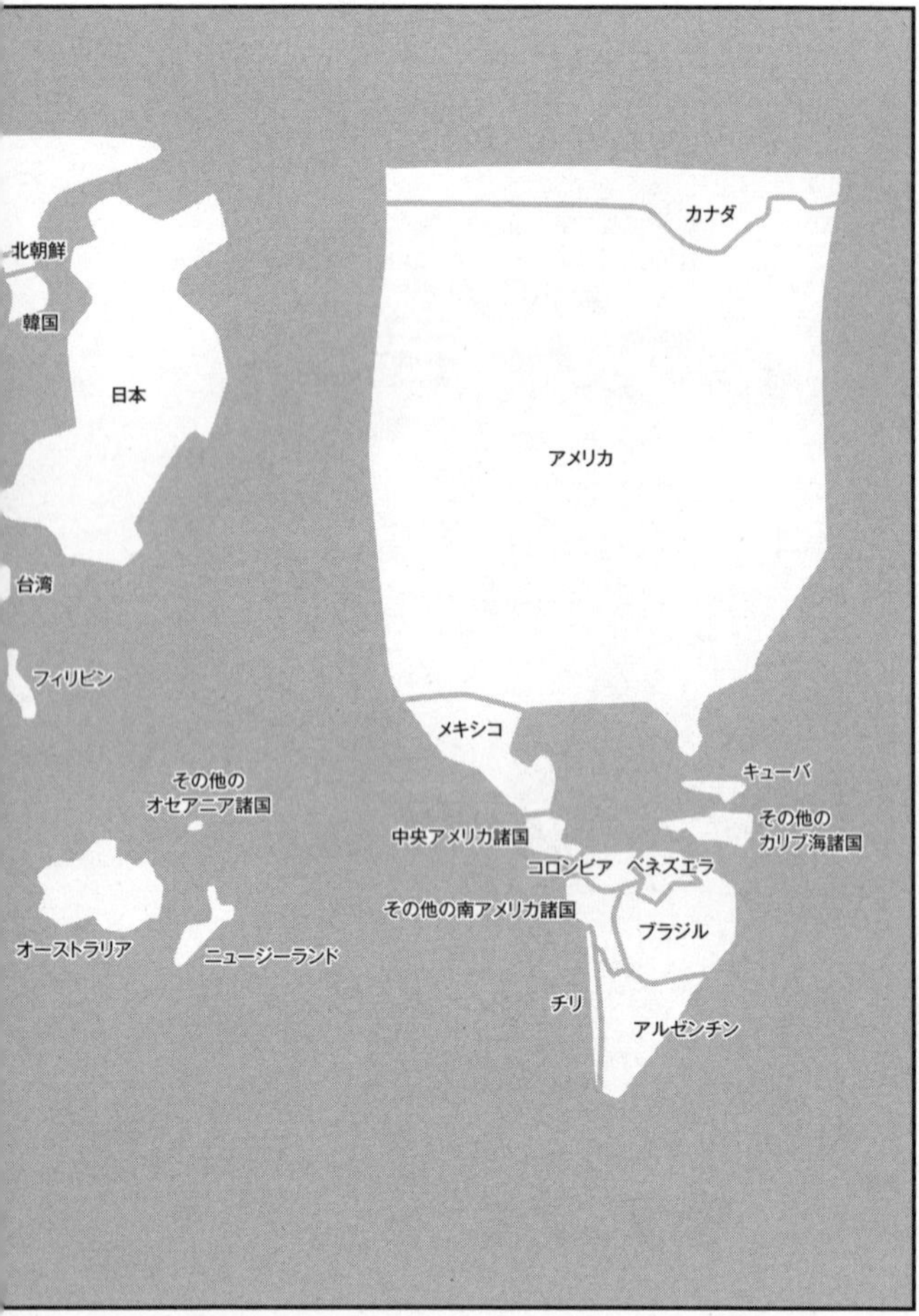
北朝鮮
韓国
日本
台湾
フィリピン
その他の
オセアニア諸国
オーストラリア
ニュージーランド
カナダ
アメリカ
メキシコ
キューバ
その他の
カリブ海諸国
中央アメリカ諸国
コロンビア
ベネズエラ
その他の南アメリカ諸国
ブラジル
チリ
アルゼンチン

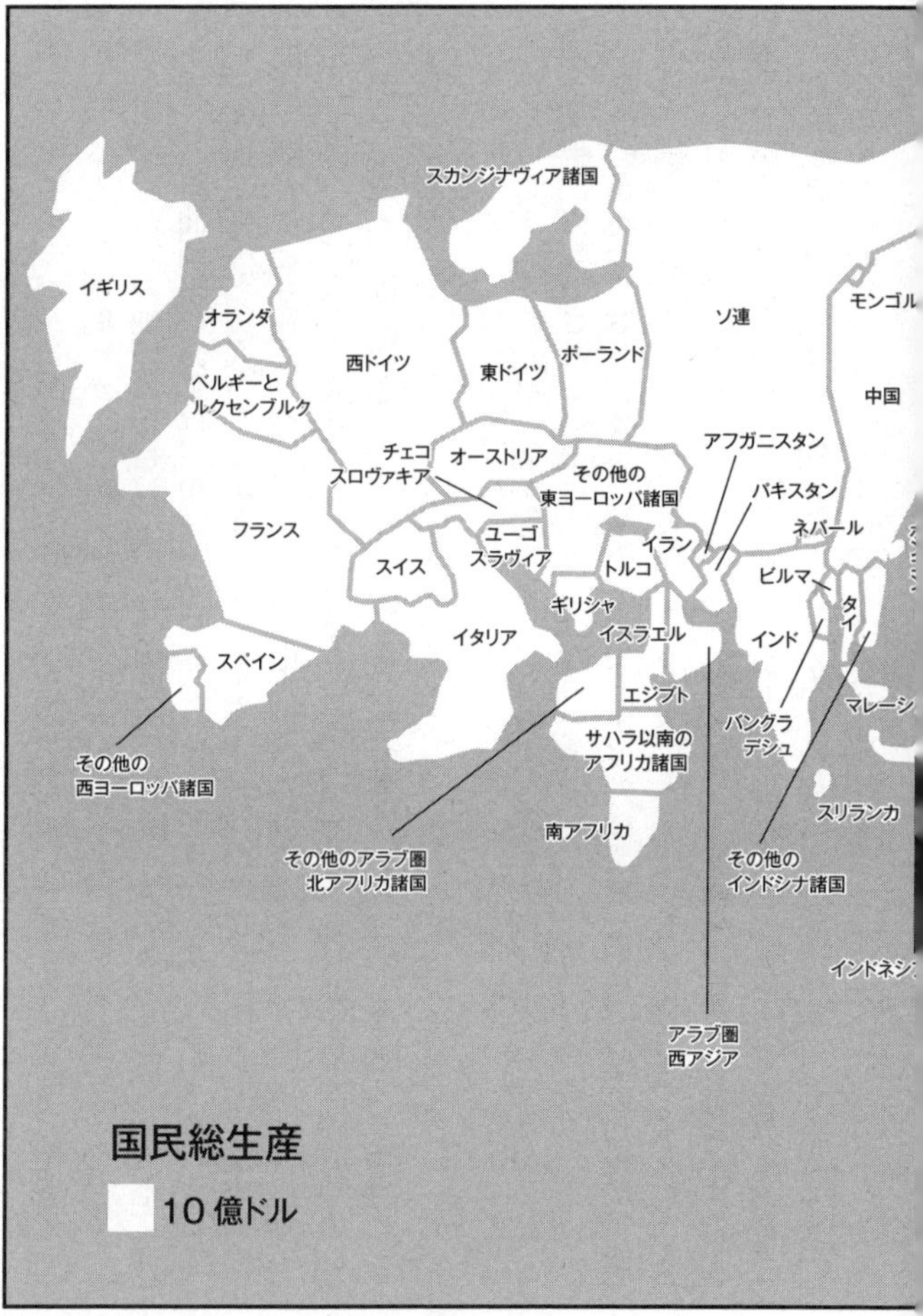
スカンジナヴィア諸国
イギリス
オランダ
西ドイツ
東ドイツ
ポーランド
ソ連
モンゴル
中国
ベルギーと
ルクセンブルク
チェコ
スロヴァキア
オーストリア
その他の
東ヨーロッパ諸国
アフガニスタン
パキスタン
ネパール
フランス
ユーゴ
スラヴィア
スイス
イラン
トルコ
ビルマ
タイ
ギリシャ
イスラエル
インド
イタリア
スペイン
エジプト
マレーシ
バングラ
デシュ
サハラ以南の
アフリカ諸国
その他の
西ヨーロッパ諸国
スリランカ
南アフリカ
その他のアラブ圏
北アフリカ諸国
その他の
インドシナ諸国
インドネシ
アラブ圏
西アジア
国民総生産
10億ドル

集中していることが一目瞭然である。一方、生産力はといえば、ヨーロッパや北米の工業国と日本とに圧倒的にかたよっている。

もちろんこれらの地図の細目は、時とともに動いていくだろう。事実、一九七三年に端を発した石油価格の高騰は、中東の産油国のGNPをすでに大きく引き上げている。だが、先進工業国と、人口だけが多くて工業化されていない貧しい国々との基本的な不均衡は、こんごとも残りつづけ、さらに悪化していくであろう。

総じていえば、人口増大が著しいのは貧しい国々であり、GNP上昇が際立つのは豊かな国々である。国際問題のなかでもっとも処理しがたいのは、おそらくこの点にこそ存するのである。

このように、ある物差しで測る際には、日本はたしかに大国である。だが日本は、その国土面積から想像される以上に小さな国なのである。

地勢は山が勝っており、林業、鉱業、水力発電以外に農業その他の経済利用が可能な面積は、国土の五分の一にも満たない。なるほど、ベルギーやオランダのように、人口密度が、日本より高い国がないわけではないが、居住可能面積を計算の基礎にすると、日本の方がはるかに人口稠密《ちゅうみつ》なのである。それだけではない。こと人口密度と、単位居住可能面積あたりの生産高に関するかぎり、日本は優に世界第一位で、日本を上まわるのは、わずかに香港やシンガポールのような都市国家を数えるばかりである。

日本の山並みは、地質学的に比較的若いこともあって、一様に切り立っている。だが、二千メートルを超すものは、わずかである。日本の大部分は森におおわれた丘陵から成り、その間を無数の峡谷が走っている。このような谷間にも人が住み、細長いわずかばかりの土地で耕作をいとなんでいる。

もっとも、ところどころには、活火山や死火山の円錐形をした山影がそそり立っていないわけではなく、本州の中央部には、日本アルプスと総称されるいくつかの山脈がそびえ、標高三千メートルに達している。

完璧な円錐形火山として知られる富士山があるのもこの地域で、もっとも新しい爆発は一七〇七年である。現在は三千七百七十六メートルの高さを誇り、一方の山稜は海からそそり出ている。その姿は荘重といってよく、そのために富士山は、日本人の芸術生活や文学伝統の中でたえず強く意識されてきた。

比較的広大な平野としては、わずかに関東平野一つを数えるにすぎない。しかしこの平野といえども、その最大幅はせいぜい百八十キロでしかない。これ以外に人間が居住している場所といえば、海岸ぞいの小さな沖積平野や、決して広いとはいえない河川の流域、それに通り抜けのできないような険阻な山々でへだてられた、山中の盆地ぐらいである。

国土が多数の小さな地域単位に分かれていることは、地方分離主義の発生を促しやすかった。と同時に、中世の封建制度下における地方分権的な政治形態の発達にも寄与したものと考えられる。おそらくは、古代、日本を分ける際の下地になったのは、このような地勢上の自然の牆壁《しょうへき》であったろう。そして自然の牆壁で分けられた個々の土地は、やがてたくさんの自治的な「小国家」へと発展し、八世紀までには、日本の伝統的な六十八州として制度化されるにいたる。

現行の四十七都道府県を分かつ境界の、実に十分の九までが、古代の山の尾根に従った境界線の跡をなぞったものであることは注目されてよい。

このように、日本は自然な形で分割されてきた。にもかかわらず日本人を特徴づけるのは、単一性と均質性とであり、多様性ではない。すでに七世紀のはじめ、日本人は自らを統一国家に住む単一の民族と考えていた。そして数世紀にわたる封建制度下の分封にもかかわらず、この理想はずっと生きつづけてきた。今日、日本ほどの大きさをもった人間集団で、これほど均質な存在は皆無に近い。

たとえば大ブリテン島でいまなお尾を引いているような民族間の亀裂は、日本にはほとんどみられない。日本の方が、よほどきびしい地理的な障害をかかえているにもかかわらず、である。

鉄道や舗装道路が敷かれるまでの日本は、国内の陸上交通に難渋していた。航行可能な河川の全長も、ごく短かった。だが海上交通はいつの時代にも比較的容易に行なわれ、沿岸地方、とりわけ小島の点在する瀬戸内海ではよく発達し、この美しい内海はつねに西日本の主要水路の役割をはたしてきた。中国大陸の窓口としての九州北部の重要地点から、瀬戸内海東端に位した古代日本の中心地域へ至るこの瀬戸内航路は、日本古代史の多くを支える主軸だったのである。

世界のいずこであれ、農民というのは、自分たちに恵みを与えてくれる大地に対しては、きめの細かい愛情を寄せるのが常である。ところが日本人の場合、この普遍的な感情に加え、とりわけ強く自然の美を意識する心情が存在する。

日本には、海岸から百十キロ以上へだたった場所は一つもないし、他方、山なみはほとんどどこにいても目にすることができる。また豊かな降雨量のおかげで、国土はどこも緑に恵まれ、木々が生い茂り、四季のすぎゆきは、目もあやな変化をもたらす。

古代日本文学は、海や山のみえる風景、さらには木々の生い茂った峡谷の美しさを食い入るように愛《め》でた日本人の姿を伝えている。そして今日でも、彼らは名にしおう景観を貪るように訪ね歩き、ときとしては熱心さが高じて、せっかくの景観を台なしにしてしまっている。

たぐいない美しさを誇る富士山以外にも、日本三景――安芸の宮島、天橋立、それに松島――はよく知られている。日本の多くの地方は、その土地なりの「三景」や「八景」をもっているのが普通で、このほかにも何万という景勝地や温泉場があり、ちょっとした美観にいたっては無数といってよい。

アメリカ西部の雄大さとは異なり、日本の自然美のスケールはおおむね小ぶりで親しみがもてる。日本庭園にみられるように、日本人が自然を小風景として捉え、保存しようとしたのも、それが原因であろう。ただ例外は、日本の中央部にそびえ立つ高い山々と、北海道のだだっ広い原野であろう。十九世紀後半に至ってやっと日本の完全な一部になった北海道は、その広大な広がりと人口の希薄さとの故に、むしろ北アメリカに近い。

日本人がご多分にもれず、自然破壊に手をかしたことは、彼らの自然愛好癖を思えば皮肉というほかはない。世界でも指折りの人口密度と、単位面積あたりの生産高を有する国としては、これもあるいはやむを得なかったのかもしれない。

いずれにせよ美しい緑の丘陵は削りとられて工場や住宅地に変容し、その土は埋め立てに使われてきた。遠くの山々はスモッグの彼方にその姿をかくし、都市の大気汚染は、農村地帯にまで広がっている。

都会地から繰り出した旅行者のためのいわゆる「スカイライン道路」は、山々の外観を無残に損ない、由緒ある景勝地は、ホテルやレストラン、それに土産物店で半ば埋もれてしまっている。

とはいえ、日本の大部分は、いまなお人口が希薄で人跡まれな地域をえらべば、そこにはすばらしく魅力的な自然美がむかしのままの姿を残している。

日本の人口過密ぶりや単位面積あたりの生産性の高さは、気候——ヨーロッパのそれとは著しい対照をなす——という点からも説明がつく。ヨーロッパの農業が、南部では乾燥し、北部では寒冷な夏季によって、それぞれわくをはめられているのに反し、日本の夏は暑く、しかも早春から夏にかけての植物の生育期に雨がふんだんに降る。このような気候風土が、ヨーロッパでは考えられないような集約農業を可能にし、その結果、多くの農業人口を賄うに至ったのである。

日本の気候は、ヨーロッパよりも、むしろ北米の東海岸のそれに近い。陸地、海岸、それに内陸部や沿岸部の卓越風との関係が、アメリカの東海岸と類似しているからである。それにひきかえ、ヨーロッパやアメリカの西海岸とは大幅に異なっている。

日本の気温や気候は、日本列島を北アメリカの東海岸の地図上で、同緯度に重ね合わせてみることで、おおよそのところが想像できる。そうすれば、日本を構成する四つの島が、アメリカ北部のメーン州（もしくはカナダのモントリオール）から、メキシコ湾岸まで広がっていることがはっきりする。

沖縄（琉球列島）はフロリダの緯度にあり、一方、第二次大戦の結果、ソ連領となった千島列島は、ニューファウンドランドのあたりである。しかし日本の主要都市の大半は、アメリカ合衆国の北カロライナ州辺に位置している。

日本はユーラシア大陸の一部ではなく、その沿岸から数百キロも離れたところに位置している。そのために、日本の気候は、アメリカ東海岸の同緯度地方よりも、いくぶん海洋性を帯びており、寒暖ともにそれほどきびしくない。また日本の方が降雨量が多く、年間、一〇〇〇から三〇〇〇ミリにも達する。晩秋から冬にかけては、比較的乾燥し、日本のかなりの地域では、長い間、気持のよい晴天がつづく。これは寒季の数ヵ月の間、厳寒のシベリアやモンゴル上空で形成される高気圧が、冷たく乾燥した風を大陸から外へ向けて送り出すからである。

しかしこれには、一つの大きな例外がある。シベリアから吹きつける寒風が、途中、相当量の水蒸気を日本海から吸い上げ、本州中央部の山稜を越える際に、この水分を雪にして、ドサッと落としてゆくからである。

これは北米の五大湖東岸の「スノー・シャドウ」と同じ現象だが、スケールにおいては日本の方がはるかに大きい。この結果、本州北西部の海岸地方では、冬場、ものすごい積雪があり、地面が数メートルもの雪でおおわれてしまう地域も少なくない。これは人口稠密な地方としては、まぎれもない世界第一の豪雪である。

北日本を縦貫する一方の側が雪が深く陰鬱なのに反し、もう一方の側では晴天がつづき、大地があらわになっている。この差はきわめて対照的である。ときとしてこのちがいは、鉄道のトンネルでわずか数キロを隔てただけの二つの地点で存在する。

大都市がおしなべて太平洋岸に集中していることとともに、この辺の事情は、いわゆる「裏日本」に住む人々に、劣等感とはいわぬまでも、ある種の心穏やかならざるものを植えつけてきた。

これとは対照的に、南部の海岸地方で、太平洋に向かって突出している半島地域は、黒潮のおかげで温和で、ほとんど亜熱帯性といってもよい程の気候に恵まれている。こ

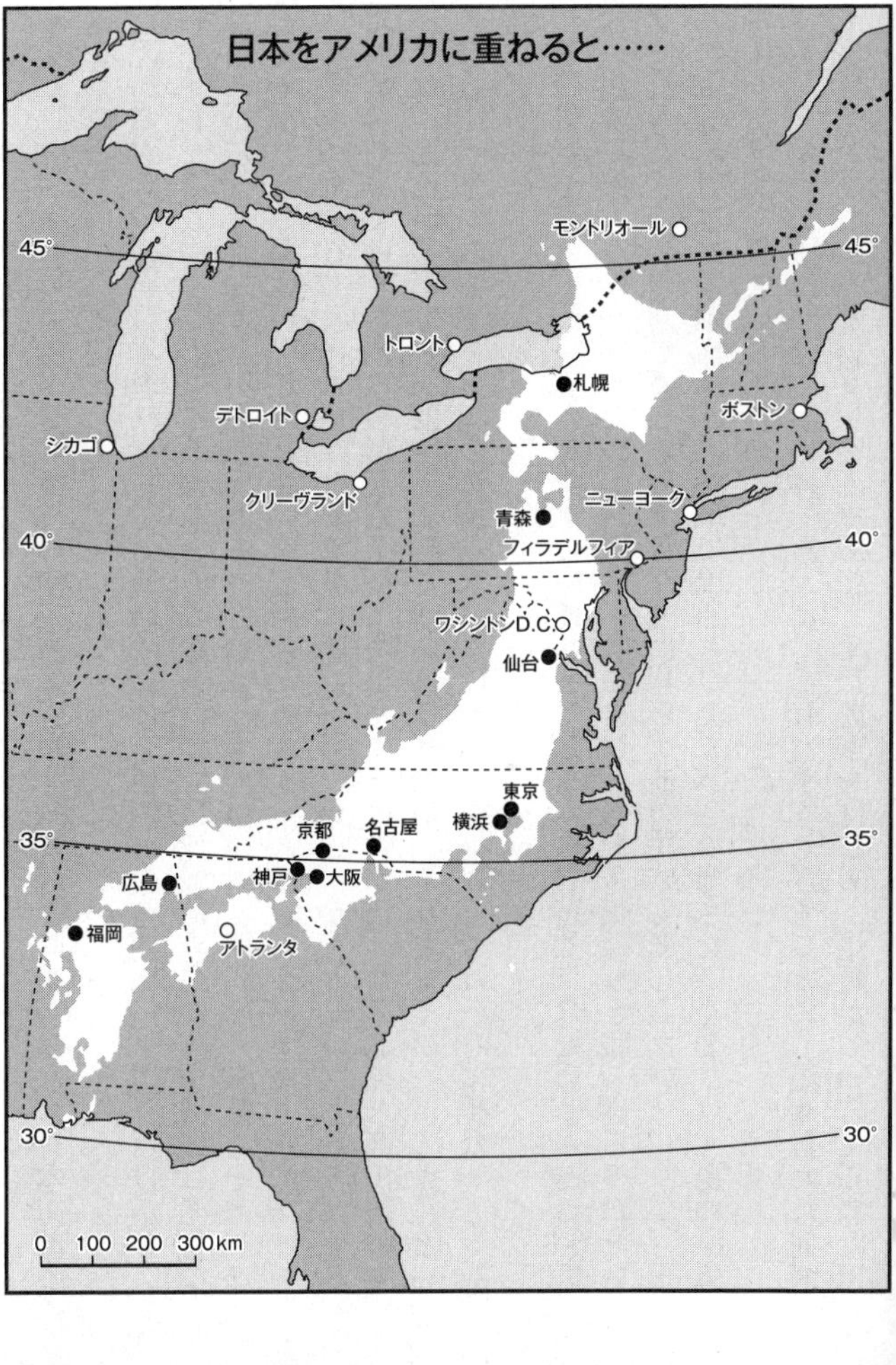
日本をアメリカに重ねると……
45°
45°
モントリオール
トロント
札幌
デトロイト
ボストン
シカゴ
クリーヴランド
ニューヨーク
青森
40°
40°
フィラデルフィア
ワシントンD.C.
仙台
東京
横浜
京都
名古屋
35°
35°
神戸
大阪
広島
福岡
アトランタ
30°
30°
0 100 200 300km

の黒潮は、メキシコ湾流がアメリカの南東海岸をかすめるのと同じように、日本南部の海岸地帯を洗っている。

北海道を除けば、日本のほとんどの地域における植物の生育期は、平均二百日から二百六十日にも及ぶ。しかし、うだるような猛暑の期間は比較的みじかく、普通は七月のはじめから九月上旬ぐらいまでである。とはいうものの、この期間は、気温こそそれほど高くないが、湿度がやり切れないほど高いため、うっとうしいことこの上ない。

冬はあまりきびしくはない。だが十分に暖をとらないと、かなり辛い。ちなみに、ほんの数年前までは、日本の暖房設備というのはまことに貧寒だった。北部と高山地帯を除けば、温度が零下二、三度を下まわることはまれだが、それでも冬の一、二カ月というものは、多くの地方で夜間の気温が氷点下におち、沖縄以外では一冬に少なくとも数回は雪がふる。

冬の気温が家の中にいる人間をすら凍死させてしまうほど苛烈ではないことから、近代以前の日本人が作り出した暖房装置は、冬のきびしさを多少なりと和らげるのがせいぜいだった。これは同じような気象条件下に暮らす他の民族も変わらない。

伝統的に日本の家屋構造は、簡単で風通しがよく、冬の寒さを防ぐよりは、夏に涼風が入りやすくできていた。

主だった暖房器具といえば火鉢であった。これに手をかざすことで、温められた血液が全身をかけめぐるというしくみである。また農家をはじめ、炬燵《こたつ》がしつらえられた家では、足を温めることができた。

それに夜ごと、うだるほど熱い風呂に入れれば、寝るまでのひとときは、体を温かく保つことができた。日中の日差しも、日没後しばらくの間は、寒さに耐えられる程度には家屋全体を暖めてくれたことであろう。それだけに、家を南向きにしておくことは欠かせなかった。

今日でも、セントラル・ヒーティングは、個人住宅に関するかぎり希《まれ》だが、電気、ガス、石油による暖房が火鉢にとって代わり、家の構造がむかしよりしっかりしてきたことも手伝って、冬の暮らしは以前よりはずっと楽になってきている。とはいえ、多くの日本人にとって冬はいまなお厚手の長袖の下着を必要とする季節なのである。

このように、日本の夏と冬はけっこうきびしくはあっても、極端ではないし、決して長くはない。それにひきかえ、残りの八ヵ月はまことに快適である。四季がはっきりと分かれているにもかかわらず、アメリカの東部とは異なり、気温の変化も穏やかであるばかりか、規則的である。

日本の気候は、その緯度にふさわしく、典型的な温帯性である。気温が高く、しかも年間を通じて植物が生育するためにのんびりと生活していられる熱帯地方とは対照的である。すなわち低温のつづく冬の数ヵ月を生き抜くためには、生産の可能な時期に熱心かつ集中的にしごとをし、食物の余剰を常にたくわえておかねばならなかったし、暑いからといって昼のひなかに休憩をとったり、仕事のペースを落とすことなど、不必要とみられたのである。

同じことは、隣国の朝鮮や中国についてもあてはまる。日本および中国・朝鮮の国民がいずれも勤勉と、おとろえを知らぬエネルギーで知られている背景には、このような気候的条件があるのかもしれない。

さいしょは単純な必要に発したにもせよ、やがてはきちんとした習慣や根強い道徳律によって、長期間強化され、ついには日本人やその近隣諸国の人々の間に、世界でもっとも深く根ざした勤労倫理をやしなわせ、それがこの地域の諸民族に特有な、疑いもなく顕著で優れた性格や資質となったといえるのではないか。

日本の気象のいま一つの際立った特色は台風である。この台風が、晩夏から初秋にかけて、日本各地を荒らしまわるのである。台風の性格は、ときおりアメリカの東海岸を襲うハリケーンと同じである。これらは陸地と海洋との位置関係が類似している同緯度地方においては、共通に見られる現象である。

ただ、台風はハリケーンよりも頻繁に日本を襲う。さらに、日本人の大部分が、台風がさいしょに接近する西南日本の沿岸地帯に集中して住んでいるため、人命や財産にもより多くの損害を強いられるのが実情である。

長年にわたり台風に馴らされてきたためか、日本人にとって天変地異はあらかじめ織り込みずみであり、それへの対応も、したたかなまでにケロッとしている。この種の宿命論は、「台風メンタリティー」と呼ばれるにふさわしいが、その生みの親は、なにも台風一つに限らない。

日本列島の大部分が火山活動の結果うまれたものであり、現在でもたくさんの活火山があることを思えば、ときおり火山の噴火がおこることも驚くにはあたらない。最大級の火山の浅間山は、一七八三年の噴火で、本州中央部の数百平方キロを荒廃させた。

また日本中いたるところに活断層が走り、地震による被害も珍しくはない。東京と横浜は、一九二三年九月一日正午、関東地方を襲った大地震にともなう火災で、その大半を焼かれ、十三万人もの死者を出した。

江戸時代以来、周期的に大地震に見舞われてきたこともあって、関東大地震六十余年周期説というのも、広く一般に流布している。

いずれにせよ日本人は、自然の猛威を宿命論的に受け入れるとともに、そのような災禍のなかから立ち直り、新規まきなおしで再出発をはかっていくことにかけては、大変な能力の持ち主でもあるのだ。

2　農業と天然資源

どこにでもある山並みとスプロール化した都市群に狭められ、日本の農耕地は全国土のわずか一五パーセントを占めるにすぎない。そのうえ地味は総じてやせている。にもかかわらず、育成期が比較的長いこと、豊富な雨量、底なしの勤勉、それに高度の農業技術のおかげで、日本の農業は狭隘な国土に似合わない高い生産をあげている。農耕が日本に出現したのは、かなり遅れてからであった。キリスト生誕に先立つこと、せいぜい三世紀といったところである。

東アジア文明の発祥の地、中国北部における主たる農産物は、元来が畑作のヒエ、アワのたぐいであった。だが日本に渡来したのは、水稲耕作であった。おそらくは古代中国の南方で発生したものと思われる。

紀元二世紀ごろまでには、いまとほぼ変わらない形、つまりは畦《あぜ》で仕分けされた小面積の水田で耕作されるようになっていた。小さな人工の水路を用いて、たえず冠水がはかられる、という形においてである。苗はとくべつな苗代で密生栽培され、やがて水田に植えかえられる。この作業は手で行なわれるが、さいきんでは苗を植えるための機械が開発されるにいたった。植えかえるのは、水田の方が生育にバラツキがないからであり、二毛作が可能な日本南部の温暖地帯では、それだけ成熟の期間を長くすることができるからである。

日本のように谷が狭く、水はけ用の平野が小さいところでは、大河川の暴威を抑え、同時にその農業への巨大な貢献を確保するための、大がかりな治水計画は必要とされなかった。エジプトやメソポタミア、さらには北方中国にみられた大規模な治水計画が、これらの地域における権威主義的な大型社会の発生を助けたとする論者があるが、日本で必要とされたのは、水資源を小さな集団間でどう分かち合い、そのためにどう力を合わせていくかであった。

このような協力が何世紀にもわたって継続されたことが、集団志向や、集団行動に走りがちな性向を強めたとする見方も、あながち根拠のないものではないかもしれない。灌漑を通じての日本式水田耕作は、莫大な量の労力を必要とする。だが欧米におけるような畑作の小麦栽培より、反収がはるかに高いことも事実である。かくして可能なかぎりの土地は水田化されていった。沼地の水切りが注意ぶかく行なわれ、畦を組んでは、耕作地へと変貌していった。

ちょっとした流れがあれば、水田が水源まで追っていく。水さえ入手可能なら、あえて人工のテラスをつくり、段々畑的な水田耕作を行なうことすらいとわなかった。一方、水を必要としない畑作は、小高い丘のてっぺんなど、水を引いてくることのできない場所で行なわれた。

稲作は北海道の西半分にまで広がり、全体の農地の約四〇パーセントは、水稲の栽培に向けられている。

可能なかぎり二毛作が試みられたことも、土地の生産性をさらに向上させた。夏は稲を、冬は冬向きの穀物ないしは野菜を、というのが通常の形である。この種の二毛作は、東京のやや北と、京都の北の本州西岸とを結ぶ線の南西部においては可能とされている。集約的な水田耕作と二毛作とのおかげで、日本も東アジアの例にもれず、西アジアやヨーロッパのような乾燥地帯ないしは寒冷地よりは、はるかに密度の高い大人口を支えてきた。先史時代このかたである。中国の人口は、少なくともローマ帝国以来、一国でヨーロッパ全体の人口を上まわることはあっても下まわることはなかった。日本もここ三世紀にわたり、ほぼ同じ大きさのヨーロッパのどの一国より多くの人口を擁してきている。

このように日本人は何世紀にもわたり、欧米人よりもはるかに多くの人口をかかえ、しかも高い人口密度で住み暮らしてきたのである。彼らが集団行動に赴きがちで、しかも集団の組織に長じているのも、実はこれらの経緯によるのかもしれない。

日本の農法は、大がかりな労力を必要とする点で、アメリカの高度に機械化された大規模農業と比べると、一見、おくれているかにみえる。人時《マン・アワー》あたりの生産性はたしかにアメリカよりは低い。だが単位面積あたりの生産性はいちじるしく高い。おそらくは世界最高と考えられる。

たとえば日本の稲作の反収は、東南アジアや南アジアの二倍から四倍にも上っている。ここ何世紀にもわたってである。

一人あたりよりも単位面積あたりの生産性を重んずるのは、決してわからぬわけではない。ここ何百年もの間、土地には貧しい日本も、労働力だけは豊かであった。その結果、単位面積あたりの労働人口は、アメリカの実に九十倍、ドイツと比べてさえ優に五倍以上に上っている。

とはいえ日本の農業はきわめて高能率で、独自の科学性さえ有している。農地という農地は、さいごの一町歩にいたるまで、あますところなく耕作されている。苗にしろ他の作物にしろ、真っすぐに植えられ、一センチたりとも無駄にならないよう配慮されている。土壌は数十センチの深さに注意ぶかく耕される。昔は東アジア独特の長いスキが用いられていた。

田の草とりも入念をきわめ、施肥も潤沢に行なわれる。むかしは有機肥料が施された。第二次大戦直後までは、都市地域からの糞尿が肥料に使われていた。悪臭こそ相当なものだったが、経済的にはプラスだった。

さいきんでは糞尿が姿を消し、化学肥料への依存度が大幅に増した。化学肥料はふんだんに施される。ビニールの使用も多岐にわたり、とくに野菜用のビニールハウス向けに利用されている。

近代以前においてすら、日本の農業は「科学的」であろうとする強い意識をもち、十八世紀には、改良された種子や、なにが最高の農法であるかについて、多くの論文が篤農家の手で物された。

農耕に適した土地は、北海道を唯一の例外としてすべてが耕作されたが、北海道だけは、未開の国境の地であることをやめなかった。それ以外は官民一体となって、農業生産の増強に全力投球を行なった。かくして十九世紀初頭に三千万前後だった人口は、当時の日本としては、支えうる最大限の人口だった。当時の日本は、他から孤絶した、工業的には前近代的な、農地もまた不十分な国だったのである。

十九世紀中葉になって、日本は国際的な交易に門戸を開いた。政治や行政も中央集権化され、近代化された結果、この状況に大きな変化がもたらされ、農業生産の飛躍的な増大が可能になった。要するに、十九世紀後半の日本の近代化と工業化とは、その多くが農業の余剰生産力によってまかなわれたのである。

いまや進んだ農業技術は先進地帯から発展途上地域へと急激に広がっていった。汽船による低廉な輸送手段はやがて鉄道によって補強され、農作物の地域的な特産化が可能となり、北海道も耕作の対象となっていった。やがて政府所管の農事試験場が、近代科学に基づいた農事知識の普及につとめ、二十世紀に入ると、満州産の大豆粕や他の肥料原料が外国から渡来するようになった。

だが、人口の伸びは食糧生産の伸びを上まわった。その結果、二十世紀初頭には、食糧供給量の二〇パーセントを海外に仰がねばならぬようになったのである。

第二次大戦後、新技術がとうとうと流れこみ、それが農業生産性を再び押し上げた。すでに化学肥料は大幅に使われていたが、より多量に入手可能になり、他方、機械化の波もついに農業を洗うようになった。その結果、農業人口が際立った減少をみせるにいたる。

敗戦直後の困窮時においては、日本人の半分近くがなんらかの形で農業に従事していたが、その後、その比率は激減し、現在では農村人口は全体の一五パーセント程度にすぎず、しかも専業農家というのはその一部でしかない。大多数は農繁期だけ先祖代々の田畑で農作業に従い、それ以外の雇用の機会を他で得ている。

その結果、農業は婦女子や老人のものというパターンが広がり、壮年男子や若い女性は都市に働きに出たり、近在の工場、会社、店などに通勤するようになった。このように現実に農耕に携わっている労働力は、全労働人口の一五パーセントを大幅に切り、やがては一〇パーセントをかなり下まわることが予測される。

日本における機械化農業の態様は、アメリカや西欧諸国のそれとは似ても似つかない。北海道では農家の保有土地面積はかなり大きいが、アメリカの尺度からいえばまだまだ小さい。北海道以外では、一農家の平均保有面積は、わずかに一ヘクタールにすぎない。

いま以上に農村人口が減れば、農家の統廃合がやがては行なわれよう。だがこの動きはまだ大した規模でははじまっていない。

いずれにせよ、個々の農民の耕作面積がどれほどであろうと、地形的な条件は日本の水田地をきわめて小型にしており、ヘクタールやエーカーという単位を用いることは、いかがかと思われるほどである。むしろ平方メートルで計る方が適当であろう。

大型のコンバインやトラクターを使えるような面積ではないのである。そこで日本人は、小型の手動型脱穀機を用いるほか、豆トラクターというのを使用している。その大きさは、芝刈機とアメリカ製トラクターとの中間でしかない。

戦後の農業生産の急増は、稲の生産高を記録的に伸ばした。だが、生活水準の向上とともに食生活がヴァラエティに富んだことも手伝い、一人あたりの米の消費量は減る一方である。日本人はそこで、はじめて米の余剰をかかえるにいたった。このような事態は数十年ぶりのことであり、日本人自身がびっくりしているほどである。

ただ、現在の日本の人口は、すでに十八世紀の四倍近くに達している。マルサスの唱えた人口と食糧の比率の極限の四倍近くである。そこで日本はいまや三〇パーセントに近い食糧不足をかかえている。国内の食肉生産用の輸入飼料穀物を加えれば、自給率はすでに五〇パーセントを下まわっている。

今日のように世界的規模での食糧不足が予測される時代にあっては、自給率の低下は日本人を不安にせざるを得ない。この不安は、農村票を大事にせねばという政治的な思惑もあり、農村地帯の大きな社会変革を回避したいという配慮も手伝って、政府に農業重視の姿勢をとりつづけさせている。非農業部門の大半と比べると一人あたりの生産性は遥かに低く、GNPの五パーセント弱を占めているにすぎないのに、このありさまである。

その結果、日本の食料品価格は世界市場のそれよりずっと高いものにつく。たとえば、国内産の米価は、アメリカ産の米を日本の港にはこんできてさえ、二倍の高値である。外国の農産物が国内産品をめちゃくちゃにしないために、農産物の輸入は厳重な制限下におかれ、他方、政府は米価を人為的に高水準に保つことで、生産高を維持し、農家が生活水準の急激な向上に対応できるように仕向けている。

他方、農民が土地に固執するのは、必ずしも伝統的な土地への愛着からばかりではない。日本のように土地が不足し、そのうえ今日のように工業化した国では、地価は天文学的に高騰し、農業から得られる価値など、問題にならなくなってしまった。これがより大きな理由である。

敗戦直後の日本は、食糧不足がいちじるしく、経済全体も半死半生だった。そこで腹を減らした人々は、焼け跡やそれ以外の、未使用の土地を菜園化しようとつとめた。

このようなせっぱつまった努力は、その後絶えてみられない。だが、食糧生産を、という何世紀にもわたる努力は、「耕して天に至る」ほどのテラス状の耕作地や、山あいの小谷にみられる、たかだか数メートルの幅の田畑という形でいまに残っている。

あまり生産性の高くない農地はやがて生産の第一線から離脱するであろうし、現に、離脱した農地もすでにある。加えて、都市のスプロール化現象は、もっとも生産性の高い農地をすら蚕食しつづけていくだろう。

しかし日本人は、おそらくは現在程度の食料自給率を維持すべく努力しつづけるであろう。その結果、たとえ低能率の小規模農業によって足を引っぱられることがあったとしても、心理的な満足感や、保険としての価値によって十分に報われるであろう。輸入食料に百パーセント依存してはいないという思いは、保険でもあり、心の満足でもあるからである。


日本人の食生活のあり方は、当然のことながら農業の性格によって少なからず影響されてきた。主食は米で、ごくさいきんまでは三度三度、多量に食せられてきた。日本語で「食事」をあらわす「ごはん」という名詞は、元来が米飯のことである。

伝統的な飲料である酒は、米を原料とする醸造酒で、アルコール含有量は、大方のワインを多少上まわる一五パーセントから二〇パーセントといったところである。

灌漑が可能な土地は、どれほどの労力が必要とされようとおかまいなしに、すべてが水田用に供せられた。一方、灌漑不能な畑地は、稲以外の穀類や野菜、それに名声を博すのも当然な果実類——たわわに実るミカンをはじめ、温帯果物のほとんどを産する——に振り向けられてきた。

全面積のうち、牧草地として、あまり高能率とはいえない畜産に向けられているのは、二・五パーセントにすぎず、その大半は北部の寒冷地に集中している。

一時代前までは、牛は主として役牛として用いられ、食用に供されることはなかった。数が少ないことと、殺生を禁ずる仏教の教えとがないまぜになり、日本人は長く食肉の習慣をもたなかった。動物性蛋白質の供給源は、全国いたるところの水辺に豊富に棲息している魚介類であり、万能選手的な用途をもつ大豆であった。

大豆といえば、いまやその大部分はアメリカから輸入され、醬油、味噌、豆腐などの原料になっている。

伝統的な日本の食事内容は、単純で、どちらかといえばくせのないものであった。とくに世界的にその名を知られた中国料理と比べた際には、その淡泊ぶりは覆いがたい。調味料やソース類をなにも用いない白いごはんは、単に腹持ちをよくするだけでなく、もっとも基本的な日本人の常食である。日本人はごはんと魚類、野菜類、漬物などの副食物を交互に口にはこぶ。

中国風の食事が、さまざまな風味と趣向をもつ多種多様の副食物から成り立っているのに対し、日本風の食事は、刺身の数切れ、漬物、簡単な野菜料理などが、少しずつ一人一人に分けて供せられ、いずれもきわめて美的に給仕される。舌よりもむしろ目に訴える面が多いこともしばしばである。

中国料理に触れると、われわれはその質と量に手もなく圧倒されてしまう。それにひきかえ日本料理は、見た目の美しさと繊細な味わいを取りえとしている。

いうまでもなく、日本人の食生活も近年にいたって急速に変わりつつある。日本人の食物に対する嗜好が普遍性の度を高めるにともない、一人あたりの米の消費量は低下している。安価な輸入小麦は、上等なヨーロッパ風のパンに焼かれ、朝食ではほとんど米にとって代わった。食肉も、輸入品であれ、輸入飼料で育成された国内産であれ、日本人の食生活にかなりの地位を占めるにいたっている。もっともその消費量は、アメリカ人のわずか五分の一を、いまだに下まわっている現状である。

乳製品は、ごく最近まで、東アジアの人々にとっては、苦手な食品だった。ところが、日本人はそれをすら身につけてしまったのである。

日本酒ですら、品質のすぐれたドイツ風ビールやスコッチ風ウイスキーなど、欧米流の飲料に徐々にその地位を明け渡しつつある。

日本人は各種各様のめん類をたしなむ。中国風の料理法や、さまざまな欧米風の料理はいずれも日本人の好みにかなっている。

日本人はまた、伝統的な料理とは全くちがったいくつもの料理を作り出した。ある種の国際的名声を博したのも、この点が受けてのことであろう。

その一つはスキヤキで、これは十九世紀の医学生が、肉食を禁じた当時の風潮に逆らって作り上げた料理である。いま一つはテンプラだが、これは十六世紀、ポルトガル人がもたらしたという説も行なわれている。

そのほか、第二次大戦以後さかんになった焼肉料理など、全くあたらしい料理もある。日本の牛肉は、その品質の高さで名声を得ている。ビール粕を食わせ、マッサージしてやるのが高品質の理由だというのが俗説だが、より説得力があるのは、大牧場や牧草地に放し飼いにされるほどの土地がないために、筋肉がかたくなるおそれがない、という説明であろう。現に日本の肉牛はしばしば牛舎内で肥育されるのである。

米、野菜、魚介類からなる昔ながらの日本式の食事は、食肉や獣脂を多量に摂取する欧米人のそれとは対照的だが、健康という見地からするならほとんど完全食に近い。ただし日本人が胚芽をとり去った白米に固執することをやめればである。

いずれにせよ、アメリカ人と比べて日本人に心臓病患者が少ない理由の一端は、この点に由来しているのかもしれない。他方、日本人の食生活、おそらくは白米の摂取が、胃ガンの多発に寄与していることも考えられる。

かつての食生活が、子どもの初期の適正成長にとって、いささか貧寒にすぎた、ということも考えられぬではない。第二次大戦以後、日本人の子弟は、その背丈を数センチ伸ばし、体重にいたっては、かなりの増加を示した。上背が伸びたことの一つの理由は、畳に座ることが減り、椅子生活が増えた結果、足が真直ぐになった点に求められよう。だが体重の場合と同じく、主因はやはり食事内容が、乳製品に加え、食肉やパンの摂取がふえたことなどで、より栄養価の高いものになった点に見出されるべきであろう。

今日の日本の若者は、父祖に比べ目にみえて大柄で、かつてはほとんど目にしなかった肥満児が、今日ではごくありふれた風景になってきている。

農地に恵まれないからといって、農産物以外の天然資源に恵まれているかといえば、日本に関してはそんなことはない。せいぜい豊富にある資源としては水を数えるばかりである。雨量が多いために、集約農業が可能であるばかりか、全国土の三分の二は、うっそうたる樹木でおおわれている。森林地の大半は、いまでは科学的な植林計画の対象となり、最大級の樹木の成育がはかられている。

小さな国であるにもかかわらず、日本が世界の主要木材産出国に仲間入りしているのはこのためである。もっとも木材需要があまりにすさまじいために、需要のわずか半分足らずをみたすにすぎない。工業用パルプや個人住宅用の木材の需要が尋常一様ではないからである。

昔から日本の建物の大部分は木造ときまっていた。石や煉瓦建ての建物は地震によわいからである。今日ですら、個人住宅や小店舗の大半は木でできている。

また日本の河川は小ぶりだが、流れが速い。それで水力発電のかっこうの舞台となり、かなりの役割をはたしている。だがなにしろ日本のエネルギー消費量が膨大をきわめるため、水力発電はわずか五パーセント強を占めるにすぎず、その比率は下降する一方である。しかも、開発可能な水力発電源は、百パーセント近く開発されつくしている。

日本にとって、海洋は有力な経済的資産を成している。日本人の主たる蛋白源である魚介類を供給するだけでなく、各種ビタミンに富む海藻類の供給源でもある。現に日本人は、海藻を大幅に食事に取り入れている。

沿岸水域は日本人に貴重な食料資源を供給してきた。そして今日、魚類、貝類、海藻類の養殖が大がかりに行なわれている。日本の漁船団は遠く七つの海に出漁する。金額においては世界第一の水産国で、漁獲量においてもペルーについで世界第二位の地位にある。ペルーが世界最大の漁獲量を誇っているのは、沿岸水域で多量のカタクチイワシ(通称アンチョビー)を水揚げするからである。

日本沿岸を洗う大洋はまた、国内の交通を容易にし、あわせて世界の市場や資源への交通路を形成している。京都を唯一の例外として日本の六大都市はいずれも直接海に面しており、中小都市の大半も同様である。そのほとんどの場合、もともと海の近くにあったものが、浅瀬に埋め立て工事を行なうことでドック施設や工場群を造成しては、海岸線にはり出していったものである。

したがって、日本の重工業の多くは海岸地帯に位置し、陸路や内海交通に拠らず、直接、外洋を使っての運搬に便利なように立地されている。

地下資源は乏しい。火山性の地質なので硫黄には富み、石灰岩、粘土、砂礫なども豊かだが、それ以外の重要地下資源は、種類こそ一通りそろっているものの、工業化以前の需要ならともかく、今日の日本産業にとっては、ほんの気休め程度の量でしかない。

たとえば初期の工業化をまかなうに十分な石炭はあったし、またそのために、これが決定的な役割も演じたわけだが、炭層が薄く、裂け目が多いために採炭は容易でなく、今日では石炭の三分の二は海外に供給を求めねばならない。

同様に、日本が銅の輸出国であったことも一時期あった。しかしその銅ですらいまでは六分の五が輸入であり、鉛と亜鉛については三分の二が輸入である。この三つの地下資源は、日本が比較的恵まれている方の代表だが、それでもこの海外依存率の高さなのである。

それ以外の重要鉱物資源にいたっては、ほとんどが百パーセントかそれに近い輸入にたよっているのが実情で、鉄鉱石はその一例である。

だが、もっとも深刻なのは石油で、この基軸エネルギー源を日本は全く欠いているに等しい。にもかかわらず日本のエネルギー消費のおおよそ四分の三を占めるのは石油である。海底石油の見込みも貧しく、原子力発電用の燃料資源もとり立てて挙げるべきものはなに一つない。

資源に恵まれず、農業基盤がごく限られているにもかかわらず、日本の人口は今世紀に入ってからだけでも優に倍増し、生活水準に至っては何倍にも伸びた。急速な工業化がこのような際立った伸びを可能にしたことはいうまでもない。

だが、国土が狭隘《きょうあい》で資源をもたないという地理的な制約は、工業化の進展とともに、エネルギー源や原材料の海外への依存度を高め、それに必要な外資を入手するために、工業製品の輸出に対する依存度を高くした。

日本は、石油、石炭、鉄鉱石、それ以外の多くの鉱石や金属、綿花、羊毛、木材などの世界最大の輸入国で、いまあげた品目以外にも数多くのさまざまな産品を、世界でもっとも多く輸入している。

かつて日本は自国で綿花を作っていたが、綿作用の農地を食糧生産に転用してから長く、いまでは海外から綿花を調達している。絹でさえ輸出よりは輸入が上まわるという始末で、一八六〇年代から一九二〇年代にかけて、日本の輸出の大部分を占めたこの労働集約度の高い半農業産品も、いまでは輸入がより多くなってしまった（桑の葉を蚕の食料とする点で、絹も農産物といえる）。

日本を経済地理的な見地から捉える際に、もっとも重要なポイントは、生き延びていくためには地球大での通商関係が不可欠であり、そのことが外部世界との関係を決定する一大要因だという事実である。

工業化は必然的に都市化を意味するが、今日の日本もその例にもれず、高度に都市化している。いや、十八世紀における工業化以前の日本ですら、国際的には孤立していたものの、経済、政治の両面での集権ぶりはいちじるしく、おどろくほどの大都会を産み出していた。

たとえば東京の前身である江戸がそれであった。江戸の人口は百万を数え、一七〇〇年当時において、恐らくは世界最大の都市であったと想像される。商業の中心の大坂や、古都の京都もそれぞれ数十万の人口を擁していた。それ以外にも各所に城下町が点在、そのなかには人口十万を有するものもあり、二百六十五ほどの封建領主が居城をかまえていた。

十九世紀の中期には、都市化した人口がかなりあったわけであるが、それ以降の伸びは、まさに驚異的といってよい。東京都は二十三区内に八百五十万を超す人口を有し、市部・郡部をふくめると、実に一千百万を上まわる。東京のごく周辺には、二百五十万以上の人口を擁する横浜市が存在するほか、東京と横浜とにはさまれて川崎市が、これまた百万余の人口をかかえている。そのほか、重工業地帯や都市人口をかかえる諸県が東京に隣接している。これらを全部ひっくるめると実に一千五百万になんなんとする人口が「突出《ノード》」しているわけで、大ニューヨーク地域を除いては、優に世界最大の人口集中を示している。

大阪を中心とする関西地方も、総人口一千二百万以上に上る主要大都市圏である。「関」の西を原義とする関西は、東京を中心とする関東に対する一大ライバルの観を呈し、大阪以外にも巨大な港湾都市の神戸と古都・京都（それぞれ人口は百五十万弱）を有するほか、これらの大都市にはさまれた多くの中小都市が介在している。

一方、関東と関西の中間に位する名古屋も、二百万を優に上まわる人口を擁するもう一つの突出点である。北海道の中心地たる札幌は百二十五万、九州北部の中心である福岡と、いくつかの中小都市を併合して、いまやその名も北九州となった一大工業地帯は、それぞれ百万を超す人口を有している。

原爆の洗礼を受けたことで世界的にその名を知られる、瀬戸内海に臨む都市広島の人口は八十五万を上まわる。

これ以外にも、十万から七十五万ぐらいの人口をもつ都市は百五十を下らず、農村部といえどもかなりの人口が集中し、交通機関がまずまずのところでは、工業化によるスプロール現象が浸透しているありさまである。

産業は、全体の五分の一にすぎない平地に立地している。なかでもとくに濃密に集中しているのは、東京から太平洋岸を名古屋を経て関西地方に至り、ついで瀬戸内海沿岸ぞいに北九州に通じる一帯である。

ここには、工場や住宅がほとんど間断なく軒をならべ、ときおりは農業地帯が、まれには山稜がそれをさえぎっているにすぎない。関東地方から関西に至るこの東半分は、むしろ巨大なメガロポリス、つまりは大都市圏と呼ばれるにふさわしく、総人口の実に三分の一内外を包みこんでいる。アメリカに例をとるなら、ボストンからワシントンに達する一大「長距離」都市に匹敵しよう。

政治の中央集権化についで、工業化が過去一世紀の間に進行したおかげで、日本はいまや一流の国内交通通信ネットワークを有するに至った。大都市圏は通勤電車網が整備され、東京と大阪とは地下鉄網も完備しているが、いずれも第一級のものである。通勤電車がまじり合うところでは、巨大な副都心が生まれたが、その代表的な例は、東京の新宿副都心であろう。

全国を一つに結びつけるには、高性能かつ多岐にわたる鉄道網が四通八達しており、近代的な高速道路網も各地に広がりをみせている。

本州とそれ以外の主要な地域とを隔ててきた「水」という障害も、巨大な橋梁やトンネルによって克服されつつある。すでに本州と九州とを結ぶ橋梁やトンネルは存在するが、北海道との間のトンネルもいまや着工をみており、瀬戸内海を横切って本州と四国とを結ぶ架橋作業もやがて始められようとしている。

海外旅行には不可欠の航空機は、国内においてはわき役をしか演じていない。アメリカの場合には、遠距離旅行は航空機とほぼ決まっているが、日本人は一連の「新幹線」を建設した。欧米人がしばしば「弾丸列車」と呼ぶのがこれである。

その第一次計画の東京・大阪間の新幹線は、平均時速百七十余キロで走り、五百五十二キロを、わずか三時間少々で結んでしまう。上り下りとも十五分に一度の割合で出発し、その発着時間の正確さは、まさに驚異に値する。

一方、航空機はそれほど時間厳守ではなく、その上に空港から都心への往復に要する時間を勘定に入れれば、それほど速いとはいえない。

日本の諸都市やスプロール現象が、日本でもっとも魅力のある側面とは、義理にもいいかねる。その理由の一端は、日本の工業化があまりにも急激であったことであり、その達成が悪条件のもとで成しとげられたことである。

第二次大戦後、戦禍に見舞われた日本の都市のほとんどは、にわかに再建されねばならなかった。しかも当時は、経済的にも大きな困窮下にあったのである。したがって再建された建造物も、その多くは吹けば飛ぶようなおそまつなものであった。都市計画などに頭をめぐらす余裕はなかった。経済的な要請が、他のすべての配慮に先行したのである。

当時と比べるなら、今日の成長の度合いはずっとゆったりしており、経済性や生産以外の諸要素も無視されてはいない。しかし日本は、いまなお大問題をかかえている。人口居住地域に関するかぎり、世界でも最も混み合ったこの国は、空間の全般的な不足になやんでおり、しかもそれがもっともきびしい形をとるのは、いうまでもなく都市においてである。

地価は目をむくほど高く、個人の居住環境や公共施設における混雑ぶりは必然的にきびしい。

四階から六階建ての鉄筋アパートが大都市を色どっているが、その一家族分の居住面積は、欧米のアパートの中規模の大きさの一室と広さはあまり変わらない。それがさらに小さな二つぐらいの部屋と、さらに小さな台所と風呂場に仕切られている実情なのである。

東京の集団住宅の三分の一は、六畳一間《ひとま》にすぎず、水洗便所をもつ東京都民の数は、全体の半分をかなり下まわる。

道路の占める面積が、ニューヨークでは三五パーセントにもなるのに反し、東京と大阪では、それぞれ一二パーセントと九パーセントにすぎない。東京都民一人あたりの公園面積は、ニューヨーク市民の十分の一以下で、ロンドン市民と比べれば、二十分の一見当である。日本の都市状況と対比すれば、アメリカの都市は、もっとも混雑したところといえども、かつての広々とした新開地を思わせるほどである。

この結果、日本の諸都市やスプロール化した都市周辺部は単に混雑をきわめているだけでなく、見た目にも醜悪な荒地と化している。個人の住宅は、壁で外部からは遮断されているとはいえ、けっこう美しい小部分を形成し、町はずれには魅力のある小道も少なからずある。だが、大多数の都市の外に向ける顔は信じがたいほど醜く、海や山、それに工業化の手のおよんでいない農村部の自然美とはするどい対照をなしている。

皇居のお濠や石垣は、東京の都心部に魅力と威厳とを添えてきた。ところがほとんどの都市は、いまようやくにして都市としての形を整え、ある種の威容を身につけつつある。ごちゃごちゃとした家並を縫って、大型の町並が整備され、ときには四十階五十階の高層を誇る新建築がその美しい姿をみせるに至っている。

空間の不足と、恒久的な舗装道路や煉瓦建てもしくは石でできた建築物への従来の投資が少なかったこととが相まって、日本の「実質」生活水準は、一人あたりのGNPが示す計算上の生活水準をかなり大幅に下まわっているようにみえる。

空間の多寡というのは、ある程度までは人間存在の幸不幸にとっての決定的要因となっている。それは統計上の数字に組みこまれるたちのものではないが、空間に恵まれないという事実は、日本人がよく口にする「国民総生活水準」では、決してGNPから想像されるほど豊かでなく、むしろかなり低いのだ、という自己評価に説得力を添えていることはたしかである。

　とまれ、工業生産が巨大で、生命の躍動こそ感じるとはいえ、嘆かわしいほどの混雑にあえぐ日本の都市が、現代工業社会がかかえる栄光と、それとうらはらをなす問題との混然一体ぶりを、おそらくは他のいずこにも増してくっきりと見せてくれていることは疑いない。

3 孤立

日本人をとりまく地理的環境のうち、もっとも決定的なのは、彼らがどちらかといえば他と隔絶している、という点である。日本は旧世界の東端の沖合いに位する。それはちょうど大ブリテン島がその西端の沖合いに位するのと似ているが、旧世界との距離は大ブリテン島の場合と比べ、かなり大きい。日本と朝鮮半島との距離は、ドーヴァー海峡の幅のほぼ五倍に達する。

航海術が幼稚だった時代にあっては、この距離はおそるべき障壁を形づくっていた。ましてや中国大陸と日本との間に横たわる広々とした海洋は、それ以上に抗《あらが》いがたかった。

世界の主要国家群の中で、日本くらいその長い歴史のほとんどを孤立した状態で過してきた国は、ほかにはちょっと考えられない。十六世紀にいたり大洋を越えた通商活動がその緒につくまで、日本は朝鮮半島ならびに中国大陸と、折にふれては衝動的ともいえる交流をもってきた。だが、さらに遠隔の地からの影響は、中国もしくは朝鮮を経由し、そのフィルターにかけられた形でしか、日本にはもたらされなかった。

近世にいたって日本の為政者は、この地理的条件を利して外部世界との完全な隔絶政策を日本に固定化させた。一六三八年から一八五三年にかけての二世紀余り、日本人は対外接触からほとんど完全に遮断された。世界中で、国家間地域間の関係が息吹いていた時代であることを思えば、日本人の鎖国体験は特異な体験であった。

このように、元来は地理的な自然条件に、のちには人間の作為が加わり、日本人は他のいかなる同程度の国民――その大きさと高度の発展段階の両方において――よりも、世界と隔絶して生きることを余儀なくされた。換言すれば、自然条件と作為との組み合わせが、日本人に特異な生き方を独自に模索していくことを、他の大多数の国民の場合よりも大幅に可能にした、ともいえる。

まさしく日本人は、文化的にきわめて特異な国民でありつづけた。近隣の中国や朝鮮半島とも鋭く相違している。日本の高級文明のほとんどが、これらの地域に由来するにもかかわらずである。今日なお日本は、非欧米の文化背景をもつ唯一の主要工業近代国家としてのユニークな地歩を、世界に占めている。

孤立はいくつもの重要な副産物を生んだ。たとえば朝鮮人や中国人ですら、日本人をなんとはなしに異質と感じることや、日本人がつよい自意識をもっていることなどは、その証《あか》しである。これらはいずれも計量化できない。しかし、日本人が、人種的にも文化的にも類縁関係のつよい朝鮮人や中国人を含め他の世界を、とかく「われわれ」と「彼ら」という二分法で截断しがちなことは事実である。「外来」の借用と「日本」古来の事物との間に、ほとんど病的ともいえる区別を立ててきたのも、日本史を通じてみられる現象である。

皮肉なことに、孤立状態は日本人を外部からの事物に鋭敏にし、それが外国のどこに由来するかに対し特別な注意を払うようにしむけた。どの国であれ、一国の文明はその国に固有な発明であるよりは、むしろ外部からの影響の所産である面の方がはるかに大きい。たとえばイギリス文化から、外国にルーツないしは先例をもつすべてを取り去ったとしたら、あとにはほとんどなにも残るまい。

ただ海外からの借用は、大体がゆるやかで無意識な過程《プロセス》であり、そうでないまでも記録に残らないままに終始するのがほとんどである。だが日本人の場合は、「外来」と「固有」なもののちがいを鋭く意識し、文化の借用を、その歴史の主要な基調《テーマ》たらしめた。

彼らが他者に対してはもちろん、その自画像においても、文化の借用者としてユニークな存在という印象を定着させてきたのは、このような事情が存在するからである。他の諸国民とはちがい、日本人というのはしょせん模倣上手にすぎず、発明の才に乏しく、借用はしたもののその本質についての理解は浅い、という神話が生まれたほどである。だが現実には、孤立は彼らにその文化の大部分を、自ら工夫発明することを強制し、同じ位の大きさのどの国民にもみられない、いくつかの際立った特色をつくり上げさせた、というのが実情である。彼らを他と分かつのは、その模倣性ではなく、その特異性であり、彼ら一流の文化的一体感を損なうことなしに、他から学習し適応させていくという才能である。同じことを手がけた国民はほかにもあるが、日本人ほどの成果をあげてはいない。

孤立のもたらしたいま一つの副産物は、日本のもつ希有ともいうべき文化的均質性であろう。すでにこの点については言及した。

もちろん孤立と均質性は、必ずしも並列するものではない。大ブリテン島がその好例である。とはいえ、長く外部世界から隔絶されたことが、日本列島全体に均質な文化態様を波及する上に資したであろうことはおそらくまちがいない。山あり谷ありの地形が障壁となったにもかかわらずである。

日本人のもつ均質性というテーマは、これからもひんぱんに顔を出すであろうが、ここでは日本人の人種構成を例にとって解説しておく。日本文明にとって、このことこそが自然条件の一部をなすと考えられるからである。

他の諸国民同様、今日の日本人も、長期にわたる先史時代の混血の結果である。風貌の多様性は、過去においてかなり多量の混血が行なわれたであろうことを示唆している。しかし重要な点は、その起源はともあれ、今日の日本人が、世界中でおそらくはもっとも一律化され、文化的にも均質な大人間集団であるという事実であり、唯一の例外といえそうなのは、北方中国人ぐらいなものである。

日本全土を通じ、主だった形質人類学上のばらつきはほとんど存在せず、イギリス人、ドイツ人、フランス人と同様、習俗や話し方の次元で多少の差異はあるとはいえ、大ブリテン島のゲーリック語族と英語族、新教徒と旧教徒ほどのちがいは存在しない。ましてやフランス語、ブルターニュ語、ドイツ語、バスク語のいずれかを話す「フランス人」同士のちがいや、北イタリア人と南イタリア人との間の相違点にみられるような色分けは、一切ないと断定できる。

あえていうなら、日本列島というのは、いわば一種の袋小路といってもよく、さまざまな人間集団が長期にわたってたどりつき、出口がないままに定着、遅れてやってきた集団と混じりあうことを余儀なくされたと考えられる。その一つはアイヌで、体毛の多い点では、白色人種の特色を有し、他人種の特色をも兼ね備えている。日本人の中に、他のモンゴロイド人種より多毛な人が散見されるのは、あるいはアイヌがその理由であろう。

ある一時期において、アイヌ——少なくとも部分的に現在のアイヌの遠祖にあたる人々——は、日本列島の全部ないしはその大半を占めていた。八世紀にいたるまで、彼らは本州の北部、三分の一をその支配下においていた。

だが彼らは徐々にその地歩を失い、日本民族の本流に征服同化され、今日ではわずかに二万人にみたないアイヌが、北海道に文化的な別集団として生き残っているにすぎない。それとても、いまや同化吸収の寸前にある。

日本人は基本的にはモンゴロイド人種に属している。アジア大陸に居住している近隣の諸民族と同様にである。考古学や歴史記録に照らしてみるに、北東アジアから広範な諸人間集団が朝鮮半島経由で日本に流入してきた。キリスト紀元一世紀から七世紀にかけてである。

それ以前にも、南方から人間ないしは文化的な傾向が、日本に到来したことも考えられる。日本文化が、ある種の「南方的」な要素を、東南アジアや南太平洋の諸集団と共有しているのはこのためである。ごく初期の段階に、南方中国に居住していた諸民族とその文化とが南方に移動し、同時にその一部は東漸《とうぜん》、朝鮮を経て日本に到達したと考えられるのである。日本の神話の中に、「南方的」なモチーフのものが存在すること、初期の建築様式が薄手で熱帯的な特徴をもっていたこと、それに日本人の体格が、どちらかといえば南方中国人に近く、朝鮮人や北方中国人のもつ背丈や強悍《きょうかん》さを共有しないのも、この辺に原因があるのかもしれない。

わずかに残る歴史記録によれば、西日本には八世紀まで、若干の民族的多様性がみられたらしい。一方、北部日本はなべて現在のアイヌ民族の祖先の手中にあった。しかしそれ以降、日本に新しい血液が大幅に導入されたことはない。のみならず、一千年の長きにわたり、日本への移民は、それがどのような形のものであれ、皆無に近かった。このように人種の混合や、高度の文化的均質性の形成には長い時間を要したのであった。この過程を助けたのは、一つには十七世紀から十九世紀にかけての人為的な鎖国であり、鎖国が解かれたのちの、高度に集権的な統治であったことは疑いない。

しかしずっと以前から、日本人は、自分たちが他とははっきり区別される、純粋な存在であるという自画像を描いていた。一つの巨大な家族と自らをみなすこともしばしばであった。この種の発想は、未開な部族社会ではままお目にかかるが、近代的大国家の市民の間では、むしろ希有に属する。

近年における日本帝国主義の海外侵略や、今日の地球大での交易は、ここ数十年の間に若干の外国人を日本列島に引き寄せた。だが、一民族としてかなりの多数を擁するのは、六十万見当の朝鮮人が唯一の例で、その大半は第二次大戦中、戦地に赴いた日本人労働者の補充として日本に連れてこられた朝鮮人のうち、日本に残留を決めた人々である。そのほかにも何万人かの中国人がいるが、その大部分は商人で、旧日本領の台湾ないしは中国大陸の出身者である。それ以外は、欧米人や、アジアの遠隔の地を出自とする外国人が数千名いる程度にすぎない。

彼らを全部あわせても総人口の一パーセントにみたず、少数民族問題がよしんばあるとしても、それは朝鮮人だけである。ただ彼らは肉体的に日本人とは同一で、言語的にも類縁関係がふかいので、文化的にも人種的にも容易に日本人に同化しうるはずである。事実、日本で生まれた朝鮮人は、父祖のことばを忘れてしまうのが常である。それはちょうどアメリカに生を享けた非英語国民が、言語的にアメリカに同化してしまうのと似ている。

ただ、自己文化中心主義をかたくなに守る日本人は、朝鮮人を自分たちと同じ仲間の一員として受けいれようとはしない。朝鮮人自身も、日本人のこういった考え方や、かつての母国支配に反発するあまりに、自分たちの民族的一体感に固執しがちである。のみならず、在日朝鮮人社会は、日本社会や政治にとって、むずかしい要素を注ぎ込む。韓国と北朝鮮のそれぞれの政権が敵対関係にあることは周知の事実だが、彼ら在日朝鮮人社会も、そのいずれかに熱心に肩入れしているだけでなく、韓国派、北朝鮮派に分かれた日本の政治家を、それぞれひいきにしているからである。

だが、さしもの朝鮮人問題といえども、さいきん新移民や外国人工業労働者の流入が問題化している北ヨーロッパ諸国と比べれば、ほんのささいな問題にすぎず、ましてやアメリカのかかえる人種・民族の多様性がつくり出す問題と比べれば、それこそ問題にもならないほどである。

日本のかかえる「孤立」について、さいごに一言しておくべき点は、それがもはやすっかり消え失せてしまった、という事実である。現に、世界で日本くらい孤絶していない国はない、ということもできる。生存しつづけるというただそのことのために、日本ほど世界大での財の交流に、明らかに依存している国はほかにはない。日本が世界のほとんどの地域とつよい通商関係をつくり上げてきたのはこのためである。

かつては日本を世界から切りはなした海洋も、いまでは日本を世界各地と繋ぐ役割をはたしている。いっときは、日本と各国とを隔てた雲煙《うんえん》万里も、いまではなんのこともなくなってしまった。いざ戦争となれば、数分にして破壊が大洋をこえて各地に及ぶこともはっきりしている。ことばや映像も瞬時にして全世界をかけめぐる。一人の人間が同じ暦日に、ニューヨークと東京に在ることも可能である。マンモス・タンカーやコンテナー船の到来とともに、海上運賃は陸上運賃とくらべいちじるしく下がった。

山脈や砂漠、熱帯のジャングルや北極のツンドラは、なるほどいまでも通商にとっての一大障壁であり、それを上まわる人為的な障害もなくなってはいない。とはいえ、大洋がいまや世界を経済的に一つに結ぶ接着剤の役割をはたしていることは疑いない。

私がライシャワー流の人口・GNP地図を描いた際に、大小の海洋をうんと圧縮し、国と国、大陸と大陸との区別がつけられる程度にとどめたのは、このためであった。日本をこの地図の周辺におくことをせず、旧来の慣行をやぶって、あえて中心に据えたのも、日本のように世界大での通商に携わっている国には、その方がふさわしいと考えてのことであった。

完全な孤立から、百パーセントのかかわりという変容は、わずか一世紀そこその間に行なわれた。これは歴史的な物差しでいうなら、きわめて急激な変容であった。経済や軍事、文化や思想の面における外部からの衝撃は、かつては大きな距離と、確固とした人為的な障壁によって、その強度がやわらげられていた。孤立のもたらした心理的な影響は、いまでも日本人の間にたゆたっており、他国民の日本観についても同じことがいえそうである。言語的にも、日本人はきわめて特異かつ困難な表記法と、他の言語とは類縁のないことばをもつ点で、孤絶している。

だが、地理的な孤立という原点と、比較的近年になって自ら課した人為的な孤立は、もはや過去のものとなった。

この変化はいかにも巨大で、日本人にとっては不安の種たらざるを得なかった。かつての日本の地位にふさわしい思考や技能は、今日ではもはや物の用に立たなくなってしまった。

このような新事態への対応は、生やさしいものではなかった。現に日本人の胸中には、世界における自分たちの地位についてはもちろん、自分たちが一体なんでありだれであるかについてすら、深刻な不安感が存在する。今日の時代において日本人であることが何を意味するのか、今日の世界における日本の役割はどうあるべきか、などの疑問である。

彼らは、しばしばこれらの問題について自問する。本書の最終部でそれをとり上げることにしたい。

歴史的背景

4　古代の日本

日本の地理的な位置や天与の条件が、その針路を方向づけたことは事実である。だが、そのような物理的な特徴だけで、今日の日本人を説明しつくすことはまずできない。日本人がどのような経験を経てきたかを知ることなしに、現代の日本人とその潜在的能力とを真に理解することは不可能である。

日本の歴史を振りかえる意義はいま一つある。それはアメリカとは異なり、日本人が東アジアの他の諸民族と同様、歴史をつよく意識しているからである。日本人は自らを歴史的な物差しで眺める。現在の自分たちがどのような特性をもっているかを分析するためには、一千年の余をさかのぼることすらいとわないのである。

日本を知り、日本人の文化的特質を理解しようと思えば、どうしても日本の歴史的背景を知ることが欠かせない。したがって現在の時点に的をしぼり、視界の悪い未来を遠望するにあたっては、日本の過去を簡単にふりかえっておくのが便法であろう。

旧世界の高度な文明が日本列島に達したのは、時代的には比較的のちのことであった。世界最古の陶器類が出土しているとはいうものの、日本で農耕が始められたのは、ヨーロッパや中東、インド亜大陸や中国におくれること数千年、青銅や鉄の使用も数百年のちのことである。

これらの金属類は、紀元前二、三世紀ごろ、農耕の伝播と時を同じくして日本に流入しはじめたものとみられる。

日本人が明確な形で歴史に初登場するのは、三世紀の中国の史書においてである。その記述によれば、当時の日本人は明瞭な階級区分をもち、農耕と漁労で生活し、半ば宗教的な地位をもつ首長を頭にいただく百あまりの部族国家に分かれていた。

首長の中には女性もおり、その中でも同史書にいう「女王国」は最有力で、他の国々を従えていた。女性の支配者が存在したという記述は、もともと日本には女家長制度があったらしいことを思わせるばかりか、皇室の系譜を女神、天照大神いらいのものとする神話の説くところと合致する。

日本は三世紀前後から、朝鮮半島を出自とする騎馬民族の、幾波にものぼる侵入にさらされたようである。少なくとも文化的な影響を朝鮮半島から受けつつあったことだけは間違いない。

その後三世紀の間に、日本列島の西側の三分の二にあたる地域には、巨大な古墳が次々に造られた。これは武力をもつ一部の特権階級に、権力や富が相当程度集中していたことを示している。

六世紀までには、大和（奈良盆地）を本拠地とするある豪族が、西日本の大部分において、明確な支配権を確立した。すでに政治組織や経済機構はかなり複雑の度を加えていたとはいえ、発展段階は未だしであった。

国土の大半は、「氏《うじ》」と呼ばれる半自治的な部族国家の管理下におかれていた。これらの「氏」集団は、神話次元のつながりや、実際あるいは架空の親縁関係により、前述の大和を中心とする支配的な一族と結ばれていた。

「氏」集団は、それぞれが「氏上《うじのかみ》」と「氏社《うじのやしろ》」とをいただき、さらにその下に一群の従属的氏集団と、農民、漁民、織工など、職業別の擬制的家族集団をしたがえていた。

古代日本人のもつ宗教儀礼は、外来の仏教と区別するために、のちにいたり「神道」という名が付された。神道は八百万の神々の礼拝を中心とするものだが、日本人にとっての神々とは、自然現象であり、神話上の祖先であった。後者の場合も、それはしばしば自然神で、太陽神としての天照大神はその一例である。

人間と自然との関係は、明確な一線で画されず、非凡な人間や畏怖を感じさせる人物は、容易に神に祀られた。統率者とは、俗界の支配者であるとともに、高位の神官だったのである。

現に日本語では、「祭祀《まつり》」と「政治」、「神社《やしろ》」と「宮殿」のそれぞれには同じことばが使われたのである。

彼らの宗教的意識には、倫理的な理念はともなっていなかった。そこにあるのは、自然に対する畏怖の思いと、儀礼的な「清明《せいめい》」という感覚にすぎなかった。が、一部の論者はここに、日本人のひとかたならぬ清潔好きと風呂愛好との一因を見ている。

六世紀末までに、日本は文化面ですでに近隣の中国大陸から少なからぬ影響を受けていた。青銅や鉄器と同様、それは農業についてもあてはまる。だが、六世紀中葉にいたり、異文化の流入速度が早まるとともに、日本人による大陸文化の受けとり方は、従来とはちがった趣を呈するようになった。

それは、在来の神道と、その霊験《れいげん》において甲乙をつけがたい魅力的な信仰体系として、仏法と仏像とを信ずべきか否かをめぐる論争という形で始まった。結果は仏教招来派の勝利におわり、その後、五九三年から六二二年まで、叔母にあたる女帝の摂政をつとめた聖徳太子の時代には、この新しい宗教と、それに付随した大陸文明が大いに栄えたのである。

聖徳太子は自ら仏典の注釈書を物し、寺院を建立した。なかでも奈良の法隆寺は、世界最古の木造建築と、当時つくられたおびただしい数の優麗な仏像とで知られている。聖徳太子はまた、中国の都へ使節を出し、その高度な文明をじかに学ばせる一方、中国の政治制度の模倣に手を染め、仏法や中国の考え方を母胎とする「十七条憲法」を起草した。

ついで大化改新（六四五年）で朝廷内の実権を手中にした革新グループは、中国の技術や制度を、いっそう精力的に借用し、二世紀にわたって、その努力は鋭意つづけられた。勢いがようやく衰えたのは、九世紀においてである。

このような努力の結果、日本は部族単位の後進性からぬけだし、旧世界の高度文明社会へと脱皮したのである。それは不完全であるとはいえ、中国に範をとっていた。そして当の中国はといえば、そののち一千年もの長きにわたり、政治、経済の両面で、世界に冠たる存在として光被《こうひ》すべく、まさに船出しようとしていたところであった。

欧米の歴史には、異文化の借用にあたりここまで意識的に努力した事例は見当たらない。わずか十八世紀初頭のピョートル大帝の例が数えられる程度である。ただしこれとても時代はずっと下るほか、その困難や熱意を日本と比べたら、はるかに劣るとせねばならない。もっとも、朝鮮人や、満州の諸部族のように中国文明の影響下にあった民族のなかには、日本人とやや似た模倣への努力をこころみたものも皆無ではなかった。

ありようは、欧米とのこのちがいは、日本人もしくは中国周辺の諸民族の特性というより、中国文明自体の栄光や魅力のゆえであったのかもしれない。これと比べると、当時のローマは悲惨なまでに萎え衰えていた。

とまれ日本人は、六世紀から九世紀の間に、文学、芸術、科学技術、政治的・社会的諸技能の各分野において、従来の決定的なおくれをとり戻し、北ヨーロッパの諸民族をしのぐにいたったのである。同時に日本人は、日本文化における外来的な要素と在来的な要素とをはっきり識別する意識を身につけた。

その結果、他国に学ぶことの重要性をごく早い時期から認識するとともに、「模倣上手の非独創的な民族」というたぐいの神話を生み出すもとにもなった。

古来、中国人は文明とは政治的統合体のなかで栄えるものとみなしてきた。日本人も、他の東アジアの諸民族と同様に、統一された政治制度を最優先するこの中国的な考え方を受け入れてきた。

この考え方は、統合上の要素として宗教を強調した南・西両アジアや、ローマ崩壊後、政治的には多様性を示しながらも、宗教的には一枚岩であることを許容した西洋の考え方とは、いちじるしく異なっている。

東アジアの諸民族がこのように政治的な統合体を強調していたことを頭に入れておけば、現在の世界の国々のなかで、今日とほぼ同じ政治的統合体を他に先駆けて形成したのが、紀元前三世紀の中国と、七世紀の朝鮮および日本であったという歴史的事実を理解しやすいかもしれない。

日本人はまた、中国流の強力な君主政治の概念を導入し、従来の半宗教的な指導者を、中国型の世俗的非宗教的な支配者へ変えようとこころみた。

それ以来、日本の天皇は、理屈の上では、神道という在来宗教の「大神主」と、中国型国家の世俗的君主という二つの性格と機能を合わせもつにいたる。だが実際には、後者の権能を天皇が行使したのは、ごくまれであった。天皇が征服者として権力の座についたことは、先史時代はともかく、歴史時代においてはただの一度もなかった。

それどころか、すでに七世紀までには、天皇は個人的な権力をふるう存在というより、むしろ象徴的な権威という面がつよくなっていた。

むろん時がたつにつれ、したたかな天皇があらわれ、象徴として君臨するだけではなく、統治に目を向けたこともないではなかった。だが多くの場合、天皇は一部の皇族や、宮廷内の廷臣、さらには地方の封建領主らの手で操られたにすぎなかった。

このような状況下においては、繁雑な儀礼にかまけ、実権をふるうという満足を得ぬままにおわってしまう。したがって、早期の退位が九世紀までに半ば慣例化したのもさして驚くにはあたらない。現在の天皇の地位は、「日本および日本国民の統合の象徴」という名目的なものにすぎないが、これは現代における「変則」というよりは、実は、一千年を上まわる歴史的な背景の所産なのである。

このような天皇をいただいて、日本人は中央集権国家・中国の政治機構を模倣したのであった。国土は「国」という行政単位に分けられ、中央から派遣される官吏の手で統治された。中国の法律は、一字一句のこらず、ほとんどそのまま引きうつされた。中央には精巧な官僚機構がつくられたが、日本の実情にあわせて、若干の手なおしが加えられていた。たとえば、中国の政府機構が六省から成り立ってきたのに反し、日本では宮内省と中務省《なかつかさ》を含む八省が設けられた。あわせて政治を司る太政官《だじようかん》とのバランスをとるために、神祇官《じんぎかん》が設置されたが、これは天皇のもつ機能の宗教的側面を代表するものであった。

これら朝廷内の精緻な位階制度は、宮廷貴族や地方の「氏」に固有な「氏姓制度」を乗り越えるべく設けられたもので、その結果、無数の官職が生まれた。当の中国の制度

――とりわけ七世紀後半に発展したもの――では、政府高官の多くは、煩瑣《はんしょう》でしかも学問的レベルの高い国家試験にパスした官僚群であった。

これに対し、日本ではまだこの種の官僚資格認定制度は十分に発達していなかった。のみならずこの種の制度は、高度に貴族化した日本には、しょせんなじまないものであった。したがって、日本人の受け入れるところとはならなかったのである。

事実、日本の官僚政治における身分や地位は、こののち、急速に門地《もんち》門閥《もんばつ》によって決められ、非世襲的な個人の能力に拠るところはきわめて少なくなっていく。

中国からの借用のうち、まさに驚きに値するのは、複雑この上ない土地制度と税制とを取り入れたことである。この制度のもとで、すべての土地は「公地」として、中央政府に所属すべきものとされた。そしてその多くは、定期的にすべての農家に平等に割り当てられるというのが建て前であった。そうすることで、各人の租税負担の平等化がはかられたのである。

税は人頭に応じて課され、農作物（租）、織物（調）、労役（庸）の三種類に分けられた。

この制度は、繁雑をきわめ、本場の中国でも十分には機能せず、何回となくポシャッた代物だった。それを思うと、中国よりさらに遅れた日本で、この制度がとにもかくにも機能したこと自体、おどろくべきことである。土地の再分配はその後たえて行なわれることはなかったが、この制度が多くの土地に明らかに適用され、数世紀にわたり、曲りなりにも運営されたことは、れっきとした事実なのである。

だが、この制度のいま一つの側面はついぞ実効をあげることなくおわった。それは税負担における労役提供の一部として強制的に人を集め、大がかりな軍隊をつくるという作業であった。天然の要害に拠る日本にとっては、あまり多くの歩兵を擁することは不必要であった。兵役の義務はだいたいが貴族のしごととされたのである。

集権化した政治行政制度は、首都を必要とした。ところがそのころの日本には、まだ町すら存在しなかった。そこで、広大な「内裏《だいり》」（天皇の居所）や政庁の周辺に街並みを集めた中国式の首都の建設が手がけられた。

最初の恒久都市は、平城京である。この都は奈良盆地につくられ、その街衢《がいく》は、中国の首都にならい、「碁盤の目」状になっていた。七一〇年から七八四年まで、政府が平城京に所在したことから、八世紀は一般に奈良時代として知られている。

第二の首都は、七九四年、大和北方の狭隘《きょうあい》な盆地に造成された。平安京がこれである。この名に因み、その後、数世紀は、平安時代と呼ばれている。

この平安京もまた平城京と同じく、中国風の街づくりがなされ、その碁盤の目状の街並みは、いまでも京都市の中心部に当時のおもかげを伝えている。

中国文化の借用にあたっては、政治の刷新がその主眼であったが、日本の高級文化の一切が相当の影響を受けたのもまた事実である。中国の学問、思想、文学はいずれも考究の対象となり、いちじるしく中国の影響を受けた思考様式や生活慣習も現出した。織物、漆器工芸、冶金術などさまざまな分野で、大幅な技術進歩が見られた。

中国や朝鮮に学んだ宮廷内の雅楽や舞踊は、世界最古の正真正銘の伝統音楽、伝統舞踊として、いまなお日本に伝えられ保存されている。美術も完全な変容をとげた。建築、彫刻、絵画などの各分野で、日本人は中国風の芸術作品を創り出したが、それらは中国の第一級品とも容易に肩を並べられるほどのできばえであった。

これらの美術の多くは、仏教という新宗教にまつわるものであった。神道とは異なり、仏教は普遍的な訴求力をもつ高度に知的な宗教であった。

それより一千年も前にインドで創始された仏教は、人間の生涯は肉体の死をもって終るものではなく、無限に再生、つまりは輪廻《りんね》をくりかえすもので、元来が苦渋に満ちており、たゆまぬ修行を通じて悟りをひらき、涅槃《ねはん》の境地に至ることによってしか解脱できない、ということをその思想の根幹としていた。すなわち、個が宇宙と合体する歓喜の中にこそ救済があるとする宗教であった。

仏教は数世紀かかって、東アジア一帯に流布、壮大な寺院建築の結構と、膨大な量の経典や文献、豊かな芸術、さらには多種多様な教義や信仰形態を生み出していた。

はじめに日本の朝臣の心を捉えたのは、初期仏教の厳格な教義ではなかった。むしろ信仰にともなう呪術的な側面や、仏教芸術のもつ荘厳さであった。仏教信仰は、その当初においてこそ朝廷関係者にかぎられていたが、ほどなく八世紀から九世紀にかけて、全国あまねく普及するにいたったのである。

当時、世界最高の文明を誇っていた中国が、日本の師匠筋にあたったというのは、日本人にとっては大きな恩沢であった。だが、中国人のもつ表記方法を、日本人の必要に応じて、それも不十分な形で取り入れたというのは、まことに不運であった。もしそれが、すでに中国西域に伝播していた表音文字のたぐいであったとすれば、日本語の表記に苦もなく適用されたことであろう。

ところが中国語の表記は、漢字というユニークな記号から成り、数万もの単語のそれぞれに漢字があてられている。それだけに、漢字を中国語以外の言語、とりわけ日本語のようにいちじるしく語尾が変化するものに適用するのは、容易なことではなかった。そのため、日本人は記録を残すにも、政府関係の文書をとり扱うにも、中国語という外国語に拠らざるを得なかったのである。

近代における日本文化の長足の進歩は、実はまったく異質な言語、それに途方もなく厄介な表記法を媒介として達成されたという点で、他にも増してめざましい実績といわねばならない。

このようなハンディキャップにもかかわらず、この時代の日本人は浩瀚《こうかん》な書きものを残している。

元来、中国人は過去の経験を現在を認識するための有用な手がかりとみなし、正確な史誌を編むのは政府の重要なしごとと考えてきた。日本人もこの伝統を忠実に継承、自らの乏しい歴史を記録にとり、まずは信じうるかぎりのむかしにさかのぼるべく、懸命になった。事実、紀元前六六〇年にまで立ちいたっている。

このような努力の中から、『古事記』（七一二年）と『日本書紀』（七二〇年）という史書が生まれた。これら初期の史書は、当時の「まともな」歴史のほか、神話のたぐいを、素朴かつあけすけな筆致で記録している。

このように七世紀から九世紀にかけ、中国文化がたたみかけるように日本を席巻したにもかかわらず、日本人は辛うじて自らのアイデンティティーを保ちつづけたようである。それは、過去一世紀の間、西欧文明の怒濤に、その独自性を洗い流されることのなかった日本人の自意識を思い起させる、いずれの場合も、地理的な位置と言語の問題が、その理由づけとなろう。

日本はその地理的条件のおかげで、中国からの劫掠《ごうりゃく》に遭うことが一度もなかった。その点、朝鮮半島とは好対照をなすが、それは他者とは異なるという日本人の思いを、すこぶる鋭利なものにした。

日本語もまた、日本文化が中国文化に吸収合併されることを防ぐ上にあずかって力があった。日本語と中国語のちがいたるや、英語とのそれに等しいからである。加えて、当時の日本人が口にしたのは、まごうかたなき日本語だけであった。書きことばの上では中国語に多くを負っていたにもかかわらずである。

日本人はまた、自分たちの言語でその詩情を表現した。中国語を用いて詩作することも皆無ではなかったが、当時の日本人の最高の詞藻集は『万葉集』で、これは七五九年ごろにまとめられたといわれるが、四千五百十六首もの日本固有の詩歌が収められている。その表記には漢字の音《おん》を発音どおりに用い、音節ごとに書き下すという苦心の作である。

日本人は、単に中国文化の洪水に耐えぬいただけではなかった。九世紀を迎えるころには、それを在来の文化と融合し、あらたな統合体を編み出すことに成功しつつあった。中国渡来の制度や文化は、数世代のうちに日本的環境に馴化《じゅんか》され、すでに日本人の生活に根づいていた。そしてそれが、日本古来の特性によってさらに色揚げされたとき、そこに生まれたものは、れっきとした新しい文化であった。

なるほどその構成要素には明らかに中国起源のものがあった。とはいえ、この新しい文化は、中国本土のそれや、従来の日本文化とはその根底において異なっていた。

この新たな文化の出現を示すなによりの証左は、九世紀にいたり、日本語表記の便利な方法が発達をみたことである。カナがこれである。カナは、漢字を簡略化し、それを表音的に用いることで、日本語の音節をあらわしたものである。

このおかげで、膨大な量の和歌——その大部分は三十一音節の短歌——を容易に記録することができた。それらのうち、秀逸な作は勅撰集に収録された。

やがて散文でも多くのものが書かれるようになった。宮廷に侍る女性たちは、しばしば克明な日記をつけた。以来、日本人は世界でもっとも熱心に日記をしたためる国民となった。世界最初の小説が誕生したのは、実にこれらの日記を母体としてであった。紀元一〇〇〇年ごろ、紫式部の物した『源氏物語』は、単に世界最古の長編小説であるばかりか、古今を通じての最高傑作のひとつである。

この作品は、宮廷内の生活をみごとなほどに詳細に、かつ微妙な心理の綾をとらえて描ききっている。描かれた生活は、中国の宮廷生活と大差ないし、当時のヨーロッパの生活の粗大さとも五十歩百歩であった。

宮廷内の女流作家にとっての唯一の関心事は、美的な感受性、それに宮廷内の人々の立ち居振舞いや衣装、それに詩歌だけであったかのようである。要すれば、政治上のいざこざや経済面での葛藤、それに一般地下人《じげにん》の世界などは、あってなきにひとしかった。彼ら上流貴族階級のおんば日傘組にとっては、そんなものなど、まったく存在しなかったのであろう。

だが、このように穏やかで洗練された宮廷生活とは裏腹に、中国渡来の政治経済制度を著しく変容させてしまっていたほどの、一連の深甚な社会変化がすでに進行していたのである。十世紀から十一世紀にかけて、これらの文学作品の舞台裏は、実は次のようなものであった。

すなわち、土地の多くは管理権が国家の手を徐々にはなれ、個人の手へと移っていた。このような私有地の持ち主の中には、どうかすると租税負担を完全にまぬかれたものも少なくなかった。

この傾向はすでに八世紀に始まっていた。当時、荒蕪地《こうぶち》を開墾し、灌漑用の水路への大規模投資の誘い水として、さいしょは一定期間だけ、やがては永久に墾田の私有が認められたのである。九世紀になって宮廷貴族が政府の要職を独占、自分たちの私益に都合のよいようにお手盛りで法律を操作するに及んで、この傾向にはさらに拍車がかかった。

中央の貴族や、朝廷と手を結んだ有力な寺社は、永代私有地を次々と手に入れ、時とともに免租特権を獲得していった。

他方、地方の小さな土地所有者は、自分の土地を中央の貴族や有力寺社に寄進することで、租税の義務をまぬかれていった。かくして十二世紀には、おおかたの農地は税のかからない荘園に分割されていたが、その多くは元来が農民の手放した土地であった。

一方、国司の任免権や徴税権が特定貴族の世襲的特権のおもむきを呈しつつあったため、残余の課税対象の土地までが、私有地の形態をとりはじめていた。

この結果、土地所有のパターンは複雑をきわめた。一番底辺には実際に耕作に従事する農民がいた。その上には不在地主のために荘園の管理運営を代行する地方豪族がおり、さらにその上には、名義上の所有権をもつ中央の貴族や大社寺が位していた。そしてその頂点にあったのは、荘園の免税特権を保証できる立場の、おそらくは最有力な庇護者であった。

このように各段階の人間たちが、荘園からの収益をそれぞれに分けあったのである。このように荘園制度が確立していくにともない、租税の対象となる農作物がへり、地方の荘園から中央の所有者や庇護者に上納される年貢用の農作物が増えていった。

これらの動向は、いきおい中央政府の歳入欠陥を招いたばかりでなく、その機能低下をもたらした。これが、さしもに精緻な構造を備えた中国流の中央集権制度の衰退へとつながっていくのである。

ほどなく、より単純な機構の「地方政府」が発達し、中央政府にとって代わる勢いを示すようになる。とはいえ、旧制度が完全に消え失せたわけではなかった。位階や官職は依然として存在しつづけた。ただそれももはや本来の力を失い、単に権威の象徴として、官廷内の儀式に色どりを添えるにすぎなかった。『源氏物語』がうわべだけの美しさを目もあやに描きだせたのも、このような状況があればこそであった。

一方、中央の貴族や有力寺社の肩入れを受けた私的な行政機関は、それぞれの地方で、実権者としての地歩をますます固めつつあった。

中国風の制度の変化といえば、九世紀、ある特定の貴族集団が皇室に対する支配権を確立したこともあげられる。藤原氏がそうであった。

大化改新（六四五年）時のあるリーダーを祖とするこの一族が、他家に対し優位を誇るようになった根本の原因は、荘園の保有高がもっとも大きく、政府高官の地位を独占しつつあった点に求められる。

藤原氏は歴代の氏長を摂政職に送りこみ、かつその娘を天皇家にさし出すことで、天皇の外戚として勢威をふるうという手段をとった。藤原氏に立ち向かえたのは、在位中の儀礼的な君臨の重責から解き放たれた上皇だけであった。十一世紀から十二世紀にかけて、ある程度の成功を収めた例があったが、これらはいずれも藤原氏の女《むすめ》を生母としない上皇の手になるものであった。

このような経緯は、日本の制度をかつて模範とした本場の中国の制度とはかなりへだたったものへと変容させていった。日本のように、地理的に孤立した国なればこそ可能な変容であった。

もし中国でこの種の権力の分散化がおころうものなら、周辺の遊牧民族に蹂躙《じゅうりん》されるか、さもなければ、現皇帝よりももっと強気で、有能かつ食えない人物があらたに王朝をたて、帝位を奪取していたであろう。日本のように、外圧が比較的少ない国だからこそ、皇統が変わることもなしに、支配権の分散や、宮廷内部での実権の移譲が可能だったわけである。

すでに実体の失われた旧式な制度や形式に、日本人が固執できたのも、日本の地理的な孤立の故であった。その結果、日本では古い文化が他に例をみないような形で保存された。つまりはさまざまな制度や文化的傾向が、歴史のある時代から全く様相を異にする別の時代へと、つららのごとく生き残ったのである。

九世紀から十二世紀にいたる日本社会の変化は、単に政治・経済レベルや宮廷生活のみにかぎらず、当時の日本文化のあらゆる側面に及ぶものであった。日本文学は、不断に独創的手法の開拓につとめ、その原型である中国文学とはまったく異質なものとして独立した。

芸術の分野でも日本人は特異な才能を示した。たとえば絵画だが、いぜんとして中国伝来の手法を用いていたにもかかわらず、「大和絵」という名の日本的な画風が発達をみた。日本人はこの新しい画風のもと、大胆な配色と構図をこころみた。それは今日なお、日本人と中国人の芸術的嗜好を、大きく分かつほどの影響を残している。

このように日本人は、単に自らの文化的アイデンティティーを保ちつづけてきたばかりか、実は非凡な独創性をも示した民族なのであった。

5 封建制度

十二世紀、日本はすでに東アジア的な規範から大きく抜け出していた。それをもたらしたのは、封建制の発達だった。日本の封建制は、その後七世紀にわたり、段階的な発展を遂げるわけだが、その過程は欧米の封建制が九世紀から十五世紀にかけて経過した過程と、いちじるしい類似性をもっていた。

当時、両者の間になんの接触もなかったことを思えば、欧米との類似が相互に影響しあったことの結果でなかったことははっきりしている。むしろこれは二つの領域——部族社会とかなり進歩した政治経済のしくみ——で、それぞれに混じりあった社会的文化的要素が、たまたま類似した結果とすべきであろう。

欧米の場合、ゲルマン系の諸民族がローマ帝国から受け継いだものは、行政機関と土地制度の、いわば残滓《ざんし》であった。一方、日本は古代中国の政治制度と土地制度とを取り入れた。いずれの場合にも、政治機関と土地制度という二つの要素は、比較的分離された形で、お互いに息長く作用しあった。

やがて両者は結合した。そしてその結合を母体に、複雑な政治制度が現出した。それは軍事的な貴族社会における個人的忠誠心をきずなとし、公の権威と個人の土地所有権がからみあってできあがったものであった。

日本では、中央政府の権威と権能とが衰えるにつれ、有力な地方豪族が集団化し、相互防衛のために団結していった。これらの集団は、旧制度のもとで行政に携わった地方官吏や荘園の管理者、ないしはその所有者から成り立っていた。

当初、このような集団は信望の厚いカリスマ性をもった人物を慕う、血縁や地縁のだれかれをその成員としていた。しかし世襲権力を強く求める日本人の感覚からすれば、皇統ほど声望の高いものはなかった。したがってこれらの集団の多くは、やがて中央の権威の代行者として地方に下り、そこで大を成した皇統の後裔——源氏や平家——によって支配されていった。

自らの利益を守るべく組織された以上、これらの集団は、自警団をその本質としていた。その成員は小規模な地方貴族社会を形成、甲冑を身にまとい、騎馬をよくする点、西洋の封建時代初期の騎士に似ていた。その主たる武器は、弓矢——馬上から巧みに使用された——と世界一の切れ味で知られるそりかえった刀剣であった。

甲冑は西洋のものとはかなり違っていた。目方がぐんと軽く、身動きに便なため、西洋の甲冑よりもおそらくは戦闘に好都合だったものと思われる。甲冑は派手な色合いのひもで結い合わされた鋼の小片からできていて、体をゆるやかにおおっていた。

このような武士集団は地方で徐々に力をつけ、やがて十二世紀には京都の中央政府での葛藤に巻きこまれるにいたった。

やがて藤原家の本家と皇室内で、それぞれ継承問題をめぐる対立がおきたが、対立する両者は地方の自分の荘園と関係のある武士集団にそれぞれ援助を求めた。両者は、一一五六年から一一六〇年にかけて、二度にわたる短い会戦に従事、その結果、平氏は朝廷内で軍事的な支配権を明確に掌握するにいたる。

平氏の棟梁、平清盛は京都に居をかまえ、政府の高位を占めたばかりか、藤原氏同様、自分の女《むすめ》を入内《じゅだい》させ、生まれた孫を皇位につけた。

一方、源頼朝は、戦いに敗れた源家のリーダーとして関東地方で反旗をひるがえし、やがて一一八五年までには平氏一門を一掃、日本の軍事的支配者となった。

彼は京都の朝廷で、高位の文官の椅子に座るかわりに、関東の鎌倉に本拠を定め、天皇の軍隊の最高指揮官を意味する「征夷大将軍」の称号のみをとった。「御家人」と呼ばれた配下の武士には、旧平家領もしくは平家管理下の荘園を恩賞として与えた。またあらたな管理職として地頭を設け、また国ごとに地頭を一団化して警固にあたらせ、それをその国の守護の監督下においた。

理屈の上では、頼朝は旧中央政府には手をつけなかった。したがって朝廷の貴族連は、いまだ政府の要職を独占しつづけ、自分たちの荘園から収入を得ていたといえる。しかし骨を抜かれた旧天皇制の中にあって、頼朝は自分に忠誠を誓う御家人を各地の荘園に派遣、その数こそ少なかったが、彼らを上層におくことで、事実上、全領地の支配権を確立していた。

鎌倉に居をおく幕府は頼朝を中心とする家族的かつ単純な機構だった。その機構が全集団に指令を出し、また法の執行にあたっては、朝廷での古い中国流の法典に拠らず、それぞれの地方の慣習的な掟をよりどころとした。

とはいえ、「前封建的」な古い政体や経済体制の多くは変わらなかった。その意味では、鎌倉幕府の制度も、単に「原封建的」であったというべきであろう。だがこの制度は、こののち約一世紀半にわたって有効に存続したばかりか、二つの重大な「挑戦」をみごとにかいくぐったのである。

最初の挑戦は、この封建制度の拠って立つべき個人的忠誠の対象である源家が、はやばやと姿を消してしまったことである。

頼朝が骨肉に嫌疑をかけた事件や、頼朝の未亡人とその生家である北条氏——皮肉なことに平氏の流れをくむ——の陰謀がつづくうちに、源氏の家系は一二一九年までに跡絶えてしまった。かくして北条氏による「執権制度」が生まれる。藤原氏や皇統の出身者を単なる飾りものの将軍として推戴《すいたい》こそしたが、実権は北条氏の手に移った。これは、最高の権威を純粋に象徴的なものに祀り上げてしまう日本人の特性を、またもやしたたかに見せつけたものであった。と同時に、日本人が個人的リーダーシップよりも、集団によるリーダーシップを伝統的に好むことを如実に示している。

日本の場合、権力は二人ないしはそれ以上の集団により分担されるのが常であった。いま一つの大きな「挑戦」は、有史以前から第二次大戦までの間に日本がただ一度だけ体験した容易ならざる外敵の侵攻だった。

当時、モンゴル族の元帝国は、すでに朝鮮、中央アジア、中東、東ヨーロッパを席巻し、強大な中国本土の王朝をも、徐々にではあるが、ようやく手中に収めようとしていた。

元はひきつづき日本劫掠《ごうりゃく》をもくろみ、一二七四年と一二八一年との二度にわたり、前代未聞の大遠征軍を日本にさしむけた。いずれの遠征も失敗におわったが、これはモンゴル軍を撃退しようという日本の武士の働きのおかげというよりも、むしろ荒天によるものであった。とくに一二八一年の蒙古来襲の際、おりから吹き荒れた強い風――「神風《かみかぜ》」と呼ばれた――がその侵攻をさまたげたことは、日本人の間に「日本は他に類のない神国である」とする思想を強めることとなった。

鎌倉幕府下の封建制度は、全国に薄く散らばった御家人たちの個人的な忠誠心に基礎をおいていたわけだが、それだけに時の経過とともに萎えしぼんでいった。すなわち世襲財産としての所領の度重なる分割の結果、地頭職の子孫の多くは生活が苦しくなり、やがては地方の有力者をたよるようになった。これら有力者は、往々にしてその地方の守護職の末裔であった。加えて、権威の象徴の中心である鎌倉幕府への忠誠心は世代とともに薄れ、地方有力者への忠誠心にとって代わられていった。

このような時の流れの中で、全制度が突如として崩壊を迎える。十四世紀のことである。一三三四年、ときの後醍醐天皇――当時としては型やぶりの存在だった――は、政治の実権を幕府の手から天皇親政へと取り戻そうとはかった。鎌倉幕府は一領袖を京に送り、天皇を問責させようとしたが、彼は幕府を捨て、天皇の側に立ってしまった。もはや武家による集権政治は四分五裂し、数多くの武士集団が地方豪族化していった。

鎌倉幕府にそむいた足利尊氏は、ほどなく後醍醐帝ともたもとを分かち、皇室内の別の人物を天皇として擁立、自らも「征夷大将軍」を名のった。だが一人の支配者のもとに武士階級を束ねることは、もはや不可能だった。

そこで尊氏とその子孫——京都に住み、一五七三年まで将軍の称号を保持しつづけた——は、三層の構成をもつ封建制度をつくろうとはかった。すなわち、幕府がまず各地の封建領主を支配し、次に各領主に支配権限を託すことで、その傘下の武士を間接的な家臣として支配しようとしたのである。

しかしこのようにすっきりした形の制度は、実際には生まれなかった。一三九二年まで、後醍醐帝とその流れは吉野に朝廷（南朝）を立て、京都の朝廷（北朝）と張り合い、また遠国の武士も、おもてむきには、南北朝のいずれかを支持することを標榜《ひょうぼう》しながら、実際には、自らの利益の擁護をかけて互いに相争った。

やがて南北朝は合体をみ、その後、数十年間、足利氏は京都を中心にかなりの権勢をふるったが、しかし中央を遠くはなれた地方領主は、足利一族の名目上の勢威には、ほとんどなんの関心も払わない、という状態がつづいた。

一四六七年、京都の将軍家内部の有力領主の間で内紛が勃発、やがて天下は麻のごとく乱れ、日本国中が長期にわたる無秩序な戦乱に見舞われるにいたる。それ以来、一世紀にわたって日本のいたるところで戦火がたえず、それとともに権力のほぼ完全な移行が行なわれてしまう。

足利将軍家の威光はすっかり地を掃《はら》い、遠国では既成領主の大半が、武力にまさる新興勢力の手で滅ぼされる。足利初期の地方領主の多くは、鎌倉期に守護職に補された武士の末裔であったが、彼らは通常、実際に管理支配の手の及ぶ以上の領地の支配権を唱えていた。一四六七年に端を発した長期の戦乱の結果、これらの領主のほとんどは、狭いながらもしっかりとした支配権を確保していた群小領主の上に覇を唱えた新興指導者にとって代わられたのである。

のちに日本の封建制度で「大名」となったのは、このタイプの新興指導者であった。自分の家臣と領土とを絶対的に支配していたこれら大名の姿が、十六世紀に日本に渡来したヨーロッパ人の目に、小国の王のごとくに映じたのも、おどろくにはあたらない。

十四世紀以降、日本を吹き荒れた戦乱状態のなかで、地方の有力武将は、以前ならば幕府や貴族階級に上納された租税の上まえをはねることが多くなり、やがて十五世紀の末になると、その支払いは全く行なわれなくなってしまった。

その結果、宮廷貴族たちは、位階と役職を保ち、儀式をとり行なうことに懸命になっていたが、次第に貧窮の度をふかめ、やがてはその姿を没してしまう。かつては権力をほしいままにしていた藤原氏の末裔も、いまや京都の商業ギルドからの上納金にその生活の大部分を依存し、天皇ですら糊口の資を得るために、宸筆《しんぴつ》を売りに出すというしまつだった。理屈の上ではともかく、事実上、天皇制がその姿を消すにともない、日本はいまやまごうことなき封建国家に仕上っていたのである。

封建制下の日本文化は、多くの基本的な点で、中国よりはヨーロッパのものと類似していた。武士——「侍」という総称で知られる——は、勇敢さ、名誉、自己修養、死をみること帰するがごとき克己心などの徳目をもっとも重視した。自殺を禁ずる宗教的束縛がないことから、武士はひとたび戦いに敗れると、虜囚《りょしゅう》の身となって辱しめや拷問を受けるよりも、むしろみずからの命を絶つのが普通だった。

自身の腹を切り開くという胸の悪くなるような、また甚しく苦痛をともなう自殺方法は、意志の力を誇示し、名誉を保つための一種の儀式となった。英語で「ハラキリ」と俗称される切腹がこれである。

この形式の名誉の自殺は、近代にいたるまで尾を引き、ときおりみられた。また割腹ほど困難をともなわない自殺行為も、耐えがたい状況を逃れるための手段としていまなお基本的には名を惜しむ行為という扱いを受けている。

日本の封建制度における第一の美徳は、ヨーロッパと同様、忠誠心であった。封建制度を活かすも殺すも、一にかかって個人的な忠誠心にもとづく「きずな」の強さにあったからである。むろん実情はといえば、忠誠心というのはいずれの場合も、もっとも弱いきずなでしかなかった。日本であれヨーロッパであれ、中世の歴史は、裏切りや反逆行為にみちみちている。

ヨーロッパでは、ローマ法の影響もあり、君臣の関係は相互の契約関係、すなわち法律尊重精神に支えられていた。一方、中国の制度の上に立つ日本では、法律よりもむしろ道徳が強調され、法は支配者の道徳観に従属するものとされた。これは支配者の支配権の根源を、彼の英知と道徳との両面における優位性に求めていたためである。したがって主君と臣下との関係は、単に両者間の法的な契約関係としてではなく、臣下の側からの無限定かつ絶対的な忠誠として捉えられていた。

かくして日本では、西洋とはちがい政治秩序という概念が生まれる余地はありうべくもなかった。

中国の儒教体制においても、支配者への忠誠は重要であった。しかし多くの場合、それは家族への忠誠の前には、影が薄くならざるをえなかった。現に、儒教の説く五つの基本的な人倫の道のうち三つまでは、孝行など家族間の「忠誠」にかかわる教えであった。

一方、日本では、主君への忠誠が封建制度の中心であり、家族が決して軽視されたわけではないまでも、主君への忠誠の後塵を拝していたことは否めない。

超家族集団が、家族そのものよりも基本的なものとして、日本で早期に確立したのは、このような機微による。これはその後近代にいたり、国家のような非血族集団への忠誠が先行するのを容易にした。

とはいえ、中世の日本社会では、家系や家名はすこぶる重要であった。財産のみならず、権力や威信を決めるものは、相続だったからである。それゆえ一族の存続は、人々にとってなによりの関心事であった。

日本人は家督を継承させるのに、自分の息子の中から最もふさわしいものを選び、跡継ぎに恵まれない場合には養子をとることで、ヨーロッパの世襲制度のもつ問題点の多くを回避することができた。婿や一族の若者のみならず、全く血縁のない人物ですら跡取りとして受け入れることは、なんら奇異なことではなかったからである。

現代の日本では、もはや家督の相続など、たいしたことではないが、この種の養子縁組はいまなお普通に行なわれている。

日本の封建社会は、このほかにも以下の二つの点で明らかに西洋のものとは異なっていた。

一つには日本には、女性をかよわく劣った存在としながらも、ロマンチックな恋愛の対象として祭りあげる騎士道が存在しなかった。それどころか、日本の武士は女性に対し、自分たちと同じ強靭さを期待し、主君や一族に対する忠誠とあらば、女性が自害することをも受け入れたのである。

次に西洋の封建貴族が学問や芸術を見下しがちだったのに反し、日本の武士にはこの種の軽侮はまったくなかった。むしろ書や歌を能《よ》くすることを誇りとさえした。

おそらくこれは、宮廷文化が地方で生成した武士社会と永年にわたって共存した結果、学芸が十分に伝播し、前者の考え方が後者に染みわたっていたからであろう。

中世の日本の政治社会機構は、現代の日本社会とは大きくかけはなれている。しかし中世に芽生えたこの種の心的態度は、そののちの日本の封建制度のなかでも多く保存され、形を変えて近代にいたるまで継承された。

それゆえ、武士気質やその価値観は、近代の日本軍隊の手で何の苦もなく息を吹きかえした。強い忠誠心や義務感、自己鍛練や自制心は、封建時代このかた、いまだすたれずにつづいており、現代日本人のパーソナリティーの原形をなしている。

京都朝廷の永年にわたる衰徴傾向は、封建時代があたかも中世ヨーロッパの「暗黒時代」と同じであるかのようなイメージを生みだしてきた。だがこのイメージはヨーロッパについてあてはまらない以上に、日本についてはまはずれである。

この時代、文学、芸術、学問はめざましい発展をとげ、かつては中央に偏在した高級文化も、全国津々浦々に広まった。その結果、文芸の分野であらたなテーマや様式があらわれた。血湧き肉躍る戦記物語は、十二世紀当時の軍功談を綴ったものである。戦闘の模様は、仏教寺院の縁起や高僧伝などと同じく、絵巻物に生き生きと描かれた。

十三世紀はまた、日本彫刻の輝けるルネサンス期でもあった。世界最大のブロンズ像の一つである鎌倉の大仏は、この時代を象徴する建造物であることを、いまなお失ってはいない。

十四世紀から十五世紀にかけて、一つの洗練された演劇形式が、京都の足利将軍家を中心に発達した。「能」がこれである。

能は、面と衣装とを身につけた少数の役者が、荘重な語りの中で、ゆったりとした動作でおごそかに舞う。能の題材は、歴史上の物語や古代神話に求められたが、その多くは、人生を空しいものとする仏教の考え方や、八百万《やおよろず》の神々を通じ、人と自然とが相互に浸透しあうとした神道の観念を中心としていた。

それはともかく、楽器演奏をともなうコーラスを用いて、語りの余白を埋めていく能のありようは、古代ギリシャの演劇を彷彿《ほうふつ》とさせる。

地方武士の支配下にあって、各地の農民はすでに納税者の身分から、奴隷の境涯へと落ちぶれていた。だが、そのような過程のおかげで、逆に身の安全は増したのかもしれなかった。いずれにせよ、一般民衆が芸術や文学の領域にその姿を現わすようになったのはこの時代であった。仏教が精神的に復活し、広範に普及したことで、民衆は自己表現のためのあらたな方法を発見したかにみえる。

宮廷貴族たちがもっとも興味を示したのは、秘法や儀礼に重きをおく仏教の一派であった。だが十一世紀から十二世紀にかけて、とくに草の根の民衆の間で、あらたな側面を強調する新興仏教が発達をみた。

それは人間は阿弥陀如来の慈悲にすがることで救われ、極楽浄土へ導かれるという信仰であった。この種の他力思想は、「悟りをひらくためには自己を厳しく修練し、自我を宇宙に没入させねばならない」とした仏教の根本教義とは正反対に近かった。

だが新しい仏教の説教師たちは民衆の中にわけ入り、すでに「末法《まっぽう》の世」を迎えた以上、もはや自力で悟りをひらくことはできないとして、他力本願の思想を広めたのであった。

この他力思想は、十二世紀から十三世紀にかけて新しい宗派運動を生み、やがては日本最大の宗派となった。西方極楽浄土への往生を説く浄土教諸派がこれである。その宗派のうちの一つ、浄土真宗は、出家主義にかえて在家主義の立場に拠り、僧侶の妻帯にふみ切った。この習慣はやがて他宗派にも広がっていく。

一方、法華経を信仰の中心においた宗派は、創始者の名をとり、一般には日蓮宗として知られている。

日蓮の思想は、彼一流の国家主義的な傾向をもっていた。インドと中国で仏教がすでに衰微した以上、その中心はもはや日本である、というのが彼の主張であった。

これらの諸宗派は十五、六世紀になると、さらに教勢を伸ばし、関係教団のなかには、封建武士団と政治権力を争うものもあった。

しかし武士の多くが好んだのは、別種の仏教であった。禅仏教がこれである。禅仏教は、鎌倉時代の初期に宗派の形をとって中国から伝来した。禅が重視したのは、瞑想であり、簡素さであり、自然との親和であった。僧院での簡素かつ厳格な生活は、スパルタ流の生活をいとなむ武士にとっては、訴えるところが大きかった。彼らは座禅を通じてのきびしい自己修行の中に、当時の武士社会が課した克己心や堅実な人格を涵養《かんよう》するための方途を見出したのである。

封建領主の保護のもとで、京都や鎌倉の禅宗寺院は、中世の日本における学問研究の中心となった。禅僧は足利将軍家の顧問役に登用され、とりわけ中国との接触の場で活躍した。かくして中国の学問や文学への興味が息を吹きかえし、漢文をよくする僧もあらわれた。

禅僧はまた、当時としてはまだ目新しい宋様式の、単色の風景画を日本に招来した。日本の芸術家は、それ以前の中国画風を自分のものにしたのと同様、この新来の画風をもまたたく間にわがものにしてしまった。禅僧が中国から導入したものとしては、このほかにも喫茶の習慣や造園術をあげることができる。

中世も末期にいたると、禅文化の影響のもとで、美的体系が形成され、その後の日本文化にしっかり根をおろした。そこで貴ばれたのは、ささやかさ、簡素さ、自然さであり、できそこないですらが、巨大なこけおどかしや、人為的かつ画一的なものより評価されたのである。

たとえば建築では、自然な木目《もくめ》や、幹のねじれの方が、きちんと切られ、色づけされた板よりも重んじられた。同様に、地形に逆らわずに、簡素で不揃いにしつらえられた建物の方が、いかめしく、均整のとれた中国風建築よりも好まれた。小庭園は、自然の荒々しい雄大さを小世界の中で表出すべくデザインされた。

これは幾何学的な様式を愛した西洋人の好尚とは、際立った対照を示している。京都・龍安寺の「石庭」が名高いが、われわれはそこに日本人の好尚の投影をみてとることができる。石庭は十五世紀につくられたものだが、白砂が敷きつめられ、数個の岩がおかれた小空間の中に、壮大な大海原が浮かび上ってくるというしつらえである。絵画でも、水墨画の大胆で巧みな筆遣いが、豊富な配色と微細をきわめた写実画にもまして、自然の本質を捉えていた。一方、茶会は風雅な儀礼として発展し、質素なたたずまいの中で、簡素な道具を用いて雅やかに行なわれた。

このように禅仏教の美意識は、中世日本の簡古《かんこ》で飾り気のない生活にうまく適合したのである。ただ不思議なことには、今日のように物資が豊富で、すべてが機械的にきちんきちんと進行し、科学技術も行きつくところを知らぬ時代においてすら、大いにアピールするものをもっているのである。

禅僧が中国と緊密な関係をもつようになったのは、大陸との貿易が伸びたためである。しかも貿易の増大は、日本の技術がかなりの発達をみせ、経済が伸張したことの裏返しでもあった。

扇子、屏風《びょうぶ》、名刀などの手工業製品の輸出が増えたこと自体、日本が技術面で中国の域に近づきつつあったことを示している。また商工業者のギルド組織の発達は、とりもなおさず商業自体の発展の証しであった。

ヨーロッパの封建時代と同様、このような組織は、取り引きにともなうさまざまな制限、たとえば重税などから、商工業者を保護することを目的としていた。

九世紀以降、中国大陸との接触はないにひとしかったが、十三世紀に入ると、海外貿易がふたたび登場してきた。十五世紀の一時期、幕府は中国への朝貢という形で海外貿易の独占をもくろみ、そのためにときの中国皇帝から、「日本国王」の地位を「賦与」してもらうことすらあえていとわなかったのである。このことはのちのちまで、日本の愛国者たちの恥じるところとなった。

当時の外国貿易には、いま一つ特筆すべき特徴があった。それは貿易という当初の目的をはたしえなかったときに、日本の商人がまま海賊に早がわりし、武力による劫掠を目的とすることで、目的をはたそうとしたという一事である。これら日本の海賊（倭《わ》寇《こう》）は、はじめこそ朝鮮半島の沿岸部だけを舞台としていたが、やがて中国大陸の沿岸地域にも出没、沿岸住民の深刻な災禍となったばかりか、十六世紀までには、東南アジア各地をも荒らしまわるようになったのである。

6　幕藩体制

十六世紀を通じ、組織としては力の弱い小国家群が次々に征服、合併されてゆくなかで、効率の高い、堅牢な組織をもつ新型の封土があらわれ、同世紀の末までに日本はふたたび政治的な統一を見るにいたる。そのしくみは、集権的封建制度の典型で、ヨーロッパにおける分権的封建制度とは好対照をなすが、そういう確固とした制度が、すでに完成していたのである。

基本的には、最上位に位する君主が、大勢の家臣をきびしく統率し、一方その家臣はさらにそれぞれの家の子郎党を支配するという形をとったが、これはかつて足利幕府が樹立を手がけて、ついに日の目をみなかったパターンである。

ヨーロッパ人が来航したのは、まさにこのような時代であった。異邦人の到来は、どうやら日本の再統一という過程になにがしかの寄与をしたものと思われる。というのは、ヨーロッパ人の渡来とともに、新型の軍事技術がもたらされたからである。

アフリカを迂回し、一四九八年インドに到達したポルトガル人は、さらに東への道をいそぎ、一五四二、三年ごろには、その一隊が九州南端の小島に漂着した。

ポルトガル人が目指すのは交易であった。だが一行の中には、イエズス会の神父が加わっていた。彼らは直ちに布教活動に乗り出し、十七世紀初頭までには、実に五十万人になんなんとする日本人を天主教に改宗させてしまった。これは当時の日本の人口からすればたいへんな数字であり、その人口比たるや、今日の日本におけるキリスト教徒のそれを大きく上まわるほどである。

しかし日本人は、ポルトガル人がもたらした鉄砲の方にずっと大きな関心を示した。火器はまたたく間に日本全土に広がり、封土を一段と効率的なものに仕上げる上に大きく寄与した。

城郭の建造がふえたのも、おそらくはヨーロッパ人の影響であった。白壁の木造建築から成るこの時代の城は、そのほとんどが装飾の結構をこらしたものであった。とはいえ、それは幅の広い堀と、土で裏打ちされた巨大な石壁で囲まれ、当時の大砲の攻撃になら、相当程度耐えることができた。その点、このころの日本の城塞は、ヨーロッパ中世の城よりも、むしろ十六世紀ごろの砦に近い。

十六世紀の初頭に築造された城の多くは、美しい姫路城をはじめとして、現在もまだ牢固としてその姿を残しており、東京の中心部にある皇居の敷地は、この当時つくられた巨大な城郭の基層部分をいまに伝えてくれる、かっこうな見本である。

日本の政治的な再統一は、おおむね三代にわたる軍事指導者のはたらきによるものである。

その初代の人物は、織田信長であった。彼は一五六八年、京都を手中に収め、おもてむきには足利将軍家さいごの義昭将軍を支持、そののち日本の中央部の諸大名をしたがえ、ついで、強大な仏教寺院の権勢を根こそぎ破壊した。

信長は一五八二年に暗殺されるが、その衣鉢《いはつ》を引き継いだのは、彼の部下の諸将のうちもっとも有能な秀吉である。彼は下賤の出身で、そのためにさいしょは家名をもたなかったほどだが、信長に足軽として仕えたのがその出世の糸口となった。

彼は一五九〇年までに全国を統一し、対抗する大名のすべてを滅ぼすか、さもなければ家臣の礼をとらせてしまった。

秀吉は将軍の称号こそとらなかったが、旧来の朝廷の高位をわが手に収め、彼の庇護のもと、朝廷はやっと息を吹きかえす――ただしささやかなものにすぎなかった――にいたる。

彼はまた外国との交易を一手にする。外国との交易は、すでにかなりの利益をもたらしていたからである。さらに彼は全国を測地し、耕地面積や農業生産高の正確な知識にもとづいて、封土の割り当てを行なった。また彼は「刀狩り」と称して、農民から一切の武器類を没収し、武士と農民との間に明確な一線を画した。武士階級は徐々に土地をはなれて、それぞれの主君の城下町に居を移し、俸給生活をいとなむ戦闘の専門家に変容していった。

一五九二年、秀吉は世界征覇――といっても、彼の場合の世界とは中国にほぼ限られてはいたが――のための第一歩との名目で、朝鮮征服に乗り出した。しかし彼の遠征軍は朝鮮の北部で中国軍によって足どめを食らい、長い膠着状態の末、一五九八年に秀吉の死とともに撤収した。この日本人による侵略は、朝鮮人の歴史的記憶に長く留まってたえず力説され、あわせて日本人と朝鮮人との関係に、いまなおある種の厳しさを添えている。

秀吉には跡継ぎの成人がなかった。そこで彼の死後、跡目争いがおこった。一六〇〇年の大きな戦闘で勝者となったのは、秀吉の家臣のナンバーワン、徳川家康であった。江戸に封土を与えられていた彼は、入洛せず、その権力の基盤を東日本に扶植《ふしょく》し、すでに秀吉の手で確固たるものに仕上げられていた主従関係のパターンに依拠して、一族による優位をいっそう強固なものにすべく全力投球した。彼のこのこころみは奏功し、その後裔は、十九世紀中葉まで、日本の支配者として君臨することになる。

家康は征夷大将軍の称号をいただき、日本国土を自身の直轄地と、臣下の領土とに分割した。彼はまず自身のために全農地の四分の一と、主要都市や港湾、鉱山などを確保した。一方、大名――その数は二百四十五から二百九十五まで時代によって推移した――の領土は、わずか一万石の小藩から、計算上は百万余石の大藩にいたるまで、さまざまであった。

領土は三種類に分けられた。まず一部が、家康の子息や近親者――親藩――に分与された。次に、比較的小さな領地の大部分が、一六〇〇年以前に家康の配下にあった諸大名――譜代――に割り当てられた。そして一六〇〇年の戦闘で、同輩や敵味方に分かれた者たち――外様大名――には、日本の西部や北部などの遠隔地に、かなり広大な領地の支配を認めた。しかも将軍家は、諸侯と同じく多くの直属の家臣をしたがえた。

幕府の中央行政機関は江戸におかれたが、それは譜代大名や将軍直属の幕臣をスタッフとする一大官僚機構へと発展していった。それは、機能や権限を分担し、集団的な意思決定を是とする従来の傾向を、あらためて示すものでもあった。

首脳部は、老中《ろうじゅう》（はじめは年寄といった）と若年寄という二つの評議機関で構成され、その下に二名ないしは四名の官僚が幕閣のさまざまな部分の運営をつかさどり、全国を監督した。

だが将軍職も、ときとともに半ば飾りものと化し、基本的には天皇と同様、権威の象徴としてのみ機能するようになった。もっとも江戸幕府というのは、理屈の上では、天皇の名において政《まつりごと》を代行する、というのがその名目であった。

似たようなパターンは、諸藩においても同様に見られた。すなわち、諸大名はしばしば単なる飾りものと化し、支配の実権は、官僚が各種の評議機関や集団的な裁決によって、その手中に握るという傾向が生まれたのである。

理論上、各藩は独立した存在であり、中央の幕府に対し税を収める必要はなかった。だが、実際は幕府によって手足をきびしく縛られていた。大名は、幕府の城や館の補修、沿岸警備など、多額の出費を必要とする作業を、義務として課されていた。

ついで参勤交代制が敷かれ、すべての大名は、一年おきに在府を義務づけられた以外に、永久的な人質としてその家族を府内に留めることを求められた。

さらに諸侯は、藩内の治安を維持し、管理運営を支障なく行なっていくことをきびしく求められ、現に江戸時代の初期には、不行跡をとがめられて所領を没収されたり、小さな領地に改封されるという憂き目に遭う大名もないではなかった。

幕藩体制の安定を目指し、家康とその末裔たちは、一切の反幕府的な傾向を取り除くべく、躍起となった。彼ら為政者は、ヨーロッパ人のカトリック教宣教師の活動と、日本人改宗者とを、外来の権威や忠誠心の対象を日本に持ち込むものとして、とりわけ危険視した。その結果、天主教は、秀吉による弾圧にひきつづき、徳川幕府からも迫害され、一六三八年、事実上、壊滅に追いやられてしまう。

外国との交易も、反天主教の狂躁の前に犠牲に供された。海外在住の日本人は、天主教の害毒を持ちかえる恐れありとして、一六三六年、日本への帰国を禁止された。また船舶の建造・保有も、大洋航行には不向きの、沿岸航路用の内航船だけに限定されてしまった。

一方、外部世界との関係も、朝鮮ならびに沖縄を介在しての中国との間でわずかばかりの接触が残されたほかは、オランダ人用の「出島」と中国人商人だけにしぼられてしまった。もっともこれらの交易活動も、九州の長崎港で、厳重な監視下にほそぼそとつづけられたにすぎない。

かくして日本は、その後二世紀余にわたり、みずから課した鎖国への道をあゆむこととなる。

こののち二世紀の間に、ヨーロッパでは、近代科学が勃興し、世界貿易では商業活動の大改革が行なわれ、ついで産業革命がおこった。そのため、十七世紀初頭には、優に世界の最先進国に伍していた日本も、十九世紀までには、技術面ではるかに立ち遅れてしまった。ただ、地理的に孤立していたおかげで国内的には安定し、二世紀以上にもわたって、完全な平和が保たれた。当時の政治史をひもといても、そこには僅かに定期的な改革運動と、ときおり発生した被圧迫農民による百姓一揆がしるされているにすぎない。

ここで興味深い政治的な事件は、一七〇三年の「四十七士の討入り」である。これは所領を没収された、とある並び大名につかえていた旧家臣——浪人と呼ばれる——が、主家の没落をもたらした江戸詰めの高家に復讐したという事件であった。本懐を遂げてのちこれら四十七人の浪人は、一人をのぞき切腹による自裁で、法をおかした行為をつぐなったのである。

旧弊な封建制の下にあったとはいえ、十七、八世紀の日本は、当時のヨーロッパのどの国と比べても、秩序の維持をはじめとする多くの点で、より効果的に統治されていた。これは疑いのない事実である。

長期にわたる平和と安定とはまた、自らの豊かな文化遺産を継承・完成させる上に役立った。日本人が文化的に従来にも増して均質化し、強固な民族意識を培っていったのは、実にこの時期においてであった。と同時に、このような、封建制度以外のなにものでもない制度が、十九世紀まで生き永らえたればこそ、多分にアナクロな、中世的な心情——たとえば、軍事的リーダーシップや絶対的な忠誠への賛仰、集団機構の尊重など——が、今日にいたるまで生き延びたのである。

のみならず、日本人の集団志向性が従来にも増していっそう強化されたのは、まさにしっかりと組織された封建領土が長期にわたって持続したことが、その原因であった。

十七世紀初頭の数十年間に確立された政治のパターンは、十九世紀中葉まで、基本的には変わらないままに終始した。

そのパターンは、十六世紀末にあってこそ当時の日本のありように最適であったが、その後、さまざまな条件が変化していくにともない、徐々に実情にそぐわなくなっていった。しかしそのような膠着し硬直した政治のしくみの中でも、経済、社会、文化などの各分野では、変化がまちがいなくおこっていった。

もっとも重要な変化は、経済の際立った発展であった。

十七世紀、生産面でまず大きな躍進がもたらされたが、その最大の誘因は平和と安定とであった。そして経済発展にさらに拍車をかけたいま一つの原因は、さきに述べた参勤交代制である。この制度は諸藩に対し、江戸で最低一つの大所帯をかまえることを強制し、そうすることで諸藩の毎年の収入の相当部分を、江戸との往復の旅費や、藩邸の建築と維持にふり向けさせたのである。

そのため諸藩は、江戸での暮らしや、往復に必要な現金収入を得るため、いきおい米の増産につとめ、地方地方の特産品をつくっては、都市住民や広く国民一般に売りさばかねばならなくなった。

この結果、生産面で地方色が豊かになっただけでなく、当時のアジアでは類をみないまでに進んだ形の貨幣経済が全国的に広がったのである。

これらの条件はまた、大都市の出現をうながした。多くの家臣団を擁する江戸の町は百万以上の大人口をもつ大都市に発展した。西日本の一大商業中心地であった大坂と、皇室の所在地でもあり、洗練された手工業の栄えた町でもある京都は、ともに数十万の人口をかかえるに至った。

前工業社会における経済成長は、通常それ相応の人口増加をともなうものである。十七世紀の日本もその例にもれず、経済が大きく伸びるにともなって、人口は一挙に二千五百万ないしは三千万のレベルにまで膨れあがった。

だがそれ以降は、技術や生産がひきつづき漸増《ぜんぞう》したにもかかわらず、人口は比較的安定していた。この結果、日本人の大部分は生活水準が上昇し、その日ぐらしのレベルから脱したのである。その点、近代初期のヨーロッパ人と同じく、日本人もマルサスの理論に一歩先んじていた、ということができよう。

この理由はさだかではない。が、考えられる一つの要因は、跡取りを一人にしぼった封建的な相続様式と、日本人の養子縁組の慣習——跡取りは必ずしも実子であることを要しなかった——とが、うまく綯《な》交《い》ぜ《ま》になったことにあるかも知れない。

そのために日本人は、経済的な保障や家系の存続のために、たくさんの子供をもうける必要がなかったのである。実のところ、大家族はプラスというよりは、むしろマイナスであることが多かったのである。

いずれにせよ、徳川時代の農民は、口べらしのために、いわゆる「間引き」を行なったことで知られている。人口は一世紀半にもわたり、経済の伸びをよそ目に、ほぼ静止状態をたもった。

生活が向上し、その日ぐらしの、生存かすかすのレベルから脱出したというこの事実は、十九世紀の日本人がすでにかなり高い識字率を有し、経済的・社会的・政治的にも相当程度まで統合されていたこと、さらには彼らが示した活力や力強さの秘密を解き明かしてくれるかも知れない。

封建社会の土地のありように関するごく自然な思いこみは、奇妙な逆説を生み出した。政治指導者は、農業を重視するがゆえに、かえって農業には重税を課した。ところが逆に商業はこれを軽んじたがゆえに、間接税——それも軽いもの——にすぎなかった、というのがこの逆説である。

このような状況は、全国次元での経済統合の進行と相まって、幕府の直接的な支配と保護の下にあった大都市の富裕な商人階級の台頭を促進した。十七世紀を通じ、酒の醸造や織物小間物類の小売り、さらに金融などの経済活動を基盤にいくつもの豪商が生まれたが、三井家はその好例である。三井家はやがて近代にいたり、世界最大の私企業の一つにのし上ってゆく。

大名も家臣同様、年貢米という形での一定収入にしばられていたため、その多くはやがて都市の商人に借財をかさねていった。この事態は、実は徳川幕府の存立基盤そのものをむしばむものであった。というのも、当時の社会は形の上では士農工商の四階級に分かれ、支配者たる武士と、生産には一切たずさわらず、他者に寄生するような役割をはたすとみなされた商人との間には、截然《せつぜん》たる区別が立てられていたからである。

社会を四階級に分けるこの考え方は、元来が古代中国の思想からの借用であったが、封建制度にしてみれば、しごく当然なことであった。

幕府も諸大名も、家臣の俸禄の借り上げなど、経費の節減につとめ、商人を対象に倹約令など諸制限を課すことで、雪だるま式に増える一方の負債を軽減するべく、さまざまな手を折にふれて打った。困りはてたあまりに、窮余の一策として、専売事業を興《おこ》しもした。が、何をやっても効き目はゼロだった。理論的には、最下層に位する商人への支配階級の負い目は、相も変わらずふえつづける一方だったのである。

秀吉が武士と農民との間に明確な一線を画したことはすでに述べたが、これとても、農民を封建領主のきびしい監視の目から遊離させていくという役割をはたすようになった。現に、農村出身の武士に対する秀吉のやり方は、主君にしたがって城下町に移り住み、禄を食《は》むか、さもなければ、自分の土地に留まって農民への道を選ぶか、二者択一を強いるものであった。

それに対し失うべき土地を多くもつものは後者を選択し、村長《むらおさ》や農村社会での指導的な地位についたのである。したがって村々にも、武士階級の心構えや、倫理観の多くをもつ強力な地生えのリーダーシップが存在していた。またこれらのリーダーには、日常のできごとをとりしきり、年貢を賦課・徴収するなど、かなり大幅な自治権が付与されていた。

徳川時代、一国経済が全国レベルで発展してゆくにともない、高度に発達した中央の地域に住む農民の生産様式は、単に生活にぎりぎり不可欠な耕作から、換金商品作物の栽培育成へと、徐々に変化していった。なかでも裕福な農民は、自分の所有地の大半を小作人に貸しつける方が、ずっと有利であることに気づき、おのれはむしろ食料品や絹織物など、農産物の加工に精力をそそぐことも少なくなかった。

十八世紀の末、日本の農村では、この種の「企業活動」が文字どおり爆発的に発達した。そして貧農らは、近辺の裕福な農民のいとなむ事業に参加しては賃金にありつき、付近の町に働きに出かけたりして収入を補うという形に、徐々に慣れていったのである。

このように、都市ばかりでなく農村も大いに発展したが、その活況たるや、封建社会の常識のワクをはるかに越えていた。

徳川期の長期にわたる太平の世では、武士階級もまた大きく変化した。

この階級は、各藩の下級武士や下回りの雑輩《ざっぱい》らを含めても、せいぜい全人口の六パーセントを占めるにすぎなかった。徳川幕府の草創期においては、それは戦闘集団としての基本的な性格をもっていたが、ときとともに常備軍としての機能を失い、世襲的な文官組織へと変質していった。

彼らはその所属する階級のしるしとして、たしかに昔ながらの両刀を腰にたばさみ、武士としてのたくましさを保とうとはしていた。でも現実には、すでに刀を筆に持ちかえていたのである。

現に、武士はほとんど一人のこらず読み書きの能力を身につけていた。それは大部分の商人や富農にもあてはまった。

中国流の学問は、平和時の日本にあってふたたび訴求力を取り戻し、十七世紀には、すでに十二世紀の中国で集大成された儒教の教義の探究に、はじめて手を染めるようになった。儒者は、江戸をはじめ各地の雄藩でわが世の春をうたい、中国語の熟達がまたもや見られるようになった。あわせて、八世紀以来、一部には知られていた印刷術が、はじめて広く行なわれるにいたる。

参勤交代制度は、十七世紀の知的学問的活動の急激な高まりにも、少なからず寄与した。というのも、参勤交代は、全国大での知的な「相互交配」を可能ならしめたからである。全国津々浦々の指導者層は不断に接触し合い、学匠や教師の行きかいも、江戸と各地との間でひんぱんに行なわれるようになった。

日本は単に経済的に一つの統合体をなしたばかりか、知的にも一つのまとまりをなすに至ったのである。それは他のアジア諸国には例をみない景観であった。

だが中国の儒教思想とそれに由来する史的学風とは、封建制度をくつがえしかねない知的要素を内包していた。ありようは、中国の理想像とは、学徳兼備の士による政治的支配であり、単に氏素姓が良いだけの凡庸の徒による支配ではなかったからである。

ところが徳川封建制のもとにおける地位や身分を決めるものは、根本的には出自であり、個人の真価は、単に第二義的な役割をはたすにすぎなかった。つまりこの二つの体系は、明らかに矛盾撞着しあうものだったのである。十九世紀にいたり、実力のあるものこそ重責を負うべきであるとする要求が、大志を抱く下級武士の間に高まっていったのも、このような背景においてだった。

儒教思想や史的学風はまた、中国を支配するものが封建領主などではなく、君主であるという事実、それに、日本もかつては同じ制度を有していたという事実に目を向けさせた。その結果、天皇への関心がようやく高まりをみせ、将軍家の天皇との関係についても、疑念が生まれるようになった。

一般庶民の間でもある運動がおこった。「国学」がそれで、古代の詩歌や、源氏物語、古事記などの研究をきっかけとして、十八世紀にはじまったものである。

国学は、日本の真の栄光が、その国体の聖なる起源と、その後裔たる万世一系の皇統に在るとする考えを、徐々に強調するようになった。この種の思想が、潜在的には徳川家による支配にとって危険思想であったことはいうまでもない。

地理的な孤立は、文化的な停滞を連想させるのが常だが、日本の場合は、徳川期の永年にわたる平和と安定、それに経済の発展とが、むしろ本物の文化の開花をもたらしたのである。

儒学を筆頭とするさまざまな哲学には、いくつもの学派があり、多彩をきわめた。また長崎でオランダ商人とかかわりをもったものたちは、十八世紀にいたり、西洋の科学、とりわけ医学、冶金学、砲術などに関心を寄せるようになった。

これらの知識は、オランダ語の書物や百科事典をたよりに、苦心惨憺《さんたん》の末、ようやく手にしたものであった。蘭学という名が与えられたゆえんである。

このように日本人は、孤立していたとはいえ、知的にはきわめて生気に満ちていたのである。


徳川初期、華美な装飾がほどこされた建築物が次々に作られたが、今日、その最高の作品は、日光にある初代将軍家康を祭った霊廟にみられる。

絵画は多くの流派にわかれていたが、いずれも中国の様式や、在来の造形感覚を引き継ぐもので、将軍家や諸大名の庇護のもとに隆盛をきわめた。一方、十八世紀末、西洋の油絵具や遠近法をとり入れた流派が生まれたが、これは蘭学の影響のもとにであった。

陶磁器づくりが日本ではじめて芸術の高みにまで到達したのも、当時のことであった。

これ以外にも、漆器、織物、金襴などに、芸術の粋がこらされた。

だが徳川期の文化興隆のなかで何よりも興味ぶかいのは、支配階級の武士の文化とはまったく異質な、都市の町人文化が勃興したことである。

この種の文化は、都市の歓楽街を中核としていた。本質的には勤勉で、まともで、利殖の才に長《た》け、よき家庭人である町人が、この種の場所に赴き、接客を専門とする女性――のちになって芸者と呼ばれるようになった――のお相手で、しばしの息抜きをたのしんだのである。そこには家長としての責任や、しごとの重圧、それに支配者の圧制的なしめつけとは別世界の自由があった。武士がはぐくんできた芸術とは全く異質で豊かな芸術や演劇や文芸が育ったのは、実はこのような花柳《かりゅう》の巷においてだったのである。

この新興の町人文化は、十七世紀末、まず大坂と京都で成熟し、のちに江戸を中心に栄えるようになる。

町人文化を描いた絵画は浮世絵という名で知られた。「浮世」（憂き世）とは、元来が仏教の概念であったが、やがては「当世風」を意味するようになった。

浮世絵の様式には、それより七世紀ほど前の大和絵が強調した色調や構図を思わせるものがあるが、画題となるテーマはきわめて異なっていた。それは主として、粋筋の女性や人気役者、それに生活のなかのしごくありふれた光景を描くものであった。

多色刷りの版画は、浮世絵を母胎とするもので、これまた浮世絵と呼ばれた。版画は、繁栄した都市住民の芸術的な欲求の高まりに応えるものであった。版画もまた、あでやかな遊女や役者を描くのを特色としていたが、ときとともに、富士山のような風景や、町なかや街道筋の名所を題材に加えていった。この種の版画は、ある意味では世界最初の大衆芸術であり、絵葉書のさきがけであったといえるだろう。

町人文化の生み出した演劇についていえば、当初その大部分は人形劇であった。だが、やがて人間の役者が演ずる歌舞伎劇が人気をうばった。

歌舞伎は、なるほどその所作が歌舞伎一流の様式化を生んだとはいえ、中世の能とくらべれば、はるかに生き生きとして、写実的なものであった。歌舞伎はきわめて手のこんだ、リアリスティックな舞台装置をつくりだし、やがて「早がわり」のための回り舞台まで用いるようになった。

武士の文芸活動は、おおむね学問的かつ思弁的なものであった。だが、詩歌——とりわけ機知に富み、寸鉄的な俳句——は、他の集団におけると同様、武士の間でも盛んだった。それ以外の新しい文芸思潮のほとんどは、町人文化に由来していた。遊興のすすめ的な案内書は、やがて都市の社会生活の種々相を、おもしろおかしく描く浮世草子や、好色本へと発展していった。

このように日本は、外界の刺激からはほとんど完全に絶縁されていたにもかかわらず、意外に奥ゆきが深く、多様性にも富んでいたため、その社会は豊かで創造的な文化をもち、すこぶる生気に溢れていた。日本人は決して沈滞も停頓もしてはいなかったのである。

大都市や人口稠密《ちゅうみつ》な田舎に大勢つめこまれ、錯雑した抑圧的な封建制度に縛りつけられながらも、日本人は、社会的政治的組織の面においても、集団内部の協力という点でも、すぐれた技量を発揮してきた。

全般的な政治パターンは、厳然としてかたくなに変化を拒んでいたが、一皮むけば、そこには儒教思想と封建的価値観との間、そして経済成長と硬直した階級社会との間に、なまなましい緊張関係が歴然として存在していたのである。このように孤立しながらも、決して動きの鈍い社会に堕さなかった日本は、大きく変わりうる可能性をたえず秘め、やがてその潜在的な能力は、十九世紀後半、みごとに実証される運びとなる。

7 明治維新

徳川の幕藩体制は、少なからぬ問題と緊張とをかかえていた。にもかかわらず、十九世紀前半までは、崩壊の予兆はなに一つ見られなかった。もし日本が孤立をつづけることができさえすれば、さらに長期にわたって存続しえたかもしれなかったのである。

しかし欧米における技術の長足の進歩が、それを不可能にした。工業化や蒸気機関は船舶に適用され、欧米の経済力や軍事力を日本周辺にもたらした。その圧力たるや、十七世紀初頭の南蛮人とは比較にならぬほど強大なものであった。幕府も当時なら追い返すことができたのだが。

十九世紀の中葉には、欧州の海運大国はすでにインド亜大陸を制圧しおわっていた。また東南アジアの大部分を手中に収め、中国の門戸を叩いては、半ば植民地的な不平等条約を押しつけていた。ロシアもすでにシベリアの全土にその勢力を扶植しおわり、日本の北辺を狙って南下をつづけていた。一方、アメリカ船は、中国への交易途上、日本周辺を通過し、鯨を求めては日本近海に出没していた。

欧米各国は日本人に門戸を開かせるよう説得をくりかえした。一八五三年になると、アメリカはその全海軍力の約四分の一を、ペリー指揮のもとに日本に送り、日本の各港をアメリカ海軍のために開くことを承知させた。日本は圧倒的な優位の前に屈せざるを得なかったのである。ペリーの艦艇にとっては江戸湾内への接近をさしとめることで食糧の搬入路を絶つことなど、何の雑作もないことであった。近代的な備砲で、江戸を灰燼に帰することすら不可能ではなかった。

一八五四年に締結された条約は部分的な成果でしかなかったが、その結果、タウンゼンド・ハリスは初代公使として日本への居住を認められ、ついに一八五八年、全面的な修好条約の交渉に成功した。幕閣を説くにあたっては、当時、清国を相手に交戦中だったイギリスの海軍力が引き合いに出されたのである。

いずれの場合も、ヨーロッパの主要国はアメリカの例にならい、同様な条約を日本と取り結んだ。

これらの条約や、それに付随する取り決めを通じ、中国で実験ずみの不平等条約体制が日本にも適用された。外国の商人は新開港場としての横浜や他の条約港に招致され、ヨーロッパの軍事力や、治外法権下の裁判制度などに守られ、営業に従事することができた。犯罪をおかした際には、母国の法律に照らし、同国人の裁判官による裁判を受ける特権を有していたのである。

一方、日本の関税は条約により制限を受けていたから、日本経済は欧米の機械生産の前に肌身をもろにさらすというありさまであった。

日本の経済はまだ前近代のそれでしかなく、各藩による封建的な自治制度を残していた。その日本が、欧米列強の帝国主義的拡張政策の前におかれたのである。すでに彼らの進出に屈したアジアの諸国同様、日本の立場もきわめてあやうげにみえた。

通商は、欧米人が期待していたほど急速に伸びてはいかなかった。徳川政府は考えられるかぎりの障壁を設け、他方、一般の日本人も、珍奇な外国製品に対してはさほど執心していなかった。加えてヨーロッパの絹不足が、日本製品の絹の需要をつり上げ、それが日本の貿易のバランスに有利に作用した。

とはいえ、火急な開国は国内の市場や金融制度にマイナスの効果をもたらし、政治面での反響はさらに大問題であった。将軍による軍事独裁は、建て前としては国土の守護者としての役割にその根拠を有していた。だがこの役割を現実にはたしえないことは、いまや事実をもって証明されていた。現状に不満を抱き、徳川幕府の君臨をいさぎよしとしない向きは、ここぞとばかり将軍を責めた。一六〇〇年このかた、「外様《とざま》」の地位におかれた諸藩の中にはこういう分子がいた。

江戸幕府はペリーの要求を目前にして、各大名の意見を聴くという前代未聞の措置に出た。全国的な支持を求めてである。だがこの措置への反応は、賛否こもごもであったとはいえ、総じて否定的であった。先例が破られ、しかも国家全体の危機ということが重なり、江戸幕府に対する非難はせきを切って流れ出した。

ついで一八五八年、江戸幕府は通商条約を結ぶのやむなきに至った。このときも諸侯に相談をかけ、勅許を求めるべく努力したが、失敗におわった。

開国への一般国民の反対は大きかった。一方では、外国からの脅威に対処するためには、国民全体が、統合の当然な象徴としての天皇を中心に、もっとしっかりせねばならないとする感情が高まっていった。

穏健派は「公武合体」、つまりは京都と江戸との一体化を唱えた。だが過激派の一部は倒幕をもって天皇親政の昔にかえすべきだと主張した。「尊王」の大旆《たいはい》がこれで、「攘夷」がこれに加わった。若い、はねあがりの士分の中には、尊王攘夷という何とも不明確なスローガンに刺激され、ときには藩の扶持をはなれ、浪士として、幕閣の関係者を殺害するという挙に出るものもあり、ときには欧米の外交官や商人が血まつりにあげられた。

日本人の中には、欧米に対して自らを守る唯一の手段は、彼らの進んだ軍事的技術を採用し、穏健な形での「攘夷」をはたすことにあると、はじめから見抜いているものもあった。欧米からの安全を手に入れ、政治的な平等を確保する、という意味においてである。

二大雄藩である薩摩と長州とは、欧米列強の海軍力の洗礼を受けたこともあり、この見解を受け入れていた。

すなわち薩摩藩士が横浜の近郊でイギリス人を殺害したことに端を発し、イギリス艦隊は鹿児島を完全に破壊しつくしていた。一八六三年のことである。一方、長州も馬関海峡を通過中の欧米の船舶に砲撃を加えたことに対し、英仏連合艦隊による反撃を受け、諸砲台が破壊されるという形での報復を蒙っていた。

いま一つのスローガンが聞かれるようになった。同じく四文字から成り立っていた。「富国強兵」がこれである。蘭学の研修を通じ欧米の技術に通じていた日本人は、ここで有用な働きを示した。やがて開国するに及んでは、当の「夷人《いじん》」自体が起用されるようになり、その数は増加の一途をたどった。

一八五三年以降の経緯は、徳川体制を根底から揺り動かし、時古《ふ》りた機構は徐々に萎えしぼんでいった。すべての政策は、全国いたるところの士分の論議の対象と化した。大藩は競って京都・朝廷への影響力の強化につとめ、江戸幕府もこの競合に加わった。

ついに長州は公然と幕府に敵対、一八六四年にはその非をとがめるべく討長の軍が発せられたが、中途半端な成果を収めたに止まり、六六年の第二回の長州征伐も完全な失敗におわった。

やがて、薩長ならびに外様、譜代の各藩は朝廷を制し、一八六八年一月三日を期し、天皇親政の復活が天皇の名において布告された。江戸幕府と一部の佐幕《さばく》藩は、一応の抵抗を試みはしたものの、やがて江戸は「官軍」の手に落ち、二百五十年余にわたった徳川家による支配は、ここに終幕する。

明治新政府の名目上の指導者は、皇族、公家、それに旧大名の一部であった。だが実質的な政策の発議ならびに実行の責任は、一群の旧志士たちの双肩にあった。その多くは下級もしくは中流の士分の出で、若く有能で、そのほとんどは薩摩もしくは長州の出身者であった。

彼らは、なるほど権力の座につくまでは、「尊王攘夷」も有効なスローガンでありえたが、いまとなっては非現実的この上なく、そんな方向を押し進めては破局あるのみ、という事実をきちんとわきまえていた。

そこで彼らは、江戸幕府が取り結んだ諸外国との条約をそのまま継承することを直ちに表明した。とはいえ、封建制度の遺制にとってかわるべく、近代的な集権機構を創設し、技術面での近代化路線に日本をおくことによって、折あらば爪牙《そうが》をみがいている欧米列強から身を守るという大へんな責任をかかえていた。

新政府が引きついだのは、無残なまでにバラバラになり、破産同然の将軍直轄領、それに永年にわたり自治的な封建領主により分割統治を受けてきた国土と、どう考えても前工業化段階にしかない稚《おさな》い経済、それ以外のなにものでもなかった。これが彼らが継承した遺産のすべてだったのである。

天皇のもとでの統合というのは、一千年ものあいだ、お題目以上の実質をともなってはいなかった。ただ新政権が年歯わずかに十五歳の幼帝を擁しているのは、この上ない強味であり、現に彼らはこの点をフルに利用した。幼帝は一八六九年に江戸城に移され、江戸は東京と改名されたが、これらはすべて彼の名においてとり行なわれたのである。

かくして一八六八年に幼帝の践祚《せんそ》をもってはじまった新しい時代は明治と呼ばれ、それに伴うもろもろの大改変は、明治維新の名で知られるようになる。なお同帝は一九一二年に崩御するが、明治天皇と贈り名された。

ついでながら、天皇の在位をもって一時期を画すやり方は、いまだに日本では行なわれている。これは一八六八年以来のことで、たとえば第二次大戦の終結は、西暦一九四五年もしくは昭和二十年のできごととして知られている。

封建時代の藩領を、より中央集権的な統治形態に移していくことは、案外に容易であった。大名の役割が、おおむね象徴的なものでしかなかったからである。すでに一八六九年、新政府は旧領主に対し、地籍を天皇に奉還し、そのかわりに各旧領の知事に任命されるよう働きかけていた。ついでその二年後には、旧藩領にかわるに、日本全体をほぼ同じ大きさの県に分け、中央政府によって直接任命された知事が、その行政にあたることが決められた。

旧藩主は政府公債という形で十二分の補償を受けた。これは彼らの内福をその後も保証したが、あわせて新秩序の成否と、彼らの経済的安定とを結びつける役割をもはたした。

旧制度のもつ身分差、それに士族の特権を根絶するのは、もっと大ごとであった。藩領の消滅にともない、旧士族は藩官僚としての世襲的身分を失った。そして一八七三年には徴兵令が公布され、軍務兵役は士族の専権事項というそれまでのやり方にとって代わった。ついで一八七六年には、廃刀令が敷かれ、士族の権威の象徴すら取り上げられてしまった。士族への俸給も大幅に切り下げられ、一八七六年には多額とはいえない一時金、もしくは政府公債による支払いで打ち切られた。

このように士族もわずか九年間にその特権の一切を剝奪され、日本は大変革への第一歩を踏み出したのである。この大変革はその後一、二世代の間に日本社会を大きく様がわりさせ、身分に代わって、教育と実績とが個人の社会的地位を大きく左右するようになったのである。

その間、政府は近代化されつつあった。その手本となったのは、十九世紀の欧米諸国であった。欧米諸国の政府官庁にならって政府機関が創設されたが、もっとも強力なのは、財布のひもを握る大蔵省であった。そのほかにも、陸海軍の両省がつくられ、一八七八年にはドイツの例にならって、参謀本部が創設をみた。一方、文部省は野心的な義務教育制度の普及に手を染めたが、それが完全に実現をみるまでには三十年を要したのである。

近代的な司法裁判制度も、最初はフランスの、ついでドイツの制度を模範に、苦心の末整備されていったが、社会的現実を足抜けすることは容易ではなく、その完備には一八九九年をまたねばならなかった。

一方、土地の所有権を明確にし、租税収入の安定をはかるため、従来の地租にかわり、金納による租税制度が一八七三年に設けられ、納税者はたとえ農民であっても土地の所有を正式に確認されたのである。封建制後のヨーロッパの場合とは異なり、日本は旧封建階級による農地の所有という問題をかかえこまずに済んだのだった。

経済を近代化する努力も進められた。近代的な銀行制度がつくられ、円が通貨の単位とされるなど、通貨制度も改正をみた。一円はほぼ米貨一ドルの半分と定められた。灯台も作られ、港湾施設も整備され、電信網が全国にはりめぐらされた。鉄道敷設工事も手がけられ、一八七二年には東京・横浜間の路線が完成した。

絹の生産も改善された。簡単な技術革新がその主たる原動力だったが、この機械的な糸繰り装置を可能にしたのは主として民間の資本だった。それ以外の工業はそれほど安上りではなく、それだけに、引き合うようになるまでには永い年月を要した。

武器弾薬の生産など戦略産業の育成には政府自らがあたった。地下資源の開発も同様だった。また実験工場が他の業種に関して手がけられていった。

ロシアの北海道進出に備え、政府は大がかりな開拓計画に手をつけ、北海道への植民と農業の振興を目指したが、サイロを設け、牛の多頭飼育をはかるなど、アメリカに多く範をとった。

これら一連の改革案を実施するためには、欧米の技術的な知識が欠かせなかった。政府は諸外国に留学生を送っては、先進国の新技術の習得にあたらせる一方、欧米の専門家を高給で招聘した。

それぞれの分野でいちばん日本に適しているとみなされる国に範をとるという点で、日本は慎重に相手をえらんだ。

外国からの援助とはいっても、なにしろ自分のふところを痛めてのうえであったから、ありがた味もひとしおで、さいきんの被援助国がただの援助を受けるときよりは、よほど有効な活用ぶりであった。

もっとも、無償の援助もないわけではなかった。欧米とのかかわりに不可欠な英語の教育は、その多くが新教の宣教師によって提供された。宣教師の大半はアメリカ人だった。

政府や経済の再編には、むろん混乱がつきもので、試行錯誤も少なくなく、深刻な挫折に見舞われたり、かまびすしい反対をくらうこともしばしばだった。もっとも激しく反対したのは旧士族階級だった。失うものがいちばん多かったからである。旧士族による武力蜂起が何回か勃発し、ついに西南戦争という大反乱にまでエスカレートする。一八七七年のことである。

新政府は、一般徴募による新軍隊でこれに対処し、苦心の末、ようやくその鎮圧に成功、その結果、もはや国内の武力挑戦に対しては安泰であることが明らかになった。

その間、新政府は財政破綻に向かいつつあった。旧士族への恩給の支払いや武力蜂起の鎮圧、それに数々の大型施策は、一八七〇年後半に深刻なインフレを引き起こし、ついに一八八一年、政府は緊縮財政政策の採用に追いこまれるにいたる。官営工場、官営鉱山、それに北海道の事業体の売却を余儀なくされた政府は、叩き売り同様の価格で、なんとかうまく運用していけそうな相手なら、だれであろうと移管に決したのだった。

これらの大胆な措置の結果、国の財政はどうやら旧に復し、民間に移管された新産業も自立の方向に向かっていった。一八八〇年代の初期、紡績業は他業界に先駆けて成功を収め、その後十有余年を経ずして欧米諸国とくつわを並べ、国際貿易市場に参加するにいたった。

ついで他業界も紡績業の後を追い、かくして二十年にわたるあやうげな草創期を経た新政府は、ようやく国内の軍事的財政的安定を物にし、欧米からの安全確保への第一歩を着実に踏み出したのであった。

以上明治維新の素描をこころみてきたわけだが、このようにみると歴史の必然的な発展にすぎなかったと映るかもしれない。現に、明治維新も近代ヨーロッパにおけると同様、いわゆる「歴史の発展法則」の一環で、しょせんは「必然的な成りゆき」としての「ブルジョワ革命」にすぎないと簡単に片づける専門学者も少なくない。

だが、一八五〇年代から八〇年代にかけての日本の歩みを、日本以外の非欧米諸国のそれと対比させてみると、どれほど希有な体験であったかがあざやかに浮き上ってくる。優勢な欧米の経済力や軍事力の挑戦に対し、日本くらい果敢かつ成功裏に対応した例はほかにはない。

たとえば一八四〇年代に清朝の没落をみた中国が、統一的な政治制度を安定させるには、その後、優に一世紀の長年月を要し、今日なお、多くの面において前近代的な経済を有するにすぎない。

それ以外のアジア諸国は、その大部分が植民地支配に屈し、日露戦争における日本の勝利をまって、ようやく民族的覚醒を体験したにすぎなかった。政治的な独立の回復も、二十世紀の中葉まで引き延ばされたが、それとても第二次大戦の際に、日本が欧米帝国主義を打ち砕いた結果であった。今日なおその経済はわずかに半ば工業化したにすぎず、諸制度や諸機構も完全に近代化しているとはいえない実情である。

日本の成功が比較的短日月に成しとげられた機微を、単に外部的な要因にのみ求めることは正しくない。たしかに欧米の衝撃のもつ性格や、日本の国土規模が日本を利したという面はあった。しかし、同様の体験と規模をもつ国で、日本とは大幅に異なる反応をみせた国も一、二にはとどまらなかったのである。

要因はむしろ国内的な特色に見出されるべきであろう。日本人の高度の均質性や、強烈な自意識などがこれである。海外に先例を仰ぐことを明確に意識していた点も、明らかに彼らを益した。徳川後期の社会的緊張ですら、大変革に直面した国にとっては、一種のプラス要件であった。

いま一つ留意されるべきことは、なるほど経済においては前近代、政治様式においては封建的であったとはいえ、日本の政治経済機構がいずれも高度かつ精緻なものであり、その官僚支配の効率と廉直さとが、欧米と比べても遜色がなかったという点である。

男子の四五パーセント、女子の一五パーセントという識字率は、欧米の主要国ともさ

い。すなわち、一連の大変革が日本人の脳裏で十分納得されたという事実も重要であった。それも民主主義とか（後になっては）共産主義というような借りものの新概念を媒介とするのではなく、日本古来の天皇親政という制度を通じてである。固有のイデオロギーを起用することで、身をよじるような大変革の苦痛が和らげられ、悪夢の度合いが減じたことはうたがいない。

十九世紀における日本と他の非欧米諸国とのいちじるしい対比を、日本人のどの特質の組み合わせで説明したらよいかは、だれも明言できない。だが近代化のスタートがはやかったことの恩沢は疑う余地がない。

一つには、欧米との技術格差は、二十世紀におけるほどまだ広がってはいなかった。しかしより重要なことは、非欧米の国が、欧米の生活水準に匹敵することなど、先例もないし、できるわけはないと一般に思われていたという事実である。そのお陰で、インスタントの工業化や、一夜漬けの民主主義の達成といった、現実とかけはなれた過度の期待にわずらわされずに、地に足のついた実験を行なう余裕が生まれたのである。

十九世紀までには他の非欧米諸国との格差はますます拡大され、先発の優位は明白になっていった。その結果、日本は、アジアの植民地ないしは半植民地よりも、むしろ欧米の列強と肩を並べるかに映ったのであった。

8　立憲制度

一八八〇年代までに、日本はすでに新体制の誕生にまつわる苦しみを通り抜けていた。いまや中年の落ちつきを見せはじめた指導者も、二十年間にわたる弥縫策《びほうさく》の成果を、なんとか恒久的な制度に定着させようとしていた。彼らの死とともに一切がご破算になることのないよう懸命だったのである。

安定した江戸時代に生をうけただけあって、だれもがしかと理解でき、受け入れることのできるような確固とした秩序を、いま一度とり戻したいという願いが強かったのである。欧米各国の先例に刺激され、彼らはこのような秩序を制度として憲法に織り込むことを決意していた。

それよりももっと驚きにたえないのは、新しい立憲制度の中に、欧米流の立法府を盛り込もうとしていたことである。日本では、民衆次元の政治運動は、とかく危険な存在とみなされていた。他方、欧米では、一般選挙による議会は、広く国民の支持を集められるという点で行政府の強化につながり、少なくとも、国民の不満に対するまたとない安全弁の役をはたしうる、と経験的に信じられていた。

日本の指導者はまた、国会の開設は、欧米列強の評価を手に入れる上に有効であるとも考えていた。不平等条約の束縛から解放されるためには、これは必須の要件であった。

いま一つの配慮は、政府の基盤拡大の必要ということだった。旧制度の下では、武士階級の大半が、将軍家もしくは各藩の行政にかかわっていた。だが新制度下において、彼ら旧指導者の多くは、政府からしめだされ、参画の機会を与えるようにと要求していたのである。

明治維新の指導者の一人は、四国・土佐の出身で、板垣退助といったが、一八七三年、同僚と語らって政府から身を退き、土佐に戻って政党をおこした。やがて都市の商人や農民納税者の入党をみるにいたる。

この新政党は、フランスの自由主義思想に範をもとめた「自由民権運動」で知られた。ついで、第二の政党が結成される。大隈重信を創設者とするこの党は、新興商工業者の大がかりな支持を受けた。大隈も新政府の要人だったが、イギリスの議会制度を早急に採用すべきであると主張、同僚の手で官を追われた閲歴の持ち主であった。

この二つの運動は、その後の日本政界の二大潮流となり、今日なおその跡をみることができる。

一八八一年、大隈の退陣と時を同じくして政府は、天皇の名において、公約を発表、一八九〇年までには国会を開設すると言明した。元長州藩士の伊藤博文は、ヨーロッパ各国の制度、とくに保守的なプロイセンの制度を詳細にわたって調査することを自ら申しいで、あわせて憲法に盛られるべきいくつかの要素について、慎重な実験を行なった。

このように入念をきわめる準備の末に、一八八九年ついに憲法は発布された。

憲法が天皇とその権能を軸に構成されていたのは当然であった。天皇親政の昔にかえすというのが、倒幕の、少なくとも建て前だったからである。しかし現実には、天皇は統治せず、輔弼《ほひつ》の責任をもつ閣僚の決定を総攬《そうらん》するにとどまる、とされた。閣僚の任権がだれにあるかについては、いかにも曖昧だったが、当初はそうとは認識されなかった。一八六八年以来、このことにあたってきた指導者が、天皇の名において引き続きこの権限――ただし憲法にはなんの言及もなかった――を行使したからである。

次々に欠けていったとはいえ、永年にわたる指導的な立場は彼らの威信を高め、やがて「元老」の名で総称されるにいたる。「薩長閥」というのが、彼らに寄せられた批判だったが、実体はまさにその通りであった。

天皇と元老の下には、首相を筆頭に各省大臣からなる欧米流の内閣が結成された。初期の内閣は、元老間のもちまわりにすぎなかったが、内閣の下に近代的そのものの官僚機構が制度化された。当時としてはもっとも前向きなプロイセンの制度にならってである。最初は、一八七七年創設の東京大学の卒業生が自動的に高位高官のポストを占めたが、ほどなく文官試験制度がつくられ、高度に独立し、きわめて効率的な特権官僚機構の形成をみるにいたったのである。

憲法は国民の広範な権利をうたったいくつもの条項を含んでいた。だがどの条文にも、「法律の定める範囲において」という制限条項が付され、憲法による権利保障に大きく水をさしていた。司法制度は、高度に集権化されていたにもかかわらず、みごとなまでの自主性を与えられ、非の打ちどころのない厳密さで法律に準拠し、法を執行した。

憲法のもつ諸側面のうち、もっとも斬新だったのは、二院制の国会の創設であった。貴族院という名の上院は、イギリスの貴族院に範をとり、議員の大多数は、世襲もしくは任命により華族の身分であることを要した。新華族制度は、一八八四年、旧堂上貴族、封建領主、それに新指導層をその成員として設けられたものである。

一方、衆議院は、十五円以上の租税をおさめる成人男子によって選出されたが、これは全人口の一パーセントに充たない、ごく少数の限られた存在であった。予算に関しては両院の三分の二の多数決が必要とされた。法律が恒久化されるためにも同様であった。

これは民本政治としては、ごく限られた形態のものでしかなく、しばしば民主主義を「裏切る」ものという批判を加えられた。民主主義の「一大後退」という批判もあった。しかし日本人にしてみれば、完全な民主制度をつくり上げるつもりなど、はじめからなかった。当時の欧米の事情通の中には、「欧米人にしかなじまない方向に向かって、ひた走りに走っているだけの日本人」という評すら聞かれた。「歩くこともできないうちから、走ろうとしている」という酷評を下す評論家もいた位である。民衆の側に、選挙の経験が不足し、代議制についての理解もとぼしかったことを思えば、一八九〇年というむかし、あれ以上の民主的な制度がはたして多少なりと機能しえたかどうか、まことに疑わしい。

いずれにせよ、日本の議会は、不十分とはいえ、欧米以外で行なわれた代議制の実験のはじめての成功例であった。そして、最初の出足がきわめて心もとなかったにもかかわらず、単に生き永らえただけでなく、おどろくほどの柔軟性を示し、その後、徐々に成育発展をとげるにいたる。

一八九四年、憲法発布からほどなく、日本の近代化に感銘を受けたイギリスは、一切の治外法権特権を一八九九年までに撤回すると通告、他国もその例にならった。数年の間に日本はまた関税に対する完全な自主性をとり戻した。ついで二度の対外戦役に打ち勝ったが、これは、経済力と機構上の改革をてこに、欧米からの軍事的な安全を手に入れるという目標を、みごとに達成しつつあることを示していた。

最初の対外戦役は、朝鮮半島の支配をめぐる明治二十七〜八年の日清戦争であった。日本はこの巨大な隣国を敗退させ、世界のおどろきの的となった。中国の影響力が朝鮮半島からとり除かれる一方では、日本は旧中国領の台湾を領有、欧米列強のひそみにならい、帝国主義的な建設に手を染めるにいたる。日本はまた南満州をいったんは手に入れるが、その戦略的価値に目をつけた帝政ロシアがドイツならびにフランスと語らい、南満州の放棄を強要、日本は返還を余儀なくされた。日本人にとっては苦渋に満ちたパワーポリティックスの体験だったが、三年後、ロシアは同地を自らの手中に収め、苦渋はいやました。

下って明治三十七〜八年（一九〇四〜五年）には、日本はロシアと戦火を交えた。またしても朝鮮半島の支配をめぐってであった。すでに三年前、日本はイギリスと日英同盟を結んでいた。これは欧米の一国が、非欧米の一国ととりむすんだ初めての完全な平等条約で、欧米列強が衆をたのんで日本にのしかかってくることを防ぐ役割を演じた。日本はふたたびこの戦役に勝ちのこって、世界を驚嘆させ、満州の南端、在満ロシア鉄道の南半分、それに南樺太を手に入れたばかりでなく、朝鮮半島の支配権を手中にし、一九一〇年にはさっさと合併してしまった。

かくして日本は植民帝国の一員となり、第一次大戦中もこの動きはつづいた。すなわち欧州の列強が、ヨーロッパにかまけている間、東アジアの大国は日本一国を数えるのみであった。日本はこの立場を利用し、一九一五年には、対華二十一カ条を中国に押しつけ、譲歩を引き出すことに成功した。また、中国山東省の旧ドイツ租借地を手に入れたほか、北太平洋の旧ドイツ領の島々を、委任統治領という形で領有することとなった。ヴェルサイユ講和条約には五大国の一員として列し、かくして日本は欧米列強の仲間入りをはたした最初の非西欧の国となったのである。

その間、国内では大きな変化が進行中であった。なるほど一八八九年に制定された憲法は、恒久的かつ不変な制度を体現するものであったが、ご多分にもれず、日本もまた近代社会へのたゆみない変化をとげていたこともあって、いささか寸足らずの感を免れがたかった。

憲法発布当時は、工業化もまだその緒についたばかりであった。だが以後、そのペースは十年ごとにはやまる一方であった。

とはいえ、ある特定の階級出身者が指導的な立場に立つという従来の慣習が、教育や試験を通じての指導者の台頭にとって代わられるのには時日を要した。六年間の義務教育が完全に実施をみたのは、ようやく一九〇七年になってからのことであった。

他方、大学教育は急速に広がっていった。かなりの教育を受けたホワイトカラー階層が、統治者と被統治者との間に割りこみつつあった。新聞はその規模と影響力を増大させつつあった。都市の生活は、欧米のそれにようやく近づこうとしていた。

憲法起草者はこの種の変化を想定してはいなかった。のみならず現状の読みもあやまっていた。国民全体からみれば、少数の有権者は予想以上に政治意識が高く、一筋縄ではいかなかった。国会開設に備え、政府はいくつかの選挙による地方議会を通じての実験を行なっていたが、これらは、反政府派の政治家に選挙の体験を与えるかっこうの場を提供していた。

その結果、一八九〇年の第一回選挙では、彼ら反政府派が多数を占め、一八九二年の第二回選挙においても、政府が総力をあげて、警察による手きびしい弾圧や、賄賂作戦をこころみたにもかかわらず、同様の結果におわった。

穏健かつ無力な討論クラブとして、政府の御用機関となるかわりに、議会はフランケンシュタイン的怪物の趣を呈し、生みの親にきばをむいた。薩長閥以外のなにものでもない、というのが彼らの対政府批判の趣旨であった。しかも、当初考えられた以上の力をもつことが明らかになっていった。

プロイセンの学者の助言を入れ、伊藤は憲法の中に、議会が予算案に賛成しなかった場合には、来年度もそのまま有効である旨の一項をしのばせていた。だがせっかくのこの切り札も、ほとんど無力であることがはっきりしていった。なにしろ経済の成長が急速でありすぎたため、前年度の予算では不如意を免れなかったのである。

予算規模を左右できることを切り札とした国会議員は元老たちの手から、なんとかそれ相応の具体的な権限を奪うべく全力をあげた。内閣は政争の上に「超然たるべし」という憲法起草者の考え方は、彼らの受け入れるところではなかった。

議会開設後のさいしょの四年間は、政府との公然たる闘いの時期であった。ただ日清戦争が勃発、愛国心が爆発的な高まりをみせるに及んで終息した。その後の数年間は、一種の妥協が成立、旧元老で、いまや政党人としてそれぞれ指導的な立場にある板垣と大隈のいずれかが、入閣をはたしたが、その際の条件は、院内の勢力をまとめて政府に協力させるというのであった。

この妥協案は、一九〇〇年、伊藤が彼の腹心の官僚出身者とともに、板垣路線をつぐ政治家に仲間入りし、政友会という名の新党を結成するにおよんで、いっそう有効な展開をみた。その後十二年にわたり、政友会は一種の政府与党として機能し、党員のためにいくつもの閣僚ポストや政治権益を確保したばかりでなく、政策にその見解を反映させることに成功した。院内で内閣を支持することの見返りにである。

すでに元老らは老い、議会政治が図らざる混乱を呈していることに倦《う》んでいた。一九〇一年、伊藤は第四次内閣から身をひき、それ以降は、参議の地位を追われた大隈を除いては、首班の地位にかえり咲いた旧元老は絶えてしまった。

彼らにかわって首相や閣僚の椅子を占めたのは、官僚出身者であった。一九〇一年から一九一三年にかけては、二人の政治家が首相のポストに交代でついた。一人は旧堂上貴族出身の西園寺で、若年時代をフランスで過しただけに、自由主義的傾向をつよく抱き、伊藤の腹心官僚の一人として、やがて彼の後を襲って政友会総裁の椅子についた。

いま一人は、長州出身の軍人官僚の桂太郎であった。彼の庇護者の山県は、長州の士分の出身で、陸軍の大立者として、元老の中では伊藤とライバルの関係にあった。

一九〇〇年から一九一二年にかけては、政治は一応の落ちつきをみせた。だが一九一二年末から翌一三年にかけて、政治的な突発事件が起り、静謐《せいひつ》は失われてしまった。陸軍サイドの拡張計画に難色を示した西園寺内閣に対し、陸軍が軍部大臣を引き揚げたことが、そのきっかけであった。

これまた、制度上の不備が表面化した例であった。かねて山県は、軍部を天皇の直轄下におくことで文民統制から外し、不忠な政治家どもが、折あらば軍の弱体化を虎視たんたんと狙うことに、待ったをかけるつもりでいた。

だが元老もいまやその数を減じ、なによりも年老いていた。軍部、文民を問わず、天皇の名における彼らの統制力はおとろえをみせ、軍部が内閣の主導権に逆らうような事態を許してしまったのである。

桂大将がふたたび内閣首班として呼び戻され、妥協がはかられた。だが議会内部の政友会系議員は、勅諚《ちょくじょう》をすら無視して、桂首班を拒否した。桂は新党を結成することで、多数派工作をはかったが、その企ては失敗におわった。新聞や一般国民は、従来の「超然内閣」にかわり、議会の多数党による内閣がつくられるべきだとして声をあげた。「憲政の正常化」とはこれを指す。

その結果、無党派の海軍提督が首相に任ぜられ、政友会議員が相当数の有力閣僚ポストを占めることになった。

この政治事件は、折しも大正と改元されたことから「大正政変」と呼ばれたが、当時日本を吹きまくっていた変化を、明らかに象徴していた。この事件以降、内閣は政党による支配色が強まり、それ以前の内閣とは好対照をなした。桂のおこした新党は、やがて第二党としての地歩を固め、一九一四年から一六年にかけての大隈内閣では政権に参加、与党としての機能をはたした。

一九〇九年、伊藤は朝鮮人によって暗殺され、聖意を行ないうる元老は、山県を残すのみとなった。同年彼は、政友会の総裁で、きっすいの党人である原敬を、内閣首班として受け入れた。原は出自こそ高い身分の士族ではあったが、東北地方の出身で、薩長藩閥政府とは無縁な外部者として、政党政治の中からのし上ってきた存在だった。

一九二一年、原は精神障害のある若者に暗殺され、二二年から二四年にかけては、非政党人が内閣首班となった。だが一九二四年にいたり、旧外務官僚の出身で、いま一方の有力政党の党首であった加藤高明が首相に任ぜられ、その後八年間というもの、政友会と、加藤の属する政党――二七年には民政党と改称された――の党首が、それぞれ交代で内閣を組織した。

このように、議会は一八九〇年以来、着実にその力を加え、ついには文民政府の主導権を握り、「超然内閣」を排して、れっきとした政党内閣が誕生をみたのである。

その間、有権者層もその規模と力を増していた。有権者の納税資格は、一九〇〇年と一九一九年の二度にわたり大幅に緩和され、その数も増えていったが、ついに一九二五年、すべての成人男子への選挙権がみとめられた。日本は着実に民主主義への歩みを進めているかにみえた。現に一九一三年から三二年にかけての一時期は、しばしば「大正デモクラシー」の名で呼ばれるほどである。

これらの政治的変化の背後にあったものは、経済の大きな成長と、社会的知的な発展であった。ヨーロッパの列強は、第一次大戦にかまけ、アジアの既得市場を日本に委ねた。日本は大きく繁栄した。

民主主義国の勝利は、欧米流の風俗や自由主義的な思想の流入をもたらした。一九二五年の参政権の拡大はその一つのあらわれであった。都市にはアメリカのフラッパーの日本版、モガがあふれ、ジャズエイジが到来した。

ロシア革命の結果、過激思想が少数の知識人の間に信奉者を得たほか、労働組合運動が芽生え、小作農の間でも若干の動きがみられるようになった。商工業者はその影響力を加えた。諸政党への政治資金の援助がその理由だった。中産階級は拡大をつづけ、次代の基調を決めるものとしての彼らの役割は重みを加えていった。

議会とその背後にある商工業者の役割が増大するにともない、日本の対外政策も、旧来の軍事優先主義をはなれ、商工業者の利益を配慮したものへと変わっていった。

明治期の帝国主義的拡張政策が、戦略的な理由に発したものであるのに反し、新しい日本の外交政策は、産業の充実拡大のために、どうしたら資源の必要を充たし、外貨を入手するための市場を確保できるかを、主たる目的としていた。

一九二一年、ときの原内閣はアメリカの求めに応じて、ワシントンの軍縮会議に代表を送り、海軍力の拡張制限を通じ、極東の安定をはかるための方途を話しあった。英米両国が、それぞれシンガポール、ハワイ以遠の基地不設置を約束した見返りに、日本は主力艦の英米日の比率を五・五・三と定めることに同意、あわせて山東省の旧ドイツ権益を中国に返還することを約した。

同時に日本は、シベリアからの撤収を受け入れた。共産革命の直後、ドイツの脅威から東部戦線を守るためとして、日本はイギリス、アメリカとともに、これら二国を上まわる大軍をシベリアに送りこんでいたのである。

ついで一九二四年には常備軍が削減され、軍事費が大幅に削られたが、これは政党政府が日本の経済的安全を、軍事的拡張よりは、むしろ外部世界との通商に求めようとしていたことの明白なあらわれであった。

9　軍部による反発

このようにさまざまな面で欧米型民主主義の規範に近づきつつある日本ではあったが、一皮むくと深刻な問題がのぞいていた。一つには、イギリス流代議制の日本版には、いくつかの際立った不備が存在したことである。総理大臣は国会内の多数派によってではなく、一握りの元老によって、「聖意を体する」という形で任命されていた。首班に任命されてのちに選挙を行なう、というしくみだった。多くの場合、選挙に勝ち、議会内の多数を占めたにもかかわらずである。

首班指名にあずかる主だった「キング・メーカー」は、明治の元老の生き残りであった。その一人は山県で、彼は一九二二年に没するまでその役割をはたし、彼の没後は西園寺公望が引きついだ。西園寺は元老の一人に列せられ、さいごの元老として知られる。要すれば、議会が首相以下の内閣を制御したのは、立憲制度の正規のしくみではなく、政治的便宜にすぎなかったのである。

だがもっと深刻な不備は、軍部と文官との対立で、「大正政変」が明らかにしたとおりであった。陸海軍大臣は軍部出身者で、政党の規律の外におかれた。

たしかに議会による軍部の統制は徐々に確立しつつあった。財布のヒモを握るのは、しょせんは議会で、軍関係予算も他の予算同様、議会の承認を要したからである。野心的な軍部関係者の中には、退官後、政党入りし、政治権力の究極の場に身をおくものもあった。非軍部官僚と同じようにである。政友会の党首として一九二七年に総理大臣に列せられた田中義一大将はその一例である。

それはともかくとして、軍部は理論上も、またその内部的な運営においても、文官支配の及ばないところに位置していた。

日本の経済的な支柱も決して確固としたものではなかった。第一次大戦が画期的な工業成長をもたらしたことは事実であったが、大戦後、ヨーロッパ諸国からの競争が回復するに及んで、それへの対応に苦渋した。一九二〇年代の日本の経済成長は、近代史上もっとも緩慢なもので、唯一の例外は第二次大戦中と、その直後だけである。

世界経済も思わしくなく、貿易は停滞した。日本の農村部はとくにひどい打撃を蒙っていた。台湾、朝鮮という二つの植民地からの移入米と、一九二九年の株式暴落にともなうアメリカの大不況によって、絹の対米輸出が完全に消え失せたことで、米と絹という二大換金農産物の価格が、大幅な値崩れをみせたからである。耕作面積の四五パーセントをも占める小作農家の状態は、とくに悲惨をきわめた。

日本各地で、底辺の農民はひどい窮乏にみまわれ、ときには娘を身売りさせることで、わずかに飢えをしのぐという惨状もみられた。

都市部においてすら、経済状態は深刻だった。新興工業が近代的な技術に支えられ、高い生産性を誇るかたわらでは、農業を中心とする伝統的な産業は、機械化されないままに、低生産性にあえいでいた。両者のギャップは大きかった。この種の「二重構造」経済は、工業化初期段階にはどこにもみられる共通な現象だが、日本のように、工業化の速度がいちじるしい場合には、とくにあらわであった。指導者が工業化時代のこの種の問題には不馴れなこともあり、事態を改善するための社会立法は後手にまわった。

一九二〇年代の日本は、もう一つの弱点をかかえていた。議会制度を支える社会的政治的土壌にばらつきがある、というのがこれであった。経済も二重構造なら、社会全体も同様に二重構造を内蔵していた。近代化の速度も、都市部ではともかく、農村地帯においては遅々たるもので、なにかにつけて旧弊なやり方や考え方が満ち溢れていた。

高等教育を終えた日本人は、たえずその知的視野を広げつつあり、世界の思潮に伍してなんら遜色なかったが、六年間の義務教育がやっとな大多数の国民は、忠誠や大勢順応の精神をきびしく仕込まれるのがせいぜいで、教育というほどのものを受けてはいなかった。新しいものにはすべて憧憬の目を向ける日本人がいる反面、過去をひたすら懐かしむ日本人もいたのである。

経済の実績や、政党内閣とそれを支える実業家に飽き足りぬものを覚える日本人は、かつての指導者を恋いこがれた。彼らこそは家父長的で、無私の度合いが高いとされていたのである。私利私欲を求める利権政治や、それにまつわる腐敗、さらには喧騒をきわめる代議制民主政治をうとましいものに観ずる日本人も少なくなかった。昔ながらの全会一致で和気藹々《あいあい》のうちにことが決まり、献身的かつ忠実な公僕によってそれが実施されていくという形が、理想的な姿として彼らの脳裏にはあったのである。

彼らにとって、資本家が政治を動かすことぐらい大きな害毒はなかった。

とくに財閥――元来は侮蔑的な呼び名であった――への非難は高まっていった。政党政府による平和志向、貿易重視の対外政策も、一部の日本人にとっては、経済界の大立者の私的な利益を押しすすめるものにほかならず、日本の戦略的な利益に逆らうものでしかなかった。

伝統に心ひかれる日本人は、議会制度、大企業、それに都市部におこりつつあった捉われない新しい生活様式を、ややもすると十把一からげに欧米の悪しき影響のあらわれとみなすのだった。

新興左翼勢力も同じような考え方に与《くみ》した。これは奇妙な符合ではあったが、さらばといって保守派の彼らに対する恐れや憎しみは消えなかった。

一九二五年、奇しくも普選法の成立と時を同じくして、治安維持法という名の抑圧的な法律が通過、爾来、政治制度の根本的な変革や、私有財産制度の廃止を唱えることは同法違反とされるにいたる。

民主主義は、一見、日本で勝利を収めているかにみえた。だがありようは、欧米におけるような確固たる制度的わくぐみに欠け、広範な支持を情念や認識の次元で勝ち得るには至っていなかったのである。

もし対外政策上の危機が日本を見舞わなかったとして、はたして政治制度がそのまま生き残れたかどうかについては、なんとも断じがたい。

一九二九年、世界恐慌のあとを襲って、世界通商は縮小の方向に向かった。各国とも自給をめざし、自国中心的な経済政策の採用にふみきったが、ようやく日本人も、その工業型経済がどれほど危険な背伸びをしているかに気づくにいたった。ちっぽけな島国のよく支えるところではない、という認識が生まれたのである。

英、仏、蘭の諸国は巨大な海外植民地を有しており、米ソ両国も広大な大陸型の国土を擁している。それにひきかえ、日本の地理的基盤はむしろ小さい方に属する。

日本国建設作業の開始はあまりにも遅きに失していた。しかも、すでに満ち足りた欧米諸国に影響され、あまりにも早く手を引くという愚をおかしたというみかたをとる日本人は、決して少なくはなかったのである。

この状況には人口問題という名が冠せられた。白色人種はすでに人口の寡少な、西半球の一等地やオーストラリアを手中にし、日本を排除していた。

二十世紀初頭まで、日本人はアメリカおよび英領各国からシャットアウトを食らっていた。人種的な理由が公然とかかげられ、実効をあげていた。二四年にはアメリカが排日修正案を成立させ、さらに追い討ちをかける形で、これが人種的理由によるものであることを、むごいまでにはっきりさせた。

ただ単に屈辱的な差別待遇にさらされているばかりでなく、経済的にしめあげられようとしている、というのが日本人の状況解釈であった。近隣のアジア大陸への進出こそが唯一の解決策とする日本人もいた程である。

その際の目標は、当然のことながら中国であった。しかし中国においても、民族意識がようやく高まろうとしていた。もはやつかみ取りの時代はおわっていた。現に蔣介石の国民党新政権は、満州に対する支配力を回復しようと試みていた。だが満州はすでに日本の経済圏にしっかりと組みこまれていた。中国民族主義の高まりは、中国を意のままに分割しようとしても、時間切れが迫りつつあることを明らかにしていた。いますぐに手を出さねば、その機会は永遠に失われる、という様相を呈していた。

日本の軍部はどちらかといえば政治から独立した存在であった。そのために彼らは、この種の国民的危機感をテコに、対外政策を具体的に変え、政治構造を変化させることができた。

すでに一九二八年、在満の日本軍は、その地域の中国軍閥の領袖《りようしゆう》の一人を暗殺という形で葬ったが、軍部全体のバックアップに守られ、文官政府の叱責を免れた。一九三〇年には政府はロンドン軍縮条約を呑むことを海軍に認めさせた。ワシントン条約で主力艦の対英米比率が五・五・三に決められたあとを襲い、同じ比率を重巡洋艦にも及ぼそうというのがこの取り決めであった。海軍はやむなくこの決定を受け入れたが、公然たる反乱寸前までいった。

ついで一九三一年九月十八日、在満日本軍の一部は、在満ならびに東京の高級幹部の暗黙の了承のもと、満州の中心地奉天《ほうてん》近郊で列車事故をでっちあげ、これを口実に全満州を数ヵ月で席巻、明けて二月には傀儡《かいらい》帝国・満州国を発足させた。

軍部によるクーデターを恐れる文官政府は、事態を収拾できぬままに、帝国主義的な拡張政策への急転換を受け入れ、世界に対し弁明これつとめることを余儀なくされた。国際連盟は満州における日本の行動を公式に非難したが、日本はこともなげに連盟を脱退した。これは連盟のその後の運命を閉ざすことになる。

対外政策の転換と、日本国内の風潮が変化したことで、ほどなく政党内閣はとどめをさされる。少数の軍官内部の超右翼主義者どもは、すでに軍部によるクーデターを使嗾《しそう》していた。一九三〇年に、ロンドン軍縮条約を強行した首相は、狂信的右翼の一人に撃たれ、それがもとで死亡した。一九三二年初頭にも、何人かの指導者が暗殺され、同年五月には、一群の海軍将校の手で、首相が暗殺されるという事件がおきた。

元老西園寺は、穏健派の海軍提督をその後任にあて、三四年にも同様の人事を行なった。

党人はその後も閣僚のポストを占めつづけ、各政党は三二年、三六年、三七年とひきつづき選挙での圧倒的勝利を手にした。三六年には、「議会政治かファシズムか」というスローガンを掲げて選挙戦をたたかった民政党が大勝を博したほどであった。新興左翼諸政党ですら得票数を急速に伸ばしつつあった。

だが、議会はその勢威を減じつつあった。対外政策を事実上牛耳るのは軍部で、いまや「挙国一致内閣」と呼ばれる政府は、立憲制初期の「超然内閣」的な色合いにふたたび流れていった。

満州の占有は全国民の拍手を招き、軍部指導者の威信をつよめた。右翼の熱心党、とくに若手将校らの圧力は、国政を右寄りの方向に傾けさせる口実となった。

超右翼主義者は貧農の立場に立った。兵士の大部分は貧農の出であった。そして富裕な実業家や政界実力者などの特権階層の論難をこととした。「君側の奸《かん》を除く」ことこそが、彼らが自らに課した使命であった。そうすることで軍部による実権の掌握と、「昭和維新」――その実体はあいまいなままに残された――への道を開こうというのが、彼らの自称する目標であった。

一九三六年二月二十六日、若手将校らはクーデターを断行、多くの政府指導者を暗殺、東京の中心街の一部を占拠するという挙に出た。だが、陸海軍最高首脳は、ほどなく重い腰をあげて「反乱軍」の鎮圧に踏み切り、首謀者を処刑した。

ついで軍部内の穏健派は将校への統制をきびしくし、とみに熾烈の度を加えつつあった高級将校間の派閥抗争にとどめを刺した。

あわせて二・二六事件は、国会の権限の低下にさらに拍車をかけた点でも記憶されるべきである。一九三七年には陸軍の将軍の手になる内閣が誕生、政党人の閣内参加に幕が引かれたのである。

その間、日本陸軍は内モンゴルならびに中国北部への勢力の拡大をやめなかった。一九三七年七月七日夜には、北京近郊で日中両軍が衝突、蔣介石政権は、日本のさみだれ的な侵略を一挙に解決するよう求めたが、日本軍部は居直りを策することで中国側の要求に応《こた》えた。第二次大戦はかくしてその幕を切っておとしたのである。

日本軍は、ほとんど連戦連勝に近い勝利を次々に収め、中国北部ならびに中部に奥深くわけ入り、中国政府を打倒もしくは圧殺すべく、中国南部沿岸一帯を占領下においた。だが中国は奥地へ後退しつつも抵抗をつづけ、ゲリラ戦や伸び切った補給線は、ようやく日本軍に消耗を強いるにいたった。日本陸軍は、のちにアジア民族主義の泥沼と称されたものへと、深入りの度を高めていったのである。

中国での全面戦闘は、日本人の愛国的狂躁に火をつけ、三一年以来の諸傾向はようやく表面化していった。軍部による政治支配はつよまり、新設の諸官庁に軍部出身者が押しつけられる数も増えた。政府による産業支配も高まる一方だった。戦争遂行のために経済力を強化しようというのがそのもくろみであった。

議会の権能は低下の一途をたどった。その結果、一九四〇年には、すべての政党が解散を命ぜられ、大政翼賛会なる巨大かつえたいの知れない組織への改組を余儀なくされた。これはドイツのナチやイタリアのファシストにも似た全国次元での国民運動を目ざすものであった。

教育や報道機関による国民の教化啓蒙もますます偏狭かつ峻厳の度を加え、異端的な思想への弾圧もきびしさを増す一方であった。それも政府や警察によるだけではなく、隣り近所の熱心党によることが多かった。

思想の自由が転機を迎えたのは、一九三五年、美濃部達吉東大教授がその天皇機関説の故をもって、貴族院議員としての身分を停止されたときであった。それまでは認められていた天皇機関説は、いまや不敬罪にあたるとされたのである。思想の自由のこれは転換点であった。

このすぎゆきは、しばしば、両大戦間のヨーロッパを襲ったファシズムになぞらえられる。おどろくほどの類似点が、両者の間にみられることは事実である。

だが、ドイツやイタリアの場合とは異なり、独裁者は存在しなかった。明確に規定された国民運動という形もとってはいなかった。

ありようは、国民のムードがなんとはなしに変わり、エリート集団間の力のバランスに変化が生じた結果、国策が大幅に移動したにすぎなかった。それも、一八八九年に制定された立憲制度のわくぐみを越えはしなかったのである。

革命も、クーデターの成功も、政治制度の形式上の変更も不在だった。一九三〇年代後半の軍部主導型政権も、その立憲的合法性については、二〇年代の議会主導型政権と甲乙つけがたかった。憲法起草者の意図からははずれてはいたが、これは二〇年代の政権も同じだった。

時代の大勢に立ち向かい、信念を守って下獄する勇気のある日本人は少数にすぎなかった。共産党員を主軸とする下獄者も、その少なからぬ部分は、転向を強いられ、事実、転向してしまった。それ以外の反対者は、大体が沈黙を強制され、新体制への同調を心ならずも余儀なくされたのである。

中国大陸における戦闘は、その後も膠着し、さらに戦局を拡大することで、一か八かの大ばくちを打つこと以外に、逃れる術がなくなったことを思い知らされた。

一九三九年、欧州において戦端が開かれ、ソ連が欧州戦争にかかわったことで、欧州列強の外圧からは自由になったが、中国での行動に対するアメリカの反対は、むしろ増大していった。従来アメリカは、侵略行為の成果を日本が享受することには反対という道義的な立場をとってはきたが、文書や口頭による非難以上の実際行動については、腰だめの姿勢をとりつづけてきた。

ところがいまやヒトラーが、欧州全体に覇を唱える勢いを示すにおよび、東アジアにおける日本の覇権は新しく見直されねばならなかった。大東亜共栄圏がこれである。やがて日独伊三国のあいだで同盟条約が結ばれる。より開かれた世界秩序をねがうアメリカ人にとって、これは欧州・東アジア両面における脅威の相乗積にほかならなかった。この認識の高まりとともに、ナチと日本による世界制覇への恐れも首をもたげていった。

フランスが降伏するや、日本は北部ヴェトナムに兵を進め、これを占拠した。一九四〇年夏のことである。中国南部への押さえをきかせるというのがその意図であった。

これに対しアメリカは経済制裁という形で対抗、翌年八月、日本がヴェトナム南部に進駐するに及び、アメリカはさらに石油禁輸の措置に出た。

対中戦争続行のための石油備蓄の枯渇と、アメリカによる攻撃の可能性を前にして、日本はにわかに以下の三者択一を迫られた。一つは、中国から兵をひくことであり、一つは、アメリカとの妥協をはかることであり、いま一つは、戦争に訴え、当時の蘭印、いまのインドネシアの石油資源を奪取することであった。

政府は中国からの撤兵を肯《がえ》んぜず、第二案の実行も不可能なままに、第三案に落ちつき、一九四一年十二月八日には、真珠湾の奇襲にみごとな成功を収めた。日本の南進に際し、アメリカ海軍を無力化するというのが、その目的であった。

戦争開始にさき立ち、軍部は国内の政治的な立場の統合強化をはかった。陸軍部内の最有力者東条英機が首相の椅子につき、陸相を兼摂したのである。

軍事力経済力の両面で、アメリカが日本を大きく上まわることは、日本人も承知の上であった。だが、早駆けに駆け、西太平洋全域を制圧してしまえば、さしものアメリカといえども、戦局挽回への道のりがはるけくもきびしいことにあきらめを覚えるのではないか、というのが日本の読みであった。

ましてや、ナチが欧州戦線で勝利を収めればなおのこと、というもくろみが軍部をとらえたのである。緒戦の数カ月間に、日本は全東南アジアを席巻し、インド国境からニューギニア、ガダルカナルに至る広範な地域をその制圧下においた。

だが、ワシントンでの宣戦布告通告の手交と時を合わせての真珠湾奇襲は、アメリカ人をして、獅子奮迅的な、しかも息の長い対応へと赴かせた。日本をはるかに凌ぐ巨大な海軍力や軍事力を作り上げることで、彼らは徐々にではあったが、太平洋全域での戦局の挽回という苦行をすすめていったのである。

その間、アメリカの潜水艦や空中投下機雷は、日本商船隊の大半を沈め、各島嶼《とうしょ》の前哨拠点にある日本軍を次々と無力化するとともに、国内の工場に欠かせない原料物資の流入をせきとめてしまった。

一九四四年十一月には、アメリカ空軍は日本の南方に位置する島々に配備をおわり、焼夷弾による空爆で、可燃性の高い日本の諸都市を一つ一つ破壊すべく行動を開始、すでに損耗のはげしい各工場から、労働者を追い払ってしまった。日本の工業はかくして二重の打撃を受け、日本の軍事力は逆《さか》おとしに疲弊していった。

状況は絶望的であった。にもかかわらず日本社会の秩序はおどろくほど強靭で、軍部は相も変わらず日本の伝統には降伏はない旨、呼号しつづけた。一九四五年も八月を迎え、広島および長崎に原子爆弾が六日、九日と相ついで投下され、八日には死に体と化した日本のわけまえにあずかろうと、ソ連軍が満州に怒濤のごとく進入してくるに及んで、はじめて日本政府は、精も根もつきはて、不可避的な状況の前に叩頭《こうとう》するにいたったのである。

八月十五日、ついに政府は「無条件降伏」の要求を呑んだ。すでに七月二十六日、いわゆるポツダム宣言は、アメリカによる明確かつ峻烈な条件を明らかにしていたが、「無条件降伏」はこの宣言に基づいていた。

日本はそのすべてを賭け、そのすべてを失ったのであった。八十年にものぼる営々たる努力と、そのおどろくべき成果は、いまや破壊のただ中に横たわっていた。外国人征服者の靴音を、日本人は耳にした。史上はじめてのことであった。

10 占領軍による改革

第二次大戦の敗戦は、日本に巨大で急激な変化をもたらした。それに比肩しうる変化といっては、わずかに明治維新があるばかりである。第一、戦争そのものが悪夢のような体験であった。敗戦時には日本の製造工業は事実上その動きをやめた。永年にわたる器材の枯渇、肥料の払底《ふってい》、人力の不足などが災いして、農業生産ですらが三分の一に落ちこんでいた。

京都を唯一の例外とする大都会のすべて、それに中小都市の大部分が全滅に近い破壊を蒙り、人口も四散していた。空爆で命をおとした民間人は六十六万八千を数えた。致命的な打撃を受けた経済は、通常の貿易の流れから切りはなされ、外国軍隊の支配下にあることの不安も手伝って、その回復の歩みは、同様に戦火に見舞われたヨーロッパの復興よりはるかにおそかった。国民一人当たりの総生産が、一九三〇年代のレベルにあえぎあえぎ達したのは、敗戦後十年余のことであった。

日本人の受けた心理的な傷はそれ以上に深かった。心理的な圧力の高まりは十五年に及んでいた。そして全面戦争下での生活も八年を数えた。生活は困窮の一途をたどっていたのである。

普通の繊維は、まず代用繊維にとって代わられ、ついで一切の消費財が徐々に姿を消していった。食料も底をつき、都市の住宅は火焰につつまれ焼け落ちてしまった。

都市住民は生きていくために闇市をうろつきまわらざるを得なかった。彼らの士気が崩れ去っていったのも当然の成り行きであった。さしも順法精神に富んだ日本人のあいだでも、ちょっとした違法行為は日常茶飯化した。戦争指導者は、日本人の精神力の優位が勝利をもたらすと期待していた。国民もその期待に応えて、持てる気力のすべてをふりしぼったが、ついには気力も萎えはててしまった。都市とともに、彼ら一般国民の心情も焼けはててしまったのである。

戦争や、彼らを戦争に駆り立てた戦時指導者、それに過去の全般に対する国民の怨念は、大へんなものであった。罪の意識はなかった。欺されたという思いだけがあった。

アジアの解放者として、喜び迎えられたと信じこんできた日本軍が、その実はどこでも憎まれていたということを知ったときの日本人のおどろきは大きかった。無私の愛国者、天皇の輔弼《ほひつ》者としての軍部への尊敬は、憤激と軽蔑へと変わっていった。

敗戦直後の日本人の大部分は、どうやら食べていくのが精いっぱいだったが、これら目前の関心事の底を流れるのは、平和へのつよい希求と、こんな大惨事は二度と繰り返すまいという決意とであった。むざんな失敗に帰した古い日本にかわる、新しいなにかを望んでいた。たしかに混乱こそしていたが、変化を受け入れようとする姿勢の暢《の》びやかさには、それまでにはないものが見られた。

一九五二年春まで続いたアメリカによる日本占領が、効果的な変化をもたらしえたのは、日本人の側にこのような受け入れ姿勢があったればこそである。日本の軍国主義者にとどめをさすことを決意したアメリカは、戦後の日本のために、あらかじめ計画を立てておくことの必要を見逃してはいなかった。かくして一九四五年九月二日に日本に到着したアメリカ占領軍は、抜本的な改革を目指して、大幅な政策上の指令をたずさえていた。

総司令官はマッカーサー将軍があたった。同将軍はアメリカ一国のみならず、全連合国の総司令官として日本に臨み、彼個人と彼の司令部はSCAPの名で呼ばれた。名目上は全連合国による占領とはいえ、実体はそうではなかった。日本を打ち負かす作業は、事実上はアメリカの単独行為に等しかった。英連邦はオーストラリア軍を派遣し、マッカーサーの指揮下に委ねたが、中国は国共内戦に忙殺されその余裕を欠いていた。一方ソ連は単独占領地域の要求が退けられるや、アメリカ人の指揮下に自国軍隊をおくことはできぬとして、占領軍を派遣しなかった。

全戦勝国から成る極東委員会が一九四六年初頭にワシントンに設けられ、占領政策全般を策定することになった。また東京には、主要四カ国を構成員とする対日理事会がおかれ、占領政策の実施方法について勧告を行なうものとされた。だがアメリカは、このいずれの機関にも、さしたる影響力の行使を認めなかった。

したがって日本占領は、アメリカ一国の専権事項であり、日本人もまたそのように受けとった。

マッカーサーは大へんな自信家で、活力にあふれたカリスマ的指導者であった。ワシントンからの一般的な指示はやむを得ず受け入れたが、他の連合国からのそれは一顧だにしなかった。彼の救世主的な発想や措辞は日本人に受けた。焦慮のただ中にある日本人は、鼓舞され、指導されることをこそ望んでいたからである。

日本人はまた、アメリカ軍が報復的ではなく、概して善意をもち寛大なのにも一驚した。アメリカの優位は、敗戦の結果、どの日本人の目にも明らかだった。幻滅の悲哀と、心神損耗状態にあった日本人は、アメリカ人を目して、新しいよりよい未来への導師とみなしたのである。そこには、敗戦国民につきものの、仏頂面で占領軍やその指導者を白眼視するという趣はなかった。

アメリカ人はアメリカ人で、日本人の教育程度が高く、自律心がつよく、温和なことに気づかされた。日本の改革や復興のために、アメリカとの協力を惜しまないという姿勢も、彼らの知るところとなった。そこには、太平洋戦線における対日本軍との戦闘から想像されるような、はしにも棒にもかからない狂信主義者の面影はなかった。

一般国民以外の、もっとわけ知りで屈折しているはずのリーダー連ですら、日本がアメリカに完敗したことを自覚し、独立をかちとるためには、アメリカの意思にそわざるを得ぬと観念してか、おどろくほど協調的であった。

アメリカ人一流のお説教がましい自信のつよさと、親分肌の寛仁大度《かんじんたいど》、それに日本人に固有な協調姿勢と指導者への忠誠とがうまく綯《ない》交ぜにされたのである。ある先進的な近代国家を、他の一国が軍事占領するというのは、惨憺たる失敗におわるに決まっていると予想した向きもあったであろうが、ふたをあけてみると、まずは予想外の成功におわったのである。

アメリカ占領軍の初期の第一義的な目的は、日本を非軍事化することであった。日本の軍事的な拡張政策こそが、東アジアにおける唯一最大の問題、というのが当時のみかただったからである。

日本には占領軍将兵があふれ、すべての征服地は根こそぎにされた。のみならず、他のいずれの国も正当な領有権を主張しえないはずの地域までが、日本の手からもぎとられたのである。

北海道の北に位する千島列島はソ連に与えられ、アメリカは沖縄を確保した。日本の旧軍人や民間人は、東アジアならびに太平洋全域から駆り立てられ、六百五十万を超す日本人が故国に戻された。

ついで陸海軍はすべて完全に解体され、艦船や機材はその一部が破壊された。残虐行為に走ったとして起訴された旧軍関係者は罰せられ、東条大将以下の七名の旧軍指導者は、一人の民間出身の元首相ともども、戦犯として処刑された。戦争勃発にさきだち、個人として共同謀議に加わったというのが、そのあやふやな根拠であった。

戦後の平和主義万歳のムードと、マッカーサー自身の「日本は極東のスイスたれ」という熱望もあり、日本の指導者もアメリカ軍当局も、新しい憲法に、永遠に戦争を放棄し、一切の戦力の不保持を明記した条項を挿入することに合意した。しかし一九五一年、平和条約がついに交渉のテーブルに載るころまでには、条約条文の中に、日本に対する軍事的な制約をうたわない方がより実際的であると考えられるに至った。

一方、経済面では、非軍事的な日本の必要をみたす以外の余剰工業力は、日本が荒らしまわった国々への賠償支払いにあてられるべしと定められたが、この計画は、ほとんど何も生まなかった。その理由には三つある。

一つは、これらの工業施設をどのように分配するかについて合意が得られなかったこと、二つには、戦禍によって荒廃しきった日本に、他国に移送して組み立てるに足るだけの施設が残存していなかったこと、三つには、国民の必要をみたすためだけにも、とても不十分で、余剰工業力など持ち合わせてはいなかったことである。日本がどうやら生き永らえたのは、アメリカからの援助がカンフル注射の役割をはたしたからといってもよいほどの、当時の日本の状況ではあった。

アメリカの占領政策が、単に非軍事化というこの時点でおわっていたとしたら、過去の戦後処理にもみられた罰則的なやり方と隔たるところはなかったであろう。しかし占領政策はこの点でとどまらなかった。

非軍事化政策は、単に日本の軍国主義的な罪過に対する応急的な措置にすぎない、というのがアメリカ側の考え方であった。政府そのものを民主化すれば、将来、戦争に赴く可能性が減殺されよう。そのためにはということで、すべての超国粋主義集団は禁止され、一切の抑圧的な法律は撤廃され、政治犯――その大半は共産主義者であった――は釈放された。加えて、旧陸海軍人や政界、さらには実業界や教育界の最高指導者など各界のトップは、責任ある地位に就くことを禁止された。

だが、民主化政策の中でもっとも重要な側面は、新憲法と、それに付随する一連の法案の採択であった。

日本政府部内の混乱がひどく、マッカーサーの意に沿うような憲法改正案を出すことに消極的であることがはっきりするや、彼は自らのスタッフに命じて新憲法の起草にあたらせた。一九四六年二月のことである。

この草案は、若干の手直しを経て、日本政府の受け入れるところとなり、一八八九年の欽定憲法の勅令による修正という形をとって、一九四七年五月三日に効力を発した。起草者がアメリカ人であるという事実が、その妥当性と永続性について疑惑を生ずることがあるのは理解できる。

とはいえ、アメリカ人起草者が、アメリカの政治制度に範をとらずに、イギリスの議会制度に拠ろうとしたのは、まことに当を得た心づもりであった。一九二〇年代、すでに日本はイギリスの代議制度に向かって動いていたからである。かくして新憲法は、日本人の政治体験に合致したものであり、大多数の国民によって歓呼のうちに受け入れられたのである。

新憲法は、欽定憲法のもつ曖昧さや弱点を正すことに焦点をしぼった。天皇は、国民の象徴であり、実際の権力をもたない旨が、明確に規定された。現に天皇は、長期にわたり、そのような存在だったのである。国権の最高機関は国会であるとも定められた。そしてそれ以外の権力の源泉で、国会と競合するような存在は、一切がとり除かれるか、国会の下風に立つものと規定された。内閣も、首相が衆議院によって選出されるという意味において、国会に対して責任をとるべきものと定められた。

旧貴族院は、参議院にとって代わられた。ただ、国会の運営のあり方や選挙制度は、婦人参政権の新設を例外として、一九二〇年代後半と、ほとんど変わってはいない。

憲法はまた、新たに設けられた多くの基本的人権を含んでいる。アメリカ憲法にある項目はすべて含まれているほか、両性の平等、勤労者の団結権、団体交渉権、それにだれもが教育を受ける権利など、近年になって言われだした多くの権利がうたわれている。

司法府は、できるかぎり行政府とは独立した存在であるとされ、新設の最高裁判所には、新たに違憲審査権が付与された。地方公共団体の権限も拡充強化され、知事は従来の市長職同様、官選から民選へと移されたのである。

占領は単に政治的な改革に止まらなかった。さらに一歩を進め、日本社会や日本経済を改革することで、従来の社会、経済秩序よりも、民主的諸機構がうまく機能することに資するような、新しい状況を創出していくことに向かっていった。これは放胆な企てであった。

奇妙なことに占領軍当局は、日本帝国主義の元凶は、財閥の手にあまりにも巨大な工業力と富が集中したことにあるとする、マルキシズムの解釈をとっていた。財閥こそは日本に侵略的な対外政策をとらせた元凶というのが、その解釈であった。

戦前の日本史はこの説の妥当性を諾《うべな》ってはいない。だがマッカーサーとそのスタッフは、この解釈を採用し、その結果、たいへんな社会主義的情熱を燃やした。革命的な変革は、他人の国で手がけるかぎり、手軽でもあり、面白くもある。戦争のもたらした災禍は、経済レベルの平均化に大きくあずかって力があった。だれしもが困窮していたからである。そこに占領軍当局はさらに追い討ちをかけ、残った個人資産を、財産税という形で没収した。

同時に巨大財閥系企業は解散され、財閥の当主やその家族は財産をとりあげられ、財閥を構成する製造企業や金融機関の解体がはじまった。

だが、社会的政治的目的で日本経済にこれ以上のメスを入れることは、かえって病人を死に追いやることになりかねないという認識が生まれ、この計画は中止された。産業の賦活《ふかつ》化へと方針が転換したのである。

日本は小作農家の高率にたえず悩まされてきた。十九世紀末においては、それは総面積の四五パーセントにも上っていたのである。小作の率を引き下げる方途については、すでにさまざまな思案がこらされていた。だが占領軍の強権という外部的な力が加わって、はじめて抜本的かつ効果的な土地改革案が実行にうつされた。

農地に関する不在地主制度は完全に禁止され、在住地主も、自分の耕作する農地以外には、ごく小型の保有が認められたにすぎなかった。旧小作人に対する土地の譲渡も、小作人にとってはすこぶるつきの好条件でとり行なわれた。戦前の地価というのだから、事実上はただ同然であった。その結果、小作面積は全体の一〇パーセント以下に激減した。

占領軍はまた、都市に居住する労働者に対しても、開明的な法案のいくつかを準備し、労働組合の誕生を助成した。使用者側の力に対する拮抗力としてである。一九二〇年代生き残りの組合指導者が、直ちに組合組織に向かい、ついには一千二百万を擁する労組組織を作り上げた。

ただアメリカ当局者のおどろきを誘ったのは、日本の労働運動が、アメリカ本国よりも激越な路線を選んだことであった。

敗戦直後の窮迫した経済情勢下においては、賃上げ交渉を団交の場でまとめる可能性は少なかった。そこで少なからぬ組合は、経営権を手に入れ、自主経営を行なうことを目途とした。その上に、日本の労働者の多くは、鉄道、教職員などのいわゆる官公労で、彼らの給与体系は、政府によって決められている。賃金交渉よりは、直接政治行動の方が手っとりばやいと彼らには映ったのである。

占領軍による改革は、他の諸分野にも波及していった。

婦人は参政権を認められたほか、完全な法の下の平等を手に入れた。本家の戸主の、分家に対する威令や、戸主の成人した子弟に対する権限には終止符が打たれた。

義務教育年限は九年に延ばされ、教育を単なる棒暗記よりは、物を考える場たらしめようという努力が払われ、小学校以上の学校制度は、アメリカの制度にならって改正された。この機械的な変革は、大きな混乱と不満とをひきおこしたが、やがては定着し、占領軍が引き揚げるころには、もはや再改革ができないほどに制度化していた。

このように、占領軍による改革の中には、さほどの成果を収めなかったものもあり、日本人に高く評価されなかったものもあった。だが総じて巨大な変化をもたらしたことはたしかであり、その多くは歓迎された。

しかし、戦後日本の変容を、その大半が外国の介入に負っているとみなすことは正しくない。

帝国の確立を求めてはたさず、その結果、国家として崩壊したという戦争の全体験は、たとえ日本に占領軍がいなかったにしても、占領下におけると同じ方向への選択を強いたであろう。

平和的な国際交易に依存するよりほかに、経済的に生き残っていく方途はありえなかった。代議制民主主義は、その欠陥はどうあれ、全体主義的な政治とその災害にとって代わるべき唯一かつ明白な選択肢であった。

軍国主義者や超国家主義者連は、十五年にもわたって社会変革に水をさし、その方向をねじまげてきた。だが、ひとたびこれらの障害がとり除かれれば、社会変革が日本全土を洗うのも、時の勢いといってよかった。

占領軍による諸改革が上々の成果をあげたのは、それらの目指す方向が、日本内部に存在した勢力が推し進めていったのと同一であったことに大きく起因している。外部からの軍事的指導者が、これらの諸勢力の勢いを、より狭い方向に収斂《しゅうれん》させ、その結果、その流れがいっそう力を増したという面は、あるいはあったかも知れない。

だが、戦後の日本の推移を決めたのは、決して占領軍ではなかった。占領軍は単にそれを容易にしたにすぎなかったのである。

11 戦後の日本

前章で述べた以後の戦後史については、簡単な記述にとどめたい。本書の後半は、主としてこの時期をとり扱っているからである。

日本人は戦争、そして占領、という悪夢のような時期をみごとに切り抜けたが、その際に彼らが示した社会的規律は、ちょうど一世紀近くも前、封建制や孤立から、集権制や国際的接触という、おそらくはより抜本的な変革にあたって見せたのと同じたぐいのものであった。

十分な言語技術と直接統治のための人的準備を欠くアメリカは、日本政府を通じてその権能を行使した。当初においては、革命への道をとざすこともなく、半ばそれを期待する向きもあった。だが革命に類することは、一切おきなかった。混乱はみられたが、法と秩序の崩壊にはいたらなかった。

過激なグループが暴力に訴えようと企てても、ほとんどの日本人は身を避け、それに乗ろうとはしなかった。公務員はその責務をはたすことにベストをつくし、教員は教育を、学生は勉学をつづけた。だれもが新しい状況に適応しようと図った。変革の風が吹きあれたにもかかわらず、日本社会は、過去数世紀と同様、秩序正しく機能しつづけた。

二十世紀の初頭、すでにその萌芽をみせていた変革への息吹きは、戦後ふたたび台頭した。軍閥による支配、戦争、敗戦、外国軍隊による占領など、一切があたかもなかったかのごとくにであった。

それがもっとも顕著にみられたのは、政治においてだった。一九四五年の秋には、戦前の全政党がにわかに再建されたが、選挙ごとに見られる傾向も、二〇年代、三〇年代のほぼ外挿《がいそう》法的な延長線上にあるといってよかった。

戦前の二大政党も復活、左翼政党の得票増に直面して、一九五五年には保守合同が成り、その名も自由民主党と呼ばれた。自由党と民主党との合同の結果であることを、党名は明らかにしている。

同党の党員は、戦前のリベラル派である。だが戦後の状況の下においては保守派とみなされた。野党の共産、社会、民社の三党は、戦前に存在した各党の、いわば戦後版であった。純粋な戦後派政党としては、公明党があるばかりであり、これは新興宗教の一つ、創価学会の政治部門として発足したものである。

公明党と他の左翼三政党は、野党票を散らすという形において、結党以来の自民党の一党支配を結果として許すうえに寄与している。

敗戦直後は、政治のみならず、経済的にも社会的にも、不安と混乱とに色どられていた。組織労働組合は、製造工業を握り、直接的な政治権力を手中に収めることを目指していた。社会共産両党は、マッカーサーが大目にみたこともあり、完全な社会主義的、もしくは共産主義的社会の樹立を狙って活動した。軍国主義者の手でもっともひどい目にあわされた左翼主義者、知識人、それに都市のホワイトカラーたちは、政権の座にある保守派の意図については、つよい疑いの目を向けていた。

政治的意見を述べる時も、理性的に討論するよりは、全面対決を呼号するかたむきがつよかった。そしてこの対決ムードは、選挙戦や院内闘争のみに限らず、街頭にまであふれ出た。刺激的なスローガンの下で、多数の大衆がなにかのテーマをとらえては、「絶対反対」を叫んで練り歩く風景は、政治過程の一部と化し、人目を引いた。民主主義を口にしないものは一人もいなかった。でも戦後もっともひんぱんに顔を出した政治用語の「デモ」というのは、デモクラシーのデモでなく、デモンストレーションのデモであった。

占領軍と日本国民との蜜月も、占領当初はともかく、やがて饐《す》えていった。こまかい事情に通ぜず、不必要な打撃を日本経済に与えるかにみえる占領軍の介入に対し、保守派はいらだちを深めつつあった。一方、左翼勢力も、占領軍には完全に幻滅していた。四十七年から四十九年にかけ、占領政策が徹底した改革の遂行から経済復興へと、ギアを切りかえたからである。

この切りかえは、当然の成行きだった。当初の改革案は完成に近づきつつあり、最大の障害は、日本経済がいつまでも弱体でありつづけることだ、という認識が生まれつつあった。

しかし日本以外の世界情勢についてのアメリカ側の認識の変化も、一役かっていた。冷戦はすでにその緒につき、中国は共産主義の手に「陥りつつ」あった。日本は東アジアの平和に対する特異な脅威であることをやめ、同地域における民主主義とアメリカの軍事的存在にとっての期待のもてる根拠地とみなされた。

占領軍に対する左翼の認識変化には、いくつかの転換点があった。

その一つは、労働組合が一九四七年二月一日、全国的なゼネストを企ててはたせなかったことである。政治力を手中に収めんがために計画されたこのゼネストは、日本経済への打撃と、自らの改革計画への支障を恐れたマッカーサー司令官によって中止を命ぜられた。

いま一つは、一九四九年の初頭、占領軍が官民双方に対し、きびしい財政緊縮策をとるよう求めたことである。これを奇貨とした保守党政権は、一挙に厄介な左翼主義者の大量解雇の挙に出た。世にいうレッドパージがこれであった。

ついで一九五〇年六月二十五日、突如として北朝鮮は韓国に武力侵入を開始し、在日米軍基地からの反撃が見られるにいたった。その結果、政策を「百八十度転換」したアメリカ占領軍など、もはや守護者などではなく、敵と化したのだ、という結論が左翼側から出されてきたのである。

それ以降というもの、左右の政治対立は主として対米関係を軸に推移してきた。日本の生存は外国の資源や市場に依存しており、国内問題よりは対外関係の帰趨に左右される度合いがはるかに大きいことを思えば、これもわからないではない。アメリカの役割の決定的な大きさは、占領体験ならびに防衛上の安全をひきつづきアメリカに委ねている事実、および海外通商の三割もが対米貿易であるということによって、さらに拡大された形で日本人の目には映じた。

左翼の主張は、アメリカに大きく依存することで、資本主義との縁が切れず、社会主義の達成を妨げるというのであった。在日米軍基地が冷戦の危険に日本をまきこむのみならず、軍国主義とのかかわりを断てなくする、というのが彼らのみかたであった。米軍基地や米軍兵士の残留は、つぎつぎと摩擦を生み、野党が政治目的のためにこれを利用するというケースも後を断たなかった。

平和条約を結ぶことで占領を打ち切る、というアメリカ側の計画も、予定よりは大幅におくれた。アメリカにとって必要とみなされる内容をもった平和条約を、ソ連が呑むはずもなかったからである。

だがアメリカはついに「単独講和」に踏み切り、ソ連の同意や中国の参加なしに、平和条約に調印するとともに、安全保障条約をとりむすび、在日米軍基地の存続と、日本防衛の約定とを規定した。この二つの条約は一九五一年九月に締結され、翌年三月に発効した。

占領終結初期、政治紛争の火種となったのは、憲法を改正し、天皇の主権を明確にし、国防上の制約を撤廃しようという保守派の意図であった。前者は主として理論的な問題点にすぎなかったが、後者はずっと現実味を帯びた争点であった。

衆参両院合わせて三分の二の絶対大多数を欠く保守党は、左翼サイドからの猛然たる抵抗の前に敗れ去ったが、戦争放棄条項を暗々裏に修正解釈することは実現した。すなわち、一九五四年に小型の防衛力が設けられ、自衛隊と銘うたれた。それ以外にも占領軍による改革の手直しが、この時期に進行した。戦時指導者の追放には終止符が打たれ、警察や教育の制度も、中央政府の行政管轄下に再統合された。

集権的な行政への回帰に対する野党の抵抗は猛烈をきわめた。これらの動きが、憲法によって新たに保障された人権の、全面的な骨抜きへと進むことを恐れたためであった。与党が行政の効率化のために必要と考える規制措置をめぐり、左右の争いはこのとき以来はげしさを加えていった。戦前の制度への逆コースへの道を開きかねない、というのが、左翼側の恐れであった。

この間、日本政府は外部世界との関係を建て直し、国際社会への復帰をはたしていった。一九五四年には、日本が損害を与えた国々との賠償取り決め交渉がはじめられた。下って一九五六年には、ソ連との間に、正規の平和条約ではないまでも、戦争終結宣言が行なわれ、ソ連による拒否権の発動がとり下げられた結果、日本は国連加盟を達成した。

近隣の朝鮮と中国との関係は、不十分なままにとどまった。韓国との関係が正常化されたのは、実に一九六五年のことである。日本からの多額の財政支出が、その基礎となった。一方、中国とは、一九七二年の米中和解をまって、ようやく外交関係の正常化が行なわれたほどであった。

戦後最大の政治危機が見舞ったのは、一九六〇年、日米安保条約の改定をめぐってであった。この改定は、日本の世界的な位置、ならびに自信の増大がもたらした必然的なものであった。政治的な狂乱が引き起こされ、大がかりな大衆デモが街頭に出た。

だが、安保は改定され、興奮は静まり、それ以後の数年は、戦後史のうちでも、政治的にはもっとも静かな数年を記録した。

新たに登場した池田首相は、「低姿勢」政策をとり、野党の激烈な反抗をおかして政治決定を強行することを避け、そのかわりに、日本人の注意を経済的な成功に向け、十年間に所得倍増をはたすことを公約した。

一方、海のかなたのケネディ新大統領は、とくに若い日本人の間でカリスマ的な存在と受けとられ、対米関係にまつわる政治的熱情を減殺する上にあずかって力あった。

ついで一九六五年以降、アメリカがヴェトナム戦争へのかかわりを深めるにつれ、緊張はふたたび高まりをみせた。日本人の大半は、ヴェトナムにおけるアメリカの立場に反対で、アメリカの軍事的冒険に日本がまきこまれる恐れを感じとった。この種の認識は、一九六〇年代後半、安保条約をめぐる感情の高まりとまじりあった。同条約のさいしょの期限は、一九七〇年六月までであり、その後は日米いずれかが、改定もしくは廃棄を通告できるとされていた。

他国同様、一九六八年に頂点に達した学園紛争も、政治混乱に拍車をかけた。沖縄返還要求も激しさを加え、対米関係への批判には、ナショナリスティックな色どりがくっきりと加えられた。

しかし一九六〇年と同様、対外政策面での危機は、またもや消え失せてしまった。そして日本は、おどろくほどしっかりとした足どりをつづけていった。アメリカは徐々にヴェトナムから引き揚げ、安全保障問題が大きく表面化することもなかった。日米両国政府とも、安保条約の廃棄もしくは改定を申し出ることもないままに、条約は効力をもちつづけた。

そして一九六九年十一月、日本への沖縄返還が発表され、一九七二年五月には、その実施をみた。

日本は、従来にない安定した姿勢で、一九七〇年代へと滑るように歩を進めていったのである。

占領終結以後の日本政治が、比較的安定していたことの背後には、いわゆる「経済的奇跡」が横たわっていた。一九七〇年代を迎えるころには、日本は世界第三位の経済力をもち、個々の日本人も、従来、夢想だにしなかったほどの豊かさを手に入れていた。

当初、経済復興は遅々たるものでしかなかった。だが五〇年代初頭から、はっきりとした形をとるようになった。一九四九年に占領軍が施行した緊縮政策により、財政基盤は健全化し、朝鮮戦争時の米軍による物資の調達が、強力な刺激となった。

ひとたび蘇生するや、日本経済の動きには加速度がつき、一九五〇年中期には、日本の一人当たり国民総生産は戦前のレベルに回復、「神武《じんむ》景気」ということばがさかんに聞かれるようになった。紀元前六六〇年に日本を建国したという伝説上の存在、神武天皇をもじったものであることはいうまでもない。つまりは建国以来の最大の好景気《ブーム》ということである。

一九五〇年代の終り、日本経済は速いスピードで前進し、その後、十年余にわたり、年率（しかも実質で）一〇パーセント以上の成長をとげた。これは、他のいずれの主要国もいまだに達成してはいない記録的な高度成長であった。一九六〇年、池田首相が公約した、十年間で所得を倍増するという計画も、ふたをあけたところ、あまりにも内輪な予測であった。七年ごとに倍増していたからである。

一九六〇年代までには、日本人は豊かになったことをはっきりと認識していた。消費ムードが日本全国を吹きまくった。高級カメラ、ステレオ、電気冷蔵庫、洗濯機、クーラー、それに自動車ですらが、だれの手にも入るようになった。都鄙《とひ》の差を問わずにである。

日本人は自国への誇りに陶然とした。絶えて久しい思いであった。世界各国は、日本を賞賛しないまでも、目をみはった。一九六四年の東京オリンピック、一九七〇年の大阪万国博は、外国人に日本を誇らしげに見てもらう機会を提供した。レジャー・ブームがささやかれ、ゴルフ、スキー、ボウリングへと血道をあげ、外貨の規制がゆるむと、観光客が海外へどっと溢れ出た。一人当たりの国民総生産は南欧を上まわり、アメリカの三分の二近くに肉薄した。

一人当たりの国民総生産の伸びは、人口増が明らかに下降しつつあることの結果でもあった。敗戦直後は、戦争ではなればなれになっていた夫婦の再会の結果、ベビーブームがみられた。世界のどこの国とも同じにである。ところが一九五〇年代から六〇年代にかけて、出生率は急激におとろえ、年間人口増加率は、一パーセントを若干上まわる程度で安定し、西暦二〇〇〇年には、一億三千五百万人見当で停止するだろうと予測されている。

出産制限は、宗教的制約がないままに、官民双方によって提唱され、有名無実の堕胎禁止法と相まって、人口増加率の低下に一役かった。

だが最大の理由は、他国と同様、日本社会が急激に都市化した点に求められよう。都市家庭は、子供二人というのが典型例になった。小さなアパート住まいでは、それ以上の子だくさんではやっていけない。加えて、すべての子供を大学に通わせようと思えば、二人がせいぜいである。

ところが、都市の人口増加率よりも、もっと大きく下降したのは、実は農村部においてであった。子供をつくる年配の者はみな農村を捨てて、都会へと向かったからである。

その理由はいかにあれ、かつて一九三〇年代に、人口増加を危機と受けとめた日本人は、いまや人口問題をなんら問題視しないようになっていた。多少の人口増は、もっと急激な経済成長にとっては、痛くもかゆくもない、蚊にさされたほどのものいりでしかなかったからである。

その間、日本の工業の成果は、カメラといわずラジオ、テレビといわず、自動車、船舶、鉄鋼など、さまざまな工業製品の形で、世界市場に溢れ出していた。一九六〇年代の末期には、東アジア、東南アジア、西太平洋のすべての国にとり、日本は最大もしくは二番目の貿易相手国になっていた。共産圏の諸国を含めてである。

近隣諸国はもとより、遠く欧米諸国に対しても、巨大な直接投資がはじまっていた。開発途上国にとって日本からの援助は重要なものとなりつつあり、国際機関への日本の参加も、それぞれその重要性を増していた。

経済的不安が弱まるにつれ、それまでは政治対立を色どっていた熱気も消え失せていった。措辞《そじ》やスタイルの面では、はげしい対決姿勢を残しながらもである。

農村部は明らかにご満悦であった。民間企業のブルーカラー労働者も、経済利益を求めての団体交渉にギアを入れかえ、直接的な政治行動は、ホワイトカラーや官公労に委ねるという傾向を示していった。左翼勢力によるメーデーのデモも、大衆次元の、和気あいあいたる祭典と化していった。「二重構造」のひずみは完全に払拭されなかったとはいえ、総体としての繁栄と、労働市場が売り手化するのにともなって、あまり人目につかなくなっていった。

加えて、テレビを中心とする通信手段の爆発的な発達と豊かさの増大とは、戦前、農村部と都市部とを截然と分けていた社会的知的差異を、完全にとり払ってしまった。近代的な都市部と比べ、戦前の農村部は、停滞と旧弊さとがその特徴だったのである。このようなめざましいまでの経済的進歩がなかったとすれば、戦後の日本がここまで政治的に安定し、その民主主義的諸機構が、これほどうまくいくこともなかったにちがいない。

経済面の活力ほど表だっていなかったとはいえ、社会や文化の諸側面における進歩もいちじるしかった。政治の世界におけるとげとげしいやりとりにもかかわらず、日本はしあわせで、彼らが好んで用いる形容詞を借用すれば、「明るい」社会である、という考え方が一般化していった。憲法によって保障された諸権利は、おかされることがなかった。

都市人口が激増したにもかかわらず、犯罪率は低いままにとどまり、欧米の主要先進工業国の実に半分以下でしかない。麻薬禍はないにひとしかった。

教育水準は急上昇し、社会的な健全さという面では、おそらくは世界一の高い数字を示している。義務教育での中途脱落者《ドロップアウト》は、ほとんど皆無にひとしく、十二年間のきびしい教育過程を修《お》え、高校卒業に至る同年齢層の比率は、九〇パーセントもの高きに達した。これは恐らくは世界的にも記録的な高率であろう。

高校卒業後、なんらかの形の高等教育に進学するものも、一定年齢層の三割を超えており、これまた西ヨーロッパのほとんどの国の進学率を優に上まわっている。

文化的にも日本はブームの状態にわきかえっていた。文学、芸術、音楽などの分野には、活力がみなぎり、独創性が吹き上げていた。これらの諸分野の底流をなすのは、何といっても昔ながらの文化伝統であった。だが日本は、世界的な潮流にもまちがいなく棹さしていた。

たとえば、伝統音楽は、ここ何十年ぶりかの活力を示していたが、洋楽の分野でも日本人の指揮者や演奏家は世界の舞台で広い賞賛を博した。東京は、実に五つものフルメンバーの専門的な交響楽団を擁していた。日本映画は世界的な評価を受け、純文学作家の一人、川端康成は一九六八年のノーベル文学賞にかがやいた。

日本をとりまく国際環境も、やわらぎを加えつつあった。冷たい戦争が後退し、アメリカと共産圏諸国との間の雪どけムードが、一九七〇年の初期に生まれてきたからである。

このような状況下だけに、日本国内の政治的緊張がうすらぎ、世界の中の日本の地位に対する懸念が一部ゆるんでいったのも、いわば当然の推移であった。

とはいえ、日本の成功は、それ自体、一連の新たな問題をひきおこす原因ともなっていった。戦後、工業化をひたむきに押し進めていった結果、日本の自然環境は荒廃し、都市化された地域におけるすさまじい混雑や汚染が招来された。

すでに他の工業諸国民は、これらの問題の所在に気づきつつあった。だが、自国こそが世界でもっとも深刻な汚染と混雑をかかえているという認識は、日本人にとっては青天の霹靂《へきれき》であった。工業化最優先という、長い間受け入れられてきた国是《こくぜ》をにわかに変更し、工業化や都市化にまつわるこれらの罪科が急激に浮上するのにともなって、その軽減策についての新たなコンセンサスを作り上げていくことは、まことに至難なわざであった。

日本が工業超大国になるにともない、いま一つ再発見を強いられたのは、他国の日本への期待が大きくなりつつある、という事実であった。開発途上国、なかでも東アジアや東南アジアの諸国は、通商や援助の面で、日本はもっと鷹揚であるべきだと迫った。自国の経済発展にかまけて、この面での日本の寄与は、これまで貧しすぎた、というのであった。

一方、先進工業国、とくにアメリカは、経済面での互恵主義の拡大を日本に求めてきた。日本経済の急激な発展と、大幅な貿易収支上の黒字を支えた、従来の保護主義的な政策の放棄を求めたのである。要するに、日本自体の栄枯のかかっている自由貿易制度に対し、従来以上の寄与をするように、というのがその中身であった。

アメリカとの関係は、全般的に変わりつつあるかにみえた。強大で自信にみちたアメリカが、アメリカをたよりにしている弱小日本を、無害だがあまり協調的とはいえない同盟国として当然視し、日本は日本で、アメリカによる保護と、太っ腹な援助とを当然視していた時代も、かつてはあった。だが、日本のパートナーとしてのアメリカがどこまで信頼できるかは、いまや疑問視されるにいたった。

ヴェトナムの失敗で動揺したアメリカが、いったいどの程度までアジアや西太平洋地域から手を引くのかは、その一つの焦点であった。

そしてアメリカへの信頼が大きくゆらいだのは、一九七一年七月十五日、ときのニクソン大統領が、突如として対中新政策を発表したことであった。日本政府には、事前の相談はおろか、通告すらなかった。何回となくその旨の約束がなされていたにもかかわらずである。

この、いわゆる「ニクソン・ショック」は、日本人の胸中に、戦後このかたの密接な協力関係も、やがては基本的な対立関係にとって代わられるのではないか、という疑念を呼びおこした。いずれにせよ、日本の立場を世界大で慎重に再検討する時期が、明らかに到来していた。

これらの懸念の数々を上まわったのは、一九七三年十月、アラブ諸国による石油禁輸が引き金となり、世界の資源の有限性がにわかに認識されたことである。日本はそのエネルギー需要の約四分の三を、輸入石油に仰いでいる。それだけに石油価格が四倍にも高騰したことは、日本経済にとり大きな痛手であった。現に世界各国を大幅に上まわる高率のインフレが日本経済を見舞ったことが、その痛手の深刻さを裏書きしている。

脅威は石油高騰にともなうインフレのみにとどまらない。この危機が明らかにした日本にとっての深い意味は、生存のために不可欠な他の諸物資も、供給をとめられる可能性がある、ということであった。

すでに専門家のだれかれは、資源と環境の両面からの究極的な制約を指摘してはいた。だがアラブによる石油危機は、全世界に対し、いま一つの脆弱性がひそむことを新たに悟らせたのである。そしてどの国が脆弱だといって、日本くらい脆弱な国はほかには存在しない。

にわかに暗雲が日本の将来に立ちこめたかのごとくであった。実情を成心なく吟味しなおすことを、それは求めていた。

国内は国内で、従来どおりの政治バランスは、消え去りつつあるように思われた。自民党の得票は永年にわたり着実に落ちこんでいた。いずれの党もほどなく国会で多数を占められないのではないか、という予兆すらみられるようになった。

これは戦後、独立を回復して以来、日本人が直面したことのない、全くあたらしい局面であった。いったいどういうことになるのか、だれも予測がつきかねた。

だが私の史的記述も、いささか今日ただいまに近づきすぎ、明確な展望を手に入れにくいところにさしかかったようである。

そこで、今日の日本人がどのようであり、彼らがどこに向かうであろうかについての、やや分析的かつ幅広い省察に移ることにする。ここで触れられた諸問題のより詳細にわたる観察は、広範な視点を設定しおえてからでも、おそくはないだろうからである。

社会

12　多様性と変化

これまで私は、日本の歴史的な遺産について一応の素描をこころみてきたが、日本がかなりの多様性をもち、たえず変化してきたことが、これで明らかになったであろう。少なくとも外部世界が日本を説く際に用いてきた、お手軽なステレオタイプのいくつかは、訂《ただ》されたものと思われる。

このようなステレオタイプが日本に関して他愛もなく用いられてきた一つの理由は、日本が孤立し、日本人自身がその特異性をつよく意識してきた点に求められよう。日本人というのは、その斑点がぜったいに変わることのない、豹のような存在とみなされてきた。何がその斑点であるかは、どの時点で、どの角度から日本をみるかによって異なるとはいえ、この対日イメージは、あまりにもしばしば外部世界の日本観を色どってきた。

日本人を、美意識の権化とみなすみかたも存在した。つまりは、『源氏物語』に出てくる月卿雲客《げっけいうんかく》や、えもいえず繊細な宮廷婦人、さらには中世の禅味を帯びた芸術家、下っては十九世紀に、かのラフカディオ・ハーンが心を奪われた優雅な人々――その末裔が、現代の日本人というのがそれである。

他方、現代日本人も、しょせんは徳川時代の、権柄《けんぺい》ずくで堅苦しく、融通性に欠ける武士の今日版にすぎない、というみかたも存在する。東アジアの国々においては、武張ったことの好きな日本人というイメージが一般的である。現に日本は長く武家の支配下にあったばかりか、近代においても、日本陸軍による残忍な軍事的劫掠《ごうりゃく》があったではないか、というのである。

ごくさいきんのステレオタイプは、なるほど内容においては軍国主義とはちがうが、やみくもな一点集中主義という意味では同工異曲の、エコノミック・アニマルというそれである。その組織は他に例をみないほど能率一点ばりで、自分たちの経済的利益のためには、他のすべてを犠牲に供することもいとわない猛烈さは、かつての軍国主義の同一線上にある、というわけである。

私が描いた日本歴史の素描から、日本人もまた時の経過とともに大きく変わってきたこと、そしてその変わり具合たるや、他の多くの国民を大きく上まわるものであったことは、すでに明白であろう。外的条件の変化に対する日本人の対応は、すこぶる大きかった。

むろん、日本文化の中には、高度の一貫性、継続性も潜めば、性向によっては、なかなか変わらないものも存在はする。だが、これは日本人だけのことではない。

封建制下の武士、徳川期の士分階級、戦前の軍国主義者の態様は、もはや現代日本人を拘束してはいない。それはちょうど、現代のスウェーデン人、ドイツ人、アメリカ人が、ヴァイキングの伝統や近代初期の軍事的劫掠、近代以前の政治的分裂やナチの体験、清教徒の遺産や孤立主義の伝統に束縛されてはいないのと同様である。

今日の日本は、一九三〇年代の日本と基本的な諸点で大きく異なっている。それは一九三〇年代の日本が、半世紀以前の日本と、十九世紀後半の日本が、それ以前の日本といちじるしく異なっているのと同じである。そして日本歴史をさらにさかのぼっても、同じことがいえる。

また私が描いた日本史の概観は、日本の社会が決して単純かつ一様なものではなく、きわめて複雑多岐にわたるものであることを明らかにしたと思われる。なるほど文化的には均質ではある。しかし、年齢により、また社会でどのような役割を占めているかにより、その態度や生き方には、たいへんなばらつきが見られる。ティーンエージャーと八十歳の老人、日雇労務者と企業幹部、銀行員と芸術家との間に横たわる差異は、欧米諸国の場合とくらべて、決して少なくはない。日本人はこうだ、などと決めつけたら、とんでもないという反論が戻ってくるか、その一般論が多くの日本人には当てはまらないか、のいずれかであろう。

このように、多様性をもち、しかも急激な変化をみせた日本ではあるが、外国人観察者はとかく日本人がもつ一つの性向、または一連の密接に関連しあった性向をあげ、それを突破口に今日の日本、ないしは過去の日本を説明するよすがにしようとつとめてきた。日本人もまた、自意識のおもむくままに、同様の作業を飽きもせずに手がけてきた。

日本とはユニークな存在なのだ、という思いは日本人も外国人も共有するところであり、その特異性を解くための一刀両断的な説明を手に入れようとして、みなが競ってきたのも、このあたりに理由がありそうである。

一昔前の日本人は、しばしば万世一系の皇統をもって、日本のすべてを説明しようとこころみた。だがすでに見てきたように、皇統の一系性と日本での推移の間には、ほとんどなんの関連もなかった。

ルース・ベネディクトは、その『菊と刀』の中で、徳川期の武士階級の倫理と、一九三〇年代に表面化した一連の態度とを組み合わせることで、日本人についての統一像を描こうとつとめた。一九四六年に出たこの本は、パイオニア的なしごととしてはみごとなもので、日本人の心理のいくつかの側面についての洞察にも鋭いものがあるが、今日の日本人を描ききってはいない。

さいきんにいたり、中根千枝《なかねちえ》は、タテ社会ヨコ社会という二分法を立てて、日本をタテ社会と規定し、階級的集団のはたす役割の大きさを通じて日本社会を説明しようとはかった。一方、土居健郎《どいたけお》は、「甘え」の感覚が日本人の対人関係における決定的な要素であるとした。

これらの書物はいずれも示唆に富み、日本人にとっては、ある特定の視点から日本社会を解析したものとして、知的刺激たりえよう。誤解を招くおそれもそうひどくはない。日本社会が、実はもっと錯綜したものであり、これらの研究もそれへの一つの省察にすぎぬことをわきまえているからである。

だが事情にくらい外国人にとっては、これらの一面的な解釈は、下手をするとデフォルメされた日本像を結ばせることになりかねない。日本社会といえども、実に多様な要素から成り立っている複雑な社会であり、その要素の中にはお互いに不整合なものもあるばかりか、いずれも変化しうるからである。

変化のスピードも、犀利《さいり》な分析をことさら厄介にしている。永年にわたって日本を観察し、日本について物を書いてきた私には、この辺のむずかしさが痛いほどわかる。

ある十年をとってみた場合には、的確きわまりない一般論が、次の十年には崩れはじめ、さらに次の十年には跡形もない、ということすらありうる。一九三〇年代の日本の際立った特徴は、二〇年代のそれとは大きく異なっており、一九五〇年代や七〇年代には、さらにその差異を増している。第二次大戦以後にその教育のすべてを受けた若い日本人は、戦前派の日本人と比べた際には、新種といえるほどの違いをみせている。

将来の日本人がどうであろうか、に至っては、だれも予測できない。南北戦争以後、アメリカ人が十年ごとにどれほど変わってきたかを思いおこせば、その同じ期間に日本人の変わりようがどうであったかを理解することもできよう。外部環境の変化は、彼らの場合もっと急激かつ巨大であり、国内の変遷もはるかに衝撃的だったからである。

日本を分析してみせる場合の一番の問題は、われわれの視座自体が揺れ動いていると いう点である。この種の研究は、いきおい比較対照的たらざるを得ない。なんの判断の基準もなしに、日本のある事象に関して、偉大であるとも卑小にすぎるとも評することはできない。しかしその際の基準、つまりは物差しには、なにを用いたらよいのだろうか。

まったく同一の態度や基準をわかち合っているアメリカ人などいるわけはない。その上に、他の欧米人を加えるとなれば、多様性はさらに増大する。しかもアメリカの規範自体がたえず変化している。他の国々も同様である。

たとえば十九世紀には、欧米人は日本人が人前で平気で肉体を露出することに、眉をひそめたものであった。でも今日では、当の欧米人自身が、「どうして日本人というのは、肉体を人目にさらすことに、あそこまで慎しみぶかいのだろう」と不思議に思う面もある程である。一九三〇年代の好戦的な日本人、平和愛好的なアメリカ人、というイメージは、ときとともに、むしろ逆さまになってきている。

それはあたかも、急激に移動し、変容しつつある一片の浮雲と、同様に変容しうるもう一片の浮雲とを固定しようという作業に似ている。大まかなところさえ押さえられれば、よしとしなければならない。

とはいえ、日本人がきわめて特異な国民であるという事実は残る。欧米も日本も同じ近代技術を共有しており、両者が交差しつつあるにもかかわらずである。

日本における基本的な動きが、欧米のそれと同じ方向に向かって流れていることは疑いない。そしてその大きな流れの中における個人差は、その幅と広がりの両面において、欧米の場合と大差ない。たとえば、大胆と小心、向う見ずなまでの積極性と受身一方の消極性、などにみられる個人差は、欧米におけると同じばらつきを見せている。

だが、ある種の性向については、日本人の一般的な規範は、欧米におけるそれと大幅に異なっている。しかもこれら欧米と大幅に異なる規範の中には、歴史的な事由が長期にわたって固定し、それだけに将来に向かってかなりの程度まで生き永らえる、としか考えられないものもある。

かつてフランス人トックヴィルは、当時のアメリカ人をヨーロッパ人に解説すべく、いくつかの一般論を展開した。その中には、百五十年後の今日、いまなおアメリカ人にあてはまるものもある。むろん、当時とちがい現代は変化のただならぬ時代であり、日本の動きの大きさを考え合わせれば、トックヴィル流の成果は期待できなかろう。

しかしありのままの今日の日本社会を描くことで、今後とも妥当性をもちつづけるであろういくつかの特徴は明らかにできるかも知れない。

ただ一つだけは、はっきりしている。日本社会の複雑さと変化の速度を思えば、きちっとした、水ももらさぬ底《てい》のモデルに日本をあてはめることはできない相談だということである。性向によっては、すっきり整合するものもあろうが、性向によっては互いに噛み合わないものも出てこよう。

そこで私は、互いに整合する特徴をとりあえずは分析し、これらの核になる要素を出発点として、その外的な表現に至るという、内から外へという方法を採ることにする。そして、整合しない特徴については、日本社会のもつ目にみえる側面のいくつかをとり上げることにする。教育、商工業活動、宗教などがこれである。

そうすることで、日本文化のもつ複雑多岐な多様性を浮き上らせ、あわせてその内側にある構造を浮き彫りにできれば、と願ってのことである。

このような二面的な接近は、一方においては、お互いに矛盾撞着《むじゅんどうちゃく》する諸要素を、未整理のまま読者の目にさらす恐れもあるが、他方、現代日本のもつ錯綜した実体に、よりよく親和してもらうよすがともなろうからである。

13 集団

日本社会を分析するにあたり、もっともよいとっかかりになるのは、個人と集団との関係であろう。

人類は個人から成り立っている。しかし個人は、生をうけてからずっと、集団という文脈の中でその生の大部分を送る。

ただ、個人と集団とのいずれにより大きな力点をおくかは、社会によって異なる。日本人とアメリカ人（もしくは欧米人一般）との違いのうち、いちばん顕著なものは、日本人が集団を重視し、ときには個人が犠牲にされることもある、という点である。

日本人は、欧米人よりも、集団で行動する度合いが高い。少なくとも日本人自身、自分をそのような存在とみなしている。欧米人であれば、たとえ形ばかりであったとしても、個の独立、という姿勢を見せたがるものだが、日本人の場合には、集団の規範に従うことに満足しきっていることが多い。衣服、行動、生活様式などいずれもそうであり、ときには思想ですらがそうである。元来が中国語で、いまでは世界中で用いられるに至った観念に、面子《メンツ》というのがあるが、面子を保つことは、たえず日本人の意識にあり、しかも彼らが一番気にするのは、自分が所属する集団の成員仲間に対する面子である。

日本と欧米とのこの面での違いとして喧伝されるものの中には、実体の裏打ちのない、単に神話にすぎないものもある。われわれ欧米人は、従来、独立不羈《ふき》の個人が、神や法や社会の前に、独り立つというさまを理想としてきた。それだけに、実際以上に自分を、自由で、独立独歩の個人とみなすかたむきがある。他方、日本人は、欧米人とは逆に、自分たちを実際以上に集団のとりことみなす傾向がつよい。

たしかに日本では、集団との結合が重視される。でも、日本人はとかくこの点を、現実を上まわって強調し、その結果、すべてを、たとえば政治における派閥、家族間の紐帯、学問の世界における学閥や、個人的な「ひき」や推挙で解釈するかたむきがある。個人の能力ではなく、「コネ」の方が大事なのだ、とは彼らがよく口にする科白《せりふ》である。ちなみにコネとは英語のコネクションの略語である。

だが、日本と欧米との差異は、現実にはそれほどでもない。少なくとも、アメリカにおける「孤独な森林警備隊員《ローン・レインジャー》」神話や、日本における、集団のためには自らをなげうつこともいとわないという理想から想像されるほどのへだたりは今日ではない。

個人と集団との関係は、欧米の場合と同様、日本でも揺れ動いている。日本と欧米とが合流しつつあるという兆候すら見られるほどである。

欧米の近代技術は、より多くの個人が家族や他の集団とは別個に、経済的自立を可能にするような諸条件を生み出した。この傾向は近年にいたりますます先鋭化し、その結果、欧米人はいまや、現代都市生活のもたらした孤独やアノミー（不適応現象）を前に、一息ついては、集団次元のより密着した人間関係を手さぐりしている実情である。

日本における近代技術の影響は、欧米におけるほどは極端ではない。だが程度の差こそあれ、同種の影響を与えるにいたり、集団はその従来の地歩を、個人に譲りつつあるのが実態である。

欧米の先進技術にはじめて触れた当時の日本人は、「和魂洋才」を貫くことで対応をはかった。欧米の科学は取り入れても、東洋の倫理はそれを守りつづけるということで、自らを納得させたのである。中国人をはじめとする他のアジア諸国民も、大体が同じ考え方をもっていた。

しかし、日本人は、技術、機構、価値の間にはっきりとした一線を画することができないことに、ほどなく気づくにいたる。これらはいずれも同根である、という認識が生まれたのである。

一八六〇年代から七〇年代にかけて、欧米についての知識の普及啓蒙にあずかって力のあった福沢諭吉は、個々人の自恃の精神こそが、欧米の成功の鍵である旨をしきりと説いた。サミュエル・スマイルズの『自助論』と、ジョン・スチュアート・ミルの『自由論』が相ついで翻訳され、大きな影響を与えた。

明治の指導者は、個人を重視することの必要を認め、階級差別や封建制度をいそぎ全廃し、個々人をして、納税者たらしめ、義務教育を受け、兵役義務をはたすべきものとした。

法律の厳重な制限下におかれたとはいえ、個人の権利は一八八九年の憲法に書き入れられ、工業化の進展は、個人の経済的自由をおもむろにではあったが、欧米同様にもたらしていった。そして一九四七年の新憲法は、いくつもの個人の権利について、これを明確かつ無制約に規定し、裁判所もそれを厳密に執行してきた。

かくして過去一世紀の間に、集団と個人との関係は大きく変化した。にもかかわらず、発想と現実との両面で、日本と欧米の相違はいまだに尾を引いている。

過去においては、これらの相違は家族の中に明確に定置されていた。

近代以前の日本の家族は、「イエ」の名で呼ばれ、本家を中心に、分家や、遠い親族、それに血縁関係のない成員をも含んでいた。また個々の成員に対し、家父長もしくは家族会議が絶対の権限を有していた。この種の家族は、主として高名な武士階級、富裕な商人、それに特定の農民階層の間にみられた。

このようなイエ制度の残照は、現代にも引きつがれたが、戦後、新憲法が採択されるとともに、ほとんどその姿を消した。もっともこの種のイエ制度は、近代以前といえども一部の日本人にかぎられ、日本人の大部分は、ずっと単純な家族構成に拠っていた。夫婦と子供から成る核家族がこれであり、より厳密には、基幹家族と呼ばれるべきであろう。すなわち、子供のうちの一人、多くは長男が、その配偶者とともに家屋ならびに田畑もしくは家業を引き継ぎ、同居中の両親の隠居を待って実権を譲り受ける、という方式である。

今日の日本の家族構成は、アメリカ流核家族とほとんどちがわないが、基幹家族の復活は顕著である。日本人はまた、それほど祖先崇拝《アンセスター・ワーシップ》には向かわなかった。この表現は、むしろ中国人に適用されるべきである。でも、さいきんの物故者の位牌を仏壇に祀《まつ》ることはあり、それが子女、普通は長男に引き継がれ、長男を通じてのイエの継続性が象徴される。長男以外は、他家に入るか、別のイエを創設するものとみなされるのである。隠居した両親は、位牌を継承した子供と同居するのが常で、これは、家業もしくは田畑があると否とを問わない。余裕があれば、老人夫婦用に別棟もしくは離れを建てることもある。

これは古い習慣の照り映えでもあるが、退職金や老齢年金が不十分であるという事情にも由来している。日本の退職者は、欧米の場合よりも、子供に生活を見てもらわねばならない度合いが高いのである。だが都会の狭くるしいアパートに両親が同居することは、現実にはむずかしい。長男の嫁にしてみればこれはまことにありがたい話で、公然とそう口にする。事実、両親を引き受けることへの反発は高まりつつある。

にもかかわらず、引退した老人の四分の三は子女と同居している。大都会の人口増加にともなう混雑が激化する一方で、総人口に占める老人の比率も、一九七五年には八パーセント近くに達していることもあって、老齢者の独りずまいや、老人ホームの問題は、ようやく日本でも深刻化しつつある。

現代日本の核家族は、アメリカの場合ほどには色あせていない。両親の権威はまだまだつよく、家族同士の間柄も、まだまだ近い。しかしこの日米のちがいは決して構造上の差異に由来するものではない。一方、核家族以外の親戚関係は、アメリカにおけると同様、日本でも多種多様である。

大まかにいって現行の日本の核家族は、五十年前のアメリカの核家族のあり方に近い。両者のちがいは、質のちがいよりはむしろ程度の差で、傾向としては類似している。いずれもより小さな単位の、より拘束力の少ないものへと向かっているからである。

欧米と日本との相違がもっと浮かび上るのは、家族以外の集団についてである。近代以前においても、それは往々にして家族に先行する重みをもっていた。ただ、家族関係の用語が、これら家族以外の集団に適用されたことは注意されてよい。

たとえば、支配者もしくは主君は、「君父《ファーザー》」と呼ばれた。いまでもヤクザの間では、親分子分ということばが使われる。日常会話でも、自分の所属する企業をウチと呼ぶことは普通である。元来は「内」を意味するこの語は、自分の家庭や家族をも指し、さらには職場にまで援用されるにいたったのである。

しかし大事なのは、近代以前といえども、主要な帰属集団が必ずしも血縁的なものではなかった、という点である。たとえば、水田のための水資源を共用し、租税その他の事務的な面での協力を行なうための農村、もっと上位では、封建制下における君臣の単位などがそれであった。

今日でも、各集団のはたす日本社会での役割は、まことに大きいが、これらの集団は、家族を基準とするよりは、むしろいま述べたたぐいの集団のこだまといったものである。

個人よりは、各戸を単位として組織された村落集団は、いまだに強力である。ただし従来と比べれば、社会全体に占める割合ははるかに小さくなっており、農村地帯においてすら、他のより大きな組織のかげに隠れてしまった。巨大農協はその一つであり、自然村がいくつも集まって作っている行政単位としての「村」も、その一つである。なお現在では、村という名詞は、行政上の村を指し、元来の自然村は、「部落」という名の存在に後退してしまった。

大多数の日本人は、農村の居住者ではないが、彼らにとって都市の町内会は大した意味をもたない。ただ一九三〇年から戦時中にかけて、政治的経済的な統制手段として、政府がその育成をはかったときだけは例外的に大きな存在として浮かび上った。だが、それ以外に彼らにとって大切な集団はいくつも存在する。その中でもっとも重要なのは、恐らくは彼らが雇用されている企業体であろう。

日本人にとっての職業《ジョッブ》とは、給料を得るための契約関係ではなく、より大きな存在との一体化、つまりは巨大かつ有力ななにものかの一部を構成している、という感覚である。労使ともども、一たん雇用されれば、退職年限までは終身雇用を受けるのが通例で、これが愛社精神とともに、安定感をもたらす。大きな機械の、ほんのささいかつ取り替え可能な一部分、というのが欧米では普通の感じ方だが、日本ではそうではない。

したがって、労使ともに企業を通じて、プライドを覚えるので、自己が埋没してしまった、というような感じはない。とくに有名大企業の場合には、なおさらである。社歌は熱心に歌われ、社のバッジは、誇らしげに胸につけられる。

アメリカ人が、セールスマンなり、会計専門家なり、トラック運転手なり、ボイラー工なり、自分をある特定の技能の持ち主とみなし、その技能を一番高く買ってくれる雇用者に喜んで売るのに対し、日本人は、自分を三井物産なり三菱重工なり、ある特定企業体の恒久的な一員とみなすかたむきがつよい。その機能のいかんにかかわらずである。

これと同じ精神は、たとえば各省庁の官僚のような、他分野の従事者にも当てはまる。後段で詳述するが、勤労者とそのしごととの一体化が、日本の企業体や経済の運営に与えた影響には、奥ぶかいものがある。

日本の企業体は、他種類の集団化をも受けている。たとえば街の小売店の組合から大銀行や鉄鋼メーカーの全国組織にいたるまで、広範に存在し、アメリカの場合よりもより重要な特徴を形づくっている。それらの連合体は、ピラミッド型の有力かつ網羅的な全国組織を形成しており、中小企業者の集まりである日本商工会議所、大企業を束ねる経済団体連合会（経団連）は、その双璧である。

医師、歯科医その他の専門職に従事する人々も同様の組織をもっているほか、農協や労組の連合体も同じパターンに属している。要すれば日本人というのは、ホワイトのいう、典型的な「組織の中の人々《オーガニゼイション・メン》」と呼ばれるにふさわしい。

個人が集団との帰属感を見出すいま一つの重要な領域は、学校とくに大学レベルのそれである。アメリカ人とて母校を懐かしげに語ることは事実だが、学生時代に培われたつながりがはたす役割は、日本の方がはるかに大きいように思われる。現に企業も、どの大学を出たかで人を採用することが多く、主要大学は大学で、自校の卒業生だけで教職員に充当することを目指しており、事実、その目標達成度はおどろくほど高い。

複数の大学に学ぶ学生はまことに少数で、個人が卒業大学と自らを一体化し、他からもその目でみられる度合いは、さしもに伝統を誇るアメリカのアイヴィ・リーグの卒業生といえども、とても比較にならないくらいである。

いままで述べたもの以外にも、各種各様の集団が日本社会にはひしめいており、概して同種のアメリカの集団より、その役割は大きく、個人が一体化を覚える程度も高い。婦人組織も多数にのぼり、県単位、全国単位のピラミッドを形成している。青年団体も重要である。PTAも、組織がいきとどき、大きな影響力をもっている点で、とくに農村部のそれは、アメリカと比べ、出藍《しゅつらん》のほまれをほしいままにしている。柔道などの武術から、生け花や茶道など、さまざまな趣味別のグループも数知れない。これらもきちっと組織され、アメリカでは考えられないほどの大きな役割を、会員の個人生活で演じている。

ロータリークラブも、アメリカとイギリスにつぐ大組織を誇っており、単なる地方小都市レベルの運動にすぎないアメリカとはちがい、大都市に居住する産業界の大立者をも巻きこんでいる。

大集団は、小集団に分かれることがままある。同じ工場や企業体内部でも、同じ部課やチームに属していれば、しごとの上はもちろん、社交の面でも密接なかかわりをもつ。村落であれ、企業体であれ、官庁であれ、同世代間の連帯感はとくにつよい。政党も官僚機構もしばしば派閥に分かれ、お互いにはげしい対立抗争をこととする。

一方、大学生の生活は、サークルなど、課外の部活動を中心に展開する。さまざまなスポーツ、写真のような趣味、英語会のように学科に関連のあるもの、政治活動グループなどがこれである。学生にとって社交生活の最大なものは、これらの部のいずれかに属することを通じて得られる。

社会全体としても、日本人の知的芸術的な側面は、とかく小さなクラブ形式の集団にたてこもるきらいがあり、それぞれが自前の刊行物を出しては、お互いに混じり合おうとしない傾向がつよい。

社会の周辺に位置する人々の中には、これらの集団のいずれにも帰属できないものもある。その隙間を埋めるのがいわゆる新興宗教である。この点はあとで詳しく触れるが、アメリカでは教会とか教区とかを通じ、宗教が集団生活にはたす役割は小さくない。そのアメリカ的常識からみれば、日本での役割は小さい。

だが、過去百五十年ほどの間に、高度に組織化された新興宗教が簇生《そうせい》したことは事実である。おそらくは、急激な変化にまつわる不確かさや不安に触発されてのことだろうが、他に帰属感をもちえない人々に対し、集団としての拠りどころを与えたことは疑いない。

戦後のもっとも顕著な例は創価学会である。同会は六百万もの会員を擁するが、その多くは小企業の周辺的な労働者か、既存の大組織や勤労集団につよい帰属感をもちえない人々から成り立っている。

日本人の集団重視傾向は、彼らの生活様式に広範な影響をもたらした。学校や企業の運動会であれ、組合主催の小旅行であれ、日本人が集団活動であればなんでも大好きなのは、その一つのあらわれである。大学生の若き男女も、ハイキングやスキーをはじめとし、集団で出かけるのが好きで、それだけに一対一で行動することは、当然少なくなる。同じ職場の男性仲間は、帰宅途中にバーに立ち寄り、いっときの安らぎを求めようとする。パーティーも、集団で飲みかわし、あれこれ打ち興ずるのが通例で、欧米流の晩餐会やカクテルのように、相手を変えつつ、一対一の会話をかわす、というのではない。

集団活動がいちばん人目につくのは観光旅行で、中毒症状をすら呈してきた。ここでは、個人や家族は集団の前に色あせ、同じ学校の生徒や企業の同僚、村落組織、婦人団体などが、小旗を打ちふるガイドやバスガールに従って、あちこち歩きまわるのである。

海外旅行が盛んになるにともない、日本人観光客の姿は世界各地で日常的にみられるようになってきている。とくに東南アジアに赴く農協関係の観光客が近年ふえたために、土地の商人が日本人観光客とみれば、「農協さーん」と声をかけるようになった程である。

だれかのあとをついていく、というのは世界いずこの人々にもみられる本能的な現象で、とくに外部からみるときにはそうである。ただそれにしても日本人の場合は、群れの意識が本能的につよい、という見解をもつ論者もおり、事実、日本においてとくに強烈なように思われる。

日本人がいっときのはやりすたりやスタイルに敏感なのは、いまに始まったことではない。現に戦後の日本人は、たえずときどきの「ブーム」や「ムード」という英語からの借用語を用いて、自国の推移を評してきた。ある批評家のごときは、日本人を「メダカの群れ」にたとえるという、きびしい日本批判をやってのけた。同じ方向に向かって泳いでいるメダカの群れに小石を落すと、いっときは群れを解き、それまでとは違った方向をとるが、ほどなく元の縦隊に戻る、というのである。

集団重視主義は、日本人の対人関係全体の態様にも影響している。一匹狼的なスターよりも集団プレーのできる人間の方が、個人の野心よりもチーム精神の方が高い評価を受ける。アメリカ人が個人としての独創性を求める際に、日本人はむしろそれを押さえこもうとする。日本の諺にもいうように、「出る杭《くい》は打たれる」のである。

アメリカでなら、押しがつよいにせよ正常だとみなされるような性格の持ち主も、日本では神経症的として退けられかねない。いちばん尊重される美徳は協調性、物わかりのよさ、他者への思いやりなどで、個人の積極性、押しの太さ、個人としての自己主張ではないのである。

日本人にとって至上の美徳は調和であり、それを彼らは、ほとんど直観といってもいいほどの、いわくいいがたい相互理解によって達成する。異なる見解を鋭利に分析したり、一人もしくは多数決で明確に黒白を弁ずる、という形はとらない。決定というのは、一人が手がけるべきものではなく、話し合いや、委員会でなされるべきもの、というのが日本人の考え方である。とにかく会合がもたれ大方の同意が得られた、という意味でのコンセンサスこそが彼らの目標であり、ひとたびコンセンサスが得られるや、だれもそれについて強い反論を抱きつづけたりはしない。一人の人間の決定は、たとえ彼の権限がどうあろうと、日本人は快く思わない。のみならず多数決による決定すら、日本人にはなにか割り切れないものを残すのである。

この種の集団制をうまく機能させていくためには、公然たる対決は避けねばならない、というのが日本人の発見だった。それぞれの立場が明快に呈示され、立場間の差異がことこまかに分析され、どこがどのように違うのかが明らかにされることもない。

討議の参加者は慎重に言動し、自分の意見に対し他者がどのように反応するかの見極めがついた段階で、はじめてそれを口にする。あからさまに発言するかわりに、多くは婉曲的な表現もしくは漠然とした示唆に止められる。このようにして、鋭い対決がおもてに出ることが未然に防がれるのである。

この種のやりとりに対し、日本人は「腹芸」という表現を用意している位である。つまりはっきりとした形での口頭による相互関係にかわって、「腹と腹」がぶつかりあうというのである。彼らは口舌の才を、明白に卑しめる。人間の内なる、いわくいいがたい思いは、非言語的手段ないしはお互いにうなずきあう関係の中ではじめて交わしあえるので、言語による意思疎通など、しょせんは薄っぺらなものにすぎない、というのが彼らの考え方なのである。

日本のように高度に均質な国においては、この種の非言語的意思疎通手段も比較的容易に開発されたであろう。しかし南アジア、西アジア、欧米のように、文化的に多様な国々では、言語技能の必要は大きく、したがってそれへの評価もいきおい高くならざるを得なかったのである。

アメリカ人にとって日本式の交渉は、なんともテニヲハの合わない、腹立たしくすらある底のものである。アメリカ式のやり方が彼らにとり、味もそっけもない、押しつけがましいものと映りうるのと、それは表裏をなす。アメリカのビジネスマンなら、当初から自分の立場をはっきりと述べ、交渉条件のぎりぎりの線を明示する。

ところが日本のビジネスマンにしてみれば、のっけからこういう調子では、相手の要求はどこまでエスカレートするのか分からぬと、驚きに身を固くしてしまうのである。

他方、アメリカ人は、日本人の慎重かつ不明確な交渉ぶりに対し、単に真意がつかみにくいと受けとるだけでなく、自分を欺すためのペテンの臭いをかぎとることに相成る。対決を避け、集団の連帯感を保つために、日本人は仲介者を大幅に活用する。デリケートな交渉に際しては、中立的な立場の者が双方の見方を聞きただし、障害を乗りこえるための便法を探し求め、それが見つからないときでも、公然たる対決や、いずれか一方の顔がつぶされることのないような形で、交渉を収束させる。

仲介者は、婚約をとり決める際には、とくに多用される。そうすることで、とかく他国ではおこりがちな、プライドや感情が傷つけられるような結果を、やわらげる役割をはたすのである。

日本人が編み出した集団生活上の伝統と知恵とは、日本人の性格を、うわべをみる限りは人当たりがよく、温和なものに作り上げることに寄与した。彼らと比べた際には、欧米人は感情を平気で表に出すという点で、いささか荒っぽく、予測不能で人間として練れていないようにみえる。

欧米では、ある人間がどう行動するか分からないというのは、むしろ元気旺盛で、人間としての面白さのあらわれとみなされる。でも日本人の場合には、それはなんともうとましい性向なのである。日本社会というのは、あらかじめきちんと決められたチャンネルを通るという趣がつよく、それだけに少なくとも表面的には、どちらかといえば落ちつきのある社会である。

組合や政治関係のデモは別として、大声を発することはまれである。集団で陽気にさわぐことを除けば、である。ガミガミ子供を叱りつける母親、声高にしゃべりたてる若者、バカヤロ、コンチキショウ呼ばわりをする漁民の細君などは、他国ではよく見かける風景だが、日本ではそんなに見あたらない。

日本人は、怒りであれ、愛情であれ、感情を面に出すことには、つよい嫌悪感をもっている。もっとも例外のない規則などありえぬので、泣き上戸やお涙ちょうだいに対し寛大なのは、例外とみなすべきであろう。

例の日本人の微笑――それはどこでもどのような状況の下でもみられる――も、感情を表面に出すまいとする日本人の自制のしからしむるところかも知れない。喜びの場合はもとより、悲しみや困惑にあたっても、日本人は微笑を浮かべるのが常である。日本人が、そっけなくノウといわないのも、同じ理由に基づくと考えられる。

幼児に対する場合は別としても、公衆の面前で肉体的に愛情を表現することも避けられる。キスも、従来は性行為と結びつけて考えられてきた。それだけに、それ以外の際の大っぴらなキスが人目に触れることはないし、実行もされない。成人した娘に母親がキスするという習慣すらない国では、欧米や中東におけるような、儀礼化し、ときにはいささか所きらわずの感のある抱擁やキスの習慣など、面妖この上ないのも当然である。

これらの特徴が、すべて日本人の集団尊重主義に由来しているかどうかは、断定できない。多くの人口が狭い空間にひしめきあって、長いこと住み暮らしてきたことの結果であるともいえそうである。日本人の集団志向自体が、その帰結であるともいえよう。

とくに住まいが窮屈で、薄手な仕切りしかないこともあって、最低限の暮らしやすさを確保しようとすれば、いきおい一人一人が自制し、他者への配慮を心がけねばならないからである。

このような状況下にあっては、協力のための技術を身につけ、対決を避けるための手だてを手に入れることは、不可欠といってよかった。同じことは、個人的なくせや思いつきを抑える必要についてもいえる。

ただその理由はどうあれ、日本人の方が欧米人よりも集団志向がつよいことと、みんなで協力して集団生活を営んでいくうえにきわめて有効な知恵を生み出してきたことには、なんら疑問の余地がない。

14　相対主義

独立不羈《どくりつふき》で平等な個人から成り立っていると自認する社会においては、組織原理は当然のことながら普遍的で、すべての個人に平等に適用される。個人の地位がどのようなものであれ、善悪の判断は、法律においても倫理においても、明確かつ一定不変である。少なくともこれが欧米が描く自画像で、その正しさの根拠としては、キリスト教が個人の魂を重視してきた点が想起される。もっとも普遍主義が尊重されたのは、封建制度下の場合を考えてもわかるように、いわば尻に敷く形においてであり、それは長期にわたってそうであった。

一方、自分の主たる帰属が集団にあるとみなす社会にあっては、集団間ないしは集団内部の関係の方が、普遍的な原則に先行しがちなのも当然といえよう。いいかえれば、倫理は普遍的なそれであるよりは、むしろ相対的ないしは状況主義的になりやすい。

だが、この点における日本と欧米との二分法は、決して截然《せつぜん》としたものではない。日本においても、欧米におけるキリスト教のような働きを歴史的にはたしてきた仏教は、個人の救済を強調した。しかも近代にいたって、個人やその権利がますます重視され、欧米と同様、ものごとを普遍的な次元でみようとする傾向が高まってきている。

とはいえ、日本が個別主義的な関係や相対主義的な判断をより重視するという点は、欧米との基本的なちがいで、このちがいはいまなお根強く残っている。事実、封建時代の日本の社会組織はおしなべてこの方向に傾斜していた。そしてそれがそのまま十九世紀になだれこんだのである。

中国思想もまた個別主義や相対主義の方向に日本を向けた。中国人が普遍的な原則を認めていたのは事実である。だが、それは個別主義的な色あいの強烈さによって希薄化していた。中国における五つの基本的な関係は、いずれも個別的具体的なものであり、普遍的な適用は不可能であった。この五つとは、統治者と被統治者、父と子、夫と妻、兄と弟、友人と友人の関係であった。

その中でもっとも強調されたのは、孝行、忠誠、それに情愛ないしは人間らしい心であった。だが中国人にとっては、情愛といっても、見知らぬ他人と親族の両方に、普遍的に適用されるべき価値ではなかった。具体的にどのような関係があるかと慎重に見定めた上で、その段階に応じた適用ではかられるべきものだった。

自分自身を愛するのと同様に、他者を愛すべきである、というような想念などなかった。家族と同じように他人を愛することなど、人倫の道にいちじるしく悖《もと》る以外のなにものでもなかったのである。

倫理とは、宇宙の調和的な一部分であったが、その宇宙の中核をなすものは、それぞれ特定な関係を数多くかかえる、人間の社会そのものであった。個々人と、全く異質な全能の天との間には、はっきりとした区分などなく、天は明確かつ画一的な法則を、すべての人間に適用するにすぎなかった。

東アジア人と欧米人とが、世界を基本的には二分法で観察しあっていたことは興味ぶかい。だが両者の間には大きな相違があった。欧米においては、善と悪とが死を賭した争闘をこととしているとされた。東アジアでは、昼夜、男女、明暗などは陰陽の差に由来するとされた。両者はいずれも相互補完的な力であり、互いに交代しては、バランスをとりあっている、というのである。厳密な意味での善悪の二分法は存在しなかった。あるものは調和の感覚であり、諸勢力のバランスであった。

これら中国的な発想や、日本封建制の個別主義は、今日の日本にもたゆたっている。しかしそれは、単にある種の色どりとして漂蕩《ひょうとう》しているにすぎず、欧米の原則律や普遍的な道徳律に比すべき、確固とした思想体系が規範として存在するわけではない。この点は記憶されてよい。

日本人の大半は、普遍的なことばで定義された善悪の判断をもってはいる。彼らの原則律はわれわれと同じく普遍主義にのっとっている。

一九七三年、裁判所は尊属殺人に他の殺人事件より極刑を課すべきであるという従来の考え方をくつがえした。孝行の尊重の上に立った年来の慣行は、個人に軽重をつける点で差別的であるから、というのがその理由であった。今日の日本人は、現行憲法に規定された個人の権利の前に、あたかもモーゼの十戒ででもあるかのように拝跪《はいき》する。

だが、日本社会が機能するしかたは、その基調と手ざわりにおいて、われわれの社会とはしばしば異なっている。

日本をもって「恥の文化」と規定し、欧米流の「罪の文化」と対比させた観察者もある。すなわち、日本人を条件づける強力な力は、世間の判断の前で恥をかくことであり、絶対者の目に罪と映ずることへの罪障《ざいしょう》感ではない、というのがその説の内容である。

この見解には、首肯《しゅこう》すべき点もある。だがそれをあまりにふりまわすことは誤っている。恥の感覚と罪の意識とは、人間だれしもの感情の中で簡単に混じりあってしまう。現に悪いことをすることそれ自体よりも、隣人や警察官に見つけられることを気にやむ欧米人は、それこそ掃いて捨てるほどいる。逆に、家族や社会に対し恥かしさを覚える反面、期待にこたえることができないままに、罪悪感をつのらせていく日本人もあろう。恥といい、罪といっても、落ちつく先は意外に近いかも知れないのである。

とはいっても、日本人の方が総じて具体的な状況や人間感情の複雑さに照らして物を考える傾向がつよく、欧米人ほどには、抽象的な倫理原則次元で考えようとしないことだけは、厳然たる事実である。

欧米人にとって日本人は原則面でよわく、欠落しているとすら映じうる。他方、日本人の目に映る欧米人は、その判断があまりに荒々しく、独善的にすぎ、人間的な情感に乏しいかもしれない。

日本人と欧米人とのこの距離は、学校教育のちがいに起因するものでは恐らくない。日本の学校も善悪正邪については、欧米同様、あれこれ教育する。ただ育児法はちがうし、これが両者の距離をもたらしていると考えられる。

すでに日米の家族構造に大差のないことは説明した。ただ内部の関係となると、かなりの相違がみられることが多い。

第二次大戦中、欧米の心理学者は性急な結論に飛びつき、日本人の性格（と当時考えられていたもの）は、排便のしつけがきびしいことに由来すると断じた。ただこれらの理論にとって不幸なことには、日本人の排便のしつけの実体は、彼らの予測とは正反対なもので、日本人の性格に関する偏見の存在を証拠だてたにすぎなかった。

ただ排便のしつけ以外の育児法の諸側面は、かなりの意味を有するように思われる。日本の乳幼児は、比較的自由気儘に育てられ、母親とはたえずといってよいほどいっしょで、独りに放っておかれることは、ほとんどない。これはアメリカの乳幼児が、睡眠であれ食事であれ、時間厳守を強いられ、はじめから独り寝の習慣をつけられ、個室を与えられ、ときとして見ず知らずのベビー・シッターの世話に委ねられ、肉体の接触よりは言語を通じてのかかわりをもたされるのとは、いちじるしい対照をなす。

日本の幼児はかなり長期間にわたって哺育《ほいく》され、食事時間も自由で、たえず母親にあやされ、伝統社会においては母親の外出時に背中におぶさり、かなりの年齢に達するまで両親と寝室をともにする。

長じてのちも、個室で独り寝するよりは、何人かが同室でやすむことが多い。なにかを教えこむ際も、罰則の裏打ちをともなった言語による一般化された規則よりは、不断に接触し、辛抱づよく実例を示すという形をとる。要するに日本の子供は、小さな大人としてよりは、赤ん坊扱いを受けるのである。

その結果は、当然のことながら、とくに母親への依存度が高まり、欧米では異例といってよいほどの状態がみられることになる。

日本の子供、そして成人すらもが、他者の愛情にぬくぬくしがちなのは、このためである。こういう感情を日本語では「甘え」と呼んでいる。これは「甘える」という動詞の名詞形で、甘い《スイート》という形容詞とは同根であり、「愛情を他者に求める」という意味になる。

この感情は、元来が母親に肉体精神の両面でもたれかかることで喜びを感ずるということだが、さらには所属集団の温情につつまれ、その容認を得ることで精神的な喜びを手にするという意味でのもたれかかりを意味するようになった。

子供は母親がすべてを理解し、大目にみてくれることを期待するとともに、彼女のもつ権威を受け入れる。そしてこの姿勢はときとともに、自分をとりまく社会環境の権威を受け入れ、その承認を求め、それによりかかるという態度へと拡大されていく。

このようにして、日本の子供は、幼児期の自由放任から、両親や学校の権威を諾々と受け入れ、ついには所属集団ないしは社会全般の判断に唯々として身を委ねるに至るまで、おどろくほどの容易さで転位していく。

「人さまに笑われる」という殺し文句とともに両親が首を横にふることは、子供にとりたいへんな制約だが、長じて後は所属集団の容認のあるなしが同じ役割を演ずる。伝統的な村落社会においては、「村八分」の名で呼ばれる貝がら追放《オストラシズム》がもっともきびしい罰則であった。そして、僻遠の地への追放や遠島を申しつけられることくらい恐れられた判決は、ほかにはなかった。

「甘え」の感情は、中国の哲学や日本の封建社会の残照としての「恩」という考え方と容易に混じりあう。「恩」というのは、もともとが、統治者、封建領主、親の側からする恩沢という意味だが、転じて、この恩沢を蒙ったものがその授与者に対し、尽きることのない感謝もしくは負い目を感ずることを意味するようになった。この方がむしろ一般的な用法である。

伝統的な日本的倫理体系の中で、ことに重視されたのは、この側面であった。近代以前における「恩」も、現代における「甘え」も、日本人が個人よりも集団を重視し、既存の権威を受け入れ、普遍的な関係よりも個別的な関係を強調するという点を裏書きしている。

日本人の発想にみられる相対主義は、近代的な日本社会にもさまざまな形でその姿をあらわしている。学校では教えこまれるにもかかわらず、日本人の罪悪意識は欧米人の場合よりもたしかに希薄だし、善悪の間に、超えがたい一線を画するという傾向も少ない。人の世には、本来的に罪の領域など存在しない、というのが彼らのみかたである。ほとんどのことは、それ自体として大目にみられる。それ以外の面で被害をもたらさぬ限りはである。ほどほどに、というのが大事なので、全面禁止は彼らの選ぶところではない。「汝、……するなかれ」という十戒流の掟は存在しない。

同性愛が許容されなかったことはなく、中世期においては、封建武士や仏僧の間で公然と認められていた。日本人はどちらかというと憂鬱症の気があり、心理や精神次元での問題にはひどく関心があるにもかかわらず、性と罪意識とに傾斜したフロイト流の精神分析は、これを無関係として退けた。

少数のキリスト教信者は、十九世紀後半の宣教師の影響をもろに受け、飲酒や酩酊にはきびしいが、一般の日本人は、それが過度にわたらない限りは、きわめて鷹揚な態度をとる。それだけに日本人はごく少量のアルコールでたわいなく酔っぱらってしまい、ご機嫌になる。酵素不足と、食事内容に脂肪が足りないとやらの生理的な理由も手伝ってか、飲むとすぐ顔に出る。ただそれよりも大きな理由は、酔っぱらうことに対し内面的な制約がないことである。酔っぱらい運転は例外だが、それ以外のことなら、酒の上だから、ということで大目にみられる。アルコール中毒が日本で大問題になっていないことも、この関連でみると意味がある。

なるほど政治については、荒々しい絶対的な物言いが下敷きになっているが、国民全体は概して相対主義的かつ寛大であることをやめてはいない。欧米人ならとめどない怒りや軽侮を覚え、非難を禁じえないときにも、日本人はむしろ情状酌量の余地や、盗人にも三分の理を強調する。

一九三〇年代に重臣を何人も殺害した青年将校や、一九六〇年代に大学をめちゃくちゃにした学生運動家に対しても、国民の多くは、彼らの若気と動機の「純粋さ」との故に許してしまった。日本の法律が、時世時節《ときよじせつ》やそのときどきの社会制度と比べた際に、むしろ寛大であったのはいまにはじまったことではない。封建制の登場以前、日本には長期にわたり死罪はなかった。これは当時としては、まさに驚き以外のなにものでもない。

今日でも、意見の不一致を解決するにあたっては、「両損式」に妥協や調停でことを収めていくために、大きな努力が払われる。どちらか一方に軍配をあげ、黒白をはっきりさせる法律流の裁決は採られない。

法廷の判決ですら、犯罪の動機と同様、悔悛の情がどの程度かが勘案される。もし心から前非を悔いていると判断された場合には、お上にもご慈悲があるのである。

普遍的な原則よりも、個別的な関係に重点をおく以上、少数の明確な倫理基準にかわって、数多くの具体的な行動規則が存在せざるを得なくなる。倫理は丁重さや礼儀正しさと混じりあう。「磨かれざる金剛石」への評価は低い。人がその価値を示すのは、個別的な関係の一つ一つを、それぞれの状況にみあった形で、どのように処理していくかによる。

何百何千という規則があるが、そのすべてが怠りなく順守されねばならない。世界一の礼譲の徒、とはいえないまでも、日本人が世界でもっともしかつめらしい存在であることは疑いない。

多種多様な行動規則という点では、近代以前は今日の比ではなかった。階級間や、同一階級でもさまざまな二次集団間の関係はこまかく規定され、拳々服膺《けんけんふくよう》された。大衆社会の今日では、それは大幅に簡素化され、普遍化された。にもかかわらず、欧米人にしてみれば、日本人というのは、よほど緊密かつ近しい間柄は例外として、まだまだ堅苦しい存在と映る。同一家族の成員間ですら、アメリカ人の目には、他人行儀としか映じないような礼儀作法が存在する。

長々とお辞儀をしあうのは、欧米人にとっては日本人の礼儀正しさの、もっとも目につきやすい、しかも微苦笑を誘うような外的表現である。ちなみにその長さや頭の下げ具合は、お互いの相対的な地位や関係によってあらかじめ入念に規定されている。

公式の訪問時、人生における主要なできごと、新年、中元などさまざまな折をとらえて贈物を交換しあう習慣も、複雑かつきわめて厄介な互恵的な技術へと洗練されるにいたっている。日本語には丁重さの各段階に則した敬語が無限に近くあり、それぞれの場合にふさわしい語法が注意ぶかく選ばれる。謙譲語は自分と自分の身のまわりを指すためにとっておかれ、より丁重ないい方が、自分より身分の高い人と、自分とは遠い関係にある人を指すのに用いられる。

もっとも、近ごろの若い者は敬語も満足に使えなくなった、というのが年長者がたえずもらす不満である。

時と場合に応じた行動様式が詳細にわたって規則化されているために、日本人はとかく自意識過剰の趣を呈する。自分のやっていることは妥当だろうか、他の人に笑われたり批判されたりはしないだろうか、という強迫感がこれである。外国人とかかわる際には、この強迫感がとくに際立ってみえる。相手の習俗がよく分かっていないからである。でもこれは外国人相手の場合に限らない。

日本人というのは、だれしもが他人が自分をどう思っているかを気にしているようにみえる。さまざまな個人関係において、日本人はとかく遠慮に身を焼くかたむきがある。「どうぞご遠慮なさらずに」というのはよく耳にする丁寧語だが、これという効果もないように思われる。

日本人が他者との関係でぎこちないのは、この種の自意識過剰が原因になっている。若い女の子が、くすくす笑いや作り笑いをこととし、男性が話しながら息を吸っては、「シーッ」といっているのではないかと外国人に思わせるのも、同じ理由で説明がつこう。

少なくとも年長の日本人に関するかぎり、彼らがくつろいだようにみえるのは、ふだんから馴れ親しんだ人間関係にあるときだけである。親しい集団が彼らにとってこの上なくなつかしいのは、このためである。

日本人が新しい人間関係に入っていくことをためらいがちなのは、このような理由があるからである。見知らぬ他人同士としてやりすごした方が、知り合いとしての関係の重荷を背負うよりはらくだ、ということもあろうか。

欧米人は実に気軽に人と知り合うが、日本人はそうではない。そして新しい出会いにおける日本人の堅苦しさたるや、近づくのが憚られるほどである。会話の際の間《ま》も、少なくとも欧米人にとっては、苦痛なほど長い。言語によるコミュニケーションに低い評価をしか与えない日本人は、そのことに気づいていないかのごとくである。

友人もそう簡単にはできない。でもいったん友人関係に入れば、もっと安直気軽な付きあいに馴れた欧米人がとまどうほどの持続性をみせる。日本人はまた、でき上った集団とのかかわりに固執するかたむきがつよく、それ以外の人間は、すべて他人というはっきりした範疇に放りこむ。これでは、公共心や、他人の問題に気軽にかかわっていくという気風は生まれにくいのも道理である。同じ傾向は、欧米の都市部でも高まりつつあるが、日本の比ではない。

抽象的な原則よりは、具体的個別的な関係を大事にすることから、日本の倫理体系は、未踏未経験の状況下においては、明確な指示を与えにくい。未知のものに直面した際の日本人は、自分自身の原則の普遍的な妥当性をやみくもに信じこんでいる人間よりも、自信をもちにくい。海外にある日本人の場合は、ことさらそうである。だが日本の内部においてすら、相対主義的倫理伝統が、現代状況に適応しがたくなっている側面も見出される。

一例をあげれば、ふだんは温和で丁寧な日本人が、ひとたび通勤電車の混雑に出会うと、押しあいへしあいの狂騒を示すのである。

戦時下の兵士が、平時の倫理感を新しい状況に適応させることがむずかしいままに、本国でなら弁護の余地のないような行動に暴走することは、どこの国にも共通な現象である。だが、個別主義の重視の上に立つ日本人にとっては、この問題はとくに難渋をきわめる。

第二次大戦中の日本軍兵士の残虐行為と、柔和そのものの国内の秩序との間には、大きな相違があることはいうまでもない。

だが捕虜の取り扱いという面においては、いま一つの要素が介在していた。日本軍の兵士は、降伏こそは最大の恥辱であり、その恥辱を蒙らないためには、死をも賭すべきであると教えこまれていた。したがって、彼らが捕虜を見下し、荒々しく取り扱ったのは、自分たちをその境遇においてみてのことであり、それ以上でも以下でもなかった。

不馴れな状況下において、倫理のタガがはずれかねないことの、もっとも適切な例は、一九二三年の関東大震災当時における、暴徒化した日本人による朝鮮人の大量虐殺であろう。根拠のないデマが、この惨劇をひきおこしたのであった。いざという際に、日ごろの倫理感がタガを失って崩れ去る可能性は、日本人の場合の方が、一部の欧米諸国民の場合より、あるいは大きいかもしれない。

だが、原則志向性の高いドイツ人が行なった綿密きわまりない残虐行為――ユダヤ人数百万の大量虐殺はその一例である――はむしろ欧米ならではの感がつよく、日本では可能性が少ないかもしれない。いずれにせよ、この種の二分法的な線引きは、そう截然としたものではありえない。

十七世紀の日本人は、天主教徒を冷然と根だやしにした。そしてアメリカ人は、ソンミの大虐殺をあえてしたのである。

15　個性

日本人のもつ集団志向や、相対主義的な倫理観を過大に受けとめてはならない。もしそれを過大に評価すれば、日本人があたかも、互いに順応しあいながら、社会的に是認された行動様式だけを際限もなく繰り返す、無感情で、御しやすいロボット的な国民に思えてくるだろう。だが、日本の歴史は、このような日本人像とまっこうから対立するのである。

日本人は、きわめて活力に富み、しかも合目的的な急激な変化に対応できる国民であることを、みごとに証明してきた。彼らの芸術は、日本人がきわめて繊細で、独創的であることを物語っている。彼らの文学は、日本人が個人として、痛々しいまでに自意識をもつ存在であることを示している。そこにあるのは、明らかに別種の日本人の実像なのである。

たしかに日本人は欧米人とくらべて、個性を集団に従属させてはいるし、少なくとも彼ら自身、そのように考えている。だが、同時にきわめて強烈な自我意識を、他の方法で保持している。

たとえば日本人は、自己を情緒的に表現する上においては、決して譲らない。欧米人の場合よりは、時と場合を選ぶにせよである。しかし何よりも重要なのは、日本人が欧米人と同等か、それ以上のやる気と、野心とを持ち合わせているという点である。

個我の発露と、社会への順応性との葛藤は、世界のいずれにも見られるもので、むろん日本もその例にもれない。のみならず、大勢順応がより強く求められる国だけあって、社会的通念のもつウェイトは、日本の方が大きいといえるし、それだけにひとたび社会への反逆が火を噴くと、極端な形をとりがちなことも事実である。

結束のゆるい社会での反逆の場合よりも、日本で反逆する方が、よほどの放胆さと決断とが求められる。それだけに、社会への反逆はいきおいより荒々しいものとなりがちで、一九三〇年代の政治テロ、六〇年代後半の爆発的な学生運動、それ以降の赤軍派その他、若者の散発的なテロリスト集団の残忍さなどは、いずれもその例である。

だが、これらの場合といえども、一人一人の反逆者は、それぞれが所属する小集団の一員にすぎず、一匹狼的な活動家でも変わり者でもないことは、意にとどめてしかるべきだろう。

あからさまな反逆とはいかぬまでも、日本社会には、広範ないらだちが、とくに若者の間に存在している。これは、堅苦しいわくぐみから逃れ、息のつまりそうな社会の制約から脱け出そうとするうずきなのである。

日本の若者は、せめて一生に一度は日本を脱出して、外部世界のより新鮮な（と彼らが思いこんでいる）雰囲気に身をおかねば、と感じている。彼らは、教育や就職に関し、あまりにも窮屈きわまりない制約がはりめぐらされていることに、公然と憤りをぶつける。

現に先進工業国の若者のうちで、社会のしくみに対しはっきりと不満を表明したのは、日本の若者が断然トップであった。

彼らは熱烈にマイホームを望んでいるが、地価が高いためにそれは決して容易ではない。彼らはまた、集団の圧力から逃れ、自分だけの有意義な生活を追い求めている。

このような傾向は、「マイホーム主義」と銘うたれ、年長の日本人からは、より重大な責任を放棄するものだとして、非難の対象になることもままあるほどである。

この種のいらだちは、決して今にはじまったものではない。少なくとも一九二〇年代の初期にまでさかのぼることが可能であり、この間、確立された社会秩序にたえず向けられたうらみつらみは、現に少なからぬ変化をもたらしたものである。

若い世代はいつの時代でも、年長者の目には、道義心のかけらもなく、倫理的にダラシがなく、常軌を逸した手のつけられない存在と映ってきたが、とくに第二次大戦以後はそうであった。個我の主張が古い日本的な規範をはなれてどこまでいくかについては、だれもさだかではない。

とはいえ、外部者の目には、旧来の考え方ややり方は、いまだに消え失せてはいない。大学時代の急進派が、卒業と同時にグレイのフラノの背広を着用し、ちゃっかりと企業幹部におさまるというアメリカの図式は、日本の場合にはもっと顕著である。もっとも日本では、グレイではなく、ダークブルーのスーツというのが常識ではあるが。「個人主義《インディヴィジュアリズム》」ということば自体、日本ではまだまだピシッときまってはいない。この点はさいしょの西欧との接触以来かわってはおらず、日本では、個人の責任よりも、むしろ勝手気儘というニュアンスが強いのである。

さいきんの若い学生は、個我の主張とはなにかを模索する過程で、個人主義ということばをやりすごし、むしろ「主体性」ということばを愛用するかたむきがある。人生とは、単なる受け身の対象ではなく、積極的に個人が選びとる場、というのがその意味である。

いらだちが高まり、ときには公然たる反抗が見られるとはいえ、社会的な順応という日本古来の価値は、いまなおその妥当性を大幅に残している。だが、この種の慣習上の束縛のなかで、日本人ががんじがらめになり、ただアリのように生きているというわけでは決してない。日本人は日本人なりに個我の涵養《かんよう》を身につけてきた。ただ社会的に受け入れられるような形での個我というだけである。

その一つは、個々人が自然に接近する、という形である。自然に接することで、自分を四方八方とりかこむ抑圧的な社会からある種の逃避を求め、自然の美や移り変わりと一体化することで、人間としての満ち足りた思いを手に入れる、という方式である。欧米人の場合も、自然が同じ役割をはたすことはままあるが、日本人の自然愛好のつよさと、自然との一体感を思うと、その重要性がいっそう明確に浮かび上ってこようというものである。

人口の重圧と、近年におけるすさまじいまでの経済成長の結果、日本人は世界でも有数な自然破壊者の役割を演じた。だが、日本人の自然愛好癖は、自然のミニチュアとしての箱庭の域をいくらも出ないとはいえ、いまなお残っているのである。

日本人は散策や山や海への遠出を好む。でも大型の庭園や、何ヘクタールもの荒野を自分で所有しているものは、ほとんどない。そのかわりに彼らは、大自然の雄大さを模した小型の庭園の手入れに丹精をこめる。彼らはまた自然を題材に絵筆をふるうことを好み、盆栽を溺愛する。女性のなかには、盆景や盆石などの小芸術を手がけるものもある。生け花を愛好する女性は少なくない。それも欧米流の、花を何束もドサッと無造作におく、というやり方ではなく、わずかな数の花や小枝が、入念に形を整えられて活けられるのである。

この種の、「いとささやかなるものへの愛好」とでもいうべき趣向は、近年にいたり、欧米に少なからぬ影響を与えている。生け花や造園術などはその例である。

文学一般もまた、自己表現の場であり、自ら手がけないまでも、少なくとも他者の個我の表現に代償的にあずかれる場ではある。

二十世紀初頭、文芸がめざましく復興して以来、日本文学の特徴は終始一貫、自己とは何ぞやの追求であった。その追求の多くは、欧米文化の目白押しの流入の中で、どうしたら日本人のアイデンティティーが生き延びられるかに関するものであったが、他方では、うんざりするほど密度の濃い社会の中で、個人としてのアイデンティティーをどう保っていくかにも向けられた。

日本人作家がとりわけ好んだのは、彼らのいわゆる「私小説」、つまりは一人称小説で、これは基本的に相敵対する環境の中で、作者がなにをどのように感じたかを、面食らうほど大胆率直に吐露した、ごく内省的なものである。

私小説の日本を眺める目は、総じてきわめて一面的かつ個人レベルのものである。そこに描かれた日本社会がすべてであり、正鵠《せいこく》を射たものと思いこむことはできないが、ただ個人のもつむらっ気や心のひだを知るにはかっこうで、日本の読者が興味を寄せるのも、これらの点に対してなのである。革命前のロシア文学がひどく人気があるのも、おそらくはこれと同様の興味がはたらくからであろう。個人の性格や社会については、日本とロシアとは遠くへだたっているが、個人の精神が抑圧的な社会と衝突し、自己表現を模索する姿が描かれたロシア文学は、明らかに日本人の心の琴線にふれたのである。

だれもかもが作家として大成できぬことはいうまでもない。だが、書くという行為の中に、なんらかの形で自己表現のすべを見出している日本人は何百万人にものぼる。詩作が盛んなのはこの一例だし、日記をつけるという趣味もその一環である。三十一音から成る伝統的な短歌にしろ、十七音から成る近世の俳句にしろ、元来が多くの制約をもつ詩型であり、その上に無数の約束ごとが加わって、さらに手足が縛られる。

それにもかかわらず、これらの詩型を通じて、自己表出の満足を見出している日本人の数は膨大なものである。詩の専門誌や研究グループはたくさんあり、年に一度、一定の歌題で詩作をきそいあう短歌コンテストすら行なわれるほどである。これには天皇自身も自作の歌を寄せ、選に入った作品は天皇の前で朗詠される。

また何百万という日本人は、さまざまな芸術形式や音楽や舞踊を通じ自分を表現する。舞踊にはいろいろな型があるが、いずれも近代以前の演劇や芸者に関連があり、流派ごとにみごとに組織された教習所では、そのような型を中心に教えられる。どの流派にも熱心な弟子が集まるが、同じことはすべての伝統音楽にもあてはまる。

西洋渡来の楽器を使って、さまざまな様式の西洋音楽を演奏できる人はもっと多い。二、三歳の幼児期から、バイオリンを教える「鈴木方式」――大人数のレッスンの場合が多い――は世界的に有名である。欧米のさまざまな芸術様式や、茶道、華道などの伝統芸術と同様に、あらゆる流派の絵画や陶器づくりが隆盛をきわめている。柔道や空手をはじめとする武術も、個々人の技量の練達を尊重する日本人の伝統的な意識によくみあっている。

この種の流派や教習所は、いずれも日本一流の「仲間集団」を形づくる。それはとにかく、いまここで指摘しておくべき点は、日本人がこのように、それぞれ独自のたしなみを、文芸、芸術、芸能などの分野でもっているという事実である。しかもこれは、単に情緒レベルでの自己表出の手段にとどまらず、自分自身のアイデンティティーをいざというときに発揮するための、奥の手なのである。

民衆レベルでの芸術活動は、日本でこそ昔ながらのものだが、アメリカではわずかにこの数年に高まりが見られるにすぎない。考えてみれば、アメリカ社会もあわただしく、混雑した環境になってきている。それが自己表出と自己のアイデンティティーをはっきりさせる必要を高める上に一役かった、といえるのかもしれない。

われわれアメリカ人は、この種の活動を単なる「道楽」としてあっさり片付けてきた。だが日本人はそれを「趣味」として尊重する。趣味は日本人が自らのアイデンティティーを確立するのを助けるばかりか、年を加えるにしたがってその重要性を増すのが通例である。

日本人はパーティーなどで、それぞれの十八番——たとえば、謡曲のひとくさりなど——を披露するのを好む。のみならず、一人ずつ順番になにかの芸を披露に及んだりする。当惑するのは外国人で、やむを得ずうろ覚えの大学時代の歌かなにかでお茶をにごす破目に相成る。

熱心に趣味を求めることは、日本では自尊心を保つ上にも必要、といってよいかもしれない。私自身、インタビューの際に、しごとが趣味で、とりたててこれという趣味をもたないことを説明するのに、往生つかまつったことが何回となくあった。自分が精神的に不完全であることを公言しているかのようで、なんともやり切れない思いにかられたのである。

日本人は自分の趣味を大事にし、それをひけらかす。たとえその趣味が、その人の地位からみて当然とみなされる場合においてもかわらない。たとえば実業界のおえら方は、ゴルフに熱をあげ、口をひらけばハンディについてあれこれおしゃべりするのが、当然のしごとのように思っている。スポーツマン・タイプの人間なら、わずか一日半の週末をつぶして、遠く離れたスキー場で八時間もすべったりする。この種の離れわざは、趣味のためには信じがたい程の刻苦を自らに課すという一つの例である。

この手のことはアメリカでも皆無ではない。その動機も大同小異かもしれない。だが、個人の技能や趣味が個人の自意識に占める度合いは、おそらくは日本ほどは高くないと思われる。

日本人が、どのようにして個人的な技能を身につけるかを観察すると、彼らがどのようにして個性をはぐくんでいくかを垣間見ることができる。とくに伝統的な技能の場合はそうだが、それは分析や口頭での説明によるよりは、むしろ手本や模倣、つまりは師匠から弟子への個人的な伝達という形をとって習得される。

師弟のきずなはきわめて重要なもので、日本人の集団志向性ともなじむ。と同様に、学習の過程が合理的であるよりは、むしろ直観的なものであるという点も重要である。学習者たるもの、その技能に没入し、それと一体化することで、なんの苦もなしに身につくようでなければならない。技能と精神において合一することが大事なので、それを知的に押さえこむ、ということではない。

ここで思い出すのが、原始仏教の説いた悟りである。悟りとは、大宇宙と一体化することで、個人のアイデンティティーを滅却することであった。いずれにせよ、一つの技能を身につけるという行為は、意志、つまりは自制と克己の営為である面がつよい。弓道の教師は、目の鋭さや手さばきの巧妙さよりも、腹——すなわち情緒——を意のままに従わせることを強調する。一つの技能に熟達することは、外部の筋肉よりも、むしろ内なる自我を伸ばすことにあるとみなされている。

このようにして一つの技能の習得は、自己啓発の場として、単に社会的に認められているばかりでなく、さかんに奨励されている。

このアプローチは、伝統芸術にとどまらない。人間としての生き方についても同様にあてはまる。たしかに日本人は協調的で、集団志向がつよく、ものごとを絶対的な物差しで判断しない人々ではあるが、さらばといって社会的な条件づけによって、個性を完全にそぎおとされた、輪郭のぼやけた存在ではない。それどころか、内なる自制心を働かせることによって、とかく非合理に走り、反社会的な形をとりかねない自然な衝動を、みごとに押さえこむのに成功した例なのである。彼は決して、意志薄弱なイエスマンなどではなく、自己規制をギリギリまで体現した存在である。社会的規制への順応は、欧米では弱さのあらわれとみなされるのが普通だが、日本人の場合には、内なる強靭さが、悪びれることなく、抑えた形でおもてに出ている、といってよい。

自己規制ということに、日本人くらい心を砕いてきた存在も珍しい。たとえば寒中に冷水浴をするなどの厳しい苦行の実践は、今日でも一部では昔ながらに行なわれている。それも、欧米やインドのような、神秘主義的な理由ではなく、意志力の涵養を目的としている。中世このかた、禅仏教の説く瞑想が広く一般にも行なわれてきたが、それとても超越的な悟りの境地に達するという当初の意味合いをはなれ、むしろ自己修養を目的としたものへと転じてきた。欧米の若者の一部に、近年、禅的な修行がアピールしているのも、このあたりにその理由を求めることができるのではないか。彼らもまた、新しい克己手段を模索しているからである。

とかく日本人は、自己修養や、意志力をつよめることとなると目の色を変える。人生における自らの義務をはたすためには、これこそが不可欠の要件とみなされているのである。彼らは心の平静を失わず、ふだんの思いや行動が理にかなった無私のものであるように努める。いざという時には、時を移さず、自然に力づよく振舞えるように、というのがその目的である。

彼らがしばしば発する自戒のことばから判断するに、彼らとても、社会的順応や、天命の達成を、手を拱《こまぬ》いていても楽々と手に入れることができるなどとは考えていない。苦しんだ末にはじめて手に入る、とみなしていることは明白である。

昔の日本人は、両親や支配者や主君の恩義に報ずることの大変さを口にしたものだが、今日ですら、社会のきびしい要求に応じて行動することが、どれほど多くの努力を必要とするかを、痛いほどわきまえている。

日本人の多くは、家族、同僚、社会一般に対してはたすべき義務を過大に背負わされているようにみえる。この責任感——通常「義務」と呼ばれる——はきわめて厄介なもので、若者の間では潜在的ないらだちを生み出してきた。だがこれが、近代以前には「義理」という名で呼ばれたものの延長線上にあることははっきりしている。「義理」のあらわれ方は千差万別だが、いずれにせよ、人間としての自然な感情——「人情」として知られ、自然であるが故に、社会的な混乱や災いをもたらしかねない——に優先されるべきものとされた。人情の発露で義理を欠くことは許されなかったのである。

現に古典文学には、人情と義理との葛藤が好んでとり上げられている。不倫の恋になやむ男女が、家族や社会一般への責任との板ばさみにあい、それに決着をつけるために心中を選ぶというテーマは、少なくとも文芸作品に関するかぎり、きわめてありふれていた。

ところで日本社会における自殺の役割について、ここで一言あってしかるべきであろう。というのは、内外の観察者の目に映ずる自殺は、日本社会に特異な現象として、なかなかに大きいからである。

自殺の伝統的な形態である「切腹」においては、その大部分が自己規制の結果ならではの儀式だった。今日ですら、自殺は絶望的なジレンマから逃れるための手だてとしては、納得いくものであり、ときとしてはみごととすらみなされている。もっとも日本は世界に冠たる自殺国という定評は、統計数字によって裏書きされてはおらず、欧米諸国と比べて際立って多いということはない。

切腹は、芝居や映画の中でこそいまだに好んで取り上げられてはいるが、実際にはほとんど姿を消してしまっている。第二次世界大戦直後には、かなりの有名人、主として軍人が、次々に割腹自殺を行ない、それは欧米人にとっても決して理解できぬことではなかったが、それ以外でもっとも有名かつまっとうな割腹自殺の例としては、わずかに乃木将軍夫妻が明治天皇の後を追って一九一二年に自裁したケースを数えるばかりである。

一九七〇年の三島由紀夫の割腹自殺は、なるほど芝居がかってはいたが、ポーズという面がつよく、義務感に発したものでも、政治へのまともな抗議を目的としたものでもなかった。はたせるかな日本国民は、その舞台装置に興奮したとはいえ、なんとはなしに顔を見あわせ、ばからしさを覚えたものであった。

ついでにいえば、数多くの高名な文学者たちが、平凡な方法であったとはいえ、自らの命を断ってきたという事実は、必ずしも日本社会で自殺が横行していることの証しではなく、むしろ近代日本文学が、どれほどまでに内省的であるかを示すものというべきである。

現代日本における自殺は、その理由と手段との両方で、他の国々と似かよっている。他の東アジアの数ヵ国の場合と同じく、女性の自殺率は、欧米以上に男性のそれに接近している。これは恐らく、東アジアの国々の方が（日本を含め）、女性に対する社会的抑圧が大きいことを示唆しているのであろう。

一方、十五歳から二十五歳ぐらいまでの青少年の自殺率は、欧米よりはるかに高い。これは日本の教育制度の重圧が、欧米を上まわることの反映であろう。

だがもっとも重要なことは、現代日本の自殺率が、政治的緊張や、経済状態の変化にともなって大幅に上下動を示してきたこと、そして近年にいたり、自殺率がとりわけ若者の間で下向きの傾向にあり、その結果、今日ではアメリカより心もち高い程度で、逆に、いくつかのヨーロッパの国よりは目立って低いという事実である。

とはいえ、アメリカ人が殺人に魅せられるのと同様に、日本人がいまなお自殺に魅せられていることは事実で、現に各種の報道や文学には夥《おびただ》しい数の自殺事件が顔を出している。

自己修養と意志力の話題に話をもどすにあたり、次のことだけははっきりさせておかねばならない。それはあることの必要を、どれほど口が酸っぱくなるほど説いたからといって、それがある社会の特性として定着するものでは必ずしもない、という事実である。ときには、理想と現実とが、鏡に映る像と実体との関係のように、左右対称であることすらある。だが、日本人の場合には、両者の間には高度の相関関係があるように思える。

総じて日本人というのは、堅忍不抜《タフ》な性格を持ち合わせている。その極端な一例が、戦後三十年以上を、南海の孤島で過し、単独アメリカとの抗戦をつづけた小野田元少尉である。

第二次大戦時の日本軍部は、日本人のもつ強靭な意志力を自明のこととして受けとめ、かつそれを強要した。その意志力をもってすれば、さしもに巨大な物量を誇るアメリカに対しても、一泡ふかせることができると考えたのである。

日本人は、十分な意志力さえ備えておれば、がんばり次第でどのような障害をも乗り越えることが可能であると思いこんでいるようにみえる。年配の日本人には、このようなガッツは、今日のように豊かでしまりのない時代において、崩れ去りつつあるように映じている。それはある程度までは事実であるかもしれない。

だが、表面上のはにかみや協調性も、一皮むけば、日本人の多くが、いまだに相当程度の確固とした性格をもちつづけていることがわかるだろう。

欧米人が自らのもつ勤労意欲や個人の気力を、「新教倫理」の名のもとに誇ってきたことはよく知られている。だが、キリスト教はむろんのこと、新教と何のゆかりもなかった日本人の方が、むしろこれらの特質をゆたかに備えていることに、多くの観察者が注目してきた。

すでに指摘したように、勤労倫理というのは、基本的には気象条件とかかわりがあるのかもしれない。とはいえ、日本人一流の集団志向が、それを弱めるよりは、むしろ強化する方向にはたらいたことは、ほぼ間違いない。

集団への協力をおしまないものは、それ自身、勤勉の証しであり、集団労働から得られる仲間意識は、近代では、職人的な誇りが、型にはまった機械生産に取って代わられてきたにもかかわらず、絶対的な喜びでありうる。

勤勉というのは、日本人自身、自らのもっとも顕著な特質の一つとして認めている。いずれにせよ、個々の日本人が自らを位置づける場合、まず自分の所属する勤労集団をあげ、現にその活動に熱心かつ心たのしく参加しているという事実こそは、日本の勤労倫理がいまなお虫食い現象を呈していないことの証拠であろう。新教の伝統を継承している国々の現状と比較しての話である。

自己規制に富み、強い意志をもつ個人から成り立つ集団志向社会ということになれば、そこに緊張状態が生まれるのは当然であり、それが日本人のもつ活力や野心の源であったとしても不思議ではない。調和を志向する大勢順応主義の底流には、大へんな抑圧がつねに渦巻いていたのである。

近代以前の日本人にとっては、名誉や面目が一大関心事であった。そしてそのような心的態度は、今日なお日本人の意識の中にたゆたっている。

一方、封建制から近代への過渡期であった明治時代には、「出世」が合言葉であった。つまりは大望を抱く個人の成功が、明治期を色どったのである。

マサチューセッツ農科大学（後のマサチューセッツ大学）学長のウイリアム・S・クラークは、一八七六年、札幌農学校（北海道大学の前身）設立のため、ほんの短期間、日本に留まったにすぎないが、北海道を去るにあたって学生たちに残したことば、「少年よ、大志を抱け」の故に、いまでも広く日本人の間で記憶されている。

子どもたるもの、母親の期待に、なにがなんでも応えざるをえない。口やかましくはあるが面倒見のよいのが、「ユダヤ人の母親《ジューイッシュ・マザー》」と相場が決まっている。だが、日本人の母親もどうやら、ユダヤ人の母親と一脈通じているようだ。

概して現代の日本人を駆り立てるのは、個人的な野心や衝動であるらしいが、これは欧米人の場合と同じである。日本人くらい集団主義的な国民に、このような個人次元での特質を見出すことは、欧米人にとってはなんとも辻つまのあわないことであるかもしれない。だが、ときとしては非現実的と思われるほど野心的な日本人、というのが実相なのである。

このような性向を計量化することはできない相談だが、アメリカにおける日系市民の実績は、なにがしかの比較対照用データを提供してくれる。彼らは、きわめて異質な文化や言語のハンディをかかえ、しかも長期にわたりきびしい偏見や差別にさらされてきた。

にもかかわらず、彼ら日系米人は、二、三世代の間にそれらを乗りこえ、いまや教育程度、所得水準、社会的地位のいずれをとってみても、あまたの人種民族集団の中で、アングロサクソン系新教徒やユダヤ人にも劣らないだけのトップかそれに近い地歩を占めるに至った。民族としての日本人の特性が、アメリカでも生き永らえたためである、とみなしてよかろう。

日本人の特性と欧米流の新教倫理の間に類似点を求めようとすれば、それは後者の出現にまつわる歴史的事情に見出されよう。すなわち、当時の欧米社会には、封建時代さながらの階級区分が厳然と残っていた。そのため、封建制下での政治権力を握ることを阻まれた商人や百姓は、いきおい経済面での成功に目を向けざるを得なかったのである。

実は同様のことが、徳川期の日本でもおきたのだった。当時、商人は政治への参加を完全に閉ざされていた。そこで、武士階級の政治への貢献に匹敵しうる社会的貢献として、経済面での成功を正当化し合理化する哲学を発達させたのである。

この種の考え方に思い至れば、明治期、なぜ旧士分の者たちが、商業活動をやり甲斐のある当然な分野とみなし、容易に転身しえたかの秘密が明らかになろう。中国や朝鮮のような国々では、職能別に分化した階級間の壁があまり高くなかったがために、経済的な成功者が、政治権力をうかがうということが普通であり、それだけにかえって、経済的成功自体が、自己目的化しそこなったのである。

もしこの分析が正しいとするならば、いわゆる新教倫理にまつわる、経済的成功の自己目的化という側面は、新教自体の所産とはいえないだろう。むしろ、封建制下の階級区分の遺制こそが、その主たる要因といえるかもしれない。

それはともかく、ここで私が力説したいのは、日本人のもつ個人レベルでの野心や活力が、集団志向社会における徒花《あだばな》ではなく、むしろ日本社会に古くからある、基本的な資質の一環だという点である。

16　ヒエラルキー

日本とアメリカ、この二つの社会を対比するとき、はっきり際立っているのは、日本の方がヒエラルキーを重視するという点である（もっとも欧米全体がアメリカのようにヒエラルキーを軽んずるというわけでは決してない）。

なるほど、個人に対する権限の付与がアメリカでははっきりしており、日本人には専制的とさえ映ることもままある。だがアメリカ人がつよい平等感覚をもち、少なくとも平等をよそおわねばという内部規制に熾烈《しれつ》なものがあることは、まごうことなき事実である。おえら方が下の者に対し、「ジョーと呼んでくれ」と敬称を省くよう求めるのなどは、その一例であろう。

一方、日本人は階級や地位のちがいを当然かつ自然なものと受けとる。日本人の対人関係や所属する集団は、ヒエラルキー上の上下関係はあって当然という大前提の上に組み立てられている。

むろん対等者同士の集団もないわけではない。たとえば企業や官庁の同年配の人間がつくる集団や、女学生のクラスメート同士などがこれである。

しかし大部分の集団は、伝統的な家の態様に沿って、だれが指導者で、だれが追従者であるかはっきりしている。教師と生徒、社長と平社員というような明白な序列がない場合でも、役員を選ぶとか、会員歴や年齢差を認めるというような形で、ヒエラルキー構造が形づくられるのが常である。

このようにヒエラルキーを尊重する一つの理由が、世襲的な権力や貴族による支配が長かったという歴史的な経緯にあることはまちがいない。日本の歴史を色どってきたのは、階級差であり、世襲的な権威であり、貴族のもつ特権であった。近代以前においてはそうであった。

皇室がその好例である。皇室は五世紀までその起源を明らかにさかのぼることができるが、爾来、国民統合の象徴であり、ごくさいきんまでは、少なくとも建て前に関するかぎりは、一切の権力に合法性を付与する存在でもあったからである。

七、八世紀にいたり、日本人は中国から官僚による行政という制度を借用しこそしたが、教育という形での個人のメリットに従って官僚を起用するという中国式のやり方にとうとうなじめないままに、日本式に逆戻りしてしまった。すべての地位や階級は、出自のいかんによって決められるべきだとする考え方がこれである。

以来、日本の封建制度を支える鍵は、世襲的な権力であり、これは終始かわらなかった。徳川期を迎えるころには、士分とそれ以外の身分との間に截然とした区別ができ上り、士分は士分でいくつもの世襲的な階層に分かれていた。個々の武士がどのようなしごとに就けるかは、ひとえにどの階層に生をうけたかに拠ったのである。

ただし武士階級内部では、多少の柔軟な運用の余地は残っていた。というのは、高級ポストは限られていたのに、候補者は多かった。そこで、有資格者の中からとくにすぐれたものを個人のメリットに応じて選抜することが可能だったからである。ほどなく一つの制度が生まれ、重要なしごとについては、たとえ無資格ではあっても最高適任者を抜擢し、なんらかの名目で加増したり、昇進への道を開いたりすることができるようになった。

しかし原則としては、二百五十余年の徳川家の支配は、おそらくは世界でも類のないほど厳重かつ抑圧的な世襲制度が、きわめて入念に実践された例といってよい。

芸術ですらが世襲制度に組みこまれていった。一切の芸術的技法は、いわば秘伝として、父子相伝の対象となった。絵画や舞台芸術も、世襲制に基づいてなになに派を称するようになった。ただ師匠と弟子との関係が親子関係に近かったこと、それに養子縁組の制度が比較的ゆるやかであったことが幸いして、能力のある弟子が師匠の名跡を継ぐという形で、技法が後世に伝えられた例にはこと欠かない。

奇妙なことだが、いまの日本にもっとも強力に息づいているのは、この種の伝統的な世襲による権威である。たとえば茶道や華道は家元制度を中心に、いまなおゆるぎなく組織されており、最高の権威の伝承は今日でも世襲的に行なわれている。

階級のちがいや世襲による権威が、かくも強力で、しかもごく最近まで存在してきたことを知れば、いまの日本が截然とした階級差をもっていると想像したくなるのは納得できる。現にヒエラルキー重視の姿勢が変わらないことをもって、日本がいまなお階級社会であるとみなす外国人観察者は少なくない。

しかしこのみかたはあやまっている。たしかにヒエラルキーは当然のこととみなされ、地位はたしかに重要ではある。だが、階級意識はよわく、具体的な階級差はまことに少ない。ほとんどの重要な側面において、日本はすこぶる平等な社会である。多くの点で、アメリカと肩を並べるばかりか、大部分の西欧の社会よりは、はるかに平等である。

徳川時代も末期になると、世襲制度のもつ棒をのんだような硬直性に対する不満が高まってはいた。だが明治期に日本人が示した世襲制度との断固たる決別は、それ自体がおどろくべき成果であった。士分内部の格差や、士族とそれ以外の階級との区別は、数年を経ずして取り払われ、戸籍上の士族という身分も、単なる歴史的な意味しかもたないようになっていった。

たしかにこの大変革期を生き抜いた旧士族はその気位と心の持ちようにおいては、他の日本人より際立っていた。また日本のエリートは、相も変わらず、全人口の六パーセントしか占めない旧士族を、主たる出自としていた。一九三〇年代において、エリートの約半分は旧士族の出身であり、一九六〇年代の末期ですら、五分の一見当であったと推定される。

だが旧士族の大部分が経済的な対応に失敗、急速に平民へと下降していったことも事実である。その没落のスピードは、欧米の旧封建階級のそれを大きく上まわっていた。

その理由の一端は、おそらくすでに十六世紀末期から十七世紀初頭にかけて、農地への直接支配権を失っていた点に求められるべきだろう。

欧米とはちがい、封建時代の封土が現代において復活するという例は、日本にはなかった。そして一八七〇年初頭以来、日本の農民は土地の全面的な所有者として、まがうかたない権利を保持しつづけたのである。

ときとともに、士族と平民との差はその意味を失っていった。やがて士族という身分は完全に消滅し、旧士族かどうかということ自体、日本人一般にとってはほとんど無意味なものに化してしまった。

たしかに家庭によってはだれそれの末裔《まつえい》というようなことをときおりは口にする。しかし一部のアメリカ人が、さいしょに大西洋を越えてきたメイフラワー号の乗客らの子孫を自称したり、南部の大プランテーション所有者を祖先として誇ったりするのに比べれば、その回数ははるかに少ないといえる。いまの若い日本人にとっては、同年配のイギリス人が、ケルト系、サクソン系、デーン系、ノルマン系の血が自分の中にそれぞれどの程度流れているかを気にするようなことはないといってよい。

現代にいたるまで引き継がれた一つの階級差は、貴族と平民とのそれであった。旧京都の堂上貴族、徳川時代の封建諸侯、それに維新の際の指導者の一部は、一八八四年華族に列せられ、新設の貴族院に議席をもつことになった。

その後六十年間というもの、華族はごたいそうな扱いを受けたが、やがて全面的な戦争努力は、彼らにより平等志向的な言動を迫り、敗戦後、占領軍当局がその廃止を命ずるに及んで、完全にその姿を消した。さざ波ひとつおこさずにである。

皇室関係の宮家の多くも臣籍に降下した。年長者、それも歴史尊重の気風をもつ年長者なら、旧華族の末裔になにがしかの注意を払うかもしれない。事実、封建領主の末が、かつて祖先が支配した地域で選挙に打って出て、祖先の余慶に浴したという例もいくつかはある。

だが今日では、旧華族も単に何某氏、何某夫人と呼ばれているにすぎない。フランスや他の欧州諸国とはちがうのである。ただし例外は在日の外国大使館の一部で、アメリカ大使館でも、いっときは昔の尊称を用いたことがある。

日本人の大部分は旧華族などにはなんの感興も示さず、とり立てて問題にするまでもないという形で完全に黙殺している。

たとえ貴族が存在せず、法制上の階級差がなかったとしても、階級の区別はむろん厳存しうる。しかし日本人の、階級区別に関する意識はどちらかというと弱い。のみならず、日本人が強調する集団志向は、階級意識とはむしろ逆の方向にはたらいている。インドのカーストとは異なり、日本的集団というのは、さまざまな機能や地位の人間から成り立つもので、同一の機能や地位の人間によって構成されてはいない。

むろん例外はある。一つはいわゆる部落民である。いま一つは比較的新しく日本にやってきた朝鮮人である。これについては、すでに述べた。しかし彼らとても、全体の中ではごくごく少数にしかすぎない。

ともあれ、日本的集団は、一方では目にはさだかにみえない形でのヒエラルキー関係を強調し、他方では、同種の機能や地位をもつ集団との横のかかわりを少なくさせることで、欧米にみられるような階級意識を表に出さない役割を演じているのである。

日本人は階級次元で自分を位置づけようとはしない。どうしてもと請われれば、九〇パーセントまでは、自らを中産階級というあいまいなところに規定するだろう。しいて日本人を階級別に分類しようとすれば、上流が三パーセント、中流が六九パーセント、わずかに残りの二八パーセントが未熟練ないしは半熟練の下層労働者ということになり、現にそういう結論を下した調査もある。

階級意識が希薄なのは、ある意味では現実の投影である。所得分布は、中間層に関するかぎり、アメリカと大差ない。ただし上流と下層の両極についてはアメリカと大きく異なる。片やアメリカのように巨大な富の集積もないかわりに、他方、明らかに「恵まれない」最貧者の層も、アメリカほどは厚くないからである。さいきんのある調査は、貧富の懸隔《けんかく》がもっとも少ない先進工業民主国家として、日本をスウェーデン、オーストラリア両国と同列においている。

戦争とアメリカによる戦後の改革は、大部分の富を一掃してしまった。日本の大企業のトップの役員といえども、その収入はアメリカの役員とくらべ、ささやかなものでしかなく、自社株の保有高についてもごく少ないのが通例である。

不労所得、とくに不動産価格の著しい高騰は、たしかに新興成金を生み出しはしたが、累進課税制度と、峻烈をきわめる贈与税とは、巨額な財産の蓄積を戦前とは比較にならないほどむずかしいものにしている。

他方の極では、アメリカとはちがい、文化的な均質性の高さと、地理的環境の画一性から、「恵まれない」民族集団や、地域集団の存在はほぼ皆無に近い。

とはいえ、なかには脱落してドヤ街に身を落としたり、犯罪の道を歩む者も、少数ながらいないではない。だがそれが比較的少数にとどまっているという事実は、一九六八年でみても、生活保護を必要とする対象が総人口のわずか一・四三パーセントにすぎず、その大半が未亡人やその子女であったという統計数字によっても明らかである。しかもこれらの人々といえども、たまたま一家の稼ぎ手を失ったという事情で保護を必要としていたにすぎず、永遠に底辺に縛りつけられているというわけではない。

日本が相対的に無階級社会であるといういま一つの証しは、階級ごとの言語差が少ないという点である。むろん地方差は、とくに教育水準の低い日本人の場合には、かなり明確に指摘されうるし、教育をどの程度うけているかによって話し方にちがいがあるのも当然だが、イギリスのように明白な階級差はもちろん、アメリカの一部地域では明らかに知覚しうるような階級によることばの相違さえも存在しない。

一八六八年の明治維新時においては、日本の階級差や世襲権力の大きさは、イギリスをはるかに上まわっていた。だが日本人はわずか一世紀の間に、イギリスよりも、これらの較差《かくさ》を縮めることに成功した。これは偉観というにふさわしい。

その理由の一端は、日本社会における集団帰属のもつ諸特徴に起因しようが、意識的な啓蒙や教育の結果に、その功の大半は帰せられるべきである。日本人は西欧の普通教育の理念を採用、少なくとも理屈の上ではだれにも共通に開かれた教育をめざし、個々人の社会での役割を決めるうえの尺度として教育を用いてきた。

その結果、明治維新以降、日本社会内部の流動性は増大の一途をたどり、今日の日本は、アメリカ合衆国や西ヨーロッパの国々に、勝るとも劣らないだけの移動性の高さをもつに至った。教育のはたした役割については、次章でいますこし詳しく吟味するつもりだが、ここでは個人の社会的地位の決定要因を世襲から教育制度に切りかえるという作業は、ほぼ完全に終結したというに止めたい。

いまや個々の日本人が、社会でどのような機能をはたし、どのような地位に身をおくかを決めるものは、相続や所属階級や出自によるよりは、むしろどのような教育課程を経るかであり、その後もひきつづき行なわれる、同様にきびしい資格試験——重要なポストには、おおむね付きものである——を通じてである。

むろん古い制度が息を吹きかえしている面も絶無ではない。これは人の世の常であり、社会主義国の大半ですらそうである以上、日本とて例外ではない。

教育水準の高い両親をもつ子弟が、家庭の環境や伝統に支えられ、教育や入試の全課程を通じてさまざまの恩沢に浴することはある。家の商売や先祖伝来の田畑は、ふつう子弟に伝えられる。大企業といえども、比較的さいきんに腕ききの企業家の手で創業された場合には、息子があとを継ぐこともある。

大松下――アメリカでは、ナショナルという銘柄を避け、パナソニックの名で知られる――はその好例である。同社の社長のポストは、創業者の婿養子に継承された。だが、いままでの同種の企業体の例からするなら、相続といってもせいぜいが親子二代で、それ以上にわたることはむしろ希である。

医師の息子は、だいたいが父の後を襲う。ある種の芸術は、いまでも父子相伝を原則として認めている。私立学校や新興宗教の場合にも、この種の相続形態はまま見られる。だがせいぜいがそんなところで、アメリカと比べてさえ、世襲財産というのはむしろ少なく、西ヨーロッパのいくつかの国よりは、はるかに少ないといえるように思われる。

とはいえ、ヒエラルキーが日本社会の各側面に根強くかつ大っぴらに居座っていることは否定しがたい事実である。日本社会にその特異な形状と性格とを付与しているといってもよい。

日本は無数の集団に分かれており、そのそれぞれが複数の地位階層ごとに組み立てられている。中根千枝のいう「タテ社会」とはまさにこの点を指すので、アメリカ社会のもつ、より「ヨコ的」な構造とは対照的である。

この種の垂直的なタテ型のしくみは、政府官庁であれ、企業体であれ、少なからぬ種類の組織に共通である。たとえば村落単位の組織も、いまでこそ各戸ごとの平等志向がつよいとはいうものの、かつては明らかな序列をもち、だいだい部落の長を出す家を頂点に、下は小作農にいたるタテ系列を形づくっていた。

農協や婦人団体のような近代組織ですら、上下の区別を立てない一般会員の上部に、タテ系列の役員を擁し、年齢による順位を強調することで、ある種のヒエラルキーを打ち立てている。

政府官庁や大企業では、年齢による集団が地位の上下によるヒエラルキーを強化する形で機能している。というのは、同年度に「入省」もしくは「入社」した同期生は、給与と地位の両方で、勤務期間のほとんどを同列にすごすのである。

企業であれ官庁であれ、ちがった資格で入り、ちがった道を歩むということはむろんあるが、しかしある一定の進路に関するかぎりは、給与も地位も同一エスカレーター上にあるので、だれしもが同じように昇給し、昇進することになっている。

たとえば、工場労働者はもともと賃金、地位の双方で低いエスカレーターで入社し、他方、幹部候補者はより高度の入社試験を受け、はじめから高いエスカレーターにのり、ついにはトップの座を極めることもあろうが、それぞれの範囲内においては、給与と地位を決める主因は、年齢と勤続年限とである。

アメリカ人は彼の対人関係を、年齢や地位のちがいを超え、できるかぎり平均化しようとつとめる。一方、日本人にとっては、ヒエラルキーの諸段階に応じた対人関係を心がける方が普通なので、日本式の方がぐっと自然だといえるかもしれない。公式の場合、先に立って歩くのは、年長者もしくは高位にあると認められる人である。日本式の座敷の場合、だれがどこに座るかは、前例に基づいて決められる。日本式の座敷の場合、上座《かみざ》といえば、入口の反対側、床の間の前ときまっている。

そのために部屋の入口はしばしば混雑する。一番の下座《しもざ》に座ろうとする人々によってである。だれが目上かわからないこともあれば、へり下るのに懸命な場合など、理由はさまざまだが。

自分よりも知恵において立ちまさっているとみなされる人には、先生という敬称をつける。親しい間柄の男子同士は普通、君《くん》という呼称を用いる。他方、それ以外は、男女、既婚、未婚のいかんにかかわらず、さん、もしくはその丁寧語としての、様を使う。英語のミスター、ミセス、ミスを一緒にしたものと思えばよい。

ついでながら、子ども同士、家族内の年少者、それに幼なじみを除いては、名前を呼びあうことはめったにない。

それどころか、お互いに呼びあう際に一番ふつうなのは、相手の地位をあらわす名称を用いることである。家族同士では、アメリカ人にもおなじみの、お父さんや、おばあちゃんにはじまり、お姉さんとか、お兄ちゃんというような範疇語が使われる。また、親しい間柄の年長者には、小父さん、小母さん、ないしはおじいさんおばあさんという呼びかけが用いられる。

でも、もっと日本的なのは、奥さん、校長先生、局長さん、社長さんなどと呼びかける習慣で、これはよく聞かれる。軍隊の階級は別として、アメリカ人の用語の中で、わずかにこれに近いのは、大統領閣下、大使閣下ぐらいがせいぜいだが、ほとんどのアメリカ人にとっては無縁といってよい。

アメリカの老人が、とかく若ぶりたがり、社長がややもすると平社員のように振舞いがちなのとは対照的に、日本人は自分の身分にふさわしくありたいと努める。むかしは、これも自分の世襲的な地位へのふさわしさ、ということだけであったが、今日では、年齢が加わり、地位が上るに従って、それに見合った行動をとる。

個人としての自己認識のかなりの部分は、自分の占めている地位とのからみで成り立っている。他者の扱いが、その人の社会的地位によって決められる以上、当の本人がそれに見あった言動をしないようでは、なんともいかさない。

地位にまつわる秩序を破ることは、破った方にとっても、破られた側にとっても、気づまりなことである。外国人が地位のちがいを超えて、平等であることを示そうとするのは、外国人の無知として大目に見られこそするが、日本人にとっては、ありがた迷惑この上ない。

日本人がたえず名刺を交換する一つの理由も、タテの関係や地位の重要性に由来している。英語にいわゆる訪問用カード《コーリング》というのがこれだが、このいい方は英語ではもはや廃れている。

たしかに日本人の姓名の中には、どう読んでいいかわからないような漢字——と決まっている——で書かれているものもあるので、はっきりと漢字で記載されている紙片は便利ではある。仮名がふってあることすらある。住所や電話番号も書かれていることが普通なので、あとでなにかの際に便利である。

だが、名刺交換の主たる意味は、その本人が、どこに属し、どういう地位にあるかを明らかにしてくれる点である。富士銀行専務とか、外務省条約局長とか、東京大学経済学部教授、という式にである。それがはっきりすれば、相手との関係の性格づけが容易になるばかりか、どの程度の丁重さと畏敬の念で接すべきかも迷わずにすむ。

社会がこのようにタテ型にしくまれていることは、古い昔の面影がいまに尾を引いていることを意味する。どのような機構であれ、階級秩序のトップにいるものは、それ以下に位するものに対し、ある種の温情主義を示すことを求められている。たとえば、目下の者の個人生活に対する思いやりがこれで、欧米なら、プライバシーの侵害とみなされかねない。結婚式の仲人役を引き受けさせられる、というのはその一例で、役所であると企業であるとを問わず、上司たるもののつねである。一方、目下はこの温情にこたえて、敬意と忠誠とを払うことが当然とされている。昔ながらの「恩」と「義理」というニュアンスが、ここにはまつわっている。

集団内部の上下関係と同様、異なる集団間にも上下関係は存在する。日本人はとかく上下関係でものを考えがちなので、たとえば大学でいえば、東大を頂点に、京大がこれに次ぎ、以下、それほど有名ではない私立大学が数多くひしめきあい、一番底辺には短期大学が横たわっている、という感覚は、ほとんどの日本人が問わず語らずのうちに共有している。企業についても同じことで、巨大な有名企業がトップに、弱小企業が底辺に、というのが日本人の頭にあるタテの感覚である。

アメリカ人にとって、ある一国を一等国、三流国、五級国などと呼ぶのは、漠然とした物のたとえの一つにすぎないが、日本人にとっては、はるかに明快かつ意味のある断定なのである。

確固とした上下関係というと、欧米人は硬質で、圧制的なおもむきをすらともなう権力機構を考えがちだが、日本ではそうではない。上下関係を重視するとはいっても、その一部は単に形式的なシンボルというにすぎず、国家という最大の上下関係における天皇の役割は、それを如実に物語っている。

いま一つの例としては、日本人がなにをまとめるにあたっても、大物をかつぎだすとで、世間のとおりをよくしようと努めるという事実があげられる。もっともこれは単に名誉職的なものにすぎず、実際にしごとにあたるのは、もっと年少の実務家レベルから成る委員会である。

アメリカでもこの手のやり方は決して珍しくはないが、日本には及ばない。

上下関係のもつ象徴的な機能のいま一つの例は、組織のトップに立つものが、その実際の権限や役割はともかく、なにか不測の事態がおきた際には、「責任をとって」、そのポストを退くという慣行である。たとえ名目だけであろうと、彼の指導監督下のできごとだから、というのがその理由であり、欧米人の目には、当のリーダーになんらの法律的道義的責任があるとは思えない場合においてすらである。一昔前なら、自裁することすら当然とみられたほどであった。

リーダーが単なる象徴にすぎない場合はいうまでもなく、現実に権能をふるっている場合といえども、日本のやり方はアメリカとは大きくへだたっている。指導者たるもの、他者の感情をたえずおもんばかるべきで、いやしくも自我をやみくもに通し、権力をかさにきてなにかを押しつけたりしてはならない。

指導者としての適格性が判断されるのは、人間味のあるなし、部下に信頼感や敬愛の念をおこさせるかどうかであり、その見解が鋭いかどうか、その決定が力強いかどうか、などではない。アメリカでなら、強力で望ましいリーダーシップの発揮と受けとられるようなものも、日本ではむしろ猜疑や反発のタネとなる。時間をかけてみなの意見を揃えていく、というのが普通のやり方で、一応はトップとみなされているリーダーも、その実は、委員会の議長としか映らないほどである。

部下もまた、そのグループの終身メンバーであり、年功によってやがてはもっと高い地位に上っていくことが予想されている以上、決定には一枚嚙むのが当然であり、単に上からの指示を唯々諾々としてお受けする、ということにはならない。年少の同僚——

同志という方がふさわしい場合もある——として扱われるのがあたり前で、一介の下っ端とみなされるのは心外、という態度なのである。

この点については、日本の企業や行政機構との関連で、別にくわしく取り上げるつもりだが、ここでは、日本が一方では、高度の上下関係重視の国とみなされながら、他方では、権限や意思決定が広く拡散しているという、全く相反する事実を強調しておくに留めたい。

さいごにもう一つ、地位のちがいが大きな緊張や反感を生み出す欧米とはちがい、日本ではそれほどでもない、という点を指摘しておく。

これは驚くにはあたらないが、それにはいくつかの理由がある。

職場なり職業なりで上位に在るものは、要は、自分より早くエスカレーターにのった年長者にすぎず、なにも不当な競争にあくせくした結果であるとはみなされない。だから自分だって、やがては同じ地位を占めると考えているのである。

また、相手が幹部候補生としてのエスカレーターにのっている場合には、教育や試験の結果が自分よりすぐれているのだから、という風に受けとめる。日本のように高度に均質な社会では、教育面での格差を、社会の不公平に帰することはほとんどなく、むしろ個人の能力のちがいと割り切るかたむきがつよいのである。

リーダーが独裁的な権力を行使せず、意思決定の権限が広く拡散しているために、日本では、たとえ下僚であっても欧米ほどはイライラしなくても済む。

グループ全体が連帯感をもち、上役は上役でかつての温情主義の名残りをとどめ、下役は下役で忠誠心を抱いているために、なにか地位の差をこえた温かい感情がかよいあうのである。

そして有終の美を飾るのが帰属感、つまりは集団の中の一員ということで、自分自身を確認できるという感覚であり、そのため個人は、たとえその地位がどのようなものであろうと、それを黙って受け入れることになる。

むろん上司に対するいらだちが皆無というわけではない。たとえば一九三〇年代、青年将校がひきおこした問題は、公然たる反乱寸前にまで日本をもっていったし、今日ですら、老人が年少者の昇進のじゃまをしているというつぶやきはあちこちで聞かれる。

にもかかわらず、日本人が伝統的にもってきたタテ社会的意識は、平等社会的色彩のつよい今日の日本社会に、みごとにマッチするに至っている。

そしてこのことが、今日の日本をスムーズに機能させている一つの有力な特色なのである。

17　教育

人が生涯でどのような組織に属し、どのような軌跡を描くかを決めるのは、かつては出身階級であり、門地門閥であった。だが近代日本の実力主義は、それを学校教育と試験制度とに変えてしまった。いまや個人の機能と地位とを決めるのは、この二つである。

十九世紀、日本が科学技術の面で優位を誇る欧米の挑戦に耐え、やがては世界経済でリーダーの一翼を占めるに至ったのも、その高い識字率とすぐれた教育水準のたまものであった。日本社会でなにが中枢であるといい、日本の成功になにが寄与したといって、教育以上のものはない。

日本が東アジアの文明をよりどころとしている以上、教育を重視するのは当然である。中国人は、ごく当初から読み書きや学問の大切さを強調し、支配者のもつ権威は、支配者自らの豊かな知識と、それに由来するすぐれた道義的洞察を淵源《えんげん》とすべきだとしてきた。

やがてこのような考え方は制度化され、高級官吏をえらぶための、重々しい手順を踏んだ精緻きわまりない試験制度がつくられるにいたる。この制度は朝鮮人によってもそのまま受けつがれたが、日本人も、制度自体こそ社会的に根づかせはしなかったものの、その中国的精神だけはとり入れ、徳川期の後半までには、中国や朝鮮をはるかに上まわる識字能力と教育制度とを発達させていた。

徳川期の教育の多くは、個人教授によるものであった。だが、十九世紀の中ごろまでには多くの藩が自藩の武士階級の子弟のために藩校を設けていた。一方、千を優に上まわる私塾もあり、士分だけでなく平民をも入学させていた。そのほか数万にのぼる村の教育機関——ふつう、村の寺院が使われたことから「寺子屋」と呼ばれた——があり、婦女子をふくむ平民の子弟が、読み書き算盤《そろばん》を習うことができたのである。

すでに述べたように、十九世紀中葉までには、男子の約四五パーセント、女子のおそらくは一五パーセントが、読み書きできたといわれる。これは、当時の欧米の最先進諸国の数値を、そうひどく下まわってはいない。

このように日本人は、正規の学習を伝統的に重視してきた。それだけに、明治新政府のリーダーたちにとって、欧米の科学技術の導入に教育が最も重要な役割をはたすこと、また、もし日本が列強に追いつこうとするならば、近代的な学校制度の導入が欠かせないことを理解するなど、なんの雑作もなかったのである。

一八七一年、新政府発足後わずか四年で文部省が設立され、あくる七二年には、フランスの制度を手本に、高度に中央集権的で画一的な学制が、識字能力の普遍化を目指す野心的な案として採用された。

この計画の実現は決して容易ではなかった。というのは、当時の日本は、そのために必要な十分な教師や施設、さらに資金を欠いていたからである。計画はなんどとなく練りなおされ、実施は遅々としてはかどらなかった。

ただ大事なのは、これが教育における再出発のとっかかりだった、という点である。徳川期の藩校や寺子屋、それに私塾のほとんどは、新しい時代のなかであまり長続きはしなかったのである。

このように明治期の日本は、十九世紀の欧米とは異なり、それ以前の貴族的もしくは宗教的な色彩にわずらわされることなく、むしろ世俗的かつ平等主義的な性格を身につけた点で、大部分の欧米諸国の教育より一歩先んじていた、といえる。

一九〇七年を待たずして、日本はすべての児童を学校に送りこむことに事実上成功していた。この年、六年間の男女共学が義務教育化され、だれもが無料で就学できるようになった。

小学校段階以後については、よりエリート主義的な制度がつくられつつあった。まず五年制の中学がこれで、男女別学、それに中学レベルの工業学校や商業学校が並存した。その上は、三年制の（旧制）高校で、これは男子にかぎられ、ドイツのギムナジウムや、フランスのリセに相当するもので、それに高等専門学校が並列的に存在した。

高校の上には、専門のいかんにより三年ないしは四年の大学がおかれていた。高校というのは大学への純然たる予備過程であった。将来リーダーたるべきエリートが互いに知りあい、強い絆を結んだのは、大学よりもむしろ高校の三年間だったのである。

制度そのものは、きびしいまでの平等主義の上に立っていた。少なくとも男性にとっては、である。必要な予備課程を修《お》え、入学試験にパスしさえすれば、どの若者にもトップへの道が開かれていた。

このように日本の教育制度は、国家の枢要な人材を選別する主要な場であった。事実、二十世紀の初頭までには、そうした機能をはたしていたのである。この制度はまた、そのときどきの指導者が何を国家的要請とみなすかに、ぴったり一致していた。

かくして読み書きのできる大勢の兵士や労働者、主婦や中級レベルの技術者——これは今日の新興国家が、十分に評価しそこなっている一面である——を生み出すかたわら、政府や社会の指導的地位につくことのできる、きわめて有能な大卒者を、少数ではあったが、世に送り出したのである。

教育の大部分は、その中枢部をはじめとして、政府の手中にあった。ミッションスクールや、若干の仏教系の宗門学校、その他の私立学校も、とくに中学や専門学校レベルでは存在し、ミッションスクールは女子教育においては重要であった。

だがこれら私立学校は、政府の教育制度からみれば、周辺的な存在にすぎなかった。ピラミッド型の教育制度の頂点に位したのは東京大学であった。これは徳川期からひきついだ、幕府創立の三つの学校——昌平黌《しょうへいこう》（のちに脱落）・医学所・開成校——が合併、発展的に解消したもので、何度かの改組ののち、一八七七年、東京大学と命名され、一八八六年にいたって、東京帝国大学となったものである。

その卒業生は当初、無試験で政府高官に任用される資格を与えられていた。だが時とともに、供給が需要を上まわるようになり、ついには東京大学の卒業生もまた、次々に新設された他大学の卒業生と同様、一定の官吏任用試験を受けなければならなくなった。

次々に帝国大学が新設された。一八九七年には京都に、一九〇七年には仙台に、一九一〇年には福岡に、一九一八年には札幌に、という具合にである。一方、一九一八年にはいくつもの私立学校が大学の地位を認められたため、大学卒業生の数はいちじるしい増加をみた。

その中でもっとも古く、評価が高いのは慶応と早稲田である。慶応大学は、西洋流学問の偉大な啓蒙家、福沢諭吉の手で、明治維新前に設立された私塾が発展したものであり、一方、早稲田大学は、一八八二年、その前年、政府支配層から追われて下野中の大隈重信によって設立をみた。

このほかにも、明治大学、日本大学、中央大学など、大きな私立大学があったが、いずれも今世紀のはじめ、近代的な法律を教授することを目的としてつくられたものである。これらの五私大をはじめ、私大の多くは東京に所在していた。

第二次大戦後、日本の教育制度は、占領軍の手で、アメリカ流の考え方にのっとり、エリート色を薄め、大衆社会に見合うような形に改革された。すでに日本は大衆社会化しつつあったのである。

制度いじりの多くは、恐らくは不要であり、少なくとも当初は、なんともわけがわからなかった。だが、生き永らえて、今日に及んでいる。

戦前の六五三三制は、アメリカ流の六三三四制に改変された。四年制の学部の上には大学院課程がおかれたほか、二年制の短期大学が並列された。高等教育機関にはすべて大学の名が冠せられており、これは短大も変わらない。

学校教育のさいしょの九年間は無料とされ、義務化された。男女共学も各段階を通じ一般化された。一方、戦前は大学進学の道と高専どまりの道と二本立てであったが、戦後はほぼ一本化され、段階を追って次に進むことになった。短大を除く唯一の例外は、少数の技術系高等専門学校――高校と短大レベルをあわせたもの――と多種多様な各種学校である。

このわくぐみのなかで、日本人は世界でもっとも高教育水準の国民となった。すべての子供が少なくとも中学に通うほか、高校進学率もうなぎのぼりに上昇し、ついには九〇パーセントの大台を超すにいたった。同年代世代のうち高等教育に進むものは三分の一を上まわっており、これはアメリカの五割近くにはとどかないまでも、西欧の各国には大きく水をあけている。

教育はむろん修学年限だけで判断しきれるものではない。教育体験がどの程度の密度をもっているかも勘定に入ってくる。そしてこの点に関しては、大学は別として、総じて日本の方がアメリカより上位にある。

一日の授業時間は日本の方が長く、土曜日も半日は授業がある。休暇といっては、七月下旬から八月一杯にかけて、一月《ひとつき》そこその夏休みと、正月休み、それに四月の新学期直前に短い休みがあるばかりである。学校内でのしつけは厳しく、子供たちはたいへんな勢いで勉強に精を出す。加えて、小学一年生から毎日のように宿題を課される。

同年代幼児の三分の一は親の意向で幼稚園に行かされる。教育課程で少しでも早くスタートを切るためである。また学年を問わず、大勢の子供が家庭教師についたり、塾へ通ったりして、さらに指導を受け、学習に励む。

あたうるかぎり最高の教育をという切なる願望から、日本人は学校のよしあしを強く意識しているが、その際に尺度となるのは、そこの卒業生が次の段階でどの程度の成績を収めているかである。

とはいえ、日本の学校が示す質の面での均一性はおどろくほどで、アメリカのように、都市部、農村部、郊外などで、学校の質に大きな差がある、というようなことはほとんどない。

かくして日本人は、きわめて高度に教育されている、という結論に相成る。大学段階でこそ、数量的にも質の面でもアメリカに劣るとはいえ、おそらく他のどの国民とくらべても、日本人が正規の教育を身につける度合いは高いといえよう。教育の成果がどの程度であるかを、言語を超えて比較することは、元来がむずかしい作業だが、たとえば数学のように、それが可能な領域においては、日本人はしばしば世界のトップを切ってきた。

日本人が教育に大きな努力を払っているのも不思議はない。それは、正式な教育を尊重する日本の伝統的な考え方になじむばかりか、社会的な役割や地位を決定するにあたっては教育が大きくかかわっていくというしくみの、当然な帰結だからである。よりゆるやかなアメリカの制度の下では、独学の士でも容易に名をあげられるし、「遅咲き」の大器晩成型でも、際立った成功を収めることができる。

だが、水も漏らさぬ日本の社会では、このような人間が大成する余地はぐんと少ない。もちろん、十分な教育を受けないままに、大を成した実業人もいないではない。一九七二年から七四年にかけて総理の座にあった田中角栄も、大学教育を受けてはいない。

しかし日本の各分野の頂点でリーダーシップを握る人物の大部分が、有名大学の卒業生というのも、また事実である。彼らは入学試験で高得点を収めたがゆえに、有名大学に入れたのであり、そのこと自体、それ以前の教育課程でよい成績をあげたことの結果なのである。

学歴と成功度の間に密接な関連があることは、日本では万人の認めるところである。どの家庭も、子弟を幼稚園に通わせたり、やや長じてのちは家庭教師をつけたりするために、経済的な不如意もいとわない。たとえ家は狭苦しくとも、子供にだけは勉強のための十分なスペースを与え、母親は子供が宿題など、学校で課された作業をきちんとはたすよう、尻をたたく。

母親のもつこの種の役割には、「教育ママ」という評語が与えられている。教育への熱意が、計画出産の一因という説もある。子供の数は、全員に高等教育を授けてやれる程度にしぼるべきだ、というのが日本人、とくに都市住民の考え方なのである。

入試準備がどれほど大切であるかを知ると、日本で教育がどれほど真面目にとらえられているか、それになぜ日本の教育が高いレベルを保っているかがはっきりする。だが、入試が重視されていることが、日本の教育にある種の深刻な欠陥をもたらしていることもまた事実である。

子供にとって重大きわまりない入学試験が近づくと、一家の生活すべてが子供の勉強しやすい方向に向けられる。このような試験は大学入試だけでなく、それ以前の、大学進学によい実績をもつ有名中学や高校に入るためのものでもある。受験生への重圧はたいへんなもので、「受験地獄」という名が奉られている程である。

ひとたび生徒がある学校に受け入れられると、日本人はきわめて巧妙に、生徒間のむきだしな競争を避け、能力差が目立たないようにする。落第というのは、まれである。だが、非情きわまりない一発主義的な入学試験は、悪しき競争の最たるもので、子供の長い将来に影をおとす。さらに、子供たちをその全教育課程を通じ、過酷な重圧下におくばかりか、教育内容にゆがみももたらす。

高校教育の大部分は、学習それ自体のためにではなく、本来の目的をはなれ、大学入試にパスすることが自己目的化してしまっている。

たとえば英語のような教科でも、入試に出るしち面倒くさい文法問題にどう対処するかについては念入りな準備がなされるが、英語を読みこなすための配慮はそれほどでもなく、ましてや、話し聞くという段になると、全くかえりみられていない、というのが実情である。

高校入試も、大学入試の場合よりは若干軽いとはいえ、中学校教育に似たような影をおとしている。

青少年の自殺率が比較的高いのも、一つにはこの「受験地獄」のせいであろう。あわせて大学生が抱く不安や反抗心にしても、それまでの重圧に対する反動という側面があることはうたがいない。大学という安住の地にたどりついたことで、それが表面化するのである。

初等・中等教育はこれ以外にも問題領域をかかえている。アメリカ占領軍当局は、戦前の日本の教育方法があまりにも機械的な記憶作業に傾斜しすぎていたと観じ、それが自分で物を考える市民を生まずに、教条主義的な追随者を生み出した理由であるとした。

占領軍当局の改革努力が、どこまで成功したかを確定するのはむずかしい。戦前の教育にくらべ、現在の日本の教育がずっと生き生きとしており、児童・生徒の創意が求められることは事実である。でもアメリカ的尺度に依るかぎり、いささか「古風」であることは否めない。これは必ずしも批判とばかりはいえないので、むしろ称賛の場合すらある。要はそのアメリカ人の立脚点によるのである。

ともあれ、日本語の表記方法がきわめてむずかしく、膨大な量の記憶作業が欠かせないことを思えば、日本の教育がこの方向に傾斜するのも当然なのかも知れない。

公立学校教育をだれがコントロールするかは、戦後一貫して政治論争の対象になってきた。戦前の教育が軍国主義的な洗脳にはたした役割にかんがみ、占領軍当局は教育の管理権を地方分権化し、公選による自治体レベルの教育委員会に委ねるというやり方を強く求めた。これはアメリカ流の方式を模したものであったが、その後日本人は、この制度を部分的に手直しし、文部省管轄下に集権化してしまった。県や市町村の教育委員会は形の上では残っているが、委員はもはや公選ではなく、知事や自治体首長によって任命されるにいたった。加えて教育委員会は使用教科書を選定する権利をもっている。

教科書自体も、民間の手で編集制作されてこそいるものの、すべて文部省の検定を受けなければならぬことになっている。

小・中・高の教員の大部分は、「日教組」のメンバーである。日教組は戦後このかた、共産党を含む左翼勢力の支配下にあった。その支配のもと、日教組は文部省を相手どり、教育管理その他の諸問題について公開論争を挑むなど、たえず表面に立ってきた。

このような状況のもとで、教育はあやうげなまでに「政治化」されてきたが、幸いにして授業の質や内容にはほとんど影響が出ていない。

日教組内部では、教職が「聖職」であるかどうかをめぐって、はげしい論争がまきおこり、現指導部が、単なる労働者であるにすぎないという立場をとっているのをよそに、教育や教職者に対する昔ながらの特殊な感情は、いまなおその余光を失ってはおらず、教師は教師で大部分、その伝統に誇りを覚え、献身的な努力を払っている。

　有害な入試制度を筆頭に、問題がないわけではない。にもかかわらず、日本の初中等教育には、他の先進諸国の羨望の的となるにふさわしい高水準の効率と、意気軒昂《いきけんこう》ぶりとが存在しているのである。


　高等教育は混迷の度合いがいちだんとひどく、社会での役割を満たしていないこととといったら、「入試騒ぎ」が連想させる以上のものがある。

だが、入学試験は、大学のはたすもっとも重要な役割の一つ、というのが現実である。というのは、入学試験が日本人の一生の行路を決める度合いには、大学時代にどれぐらい勉強したかと同程度の重みがあるからである。事実、大学に入ってからの数年間というのは、アメリカの場合とは異なり、日本の学生にとってはさほど重要ではない。

高校までの日本の教育は秀《すぐ》れている。したがって大学では、アメリカの学部教育の大部分を占めているような補習的な課業を必要としない。

　入学試験に合格するということは、たいていは特定の部門、たとえば法律、経済、人文科学、自然科学、医学、工学、農学などの学部に受け入れられることを意味する。

　そこで大学在学中に、自分の専攻分野を決めるために、あれこれちがった課目にあたってみたり、あちこち渡り歩いたりする必要もなければ、その機会も与えられてはいない。それは、学生がどの学部に入学を認められたかによって、あらかじめ決められているからである。

大企業も政府官庁も大卒者を採用するが、採用後は職場内訓練をほどこす。これは、アメリカにおける大学院教育にほぼ匹敵する。さもなければ、大企業や政府は組織内の人物を選抜し、外国でさらに修学させたり、国内の大学院に送って、修士号や博士号を取得させたりする。

それ以外の学生にとっては、大学院というのは大体が学究生活を送るための準備過程に決まっている。研究活動における大学の役割も、いまはむかし、政府や企業自らの手になる研究と比べ相対的に低下している。

大企業や政府が人材を採用するにあたっては、試験によるのが普通である。大学で習得したことは、採用試験においてはむろん決定的に重要である。ただ同時に、十八歳のときの入学試験で、有名大学に入学を認められたものが、数年後の入社入省試験においても有利であることもはっきりしている。大学間の序列が、これらの専門試験の結果に明瞭な形で反映しているという事実は、有名大学の教育自体が優秀であるというよりは、むしろそこに学ぶ学生が生まれつき能力をもっている、ということの証しであろう。加えて、多くの企業が指定校制度をとっていることも事実である。

そこで有名大学へ入ろうという圧力がさらに大きくなる。有名校に入れるか落ちるかが、人の全生涯を変えてしまう、とみなされるからである。試験に失敗した学生は、普通の教育課程からはずれて、山ほどある予備校の一つに通い、もう一度ためしてみる。それが一回だけでなく、二回三回とくりかえされることすらある。

彼らは、封建制下の主君をもたぬ武士にちなんで、「浪人」とユーモラスに呼ばれる。私立大学のなかには付属の中高をもち、入学試験なしで大学に進学できるようにしているところもあれば、生徒を裏口入学させる例もある。だが、このような札束に物をいわせてのルートでは、せいぜいが二流もしくは三流校に入れるのが関の山である。

大学間の序列は、戦前とほとんど変わっていない。トップに位するのはやはり東京大学で、つづいて他の旧帝国大学（戦後、帝国ということばははずされた）と、経済学分野における一橋大学のような、いくつかの戦前からの国立専門大学がくる。その次が早稲田、慶応という私立大学の雄と、戦後、旧制高校と旧制専門学校とを併合、昇格させて各都道府県に設けられた国立大学である。

その次が多数の私立大学で、これも社会的な名声からするといくつかの段階に分かれる。そして底辺に位置するのが短期大学である。

どこの大学の出身者であるかによって、しごとと、その後の人生における地位が決まってくるという両者の相関関係は、むかしとくらべれば、徐々に崩れつつある。

だが今日なお、高級官僚のほとんど大部分は、有名国立大学、とりわけ東京大学の出身者でかためられている。慶応は企業経営者を輩出したことで、早稲田は政治家やジャーナリストの出所として、それぞれ知られている。そしてそのほかの私大は、多数の

「当選漏れ」を世に送り出し、彼らはビジネスマンや、ホワイトカラー労働者として中間層を構成していく。

私立大学にとって授業料は主たる財源であるので、どうしても高額のものを徴収せねばならない。それに対し、公費で運営されている官公立大学の場合、学費は少なくてすむ。となると、有名大学ほど金がかからず、そうでない大学ほど金がかかる、ということになる。これはアメリカの伝統的パターンとは、まったく逆である。

このような次第で、有名国立大学はもっとも優秀な学生を引きつけるばかりか、社会のあらゆる経済階層から学生を募ることになる。経済的に上位五分の一に属する階層の出身者は、案に相違して三七パーセントと低く、逆に最下位の五分の一の出身者は、一〇パーセントと案外に高い。あとはそれぞれが一七パーセントと、ほぼ均等に分かちあっている。非有名私立大学の方が、よほど有産階級の子弟の比率が高い。

有名大学に入学を許可された学生も、非有名校におちつかざるを得なかった学生と同様、しばしば大学生活に失望し、多くはシラケた気分、もしくは不安のうちに学校に通うようになる。これは一つには、長年の受験準備のあとの気のゆるみであるが、知的な刺激が足りないことに対する当然な反応でもある。

その理由の一端は、日本の大学制度が硬直していて、社会的なニーズの変化につよく抵抗してきた点に求められる。これはとくに国立大学の場合に顕著である。いま一つ、大学、とりわけ私学のかかえる深刻な財政難がある。これが、マスプロ授業や、学生対教授の劣悪な比率となってあらわれ、教授と学生との個人的な接触をむずかしくしている。

日本が初等中等教育にさいている努力は、対国民所得比で他の先進諸国とほぼ変わらない。だが、こと高等教育に関しては、大学進学率が欧米よりかなり高いにもかかわらず、むしろ支出は目立って少ない。高等教育への投資の不十分さは、私立大学が多くの負担を背負わされ、破産状態を呈している点に如実にあらわれている。

日本以外の先進国では、学生の全部もしくは大部分が、国立ないしは国家が財政援助をしている学校で学んでおり、アメリカですら、その比率は七五パーセントにも達するいきおいである。

それに引きかえ、日本では、政府が高等教育への要望の拡大に応じてこなかったために、私学に在籍する学生の比率は、実に八〇パーセント見当と高い。どこの私大にしても、これという基本財産をもっているわけではなく、外部からの「実《み》」のある寄付をあてにすることもできない。

一つには、ごく最近までこの種の公共目的に対する寄付が、税法上なんの優遇措置も受けなかったという事情がからんでいる。だが、いずれにせよ日本人は、慈善目的で金品を贈与するという伝統を欠いているのである。

日本の私大の授業料は、国立大学よりはるかに高い。でも、アメリカの私大の授業料と比べれば、平均四分の一ないしは三分の一程度にすぎない。私大のいくつかが、財政破綻をおこさずにどうやら水面に首を出してこられたのは、多数の落第生にとってはヤラズブッタクリでしかない高額の受験料と銀行からの借り入れ——最終的に政府が面倒をみてくれるのを明らかにあてにしている——のおかげだった。この問題を解決できるのは、国の融資制度の確立をおいてほかにはないと思われる。

一方、国立大学の問題点は、財政ではなく、むしろ機構として硬直している点にある。これは一つには十九世紀後半、日本がドイツの大学に範をとったせいかもしれないし、戦前の抑圧的な政府に対し、学問の自由を守るべく、はげしい戦いを挑んだ結果かもしれない。この戦いは、他者の介入を一切よせつけないまでの確固とした自治の伝統を、大学とその外部機構に残している。

日本の大学は、大学院以前の段階においてすら、いくつもの学部に厳然と分けられ、学部間の相互接触はないにひとしい。学部はさらに「講座」単位に分かれ、それぞれが教授、助教授、それに若干名の講師と助手から成り立っているのが普通である。学部も講座も、ほぼ百パーセントに近い自治をもち、それぞれの専門領域と予算を守るのに血道をあげる。

学生のためのカリキュラムは、自由裁量の余地がないほどきちんと定められ、新しい専門分野の創設はむずかしく、異なる分野間の相互乗り入れは不可能といってよい。学長や学部長は互選だが、その職権は極端に限られている。予算をつけるのは文部省——ただしそのやり方はかなり機械的である——だが、予算の使い方に関しては、学部や講座の発言権が強く、その変更については、事実上の拒否権をもっている。

改革の余地は、したがってほとんどない。その結果、日本の大学は、四分の三世紀も前、今日とは全く異なる条件下でつくられたパターンのままで、いまなお運営されているというしまつなのである。

いま一つの問題としては、次のことがあげられる。それは、占領軍当局の布告により、教育レベルが手直しされるのにともなって、旧制高校の一般教育の後期二年間が、旧制大学の専門教育のさいしょの二年間と一体化された結果、戦後の日本の大学が、木に竹をついだような、不自然な存在になっているという点である。東京大学ではこの二つの要素がいまなお並存、二つのキャンパスが地理的にも内容的にも隔絶した形で存在している。

私立、国立を問わず、大学生が大学の実情に少なからずうんざりし、それが反逆という形にまで高められることがあるのも、驚くにはあたらない。勉強にはほとんど何の興味も示さず、スポーツや趣味、それに過激な政治運動など、学業以外の活動に熱中する学生もいなくはない。これは、さいしょの二年間にとくに顕著な現象で、三年、四年となると、来るべき就職戦線に備えて少しは学業に身を入れるようになる。

学生自治会は、自治会費――授業料の一部が自動的に充当される――によってまかなわれているが、その多くは極左集団に支配され、その間、きわめて多様な革命主義的な分派を生み出してきた。これらの学生自治組織は、ふつう「全学連」という総称で知られる。

学園紛争は、純粋に学問的な問題に焦点をあてるよりも、授業料値上げや学生施設の使用料の値上げ反対というような形をとる。しかし学生運動のピークは、一九六〇年の安保騒動や、六〇年後半の大学紛争時のように、国の内外を問わず、社会一般に政治的緊張が高まったときと、ほぼその軌を一にしていた。大学生活のすべてが麻痺することもあった。事実、東京大学の一部は、一九六八年から六九年の一年間、完全にその機能をやめ、新入生の募集も停止された。その他の大学も、長期にわたって混乱状態におちいった。

日本人は高等教育のかかえる問題点を、十分認識している。一九六〇年代後半の大学紛争以来、克服のための努力がつづけられてきたが、これまでのところ、あまり成果をあげてはいない。

改革のための努力は、まず私大に政府が財政援助を行なうという形をとった。私大の教育費の半分を国がみる、というのが目標だが、いまの実績はまだ二〇パーセントそこそこである。

ついで一九七五年には、私大の新設や拡散に歯止めがかけられた。また、入試にまつわる心理的な重圧感を軽くするもくろみで、さまざまな実験も行なわれたが、いままでのところ、さしたる成果もあがっていない。

政府の手がけた実験のなかには、大学内部の機構改革も含まれている。これはアメリカの大学の学部区分や、強力な管理体制に範をとったもので、一九七三年に新設された筑波大学はその例である。

しかしこれとても、大学人からのつよい反対を押し切った結果であり、筑波方式の大学がこんご現実に広がっていくかどうかについては、保証はないといってよい。

高等教育が、いまなお日本社会の問題領域の一つであることは明らかである。高等教育機関に学ぶ学生は、二百万人に近づこうとしている。大ざっぱにいって、その半数は東京とその周辺におり、残りの大部分も、京阪神など関西の大都市地域に集中している。

このように高等教育が問題ぶくみであることを思うと、日本がいまのように整然と機能していることは、一見、おどろくべきことのように思える。だが、その背景にあるのは、大学以前の教育がすぐれていること、それに企業や官庁内部での新規採用者に対する現職教育制度が充実している点であろう。

大学の効率の高さは、日本の場合、アメリカほどには緊要でないのかもしれない。いずれにせよ、混迷する大学という問題をかかえながらも、日本の強みの一つは、やはり教育にあるといってよい。教育こそは日本社会の、なにより決定的な特徴の一つなのである。

18　ビジネス

近代における日本の目ざましい成功のかげに教育があるのは事実だろう。が、その成果がもっとも顕著にあらわれたのは、ビジネスと製造工業においてだった。

だが、日本が過去一世紀の間に急成長をとげ、世界第三の経済大国にまで飛躍したあたりのいきさつについては、問題があまりにも巨大すぎて、本書で網羅しつくせるものではない。それに、日本経済のすぐれた分析がすでに少なからずあることを思えば、あえてここで詳細に論ずる必要もあるまい。

それゆえこの章では、ビジネスが日本社会全体とどのように調和しているかという点について、簡単に論考するだけにとどめておきたい。このテーマは本書の別のくだりですでに触れてはおいたが、いま少し系統だてて整理しておく価値があるものと思われる。

第二次大戦後の日本の「奇跡的な」経済成長は、世界の国々に驚異の念を引きおこすとともに、終身雇用制・年功序列賃金、個人的忠誠心にもとづく上役と部下の間の温情主義、政府と経済界との密接な協力関係など、日本の経済界に特有ないくつかの性質に関心を集めさせた。

これらの諸特質は、ふつう封建制の残滓《ざんし》とみなされ、徳川期の慣行がいまなお尾を引いているとされたこともあった。とくに戦後まもなく、競争相手としての日本の手ごわさが、まだはっきりしなかった当時においては、日本の社会的未成熟さのあらわれとして、近代化の進行とともに、いずれは脱皮していくべきものとされた。

しかし近年、これらの特異性は、国際競争場裏にあっては、不当なまでに有利な条件を日本に与えている不気味な性質とみなされるようになっている。事実、これらの特質が一つに綯交《ないま》ぜにされたのは、かなり新しいことで、近代にいたって、古くからの伝統と調和する形で、日本人が育ててきたものなのである。

さすがの日本といえども、集団志向的な気質がよわまり、個人重視の気風が高まるにつれ、これらの特性のあるものは、明らかに風化しかかっている。とはいえ、これらの諸特性が、他の工業社会におけるビジネス慣行とは隔たったものであることを思うと、それは死に絶えた日本に特異な過去の波動というよりは、むしろ日本の将来を占うに足る波動というべきであろう。

日本が近代に突入したとき、経済はなるほど「前工業的」でこそあったが、すでに複雑な様相を呈していた。市場は全国的に統一され、金融機関もよく発達しており、三井家のような巨大な同族企業は、いくつかの地方にまたがり、金融業や織物業など、手びろく営業していた。また小売りも、掛け売りによらず、定価販売を厳守していた。

徳川時代の大企業のうちで、新しい時代への移行に成功したのは、わずかに三井一社を数えるのみであった。だが農業、それに小売り業の大半、それに伝統的な形態の製造業は、ほとんど変化しないままに終始し、いわゆる経済の「二重構造」の下部を形づくっていた。その一方で経済の上部構造を形成したのが、大規模な近代産業である。伝統的な経済セクターは、やがて小人数でも操業可能な機械生産の大部分を包含するにいたるが、その中心は相も変わらず家族単位の小規模なもので、そこには、わずかな数の奉公人が家族の準成員として家族を助けているばかりだった。

このような零細企業が日本経済に占める比率は着実に減ってきている。だが、完全に姿を消したわけではなく、前近代的な特徴をいまだに保ち残している。もっとも日本経済が諸外国に驚異と畏怖とを与えているのは、この側面ではなく、むしろその新しい諸要素なのである。

これらの諸要素のうち、まずさいしょに諸外国の注目をあつめたのは、一九二〇年代にはすでに成立をみていた財閥制度であった。財閥とは、商工業の双方にまたがる巨大な企業連合のことで、経済の上部構造の驚くほど大きな部分をその中に含めていた。

富と経済力が財閥に集中したかげには、一八八〇年代の初期、政府指導者によって管理能力があると判断された者たちが、官営企業や政府資産を格安に払い下げてもらったことが一つの支えになっていた。

この払い下げについては、マルクス主義による歴史家から、強力な資本家階級の形成をもくろんだものとして、かねて批判されてきたところだが、実情はといえば、どうにも手の付けようのない政府の財政状態を救い、かたがた産業振興をはかるのが、そもそもの眼目であった。

一九二〇年代から三〇年代にかけて、財閥は広く批判の対象になった。日本社会における西洋的退廃の元凶であり、議会制度を腐食させるようなあしき影響を与え、日本の帝国主義的命運を左右しかねない強欲な詐欺漢ども、というのがその批判であった。

そして第二次大戦が終結するや、こんどは皮肉なことに、アメリカ占領軍から、日本の軍国主義的拡張政策の要因として、非難のうき目にあう。その結果、旧財閥の一門は財産を没収され、いわゆる財閥解体が実施される。

四大財閥は、三井・三菱・住友・安田の四家であったが、このほかにも群小の財閥や、「新興財閥」という名の後発の財閥もあり、それらは主として、軍需産業や満州開発にかかわっていた。

財閥、とりわけ四大財閥は、銀行業、製造業、鉱山業、海運業、それに海外市場の各分野に広範な勢力をはった。財閥はそれぞれの銀行を中心にまとまり、各銀行が傘下の企業部門に資金を供給したのである。

財閥以外の主要な制度としては総合商社があった。これは外国貿易にはじまり、やがて国内の商取引でも活躍するようになった。

総合商社というのは、まさしく日本人独特の発明というべきもので、それが日本で発達した理由は、日本経済が外国産品ならびに海外市場に依存する度合いが高いこと、それに個別企業が売り買いに必要なネットワークを全世界に広げ、外国語の能力を整備充実することがむずかしい点に求められよう。それに商業資本の不足も加わって、財閥グループが自前で商社をもつために、資本と人材をプールしたというわけである。

今日の総合商社は、もはやある特定の財閥に縛りつけられてはいない。だがその役割は旧に変わらず、日本の製造工業の多くに対しサービスを提供しているのみならず、全世界の企業に対するサービスも日を追って増えている。

上位十社の一九七四年の総売り上げは、日本の全GNPの、おどろくなかれ三七パーセントにも達している。総売り上げに占めるマージンの率は、ごく低いにもかかわらずである。

財閥の構成はといえば、まず中枢機関として親会社があり、その株式は財閥の家族によって所有されていた。この親会社が系列下の大手会社の株を所有し、次にこれらの大手会社が多数の中小会社の株を所有するという形をとった。この種のピラミッド型支配は、欧米ではごく当たり前な形である。だが日本の財閥は、傘下の企業の少数株主であったにもかかわらず、株式以外のテクニックを用いることで完全な支配権を行使したという点で、ユニークといえる。

そのテクニックの一つは、傘下企業に対し同系列の金融機関や運送関係ならびに貿易関連施設を使わざるをえないように仕向けた点であった。だがそれよりもさらに重要な要素は、各企業の経営者たちが、グループに対して示した個人的忠誠であった。各社にまたがって役員を兼任するのはごく普通なことであった。そして経営者はあたかも一つの組織体内部であるかのように、関連企業の間を、あちこちと鞍替《くらがえ》させられたのである。若い経営者は一生を賭ける場としてある特定グループに職を求め、それだけに強い帰属意識を育てていった。使用者も労働者も、ある企業に終身雇用される。これは財閥制度の一大特徴であり、日本の封建的な慣行のにおいをいまに留めつつ、戦後の制度のなかにも強く息づいている。

ある特定財閥が、ある分野を独占するということはなかった。A財閥とB財閥系の同業会社の間では、しのぎを削る競争が行なわれた。ただ二、三の財閥は、一旦緩急あれば容易にカルテルに変貌しうるだけの事実上の寡占《かせん》体制を、多くの分野で形成していた。

財閥制度による富の集中が、社会的・政治的に不健全な結果をもたらしたことは、疑うべくもない事実である。しかし経済的にみるかぎり、新分野を開拓しうるだけの大資本の蓄積が財閥による富の集中のおかげであったことは否めず、また富の所有が一部に限られ、そこに日本人一流の節倹の精神がかさねあわさって、再投資と成長とが高い率で維持されたことも事実である。

戦後、アメリカ占領当局の努力で財閥制度は解体された。にもかかわらず、再び息を吹きかえしてきたのではないか、という主張がしばしばなされるが、これは正しくない。

たしかにもともと同じ財閥を構成していた関連企業が、非公式な形で一つにまとまりつつあるのは事実である。だがその所有権は、以前の財閥家族から、一般株主へと完全に分散してしまっている。もはやいかなる形の集中管理もないし、大企業が他の大企業によって管理されることもない。

また旧財閥系の企業は、とりあえずは同系列の銀行に金ぐりを求めるだろうが、系列外の銀行に融資を依頼してはならぬという規制はないし、現に融資も受けている。なるほど旧財閥系企業の社長連は、定期的に、一種社交的な集まりで顔を合わせてはいる。新しい産業をおこす上で協力しあうこともあれば、新興企業が旧財閥の名称を冠することをチェックしたり、グループ全体として公共目的に寄付する、ということもあろう。つまり、旧財閥系の企業間で、ある程度の助け合いが行なわれていることも事実である。

だが、このような関係も決して排他的なものではないし、その重要性も同業他社との関係にくらべれば、はるかに小さい。むしろ、一昔まえの財閥による統合に代わって出現したのは、政府の後押しで新設された業種ごとのカルテル組織だというべきであろう。

財閥は戦争と、それにつづく占領時代を切りぬけることができなかったが、財閥制度下にはじめてあらわれた日本の実業界の特徴の多くは、今日の大企業にもいまだ残っている。

戦前の財閥系企業における経営者の終身雇用についてはすでに述べたが、一般勤労者用の終身雇用制度が定着したのも、第一次大戦以後のことだった。したがって、近代以前の制度の遺物という通説は正しくない。

近代初期の日本の機械生産の大部分は、欧米同様、繊維関係であった。その従業員の大部分は女性で、欧米の初期の繊維産業の場合と同じく、彼らは一時的な労働者であるにすぎなかった。たとえ寄宿舎に収容され、厳重な監視や付き添いのもとにおかれた——この点でも欧米の例と似ている——場合でも、女子工員たちは学校を卒《お》えてから、わずか二、三年だけつとめ、結婚のための持参金をつくれば十分だったのである。

終身雇用制度が発生したのは、日本の産業発展段階ではもっと後段においてであった。より高度の技術が要求される熟練工の不足、という事態に対処するための、まことに当然な反応としてであった。熟練工は制度的な特権を与えてでも、温存するだけの価値があった。その主だった特権とは、しごとの保障である。

熟練工の掌握は、賃金制度によって、より確かなものとなりえた。この制度のもとでは、金銭面での報酬の大半は基本給で、それはおもに就業年数の多寡で決まった。未熟練労働者のだぶつきによって、買い手市場でやとわれた若者は低賃金しか得られなかった。だが、見込みのあるものは、会社の経費で専門職向けの訓練を受け、しごとの保障と、年功序列型での賃金体系を約束された上で就職したのである。

この終身雇用制度は、管理職に対してもその骨格は変わらなかった。ただ彼らの給与レベルは、高い所要学歴を反映して、はじめから高水準であった。このように、戦前の財閥系企業にはじめてあらわれたこの制度は、戦後の日本にも引き継がれ、今日にいたるのである。

将来の雇用形態は、労使ともに終身的なものになるであろう、との大企業の読みはあたり、現在では願ってもない強い愛社精神が、労使双方に生み出されている。現に企業は、愛社精神の涵養《かんよう》に懸命で、さいしょの職場教育で、まず企業精神を徹底的に叩きこむほか、一般社員に対しても、若年の職制に対しても、父親的な関心を払う。

先輩後輩間の、親しみと信頼に満ちたあたたかいつながりが奨励され、先輩はしばしば後輩の個人的な相談にも応じてやる。家賃の安い社宅が一般社員や職制にあてがわれることもしょっちゅうで、ほとんどの大企業が、社員がグループごとに順ぐりに使用できるレジャー施設をもっている。スポーツ・チームをはじめとする社内のクラブ活動は、若手社員の生活をできるだけ会社中心にという配慮から、会社が面倒をみている。

終身雇用にしても年功序列の給与体系にしても、もとはといえば労働力確保の必要から生まれたものであったが、たまたま日本人のもつ、本来的な集団志向になじむものであった。のみならず、はからずも多くの利益を副次的にもたらした。

年かさが増すにつれて賃金が上る、というしくみは、日本社会のもつニーズにピタリである。というのは、人生のさまざまな段階――結婚、子供の出生、高等教育のための支出、それに自分たちの老後に備えての貯蓄など――を経るにつれて、労働者の出費はかさんでいくのが通例だからである。

これにひきかえ、日本以外の工業国家では、技能や、どの程度のエネルギーを必要とするかによって賃金が決められるため、勤労者の収入は多くの場合、年をとるにつれて下降線をたどるか、横ばいがせいぜい、というありさまなのである。

工場であれ会社であれ、終身雇用を受けている勤労者にとっては、自分の職場とそこへの末長い帰属こそが、誇りの対象となる。会社側にしてみれば、それでこそ自分のしごとに誇りと満足とを抱く熱っぽい労働力が確保できるというものである。

ブルーカラーもホワイトカラーも残業を少しもいとわない。それに、せっかくの休暇を返上するものも少なくなく、とくに若い職制やホワイトカラーの場合はそうである。みんな勤勉で、彼らの自主性に任せておいても、自発的にしごとの内容をチェックし、質の維持につとめる。外部の監督者を必要とする欧米諸国の工場とはきわだったちがいである。

勤労者が特定の職能と自分を一体化せずに、むしろ所属企業とのつながりを重んずることはすでに述べたが、このことは労働組合のあり方にも影響をあたえた。職能別ではなく企業別に組織された組合がこれである。

したがって、日本の企業別組合員は、自分のもっている特定の職能を守るために水増し雇用を要求したりして、そのあげく、技術の進歩に歯止めをかけたりする必要がまったくなかった。というのは、よしんば自分たちの技能が陳腐化したとしても、会社側でしかるべき再訓練をほどこしてくれるであろうことに自信をもっていたからである。欧米の組合はしばしば技術革新に反対の立場をとった。だが日本の組合は、そうではなかったのである。

このように終身雇用や年功序列的給与体系はいくつもの副次的利益をもたらしたが、なかでも決定的なものは、失業の周期的な増大が回避された、という点である。会社はたとえ経済状態がおもわしくない場合でも、社員の雇用の安定のために全力をつくす。

現にこの二十年というもの、日本の失業率は、概して二パーセント以内に押さえられてきた（ただし日本の失業率の低さが見せかけだけであることは指摘されてよい。というのは、アメリカでなら「失業中」と報告されるであろう人々が、日本では失業者の定義に入らないからである）。事実、日本経済全体にとっても、個々の企業にとっても、不景気な時代に余剰労働力をかかえておく方が、長い目でみたときはむしろ面倒がない、という事情が介在する。首を切られた労働者の生活を失業保険の給付でみてやるといっても、しょせんその原資は、会社が支払う税金や積み立て金だからである。また勤労者自身にしてみれば、このような形で職場が保障される方が、よほど自尊心を傷つけられないで済む。

このように述べてくると、日本の雇用制度がいかにも牧歌的にうつるかもしれない。でもそれにはそれなりの限界がある。

第一、いま述べたような制度は、二重構造の下部を構成する大部分の労働者には無縁なものだからである。女性の大半は一時的な腰かけとみなされてきたし、零細な小売店や群小工場で働く労働者には、終身雇用の保障もなければ、年功に応じて賃金が定期的に上昇していくという保障もない。

大メーカーの周辺には、多数の下請け企業がひしめき、生産工程のごく単純な部分を担当しているが、この種の下請け企業は、自社の労働者に対して、なんらの制度化された恩恵を施してやることもできないのである。

大企業の内部においてすら、臨時工という名の一時的な労働者は、たとえその職務が実質的には終身的なものであった場合でも、すべて制度の適用外なのである。

このような、さまざまな周辺業務にたずさわる労働者は、経済面での恩恵がわずかで、しかもたえず失職の危険にさらされている。日本的雇用制度の恩恵をフルに享受してきたのは、大企業のエリート社員だけなのである。

ところが、エリート・サラリーマンの間においてすら、いまや雇用制度の「侵食」がかなり進行している。

近ごろの気のきいた若手勤労者は、もはや遠い先の経済的恩恵などには、さほどの魅力を感じなくなっているばかりか、日本的温情主義には多少のうっとうしさを覚え、むしろより多くの自由を、私生活のなかに見出そうとしている。企業への忠誠心も、全面的というにはほど遠く、昔よりは気軽にしごとを替える。また、複雑きわまりない算定方式をもつ賃金制度も、年功一点ばりよりも、徐々に技能レベルや生産性に重点を移しつつある。

とはいえ、従来の制度は牢固としており、日本経済が発展の一途をたどり、労働力の不足が目立つにつれ、むしろ経済の下部を形成する中小企業が、大企業の雇用形態に接近するきざしをみせている。大企業が中小企業の雇用形態に移行する、というのではないのである。

一九七三年から七六年にかけて、石油危機に端を発した不況下においてすら、産業界は若干の恒久労働者（とおぼしき人員）の解雇例があったとはいえ、早期の退職勧告などの手を打つことで、なんとか解雇を避けるのに懸命であった。その結果、石油危機の高まりのさなかでさえも、失業率が二パーセントを大きく上まわる事態はなかったのである。

一生涯しごとを保障し、その必要に応じて賃金水準を合わせていく制度は、こんごも伸びることはあっても、先細りになることはあるまいと思われる。イギリスの社会学者ロナルド・ドーア氏は、その『イギリスの工場・日本の工場』の中で、このような日本的雇用形態は、軍隊や公務員の場合におけるような近代的な雇用制度にほかならぬと指摘、これこそが雇用問題に対する二十世紀的なアプローチであるとして、需給原理をテコに経営者と個別の技能を有する従業員とが団交を行なう十九世紀のイギリス風の古典的なやり方と対置している。

日本の雇用慣行は、労働組合運動のあり方を決める上にも影響を与えた。その最小単位は企業内組合で、それはある企業に雇われている一切の従業員――ブルーカラー、ホワイトカラー、下位の職制――を網羅している。

このような組合は「会社組合《カンパニー・ユニオン》」と呼ばれるにふさわしいが、ただこの用語は、つとにアメリカで用いられ、「御用組合」というニュアンスをもっているので、この点は留保を要する。日本の状況は御用組合的ではないからである。

企業内組合は、そのメンバーが生活を賭けている会社側に対しては、いきおい同情的になりやすい。だが日本の組合は、経営側とは独立した存在で、賃金や労働条件についてはげしい交渉を行なう。とりわけ年に一度の「春闘」では、賃上げと労働条件の改善を旗印に、全国的な闘争がくまれる。

ここ十数年来の経済の急成長は、毎年、物価上昇率を大幅に上まわる平均一五パーセントもの賃上げをもたらした。これは、労使対決の激化に水をさすのに十分であった。だが、より重要なのは、組合員自身がごく自然な形で、自分たちの経済利益を、終身雇用主たる企業のそれと一体化させるよう志向し、自社を傷つけることで自分の首をしめるようなことには、一切かかわらなかったという点である。

現に組合員は、自社の技術進歩をスローダウンさせたり、破壊的なストライキに訴えようとはしなかった。

一方、経営側は経営側で、恒久的な従業員とはうまくやっていくことを望んだ。その結果、ストライキも単に交渉時の象徴的な力の誇示の域をどれほども出なかった。労使双方とも足腰が立たなくなるような全面対決とはほど遠かったのである。

むしろより戦闘的なのは、とくに政治問題がからんだ際の公務員の組合であろう。いわゆる三公社五現業の職員、教員、それに中央および地方公務員などがこれである。彼らの場合には、民間企業とはちがって同業他社との競合がないために、自分たちの経済的利益を使用者のそれとモロに結びつけては考えないからである。

にもかかわらず、ストライキによる労働時間の損失は、イギリスの四分の一、アメリカの三分の一以下というのが、このところの平均数字である。

個々の企業内組合は、ふつう同業の組合連合体に所属し、さらにはこれらの連合体がいくつかの全国的な上部団体へと、横断的に組織されている。これらの上部団体は政治的にはきわめて活発で、合計千二百万にのぼる組合員総数は、全労働者の三四パーセントを占める。この組織率は西ドイツとほぼ同じで、アメリカよりは明らかに高い。

このうち約四百五十万人は「総評」傘下で、サラリーマンや公務員のなかでは最強力、政治的には社会党に近い。一方、「同盟」は二百五十万の組合員を擁し、その多くは民間企業のブルーカラー労働者から成り、社会党よりはずっと穏健な民社党に加盟している。

日本の雇用制度は、企業や官僚機構内部の運営理念や形式にも、ある種の寄与を行なった。それはアメリカの実情とはいちじるしく異なる。

大学の学部を卒業し、採用試験にパスして入ってきた下位の職制や官僚は、卒業年度別にそれぞれグループ化され、就労期間のほとんどというもの、給与と地位の両面でほぼ足並みをそろえていく。ただし、とくに有能な人材のばあいは、よりやり甲斐のある重要部署に抜擢されることもある。

　通常、だれも自分の後輩はもちろん、同期生の下で働くことは要求されない。そこである一定年次がトップの地位に近づくと、このような事態を避けるために、トップ以外は身をひくことに相成る。

　たとえば官庁を例にとると、同期の一人が官僚としての最高峰である事務次官のポストに就く——大体が五十代のはじめ——と、他の同期生は一斉に退官しなければならないことになっている。一方、大企業では、大部分は五十五歳を期に退社するが、各入社年度組のほんの一部の者だけはトップの経営陣となり、高齢にいたるまでその座を占めつづけることもままある。

　このように比較的早く退職するために、官僚ならば経済界や政府関連機関への「天下り」、経済人ならば、関連子会社への再就職というパターンが必要となってくる。

　このような雇用制度は、年齢や地位を超えた一切の競争の存在を削ぎとってしまう。部下は、かりに上司が無能であっても、これを飛びこえることはできない。それゆえ、上役は、有能な下僚や、野心的な部下から脅かされることがない。だれもが自分をチームの一員としかみなしていないので、自分の才覚のきらめきやリーダーシップの活力を誇示しようとは思わない。

　リーダーたるものは、部下と十分に相談し、彼らの創意や能力を生かそうとする。一方、部下は部下で、恐れることなく物をいうが、上役に対しては、その能力の有無にかかわらず、たとえそれが欠如している際にも、全面協力をおしまない。その結果、上下関係を越えて、気さくに相談しあい、協力しあうという制度が生まれ、創意工夫はなにも上役だけの専売特許ではないという期待が生じてきているのである。これは、民間企業であると官庁であるとを問わない。

「上意下達」という、より専権的なリーダーシップに慣れたアメリカ人にとっては、この日本式の制度は、少なからずとまどいを覚えさせる体のもので、その結果、日本人は「稟議《りんぎ》制」という、「下から上への」不可思議きわまりないリーダーシップを持ち合わせているという神話が生まれた。

「稟議制」とは、文書を多数の関係者に回付し、「文書に目を通し、書かれてあることに積極的には反対しない」ことの証《あかし》として、その文書に捺印する、という制度である。

これはアメリカの官僚機構における、「追認制度《クリアランス》」や、情報用のメモランダムの配布のやり方に似ている。日常的にルーティン化した事項は、このようなしくみで、比較的下位のレベルで起案された文書をもとに決められるのである。

しかし、これとても重要な問題や厄介な案件を決定する方法としては、必ずしも日本特有のものとはいえない。

日本人の意思決定過程になにか特異なものがあるとすれば、それは決定が下される前に、あらかじめ念入りかつ広範な協議が行なわれ、いざ決定の際には全会一致を事とする、というしくみである。

日本ではトップが個人で決定を下すことはない。そのかわりに、まず部下をもまじえて、四角ばらない形での話し合いが広範にもたれる。ここから一つの一致した見解が生まれ、それが下僚の一人によって起案される「稟議書」の一部にとり入れられたりするのである。

むろん最終決定が、トップの少数者の決断という形で下されることもありうる。ただいずれにせよ、スタッフ全員があらかじめ問題の中身に通じていることで、やぶから棒に上意が下達してきたときよりも、はるかに手際よくその決定を実行しうることはたしかである。

他方、日本の意思決定過程の労使協調的な性格のために、海外の支店や関連会社においてすら、外国人幹部の登用がむずかしくなっていることは否めない。日本式の制度のもとにあっては、会社の全貌に通暁し、日本人一流の対人関係のパターンをわきまえ、外国人には望むべくもない日本語の機微にも通じていることが求められるからである。

このように、日本流のビジネス制度が戦後の経済成長に資したことはまちがいない。だがおそらくは、もっと大きな役割をはたしたのは、いくつかの外的要因であったと考えられる。日本の眼前には、開放的な交易制度が世界大で広がり、豊かな原料資源に手をそめることができた。一方、戦前戦中を通じ、日本がとかく孤立しがちであった時期に、欧米では新しい技術が次々に開発され、いまや比較的低廉なコストで、日本人の利用を待っていた。その仲立ちをしたのは、主にアメリカの企業であった。

加えて、軍備負担が軽減されたことと、社会保障が貧しいこととは、日本人の租税負担率を比較的低めに抑えていた（一九七五年には二三パーセントで、これはアメリカの三〇パーセント、一部の西欧諸国の五〇パーセントと比べ、低い負担率である）。

これらの諸要因を過小に評価することはできない。だが、日本のシステムのもついくつかの特色が、日本に高度成長へのギアを入れさせ、いわゆる「奇跡」の実現に大きく寄与したことも事実である。

その一つは、日本人がたえず見せてきた高い貯蓄性向である。それは、敗戦直後の経済困窮時においても、その後の消費支出の大幅な増大期においても同様にみられた性向である。その高さたるや、欧米諸国の二、三倍にものぼり、一九六〇年代には、国民総生産の四〇パーセントに近づく勢いを示した。

企業はその利益の多くを再投資にふりむけ、都市の勤労者ですら可処分所得の二〇パーセント見当を貯蓄にまわした。これは他の欧米諸国には類をみない高い貯蓄率である。

この理由の一端は、彼らの伝統的な節倹の気質、それに割賦《かっぷ》販売の少なさに求められよう。だが、システム全体とも無縁ではない。

退職金も少なく、社会保障給付もわずかばかりとあっては、老後に備えて営々と貯金することは欠かせない。加えて給与の支払い方法自体、貯蓄しやすいしくみになっている。現に、所得全体の二〇パーセントから三〇パーセントにあたる額は、年に二度のボーナスという形で支払われる。

これは生活費の源泉としての月給もしくは週給とは別立ての支払いである。それだけに貯蓄にまわしやすい。そこで安全第一の銀行や郵便局の預金にまわることになるのだが、ただしその利率は物価上昇とおっつかっつか、それを下まわる程度と、すこぶる低い。

年功序列型賃金体系も経済の成長には拍車をかける結果となった。高度成長企業にあっては、若年新入社員の占める比率が異常なまでに高い。彼らは生産性こそ高いが、それに比べ給与は安上りですむ。他方、沈滞気味の企業は、高齢化して、人件費のかさむ労働力をかかえこむことになる。

このように、高度成長をつづけることにはそれなりの経済的刺激と、大きなメリットとが存在したのである。成長はさらに成長を生む母体となった。

しかも人件費が固定費であり、不況の際といえどもやみくもに減らすわけにはいかないという事情がからみあい、需要の多寡、市況のよしあしにかかわらず、生産はおとさないという強い姿勢が保たれたのである。

いま一つの要因は、日本の大企業のもつ財政的なしくみである。日本の企業は、自己資金によるよりも、むしろ銀行からの借り入れ金でまかなわれている。自己資本率はわずかに二〇パーセント見当で、残りは借り入れ金である。これはアメリカのビジネスマンにとっては、なんとも不可解きわまりない状態で、こんなに低い自己資本率では危険きわまりない、というのがアメリカ人の常識なのである。

これにはいくつかの理由がある。一つには占領中、大型の個人資産が没収されたという事情がある。いま一つ、すでに戦前の財閥制度のもとですら、中心的な役割を演じたのは金融機関で、それがいまに尾を引いているということも手伝っている。

理由はともあれ、これが戦後このかたの大企業金融の定着したパターンなので、しかも決してあぶなっかしくはない。というのは、日本経済全体を代表する日本銀行が、市中銀行や融資先の背後に厳然とひかえているからである。

このような金ぐりのしくみのもと、日本の企業家は、いきおい成長志向に向かわざるをえない。高い伸び率をあげれば、もっと借りられるからである。一方、利益率は、銀行への利息の支払いができれば十分とばかり、さほど気にしない。利益率を高めれば、もっと株式による資本の調達ができるにもかかわらずである。

このようにして、利益そのものよりも、成長率の高さを、というのが日本企業の主たる動機づけだったのである。

利益よりは成長を、という方向を生み出したいま一つの要因は、経済界の大立者の気風に求められる。「財界人」という名で呼ばれる彼らは、明治時代の「武士的実業家」の流れをくんでいる。日本を工業面で欧米の脅威から救う、というのがこれらサムライ実業家の心意気であった。

すでに財閥時代においてすら、資本と経営との分離、すなわち「経営革命」は十分に進行していたし、今日ではなおのこと、事実上成就している。たしかに戦争直後、日本経済の崩壊とともに、一時的にこの体制《システム》のタガがゆるんだこともあり、あたらしい波浪《はろう》が突如として流れこみ、一匹狼的な企業家がのし上ったこともあったが、いまでは体制も陣営を立てなおし、その存在を主張している。経済人の大立者のほとんどは、本質的には「企業官僚《ビジネス・ビューロクラット》」といってよい。

日本の経済人の給与は、アメリカの尺度からいうと、いかにもささやかである。彼らはまた、アメリカのビジネスマンのように、自社の部分的な所有主になる道は、自社株の譲渡にあずかることもない。単なる経営者ではなく、自社の部分的な所有主になる道は、彼らには閉ざされているのだ。

だが、そのポストにともなう権限や威信や特権は大きい。社が提供してくれる住宅、運転手つきの自動車、豪勢なオフィス、それに、ふんだんな交際費など、盛りだくさんである。税法上、交際費が大幅に認められているおかげで、ビジネスマンの多くは、社用でたっぷり派手に使うことができる。目もあやな日本のナイトライフ、それに高級料亭を支えている経済的基盤は、実にこれらの交際費であり、社用族なのである。

彼らの低い給与では財産形成などとてもおぼつかない。しかも日本の給与体系は、社の利潤とはっきりとした形では結びついてはいないのである。そこで日本のビジネスマンは、高水準の利潤よりは、むしろ自社の大きさや、国民経済に占める重要性、それに成長率の高さ、などに満足を見出すことになる。

たしかに利潤と成長とは密接に結びあわさっており、その動機にしてからが、どれが利潤動機、どれが成長動機と、さだかに区別できるものではない。

とはいえ、日本と欧米のビジネスマンの間には、成長と利潤のどちらに重点をおくかに関して、どうやら基本的なちがいが存するようである。

日本経済の高度成長を支えたもっとも重要な要素の一つは、政府と経済界との間の特殊な関係である。いやそれだけではない。ドイツやフランスはともかく、ことアメリカのビジネスに関するかぎり、日本のビジネスとの最大のちがいは、まさにこの点にこそ在るといってよい。

アメリカにおいては、政府と経済界とは、相互に猜疑心を抱きあう、敵対者の関係にある。ところが日本では、親しい協力者の関係をとり結んでいる。両者の差異があまりにも際立っているので、アメリカ人はしばしばこれを誇大に喧伝し、「日本株式会社」論を言いつのってきた。日本では政府も企業も一心同体なので、政府は完全に企業を牛耳っているか、それとも、不可思議なまとまりをみせた大経済界が政府を意のままにしているというのが、この誤伝のあらましである。

近代以前でこそ、商業活動は封建制度をくつがえしかねない厄介な現実とみなされていたが、近代の日本人にとっては、政府と経済界の間に、のっぴきならない葛藤などあるわけはなく、アメリカ人のように、行政の介入が少なければ少ないほど、経済界にとっては好もしい、などとは信じてこなかった。

明治政府は、欧米の劫掠《ごうりゃく》から身を守るための一環として、産業の育成に深く心を寄せていた。政府じきじき実験工場をつくり、財政困難になるに及んでは、有能な経営者に払い下げこそしたが、助成金など各種の特権を与えることで、日本産業の育成と成熟とに手を貸してきた。

他方、新興実業家は実業家で、自分たちの努力を国家的事業ととらえ、政府の援助や指導を歓迎した。一九二〇年代にいたり、財閥があまりにも巨大化し、シッポの方がイヌを振りまわしているという論をなす向きもあらわれたが、やがて軍部主導のもと、大企業もまた政府の定めた目的に沿うべく、身づくろいを余儀なくされたのだった。

戦後、占領軍当局は、経済界には自由不羈《ふき》な競争があるべきであり、政治と経済の関係は、敵対的であるべきだとするアメリカ流の概念を導入した。その結果、財閥が解体されたほか、独占禁止法と公正取引委員会が生まれ、両者はいまも残っている。

だが、占領軍当局の鶴の一声と、当時の経済事情の急迫とは、政府と経済界との間に、従来にみられなかったほど網羅的で、デリケートな協力関係を生み出した。アメリカ当局にとっては、ほんの一時しのぎの措置でしかなかった一種のしくみがやがて恒久化し、政府が経済界を望ましい方向に指導するための手だてになったからである。

この手だてをもっとも端的に示すものは、戦前の商工省の後を襲った現在の通商産業省——英語ではふつうMITIの名で知られる——であろう。広範な経済目標や経済予測の策定は経済企画庁の所管だが、個別の業界の目標を設定し、日本の工業発展の指揮をとったのは、通産という名の強力官庁であった。

外貨規制や、外国の技術導入の許認可権を通じ、通産省は、最高の技術が、もっともよい条件で、それを最大限に活用できそうな業者の手に渡るよう、慎重に配慮するほか、それが独占に結びつくことなく、ライバル企業間のいい意味での競争をかきたてるよう指導した。

通産省はまた不況カルテルや、いわゆる「自主規制」で知られる輸出規制の要求、とくにアメリカからのそれらに応えるための「輸出カルテル」など、さまざまなカルテルの創成に手を貸したほか、弱小企業が強大企業に合併されることを勧奨した。

税法もまた基幹産業を中心とする高度成長を促進することをそのねらいとしている。中央銀行としての日銀も、成長産業向けと斜陽産業向けの融資方針を区別するよう動く。一方、通産省を含む諸官庁は、しばしば「行政指導」を行なうが、民間もそれを受け入れる。とくに経済のペースがあまりにも早く、インフレの危険がしのびより、国際収支の悪化が目立つようなときには、「行政指導」を通じて民間に働きかけることで、投資を沈静させ、経済の過熱を防ぐ効果をおさめてきた。

これらの手だてを通じ、政府は国内の資本や技術を、まずは製鉄、造船、電力、肥料各業界の再建にふり向け、ついで、化学、電子工学、自動車その他の重化学工業の驚異的な発展に力を貸した。

現在、政府が直面している問題は、エネルギー価格の上昇、原料の不足、環境汚染などであり、そのために、公害多発型、多資源多エネルギー消費型の産業を、コンピューターのように「知識集約度」の高い産業にとって代わらせようとつとめている。これらは高度の技術水準こそ必要だが、エネルギーや資源はさほど必要としないからである。

同時に政府は、繊維産業のように労働集約度の高い産業の相対的な地位を低めるべく操作してきた。韓国や台湾や香港のような中発国の、より低い賃金水準には、長い目でみて抗すべくもないからである。

労働者の再訓練や、融資面での規制を通じ、資本や労働力が斜陽産業から成長産業へと移管していくのを助けることは、経済全体をもっとも有益な方向へ引っぱっていく上での重要な一環である。それに引きかえアメリカのばあい、政府の介入はあぶはち取らずに終ることが多い。たとえば自然死寸前の繊維産業を強いて守ろうとすることで、かえってその臨終をおくらせ、その間、もっと見込みのある、したがって租税収入の対象たりうる他産業が犠牲に供せられる、という具合にである。

経済面での努力がこうもタイミングよくいくためには、二つの条件が欠かせない。一つは、一般国民が官僚機構の廉直さと優秀さについて信頼を抱いていることである。日本の場合、この条件は充たされており、どうやら故のないことではないように思われる。

いま一つは、大企業関係者が対政府のみならず、お互いに協力することをいとわない広い度量をもっていることである。この点、日本社会のもつ集団志向はプラスに働いている。

各業種の大企業は、いくつもの同業団体に組織され、それらが打って一丸となって、経済団体連合会（経団連）を形成している。とくに一九五〇年代と、一九六〇年代の初期という大事な時期に、経団連は、一致した見解を大企業に示したが、このことは政府がビジネス大戦略を策定する上に役立った。

それ以外にも、経済同友会、日本商工会議所（日商）、それに日本経営者団体連盟（日経連）の経済諸団体が存在する。同友会は、元来が、経団連のトップより若手で、それだけに精力的な実業人によってつくられたものだが、いまでは経済界の考え方を、高度の経済戦略策定に導入するという役割をはたしている。一方、日商は若干小ぶりの企業間の調整役として、日経連は、労使関係に関するビジネス戦略の調整役として、それぞれ機能している。

人によっては、政府と経済界とのパートナーシップは風化しつつあり、経済界に対する政府の規制も後退しつつある、と見る向きもある。

たとえば通産省が外来技術の輸入を規制することで、日本経済のゆくえを左右する度合いやその有効性は、たしかに減じていくであろう。でも、汚染防止にかかわる規制は、その必要を増していくであろうし、その他、経済面での全般的な規制がますますその複雑さを加えるにともなって、官僚が手にする手だてにはこと欠くまい。

ただ一つ、大きく変わったのは、工業成長最優先というコンセンサスが、いまや消失しつつあるということである。かつてこの考え方は、政府と経済界とをかっこうのチームメートとしたのだが、いまや汚染と混雑とが、経済成長一点ばりの格づけに暗影を投げかけるに至った。量よりは生活の質《クオリティ・オブ・ライフ》の増大を、という声や、社会福祉や消費者利益にもっと配慮を、という声も高い。

かつてはヒーローとみなされていたビジネスマンも、いまではその勢威はおち、世間並みの評価がせいぜいで、人によっては極悪人扱いする。

政府は政府で、予算措置を通じ、とかく粗略に扱われてきた社会的サービスや、みじめなままでに不十分な都市住宅への資源転用をはかっている。ということになると、政府と経済界との従来の関係が変わり、むしろ利害の対立する同士としてお互いににらみ合うことも、大いに考えられる。

とはいえ、かたや政府、かたや国内的には競合しあう、活力に満ちた経済界との基本的な協調関係は、日本一流の特色としてこんごとも生きつづけ、日本の希有な経済的成功の主因でありつづけよう。のみならず、このパターンこそ、古典的な資本主義と純正社会主義の両極端を縫う、第三の道の成功例として、より広い評価を受けるようになるかもしれない。

日本の制度は、おやとい「ビジネス官僚」がリーダーシップをとり、利潤よりは、むしろ国家へのサービスと成長に重点をおいている点で、むしろ「脱資本主義的」と呼ばれるのがふさわしかろう。それは、市場経済の「見えざる手」に百パーセント依存することなく、政府の指導を受け入れる。

他方、政府も、一部の社会主義国のように、一切を計画化し、経済全体を管理することで、経済成長に待ったをかけたりはしない。自由企業の余地は十分にあるが、政府による方向性の指示も同時に存在する。

なにしろ近年、もっとも成功した経済モデルのことだから、他国人が研究を深める価値は大ありだし、できるなら模倣してしかるべきだと思われる。ただ日本の成功の理由の一端が、日本の基本的特殊性にあり、他者が模倣しようとしてまねしきれないか、それを肯んじないかのいずれかである、という点ははっきりさせておくべきだろう。

日本のビジネスがみごとにうまくいってきたことは確かである。だが、世はすべて事もなく、これからも従来同様スムーズに終始するという印象を与えたとしたら、これは正しくない。

一九七三年以来、日本の主要な輸入品は、エネルギー資源といわず、食料といわず、他の原料資源にいたるまで、少なからず値上りした。世界的な不足時代の到来という可能性も、日本をとりまく国際経済環境を、ほんの数年前と比べてすら、明るくないものにしている。その結果としてのインフレが、日本経済に大打撃を与える可能性も絶無ではない。

事実、一九七四年から七五年には、インフレは二ケタ台にのぼり、いっときは年率二六パーセントにも達した。

人件費も、労働人口の高齢化にともなって増大することは必至のいきおいである。そしてやがては、労働力不足に見舞われることになろう。

北ヨーロッパのように外国人労働者を受け入れることには、日本人はきっぱり拒否の姿勢をとっている。だが、ここで指摘しておくべきことは、退職年齢が若いこと、それに相当量の「潜在失業」――お客へのおじぎや、同僚へのお茶汲みが仕事の内容という婦人労働者はこの好例――が存在することを思えば、労働市場にもなにがしかの余裕がある、という点である。

豊かさがこんごとも引きつづくにつれ、労使関係がギスギスし、しごとへの情熱が低下するなど、豊かさ故のマイナスが表面化することも予想されぬではない。将来の日本は、もはや今日のような「経済奇跡」とは映らなくなるかもしれない。

がしかし、日本経済の問題点が、国内経済のしくみよりは、むしろ対外関係いかんにあることも、まごうかたなき事実である。

19　大衆文化

日本人がタテ割りの、ヒエラルキー的な切り方をするために、階級とか職業というヨコのつながりが弱められる傾向にあることはすでに触れたとおりである。だがこの事実を過大視し、日本というのは鋭く分裂した存在だと速断したとすれば、これほど事実とへだたる結論はほかには考えられない。

教育や経済活動の態様の画一性、それにすべての人々が全国的な網の目の中にしっかと捉えられているという事実に着目すれば、それは明白である。

将来の世界的な方向としての大衆社会現象については、プラスとマイナスの評価がうずまいており、通常はアメリカをもってその旗手とみなす風潮がつよいのだが、むしろ現代日本の方がより顕著にその傾向を示しているといえそうである。

その理由の一端は、十九世紀を迎えた日本が、おどろくほどの文化的均質性を有していたという点に求められよう。だがより重要な理由は、近代にいたり政治が完全に中央集権化され、政府が画一かつ統合された国民の形成に向かって、意図的な努力を払ったことに見出される。

日本は、アメリカのもつ巨大な地域的、民族的多様性を一切持ち合わせてはいない。

人口においては、西欧各国のほぼ二倍に上り、面積もはるかに大きいのにもかかわらず、西ヨーロッパの主要国と比べても多様性の度合いは低い。たとえ沖縄を除外して考えても、北は北海道の東北部から九州の南端までの最長距離は、イタリア、フランスもしくは英国の最長距離のそれぞれ二倍に近い。

他方、沖縄はといえば、東京との距離は、ロンドン・アイスランド間のそれに等しいが、方言、民俗文化、歴史伝統、それに心的態度などの面において、かなりの地方的特異性を示す例外的な存在である。

国民的統一を形づくる上に主たる道具立てとなったのは、教育であった。戦前の日本においては、任意のどの日をとっても、全国津々浦々の小学校六年生が、押しなべて同じ漢字を習い、同じ歴史上のできごとを教えられ、同じ算術の定理を覚えさせられていたものである。

今日では、もはやこれほどの画一性はみられない。土地の教育委員会が、文部省の検定済というわくぐみはあるにせよ、いくつかの教科書から選定・採用したものを使わせているからである。

だが、初級段階におけるカリキュラムは、細かい点に至るまであらかじめ規定されている。高校レベルですら、大学入試の準備に追われ、いきおい画一性に向かわざるをえない。大学の場合でも、大量の学生を迎え、財政困難にあえいでいることもあって、学部の別を立てるのがせいぜいで、それ以上の多様性を示すには至らない。

かくしてすべての日本人は、十二年または少なくとも九年間の画一的な教育を受け、その三分の一が高等教育機関に進んでも、同様に、多様性に乏しい教育にさらされ、学業を卒《お》えたのちに、これまた情報と心的態度の両面において高度の画一性をもつ社会に入りこんでいく、ということになる。その画一性たるや、小さな原始社会、もしくは現代の全体主義国家もかくやと思われるほどである。

その上、マスコミが大衆社会の形成に大きくかかわっている。日本におけるテレビの役割は、アメリカのそれに近い。全国ネット局は、ほぼ同一の番組を提供することで、多くの画一性を生み出す。戦前には画然と分かれていた都市部と農村部との価値観や態度上の凸凹をならして平均化したのは、何といってもテレビであった。ついでながら日本のカラーテレビ台数は、所帯数をわずかながら上回るといわれており、都市部はもとより、農村部ですら、テレビのない家庭は皆無といってよい。なおアメリカではテレビジョン、英国では俗にテリーと呼ばれるが、日本ではテレビと縮められる。

日本のテレビは、アメリカよりもむしろイギリスのBBC（英国放送協会）にならって組織されている。ただし番組自体は、アメリカのそれに近い。

全国ネットには二つあり、いずれも視聴者からの受信料、すなわち保有テレビセットへの特別賦課金《スペシャル・タックス》によってまかなわれている。その一つは教育テレビで、多くの語学学習番組や、高度な数学番組などから成り立っている。

いま一つは総合テレビで、ニュース報道、ドラマ、喜劇、クイズ番組など一般的な関心をひくような内容を提供している点で、民放各局と競合関係にある。民放局は五局を数え、ほぼ全国各地をカバーしており、アメリカのテレビ同様、広告収入に拠っている。民間放送とNHKとの関係は概して良好で、NHKのもつ経済力と総合テレビ番組のもつ質の高さは、民放各局による質的向上への努力を促し、他方、民放局の存在は、通常の国営放送局にありがちな沈滞におちいらないよう、NHKを刺激する役割をはたしている。

日米のテレビが大差ないのに反し、両国の新聞はいちじるしく異なっている。地理的に広大なこともあり、アメリカの新聞はいきおいローカルで、小さなものたらざるを得ない。またとかく政治路線ごとに旗幟《きし》を鮮明にしがちなヨーロッパの新聞に対し、日本の新聞はその多くが全国紙で、政治的には不偏不党を標榜している。この意味で日本の新聞の方が、ヨーロッパや北アメリカの同業より「マス」コミと呼ばれるにふさわしい存在だといえよう。

新聞社の数こそアメリカの十分の一以下だが、日本の一人あたりの新聞購読数は、主要国のいずれよりも高く、アメリカのほぼ二倍に達しようとしている。

三大全国紙は朝日、読売、毎日の三紙で、朝夕刊を発行しているが、個人の家に宅配されるのがほとんどで、朝刊はそれぞれ七百二十万、八百万、四百四十万の部数を誇っている。加えて、朝刊とは全く別個の夕刊が、それぞれ朝刊の半分位の部数を売っている。印刷は、全国四ヵ所ほどで同時に行なわれ、百を上まわる地方版を発行している。

このほかにサンケイと日本経済――アメリカの「ウォール・ストリート・ジャーナル」紙に匹敵する――の二全国紙があって、百七十万の発行部数をもつほか、ブロック紙の名で総称される四大地方紙が、合計四百十万部ほどを売り上げている。東京新聞、札幌の北海道新聞、名古屋の中日新聞、それに福岡の西日本新聞の四紙がこれである。

日本の新聞はその型態と内容の両面で、おどろくほど画一的である。朝刊は大体二十四ページ、夕刊はそれ以下と、アメリカの新聞にくらべるとページ数は少ない。広告収入が財源に占める比率もアメリカよりも少なく、三行広告と書籍雑誌広告は例外として、広告紙面もどちらかといえば少ない。

主なニュースは第一面ときまっており、そのくわしい解説記事――政治、経済、外交などの各分野にわたる――や、社説、投書、特集記事、芸術芸能欄、家庭欄など紙面のつくりも、各紙ほとんど同一である。

むかし四ページ建てだったときに、第三面を占めていたことから、いまなお「三面記事」の名で呼ばれる社会欄は、犯罪、事故など人間的興味を中心とするニュースをかかげているが、アメリカとの一つのちがいは、いわゆる「社交欄《ソサエティ・ニュース》」がないことである。

取材にあたるのは日本全国ならびに世界各地に配属された記者連である。ちなみにワシントンおよびニューヨークで最大の規模を誇る外国人記者団は日本からの特派員である。

ニュースは要領よく集められ、慎重に編集され、本社にいるデスク諸公によって綿密な校閲を受ける。署名入り記事というのはまれにしかないが、これまた日本人一流の集団行動志向を示している。

このようにしてでき上った新聞は、高い質を誇っており、世界のどの国と比べても、より充実しより正確な内外の諸問題に関するニュースを読者に与えているといっても、一般論としてはいいすぎではない。量もしくは報道の質において、日本の大日刊紙を凌駕する外国新聞は、そう数多くない。

日本の新聞の大きな弱点は、取り上げるニュース種とその取り扱いの両面で、いかにも画一的だという点である。客観報道が建て前であるので、事象を個性豊かに分析してみるたぐいの記事や解説はまれである。各紙とも、同じような見出しを翻えし、同じような論説をかかげているので、一見、互いに言い換えをこととしているかのごとくである。その結果、何千万もの日本人が、同じテレビと同じ新聞報道や見解で武装され、同じ事実や関心や態度を抱きながら、日ごと職場に通うという仕儀になる。

主要紙はいずれも不偏不党をうたってはいるが、その実は、中道よりは心もち左寄りで、政府には批判的になりがちである。これには歴史的な背景も一部からまってくる。新聞の発生は明治時代にさかのぼれるが、新政府に志を得られない旧士族階級の抗議の場が、その起源であった。このような経緯で、強大無比な政府――少なくとも戦前はそうだった――を批判することこそが新聞の役割という考え方が醸成されていった。

一九三〇年代から第二次大戦中は例外で、この間、新聞は御用報道機関として、政府の意向を忠実に代弁することを余儀なくされたが、戦後はふたたび批判者の役割にいさんで復帰していった。その間、政府は民主的に管理され、世論に依存する度合いを高める一方であった。ところがその世論たるや、新聞によって形成される面がすこぶる大きいのである。

左寄りのいま一つの理由は、新聞製作者が、大都市に住むインテリ——英語の原義とはいささかはなれるが——である、という点に求められよう。保守党政権への反対は、大都市の知識層においてもっとも著しいのである。

大新聞自体は、政治的な中立を目指して懸命になっていると思いこみ、そのように努力もしている。だが、とかくノンポリ傾向のつよいテレビと比較すれば、その政治的中立度は低い。でも、全体主義社会の新聞のように、政府による思想管理の手段では絶対にないし、また、アメリカや西ヨーロッパでややもするとみられるような、社主や与党のための使い走りでもない。資本家が編集方針を決めることはほとんどない。編集方針に影響をあたえるのは、専門の編集スタッフ間の派閥抗争であり、ついで労働組合の力である。

一方、週刊誌や月刊誌は、新聞ほど全国的な役割を演じてはいない。だが、新聞にはない多彩な色合いを添えている。いくつかの月刊総合雑誌があり、さまざまなテーマについての論文や記事をのせているが、その発行部数となると、ほとんどが、多くても数十万部である。すぐれた内容をもつ日刊紙が広く普及しているために、タイムやニューズウィークのようなニュース誌の必要はないが、それ以外の週刊誌はその種類も数もすこぶる多い。五十万を上まわる発行部数を有するものも十誌を超える。

週刊誌はとかくセンセーショナルに走る傾向がつよく、ときには扇情的ですらあるが、月刊誌や日刊紙と比べて種類が多いことも事実で、スポーツから編物にいたる多岐な分野を取り上げている。週刊、月刊を問わず雑誌類は政治的中正をうたったりはせず、特定な政治的立場や、特殊な関心分野をその対象とすることに、何のためらいもみせてはいない。


日本人はただでさえ、同じような教育と、共通情報源としてのマスコミのせいで、高度の画一性を有しているが、さらにこれを補強するのは、社会が秩序化され、スムーズに機能しているという事実である。日本社会は、確固とした渠《みぞ》を通って流れている。個人がどのような職歴を経ていくかを、日本ほどあやまりなく予測できる国は、そう数多くない。一定のコースをとる度合いが高いからである。

流行や熱狂や新思潮は、またたく間に、全国一様に広がっていく。ただ一九七〇年代には、いま少しみなが老成し、多様な反応を示すようになることも考えられぬではない。

とはいえ、日本人が全国的な「ムード」――日本語化している――に左右されやすいことには変わりがないようである。また、一九六四年のオリンピックや一九七〇年の万国博のような公的な催しには、何百万もの人がくり出し、一九六〇年の安保改定のような政治デモも、何十万もの人を駆り立てる。

大量生産された商品は、これまた一様に大衆消費者の手にわたる。電機製品であれカメラであれ何であれ、ブランド商品はテレビや雑誌媒体を通じて全国的に広告され、何万という店舗を通じて小売りされる。九五パーセント以上の家庭は洗濯機と冷蔵庫を所有しており、自動車をもつ所帯も全体の半分以上にのぼっている。しかも農村の方が都会を上まわっているのである。

戦後「三種の神器」ということばが、家庭生活の聖なる目標として喧伝されるようになったが、その内容は段々と高価なものへと格上げされ、一九六〇年代の後半には、ついにカラーテレビ、自動車、それに日本式英語にいう「クーラー」（英語ではエア・コンディショナー）の三点が、この地位を占めるに至った。

「デパート」という名で知られる大百貨店も、顧客大衆を対象に、目移りがするほど多様な銘柄商品と、欧米の百貨店にはない付帯サービスを提供している。たとえば屋上には子供用の小動物園や遊戯場をしつらえ、上の方のワン・フロアーを大食堂にあて、劇場や芸術品の展示用ホールを備えた百貨店は普通である。展示される芸術品の質は概して高い。美術館がそれほど普及していないことも手伝って、一般の日本人が高名な芸術作品に接するのは、仏教の寺院か、さもなければ百貨店の展示会のどちらかであることが多い。

日本はまた、スポーツが多数の観客を集め、大衆活動が盛んな国でもある。プロ野球、競馬、それに大学野球や高校野球の全国大会は、まちがいなく何万もの観客を動員する。プロ球団のオーナーは、フランチャイズの球場の近くに路線をもつ電鉄資本などの企業である。球団名は英語ときまっており、その中には読売「ジャイアンツ」のようにアメリカ人が聞きなれたものもある。

巨漢同士の伝統的な取っくみあいの形式としての相撲は、神道とは遠い類縁関係にあるが、テレビで放映したところ、テレビと相性がよいことがわかり、おかげでふたたび人気をとりもどした。

冬場のスキー場は混雑をきわめ、危険なほどである。東京近郊の湘南海岸も、真夏の週末などは百万を超す海水浴客をあつめる。一方、夏の登山シーズンには、富士山へのぼる長蛇の列が、アリの大群のようにつづいて、大衆スポーツとしての登山の地位を示している。

物見遊山も盛んで、大体が児童の修学旅行、もしくは地方の団体の慰安旅行という形をとり、春秋の観光シーズンには有名景勝地にどっと押し寄せる。あまり人数が多いので、せっかくの風景も人の波にさえぎられて見えないか、景色はそっちのけということに相成る。

ショッピング街や盛り場には、バーや飲み屋や料理店が軒を並べ、いつも雑踏している。アメリカの中小都市に遊ぶ日本人が、まず最初におどろくのは、町を歩く人の数がずっと少ないことで、天変地異でもあったのかといぶかるほどである。

大衆社会としての日本は、当然ある程度までは文化をも規格化している。日本の女の子は、お茶だの生け花だの日舞だの、昔から女性のたしなみとされてきたものをすら、集団で身につける。何百という幼児が、鈴木メソッドのもとでバイオリンをかきならす風景には、すでにわれわれアメリカ人も出くわしてきたところだ。クラシックであれポピュラーであれ、西洋音楽はたくさんの聴衆をひきつける。そのほとんどは若者である。

このように大衆化され規格化されているとはいえ、これが現代日本文化のもっとも重要な側面であるとみなすのは正しくない。ましてやこれをもってすべてであると断じることはあやまっている。より注目されるべきは、現代日本文化のもつ活力であり、独創性であり、多様性である。

日本のいくつかのオーケストラは、世界のトップ交響楽団に伍してなんら遜色ない。個々の演奏家や指揮者についても同じことがいえる。日本の建築家は世界的に高名をはせている。現代風の画家も版画家もおしなべて多作である。

伝統芸術や工芸も、ここ数十年間にみられなかったほど、生き生きとしている。日本の伝統的陶芸が作り出した様式は、いまや世界中が模倣するところとなっている。文学もすこぶる盛んである。あらゆる種類の人々が芸術的創造性を発揮しており、若者は新しい生活様式に息づいている。

規格化された大衆文化だけの日本という概念は、かくして断じて正しくない。にもかかわらず、大衆文化が現代日本の重要な一環であることもまちがいない。

近代大衆社会の創出という点で日本人とはよい勝負のアメリカ人には、日本の大衆文化の多くは、すでにおなじみである。

ただ、いくつかの面では日本の方が先を行っている。

現代大衆社会の特色を示す風景として、毎日、東京と大阪の両ターミナルから吐き出される通勤者の人の波くらい、ぴたりとくるものはない。現にその数は、何百万にものぼるのである。

同じような服装をまとっているため、外部者には区別のつきかねるこの人間の群れが、わき目もふらず、しかも秩序正しく、それぞれの目的地に向かって動いている姿――それは、独特なことばの壁に守られて、外国人観察者の目には、自分たちとは離れて存在していると見えるだけに、あたかも、われわれすべてを待ち受けているかもしれないロボット的な未来の予兆のように、外部者の目に映るのである。

20　婦人

日本社会における婦人の地位と両性間の関係とは、しばしば欧米の婦人、とりわけアメリカ婦人の憤激の対象になる。大多数のイスラム教圏の国々と比べれば、日本の婦人が享受している地位は、欧米の婦人のそれに近い。それでも男性優位主義は日本でまかりとおっている。

婦人に対する職業上の差別はきびしい。幼くは父に従い、嫁しては夫に従い、老いては子に従うべきであるとする儒教の教えは、今日なお生きのびている。

欧米人の目には、夫の妻に対する処遇は、しばしば冷淡で、侮辱すら籠めていると映る。婦人はおおむね柔和で、周辺の男衆とのかかわりには辛抱をむねとし、少女もまた恥かしげに、くすくす笑いの煙幕に姿をかくす。

社交生活――があったとしての話だが――も有夫の婦人のものではない。夫の放蕩は大目にみられるが、妻の浮気はご法度、という性に関する「二重基準《ダブル・スタンダード》」もいまなお普通である。このように、性慣習や愛情、結婚に対する姿勢、社会における婦人の地位といった面で、日米間に横たわる差異はまことにきびしい。たとえ両者とも急速な変化を経つつあり、とくに日本の変化が多く欧米を志向しているのが事実であるにもせよ、である。

性的関係について、日本人は欧米人のような罪の意識をもってはいない。性とは、食事と同じような自然な現象、というのが彼らの従来からの見方であり、時と場所さえわきまえれば大いに享受して可、とみなしてきた。性的乱脈が大した問題でないのは、同性愛が問題視されないのと同じである。性に対する日本人の態度は、ある意味では寛大であった。

ただし個人の欲望も、周辺の社会的環境に従属すべきであるという認識においては、むしろ欧米人を上まわる。個人の愛情生活をここまで規制しなくても、と欧米人には映ずるような社会的制約をも、彼らは順守する。欧米人にとって、日本人が放縦《ほうじゅう》であると同時に禁欲的であるとみえるのは、このためである。ただし前者は日本男性に、後者は日本女性にあてはまる。

古代日本人は、単に農業ばかりでなく、人間においても豊饒さをうやまい貴んだ。現にごくさいきんまで、農村地帯では男性性器をかたどった物体が、信仰の対象とされた。

王朝時代においても、愛情は宮廷生活における主要な文芸テーマをなしていたが、宮廷生活自体、びっくりするほどの性的自由に色どられていたのである。当時の性的自由は、その後も農村部の一部で生き永らえ、現代を迎えた。婚前性交は大目にみられ、婚姻も、女性の受胎能力が事実をもって証明されるまでは、正規に認知されなかったほどである。今日なお、性行為そのものに対する非難はきわめて弱く、その社会的な結果への懸念が存在するばかりである。

初期の日本のいま一つの特色は、母系社会の色彩が決定的だった、という点である。現皇室の伝説上の始祖は、太陽母神だった。一方、中国側の古文書によれば、三世紀の日本では婦人の指導者は普通だったという。女帝も紀元八世紀までは存在した。平安朝の宮廷では女性が大幅な自由を享受し、文学では主導的な地位を占めた。封建制の初期においてすら、婦人は遺産の相続権をもつことで、封建制下で一つの役割をはたしたのである。

ところが後になって、儒教の教えと長期にわたる封建制とがからみあって、婦人の自由は制限され、男性への従属が強制された。

封建時代とは武張《ぶば》った時代であった。女性の方が男性よりも闘争能力をもたないことが明らかな以上、やがて彼らは封建制度からはじき出され、男性に対する補助的な役割という周辺的な存在へと堕していくのである。

中国という男系社会における、男性優位主義の所産としての儒教も、これに和した。儒教にとっては、女性とは何よりも子孫をつくり家名を後世に伝えるための存在で、伴侶とか愛情の対象というおもむきは薄かった。儒教はまた、禁欲的なかたむきが強かった。男女間の情愛は弱さのあらわれでしかなく、性は単に家系をたやさないための機械的な手だてにすぎなかったのである。

農民層では、女性は男性と共同農作業に従うことで、徐々に重きをなし、個人としての自主性――やや土くさくはあったが――を確立していった。他方、上流社会では女性は完全に男性に従属し、その下働きの下女、ないしは玩弄物として定着していった。徳川期までにこの図式は固定したのである。

娘は政略結婚を通じ、他家と自家とのつながりを強めるための道具立てとして、注意ぶかく育て上げられた。婚姻市場におけるお人形的存在として、こわれもののように取り扱われたのである。一方、人妻は夫の家族の幸福のために、われを忘れて奉仕するよう求められた。夫の母親のきびしい、ときとしては底意地の悪い監視のもとにである。家族単位以外の社交など、無縁なものと決めつけられ、夫以外の男性とかかわりをもつことは、たとえそれがどのようなものであろうと、危険をはらむものとみなされた。

結婚は家族同士の都合で決められ、当事者が惹かれ合ってのことではなかった。式当日まで顔を合わせたことがない、という例すら皆無ではなかった。したがって、男女の情愛が芽生えるかどうかは二の次であった。

このような制度下にあっては、女性の側の性的ルーズさや不貞は、社会的な暴発とみなされ、要警戒とされた。一方、男性は大幅な自由を謳歌し、社交生活や性生活の幅を広げることができた。家長としての義務に支障をきたさない範囲においてではあるが。

事実、裕福な男性は、第二、第三の夫人、つまりは愛人を「囲う」ことが許された。また経済的な余裕さえあれば、芝居小屋や料亭のひしめく大都会の遊里に足をはこび、気の利いたやりとりや、歌や踊り、それに専門的な訓練を受けた女性の性的魅力に接することができた。

これらの女性も、下はそのものズバリの遊び女から、上は高名な「おいらん」にいたるまで多種多様だったが、後者はよほど入念な「かよい《コーティング》」を経て、はじめてねんごろな関係に入れるほど、格式が高かった。

欧米社会であれば、普通の社交生活の一環をなす「くどき」や「かよい」が、日本の上品な社会にはまったく欠落しているままに、日本では花柳界がそれを代行してきたのである。

封建制後期の日本の状態は、実は欧米にもないわけではなかった。ただ日本では、十九世紀の半ばすぎまで、それが公然と大手をふっていた、というちがいがある。今日のように急激に変化している日本で、当時の慣習や態度がいまだに残っているのも、考えてみれば当然である。見合い結婚はその一例である。たしかに一九二〇年代このかた、欧米流の恋愛結婚で結ばれる若い人が増えていることは事実だが、見合いはまだ日本の社会制度の一部を形づくっている。

現在では、結婚をめぐる状況はかなり混沌としている。女の子がいまなおきびしくしつけられている上に、日本人が集団で行動する傾向も加わって、若いカップルが二人だけで行動する度合いは欧米よりも少なく、一対一になったときの若者が、ぐんと恥かしがりなのもそのせいである。結婚にまで進む若者も少ないとはいえないが、しかるべき相手はやはり家族にみつけてもらう方が、という若者もいる。

むろん、自分の好みをまげてまで家族の意向に従わねば、と思っている若者はいない。若い男女のさいしょの出会いは、お互いの家族が面倒をみるので、当人同士がよいということになれば、結婚のはこびになる。

のみならず、結婚式の際に主役を演ずるのは媒酌人で、たとえその結婚が恋愛結婚の要素をもっている場合でも、それは変わらない。このやり方の結構な点は、よほどひどい心身の障害でもないかぎり、結婚希望者はだれもが相手をみつけるのに不自由しない、ということである。

このようなしくみのもとでは、男女の情愛が真に生まれるのは、やはり結婚後であって、それ以前ではない。その上、いくつかの外的条件が加わり、男女間の情愛は、欧米ほどには夫婦生活の中心的な部分になりきらない。

通勤に長時間を要し、休暇も短く、土曜日も完休ではなく、社交生活は主に男性にかぎられている、というような条件のために、日本の夫婦がいっしょに過す時間は、欧米の通常の例よりもうんと少ない。日本人が超勤をいとわない、という事情も介在してくる。

大部分の家がせせこましい上に、子供をはさんで就寝するという日本的慣習も、男女間の情愛に水をさす。加えて、男女の情愛をうとみ、女性劣位をきびしく定めた近代以前の考え方も、とくに旧弊な人々の間では完全に消え去ってはおらず、男女間のきずなにまつわるぬくもりを淡いものにしている。

道徳面での二重基準も、欧米諸国のいくつかと比べると、日本の方がつよく残っている。若い女性の一部は、欧米の同年配の女性と同様、婚前交渉の自由を享受しているが、総じて日本の少女は、少年ないしは欧米の多くの少女と比較すると、性についてはきびしくしつけられている。有夫の婦人についても同じで、貞淑さへの要請は、夫の場合よりもはるかにきびしい。家族ぐるみならともかく、それ以外の社交はないに等しい。

少数の上流階級の場合には、主人同道、外国人を含む公式な晩餐会などに、借りてきた猫よろしく嫌々ながら出席することもあるが、これはあくまでも例外で、家族もちの女性が主人といっしょにパーティーや食事の会に出かけたり、お客を自宅でもてなすことはない。家が小さすぎて、自宅に客を招くことがむずかしい、という事情があるからでもある。主婦の接触範囲は、夫と子供、二、三の身近な親類、むかしの学生仲間のだれかれ、それにPTAの活動ぐらいに限られている。

一方、夫はといえば、しごと仲間——その中には若い未婚女性が含まれる場合もある——と、けっこう羽を伸ばす。職場の仲間としごと帰りに、どこの都会にも付きものの繁華街に足をのばし、一軒のバーをえらび、ときには数軒のバーをはしごするというのは、よくある風景である。

そこでは芸者の伝統をいまに伝えるホステスが待ちかまえていて、おもしろおかしく話に誘いこみ、適当に男のエゴをくすぐり、触れなば落ちん風情を示し、その結果、ややこしいことになったり、ホステスによっては愛人、ときには主婦の座を得て、金銭の苦労や不安定な身分にさよならする、という場合もある。

まわりの環境はたとえ同じでなくても、今日のバーの雰囲気は、封建時代の遊里のそれに似かよっている。


いままで述べてきたことが、すべて変わりつつあることは、いうまでもない。わずか数十年の昔、たしかに日本女性は打ちひしがれた存在であったし、いまなお、欧米人の目にはそう映ずることもあるが、今日の日本女性は決してそんなものではない。おもてづらだけを見ていては、本当のところは分からない。

夫婦とも、人前では愛情をあからさまに表現しないのが常であり、夫によっては自分の細君をわざとぞんざいにとり扱ったりするが、これは家族に話しかけたり、家族について語る際の約束事という面もある。たとえばつい最近まで、古風な男性が自分の配偶者を「愚妻」と呼びならわしていたなどは、その一例にすぎない。

同様に、自分の主人を他人の前で褒《ほ》めることなど、ほとんどの既婚婦人には考えることすらできない。これらは、古い制度から引き継いだ表面的な慣例という面がつよい。それだけに、婦人の地位が平等に近づき、夫婦の間には強い情愛のきずながあってしかるべきだ、という考え方が勢いを得るにともなって、実際は大きな変化が進行しつつある、とみるのが正しい。

これらの傾向を如実に示すものとして、ささやかな例を引いておきたい。

一九二〇年代、私は妻が夫を憚《はばか》るように一歩おくれて歩いていたこと、そして赤ん坊や荷物をもつのは妻であり、夫はいかにも堂々と先頭を切っていたということを、はっきりと記憶している。ところが時の流れとともに、妻が夫に近づき、いまでは夫と並んで歩くにいたったこと、そして、赤ん坊や荷物をもつのは、むしろ夫の方が多くなったことを目のあたりにしている。

マイカーを運転するのも、夫だけでなく、妻と半々ぐらいになってきている。また一昔前なら、夫が家事を手伝うことなど考えられもしなかったのに、いまでは食事のあとの皿の始末に手をかす夫の数はふえつつある。バーのはしごや、アバンチュールは一切許さないと、夫に宣告する細君も一人や二人にとどまらない。

この種の傾向がどんな速度で、どこまで進行するかについては、だれも予測できないが、その方向だけははっきりしている。つまりは、お互いに放縦を認めあうにしろ、それともお互いに尊敬しあい、貞節を尽くしあうにしろ、男女に共通な単一の基準という方向である。

いま一つ、日本女性の地位についてのイメージが、必ずしも正鵠《せいこく》を射ていなかった場合がある。すでに触れたように、封建制や儒教の影響で、男性優位主義が覆いかぶさってきたにもかかわらず、元来、日本は母系的な社会であり、母系社会の要素はその後も長く尾を引いてきた。

このことを垣間みせてくれるのは、たとえば中世期において、女性にも男性と同じ意志力と勇敢さとが求められた、という事実である。

　現代において、女性の方が男性よりも意志の力と心理的強靭さにまさる、というのは通説になっている。しかも、現代の日本の家庭が母親を中心に展開し、父親ではなく母親によって支配されていることは疑う余地がない。

　なるほど経済面での支えになっているのは父親だが、こと家庭内の事象に関しては、ほんの端役にすぎない。家計も母親の専権事項に近く、父親が母親から一定の小遣いをもらう例も、それほどまれではない。

　その上、小さな子供がおきているときに、父親はほとんど家を空けている。したがって子供の生活は、主として母親とのそれであり、それだけに子供の成績を気にかける「教育ママ」が生まれるのも道理である。

　アメリカの『ブロンディ』という連載漫画をはじめ、映画やテレビの家庭喜劇は、細君の尻に敷かれ、ヘマばかりをやらかしている父親を戯画化していることが多いが、これは日本でも長期にわたって人気を博した。社会的背景のちがいを超えて、日本人にも完全に理解できるからである。

　フロイト流の精神分析学にいう「圧制的な父親」は、日本人の心理構造には存在しないに等しい。ところが、フロイトがとり上げたいま一つの問題、つまりは男児が母親に極度に惹かれ、もたれかかるという現象は、心理的には大問題である。これがいわゆる「甘え」の症候であることは、すでに見てきたとおりで、たとえば夫が妻の「大きな赤ちゃん」よろしく、子供同様に世話を焼かせ、大事にしてもらわなければ手におえないことや、かつての芸者、今日のバーのホステスなど、他の女性から特別な注意を払われ、チヤホヤされなければ満足しない、などというのはその具体的なあらわれである。

人間的なよわさを示し、家庭内の問題の火種をつくるのは、むしろ夫に多い。他方、妻の方は強い性格をもち、つねに「貴婦人らしく」ふるまい、家族をまとめていくことが期待されているが、概して彼女らはその期待にちゃんと応えている。


このように、一家の中心は母親としての妻であるかもしれないが、いったん広い世間に出れば、女性の地位は圧倒的に劣位にある。

中学三年までが義務教育の日本で、高校に進学する生徒は九割を上まわり、この段階までは女生徒も男生徒と変わりないが、それ以上の教育となると女生徒はがっくりと下降する。

短期大学生の大半は女性だが、短大というのは、いわば花嫁学校程度の存在でしかなく、ややもすれば結婚に備えて、ひととおりのお稽古ごとを教えるだけのものと見下されている。

四年制大学となると、女子学生の数は際立って減り、一九五〇年には、四年制大学生のうち、女子学生の占める比率はわずかに二パーセントにすぎなかった。女子大学——その大半はキリスト教関係である——もいくつかあるが、他の大学——いずれも今日では男女共学である——に関するかぎり、女子学生の割合は五分の一で、一流大学となると一〇パーセントそこそこでしかない。しょせんは家庭の主婦に納まるだけの女子にとって、四年間の大学課程はもったいない、ということでもあろうか。

日本人の結婚は、概してアメリカ人よりもおくれている。女性が平均二十四歳、男性が二十八歳で、アメリカと比べると三歳ほどおそい。

したがって、女性の大部分は学業を卒《お》えてから結婚まで、四年から八年の時間があり、その間に労働市場に身をおくのである。学歴が低い場合には、繊維や弱電などの軽工業に入るか、ウエイトレスや売り子やエレベーターガールのような労働に従う。学歴が少し高い場合は、秘書やOLになるが、男性にお茶をくむのがせいぜいで、大したしごとはやらせてもらえない。いずれの場合も、腰かけ的なしごとなので、終身雇用、年功序列のエスカレーターにのって、賃金がたえず上昇する、ということもない。

婚期がおそいのと、子供の世話にかまける度合いが高いこともあり、日本の家庭婦人があとで再就職する例は、アメリカよりも少なく、しかもかなり年とってからである。しかしその際も、終身雇用や年功序列の恩典からは、はじき出されている。

にもかかわらず、全婦人の半分以上は働いており、勤労婦人は全労働力の四割——ただし圧倒的にその下位に位しているが——を上まわっている。

農業においては、婦人の役割はもともと大きかった。ところが戦後にいたり、農村出身の子女が、金まわりのよい都会の職場を求めて離農する例が増えるにともない、さらにその重要性を高めた。一方、父祖の業を継ぐべく農村にふみとどまった青年は、結婚相手をさがすのに難渋した。

このような条件が重なりあい、農村での主婦の地位は相対的にせり上っていった。しかも、主人公自身が農業を捨て、近郊の工場に通勤したり、都市に移り住んだりする例もふえた。住みつく場合もあれば、一定の季節だけ出稼ぎに出かける場合もある。

このように、家族が分散し、農村地帯から、働き盛りの男性が出払ってしまったことで、困難な社会問題がひきおこされた。同時に、主婦こそが農作業の主たる担い手、という状況も出来《しゅったい》した。彼女を助けるのは、わずかに年老いたしゅうと夫婦がいるばかりである。

教育を受け、自分自身の生活設計《キャリア》をもつ女性も、むろんいないではない。ただその数は、欧米の先進工業国の大部分と比べて少ない。中小企業には女性の幹部もかなりいるが、大企業では皆無に近い。高級官僚の座を占めた女性も、ごく少数にすぎない。

一方、教育の場に身をおく女性はかなり多く、小学校段階で全教員の半分を占めるほか、中高、短大、女子大でもかなりの人数を擁している。女性医師の数は少なくない。婦人裁判官も、とくに家庭裁判所には散見する。婦人議員の数は、欧米とほぼ同数で、衆議院に七名（一九七九年現在）が議席を有するほか、参議院ではそれをかなり上まわっている。

文学、芸術分野では高名な女性も多く、ジャーナリズムにおいても、ささやかな地歩を占めている。

婦人の半分以上は、ご多分にもれず婦人会だのPTAだのと、さまざまな組織に属している。PTAの運営は、事実上、母親の専権事項であって、PTAを通じて各種の市民運動や地域住民運動に活発にかかわっている。ただ、より高次元の活動となると、やはり男性に占められ、女性が入りこむ余地は全くないか、きわめて少ない。

とはいえ、過去一世紀、なかんずく第二次大戦以降、女性の地位が大幅に変化したことはまちがいなく、こんごとも変化しつづけるであろうことも明らかである。一九四七年に施行された現行憲法も、両性の平等を明確にうたっており、平等と女性の尊厳の拡大とに大きく傾斜している。この点に関する憲法のくだりを以下に引用しておくことも、あだごとではあるまい。

すべて国民は、法の下に平等であって、人種、信条、性別……により、政治的、経済的又は社会的関係において、差別されない。……婚姻は、両性の合意のみに基いて成立し、夫婦が同等の権利を有することを基本として、相互の協力により、維持されなければならない。配偶者の選択、財産権、相続、住居の選定、離婚並びに婚姻及び家族に関するその他の事項に関しては、法律は、個人の尊厳と両性の本質的平等に立脚して、制定されなければならない。

このように、女性はいまや完全な法のもとの平等を与えられている。一例をあげるなら、戦前の法律では、男性の離婚は容易だったのに、女性の離婚は不可能に近かった。ところが今日では、離婚の申し立ては、むしろ女性が多数を占めている。ただし、アメリカの離婚率と比べてはるかに低いのみならず、五十年前の日本よりも低率であることは指摘されてよい。事実、日本の離婚率は、アメリカの十八分の一にすぎない。

一つには、日本の労働市場では、年配の婦人への賃金が差別的に安いため、夫と別れた婦人がまともな暮らしを立てていくことが、アメリカよりもむずかしいからであり、いま一つの理由は、再婚がアメリカほどたやすくない点に見出されよう。

近年にいたり婦人の地位の向上にいちじるしいものがあるとはいえ、社会的な制約や雇用にまつわる差別待遇にはあいも変わらずきびしいものがある。一九七一年においてすら、婦人の平均賃金は、男性の半分以下でしかなかった。社会的、経済的平等への道は遠い。

このような状況があるにもかかわらず、なぜ「ウーマンリブ」という運動体が、日本では現状に止まっているのか、欧米人の中には奇異の目を向けるものがいる。

近年になって手に入れた進歩向上があまりにもいちじるしいために、それを消化するのに忙しい、というのがその理由の一端であるかもしれない。第二次大戦前と戦中、さらには戦後の経済好況のなかで、労働力が不足したために、女性の経済的役割が増大し、その結果、経済的自立への機会が増したことは事実である。

台所や家庭全般の機械化がすすみ、洗濯機、掃除機、それに電気炊飯器を筆頭とする家庭電化製品などの普及は、家内労働の桎梏《しっこく》から解き放ち、外向きのしごとや活動への時間的余裕を与えたこともかかわってこよう。

このような要素が、戦後の法律面でのプラスや巨大な社会変化とからみあって、女性のもつ機会を次々と拡大し、いまなお拡大の一途をたどっているのが実情である。

ウーマンリブが日本女性にさほど受けなかった最大の理由は、それが彼女らのやり方にそぐわない、ということであろう。一つには、常に「貴婦人らしくあれ」という思いに捉われているからでもあろう。だが、より根本的な理由は、欧米の女性が従来「弱きもの」とみなされてきたために、「窮鼠《きゅうそ》かえって」式の反発がサマになるのに対し、それが日本女性の好みには合わない、という事情があるからであろう。彼女たちこそ、家庭内における圧倒的優位をほこりとする「強きもの」に、明らかに所属するからである。

21　宗　教

もし本書が南アジアないしは中東の民族をとり上げているとすれば、恐らくは宗教についての考察から説きおこすのが妥当であろう。大部分の国々の場合も、もっと早い段階で、より十分な省察を宗教に加えることが必要とされよう。

ところが、日本では、宗教はほんの周辺的な地位を占めるにすぎない。十七世紀以前においては、欧米と類似した役割を演じていたが、欧米ではさいきんになってやっと顕在化した世俗化傾向が、ここ日本ではすでに三世紀以上の長きにわたって着々と進行、宗教を周辺的な地位に追いやったのである。

日本社会の世俗化現象は、儒教の哲学的背景によってもたらされた。すでに中国には九世紀以後、朝鮮半島においては十五世紀以後、儒教は同じ影響を与えていたが、日本もまたその例外ではなかった。

儒教を欧米人は、当の東アジアとはちがって「孔子教《コンフューシャニズム》」と呼びならわしているが、孔子は紀元前五五一年から四七九年にかけて生存した、古代中国の哲学者である。ただ儒教がその形態をととのえたのは、下って十二世紀のことであった。

儒教が強調したのは、理法にかなった自然の秩序であり、人間はその調和した一環とみなされ、きびしい倫理的な法に基づく社会秩序が尊ばれ、国は学識と優れた倫理的な知恵の所有者によって統治されるべきであるとした。四書五経《ししょごきょう》などの文献が尊崇されたが、聖職者は不在で、宗教的な儀礼も少なく、なによりも「神」という観念は存在しなかった。礼拝もなく、あるものは支配者に対する「忠」、父親に対する「孝」であり、それにしかるべき社会的儀礼や礼儀を順守することを中心に、正しく考え、正しく生きることが強調された。

儒教の古典、仁義礼智信の五原則、歴史の重視など、儒教のもつ特色が日本に渡来したのは、六世紀から九世紀にかけてであり、これは中国の巨大な影響の第一波であった。だが儒教はとかく仏教の影にかくれ、十七世紀、中央集権的な徳川幕府の登場とともに、政治との関連性が従来になく認識され、ようやくにして出番を得るにいたる。

その後、儒教哲学の各流派は思想界に君臨し、儒教的理念は社会を覆うなど、十九世紀初頭までの日本人をして、中国人や朝鮮人に匹敵する「孔孟《こうもう》の徒」たらしめた。政治制度自体が、すこぶる非儒教的な封建制であったのとは好対照をなした。

だが、哲学体系としての儒教は、十九世紀の一大変革期を生きのびることはできなかった。その宇宙観は、欧米の近代自然科学の知見とすり合わせた際には、あまりにも不正確であるとみなされ、その道徳的価値観は旧来の社会・政治制度と結びつきすぎ、欧米の脅威を目前にしては、その放棄は、欠くべからざる時代的要請とみなされたのである。

徳川期以来の教育機関を東京大学に改組するに際し、新政府は昌平黌《しょうへいこう》を完全に放棄し、旧機関のうち欧米の自然科学、医学に関連のある部門だけに重点をおいた。

むろんわずかに生きのこった儒者連は後退を余儀なくされつつも抵抗をこころみ、折あるごとに儒教の用語や概念を新制度に押しこもうとはかった。彼らの抵抗が結実した顕著な例は、一八九〇年、憲法の採択と時を同じくして公布された教育勅語であった。国民教育について触れるところがきわめて少ないこの文書も、儒教の影響はあらわで、国民の皇室に対する義務と、仁義礼智信の徳目を、儒教用語を使ってうたい上げていた。

このように、古い世代の後退とともに、天下公認の思想体系としての儒教は完全にその姿を没し、わずかに儒教的な考え方が生き永らえたにとどまった。

現代の日本人は、徳川期の先人とは異なり、明らかに「孔孟の徒」ではない。だが、彼らの価値観や倫理観はいまだに儒教的なものを色濃く残している。伝統的な哲学や宗教のなかで、儒教ほど大きな影響を残しているものは、おそらく他にはあるまい。日本人が全幅の信頼を自然科学、進歩と成長という現代的な理念、普遍的な倫理基準、それに民主的な理想や価値に寄せている背後には、儒教的な筋が何本か通っており、それがいまだに見え隠れしている。政治とは道義に基礎をおくべきだとする信条、対人関係や人間的誠実の重視、教育や勤勉への信頼などが、その具体的な項目である。

今日、「孔孟の徒」を自認する日本人はほとんど皆無だが、ある意味では一億みな「孔孟の徒」といえなくもないのである。

日本の宗教のなかで、もっともキリスト教に類似しているのは、仏教である。死後の生を説き、個人の救済を問題にする点においてである。東アジアからははずれたインドに発生したという事実を見ても、それがわかる。哲学や宗教に関するかぎり、インドはむしろ欧米に近く、東アジアからは遠い。

歴史的存在としての釈尊は、孔子とほぼ同時代人で、インド本来の思想である生の無限の流転と、前世が現世を、現世が来世を決めるという考え方に端を発し、それに、生は苦であり、苦は人間としての執着や欲望に由来するものである、という見方を付け加えた。

ただしこれらの欲望も、釈尊の教えに従えば克服可能であり、かくして人間は解き放たれ、「無」つまりは「涅槃《ねはん》」の境地において、苦渋なしに宇宙と一体化することができる、と説いた。やがてこの教えは「三宝」を尊ぶよう力説するにいたる。「三宝」とは「仏・法・僧」の三つで、それぞれ、仏陀と、大部な経典に盛られた教義と、僧伽《そうぎゃ》すなわち僧院を指す。

東アジアに広まった仏教の一派は、「大乗」と呼ばれる。「大きな乗り物」がその原義で、スリランカや東南アジアの多くにのこる「テーラヴァーダ」つまりは「長老派」と対比される。大乗仏教（の一部）は、極楽往生、つまりは救済を説いたが、これは原始仏教のいう「涅槃」よりは、むしろ西欧の「天国」に近い概念である。

それはまた、歴史的存在としての釈尊のみならず、諸菩薩を筆頭とする諸仏をも礼拝することを教えた。菩薩とは、他者を「度する」ために、あえて正覚《しょうがく》を得る一歩手前でとどまっている存在のことである。

日本での大乗仏教は、その力点のおきどころに従って、三つに大別することができる。その第一は九世紀に出現した「密教」で、教義のみならず、修法や美術をも重視した。その第二は、一世紀おくれてあらわれた、信心を通じて救済にいたる道を強調した教派で、とくに西方極楽浄土にいます阿弥陀仏、ないしはすべての「有情」、つまりは「動物」の救済を約束した「法華経」への信心が救済への道であると説いた。十二世紀から十三世紀にかけて生まれた「新仏教」は、いずれもここに淵源するが、浄土宗、真宗、日蓮宗などがこれであり、今日なお最大の教勢を有している。

第三は、自己規制と静慮を通じて救済を目指す自力の教えである。この行き方は、臨済、曹洞の両宗として、それぞれ一一九一年と一二二七年に立宗する。禅宗は座禅と公案の二つの修行方式をつくり上げ、悟りと同時に、人格形成にも資すことを目指している。

仏教が日本に伝来したのは六世紀で、それ以降、北ヨーロッパでキリスト教がはたしたとほぼ同じ役割、すなわち高級文化全体の伝達者としての役割を演じた。建築、彫刻、絵画など、さまざまな面でのその後の芸術的表現は、仏教と結びついているが、これは西欧の場合におけるキリスト教と同様である。

僧院はまた西欧におけると同じく、裕福な地主となり、ときとしてかなりの勢威を、政治、軍事の両面でふるった。十五、十六世紀には、一般の平信徒の集まりですら、政治的に活発に動いた。いずれにせよ九世紀から十六世紀にかけて、仏教の浸透力は、知的世界、芸術、社会、政治など、日本の各界各層に及んだのである。

ところで仏教の影響は、三世紀にわたる世俗化を経た今日では、そう残ってはいない。極楽浄土とか魂の輪廻転生というたぐいの仏教的な観念も、民俗次元や説話にはまだたゆたっているが、それを行動原理にしている日本人は多くはない。僧院や寺院も日本の風景を色どってはいるものの、社会のいわば背景としてひっそりと存在しているにすぎない。それに戦後の土地改革は、少なからぬ数の農村部の寺院から寺有地をとり上げることで、足腰が立たないほどの経済的打撃を与える仕儀となった。寺有地からのあがりで、寺院経営は成り立っていたからである。

寺院を訪れ、仏説に救済の慰めを見出す人の数も皆無ではない。寺院の敷地は、近くの子供たちにかっこうの遊び場を提供している。葬儀のほとんどは仏式でいとなまれ、寺院に付属する墓地は、火葬に付された遺骨が葬られる場である。ちなみに火葬の習慣はインドから渡来した。

家庭によっては先祖代々の戒名を記した札を小さな仏壇の前においている。

なお徳川幕府がすべての住人を、仏教寺院の檀家として登録を義務づけたために、日本の家庭はすべてある特定宗派に所属している。これは「隠れキリシタン」の摘発を目的とする施策だったが、いまでは、その家族の墓所が所在する寺院が何宗に属しているかを示す以上のなにものでもない。

ほとんどの寺院や僧院は、今日でも儀礼を守ってはいるが、それに参加する僧侶の数は、痛ましいほど少ないことがある。宗派によっては、近年にいたり、新しい活力を知的・宗教的活動の面で身につけたものもあるが、キリスト教の宣教活動に対応する、というのがその理由の一端だった。刊行物を通じての教宣活動や学校の設立がこれであり、東アジアやアメリカを対象に、宣教運動も手がけられた。

戦前は軍人、戦後は実業家にときおり見られるように、禅を実践する現代日本人もいるにはいるが、その数は少なく、しかも彼らの主たる関心は、仏教流の悟りに到達することよりも、むしろ人格の練磨にあることが多い。

このように現代日本人の生活には、仏教の痕跡は、バックグラウンド音楽にも似た形で随所にみられるものの、仏教をその知的もしくは情緒的生活の上で、ライトモチーフとしている日本人は、決して多くはない。

日本の諸宗教のうち、もっとも日本的な特質を誇る神道も、現代の都市化した日本では、後方に退き、わずかに背景を形づくっているにすぎない。

初期の神道は、自然現象への拝跪《はいき》を中心とするアニミズムであった。太陽、山岳、樹木、河川、岩石、それに生殖過程のすべてが崇拝の対象だったのである。トーテム的な祖先は神と呼ばれて崇拝され、人間と自然との間に区別は立てられなかった。神への崇拝は、各神社への献《ささ》げもの、祈願、それに陽気な祭礼という形をとった。神社への入口は鳥居でしきられている。ご祭神は皇室の遠祖、土地の「氏」の祖先、稲の神、それに大きな山、美しい滝、ひいてはちょっと形が珍しいだけの樹木や岩石などで、そのそれぞれに神社がささげられたのである。

神学体系もなければ、倫理的な観念すら存在しなかった。あるものといっては、死やけがれを忌みきらうことと、儀礼を通してけがれを洗い清めることだけであった。

仏教とちがい、死後の生に神道が全く無関心であったこと、それに大乗仏教が非排他的でふところが深く、その伝播の過程で土地の土俗信仰を受け入れていったことが重なり、仏教と神道とはお互いに肌を合わせ共存への道を歩んでいった。神道の社が、仏教の僧院の共同管理下に入る、というのもしばしばだった。欧米はいうまでもなく、南アジアや西アジアにも共通する、人はすべからく一つの宗教に絶対的に帰依すべきであるという考え方は、日本人の採るところではなかった。近代以前の日本人は、仏教徒であると同時に神道信者でもあった。その上に「孔孟の徒」の側面も、十分にもっていることが多かった。

近代以前においては、神道は明らかに仏教に従属していた。仏教の真理や諸神諸天が普遍的な存在であるのに比し、神道はそのローカル版とみなされていたのである。しかし十六世紀以降、仏教熱は下降の一途をたどり、反面、日本の土壌に由来する神道は、建国神話や皇祖皇宗主義と結ぶことで、新たな注目を集めた。日本が民族主義への傾斜を深め、やがては天皇親政にその国家的統一の根拠をみようとしていたことが、これに拍車をかけた。天皇への尊崇を軸とする神道復活の動きは、勤皇運動の一環として、やがては旧幕府を倒し、一八六八年の王政復古に連なる原動力の一部を形成したのである。

明治維新の指導者は徹底した排仏論者たちで、神道と仏教とを容赦なく分離し、神道中心の政治制度を敷くことをいったんは試みたほどであった。ほどなく彼らも、それが欧米流の政治形態となじまないことに思い至ったが、歴史的に由緒のある神社への国家扶助制度をつくり上げたのみならず、たとえば明治神宮や靖國神社などの新しい官幣大社《かんぺいたいしゃ》を創設した。前者は明治帝を、後者は国難に殉じた軍人を祀るもので、いずれも東京にある。

政府は日本には完全な信教の自由が存在する、とのうたい文句を損わないために、国粋的な「国家神道」は、宗教にあらずして愛国心の表明であると規定した。ある意味ではこの主張は正しかった。というのは、なるほど国家神道は神社での礼拝を強制し、御真影という名の天皇皇后の写真や教育勅語――これは全国の各学校で奉安された――に対する尊崇を定めた点で、形式的には宗教の領域に入りこんではきたが、その本質は神道の基本的な姿勢とは無縁な、人為的な作為にほかならなかったからである。むしろそれは、現代の国家主義的なものに由来し、第二次大戦前夜の国家主義の狂騒のなかで、その頂点に達した。

戦後、アメリカの占領軍当局は、「国家神道」をもって、超国家主義の危険なあらわれと断じ、はげしく非難、戦前戦中の軍国主義や愛国心に対する反発が一般的であったことも手伝って、「国家神道」は全くその姿を没した。占領軍当局はまた、きびしい政教分離の実行を迫り、由緒ある神社はいずれも国庫補助を失って、昔ながらの経済的自立に立ち戻ることを余儀なくされた。有名ないくつかを除いて、多くの神社がいちじるしい財政困難におちいったのはこのためである。

一般の尊崇が厚く、新しい財源をつくり出すことのできた神社もあるにはあったが、宗教関連の組織への国庫補助の差しとめは、少なからぬ打撃を当の宗教機関に与えただけでなく、私立大学に対する政府の助成をおくらせる結果をも招いた。私立大学のなかには、仏教、キリスト教はもとより、神道関係のものもかなりあるからである。

「国家神道」の退場とともに、神道はいっそう周辺的な存在へと追いやられた。各種各様の神社が全国いたるところに点在し、景勝の地を占めているものも少なくはないが、その多くは、ひそかな凋落のおもむきを呈している。

修法の霊験を信じ、祭神に祈りをささげる少数の信者が参拝するほか、自然の景観に恵まれている場合には、たくさんの観光客を集めることもあり、たとえば皇祖天照大神《あまてらすおおかみ》を祀る伊勢の皇太神宮のように、政府の最高首脳が、戦前もかくやと思わせるような形で参拝することもある。一方、明治神宮は、国民的な存在として、ワシントンのリンカーン記念堂に近い地位を占めつづけ、靖國神社の役割は、無名戦士の墓のそれに匹敵している。

子供のお宮まいりも、生誕直後、七五三のお祝い、それに年に一度の雛祭り（女の子の場合）、端午の節句（男の子の場合）など、あらかじめ決められた日には、かなり盛んである。神社での結婚式も決して少なくない。そのほか「神棚」をしつらえ、お供えものをささげる個人の家庭もまま見られる。

伝統的な神道がいまに息吹いているもっとも目ざましい例は、ちょっと名のある神社なら、どこもが決まった日に毎年とり行なう祭礼の華やぎであろう。

この日、神社の境内には出店や屋台が立ちならび、商いが活発に行なわれるほか、ご神体はおみこしに鎮座ましまし、いっぱい機嫌の土地の若者にかつがれては、騒々しくあたりを練り歩く。

祭礼はその土地にとっては、いまでも生活の重要な節目であり、とくに農村部ではそうである。ただし祭礼によっては、もったいぶった歴史ページェントに変容したものもあれば、都市部では、行進曲や太鼓がお目当ての、宗教とは無縁な行事と化していったものもある。

このように、神道はいまなお日本人の生活の一環を形づくり、民話説話のたぐいは、神道起源の諸要素にみちみちている。日本人の自然愛好癖や自然との一体感も、神道の考え方に起因していることが多い。とはいえ、現代日本人で、神道の伝統のなかに、社交活動や気晴らしの源泉を見出したり、人生そのものの拠りどころを求めたりする者はごく少数である。

仏・耶・神ということばが象徴するように、キリスト教もまた、他の二つの宗教と並んで、日本の三大既成宗教の一つと考えられているが、仏教と異なるのは、外来宗教とみなされている点である。

日本にさいしょにキリスト教が伝来したのは、一五四九年、かのイエズス会の会士、聖フランシスコ・ザビエルによってであった。その後約十年間、キリスト教は他のいかなる非西欧の国よりも早い速度で伝播し、ついには五十万人もの信徒を数えるに至った。当時の人口を考えると、その比率は今日のそれを大きく上まわっている。

しかし秀吉、下って初期の徳川将軍らは、キリスト教をもって政治的統合に対する脅威と捉え、仮借ない弾圧を加えることで、数多くの殉教者を生み出し、下って一六三八年までには完全にその息の根をとめてしまった。

キリスト教に対する強烈な敵意は、十九世紀の日本人にもひきつがれた。しかし、キリスト教に対する欧米諸国の強い感情を知るに及んで、一八七三年、政府は暗々裏に禁令をとき、ついには信教の完全な自由を認める政策を公然と打ち出した。

だが、教勢の拡張は、前回とくらべて遅々としたものでしかなく、今日においてすら、キリスト教徒は全人口のわずかに一パーセント以下、実数で七十五万を数えるにすぎず、この数字を新教徒と旧教徒とが、ほぼ半分ずつ分けあっている。

明治維新あけに、主としてアメリカの宣教師がもたらした新教は、多くの旧士分階級の若者に受け入れられた。とくに幕府方で戦い、一敗地にまみれた優秀な若者は、すでにその権威が地を払った儒教にかわる新しい倫理観や人生哲学を、キリスト教に求めたのである。彼らは自主独立の気概をキリスト教会に注入した。当時の知的指導者の一人、内村鑑三の手になる「無教会運動」は、その好例であるが、その契機となったのは、欧米の新教各派間にみられた内部抗争であった。

第二次大戦中、政府は統制のため新教各派を統合したが、その結果、日本基督教団が誕生をみた。今日でも、全新教運動の四〇パーセントほどは、同教団の傘下にある。

近代日本におけるキリスト教の影響力は、信者数から想像される度合いをはるかに上まわっている。総数こそ少ないが、キリスト教徒は教育水準の高い、指導的な階層に多くみられ、それだけに信者数をこえた影響力を日本社会に行使してきた。

この事情を説明するいま一つの要素は、西欧文明の一大要素としてのキリスト教が、広く一般の日本人の興味と好奇心をあつめた、という事実である。仏教の沿革や教義についてよりも、むしろキリスト教のそれに通じているというのが、大多数の教育を受けた日本人の実体であろう。一方、クリスマスのデコレーションが各百貨店によって先を争って飾りつけられ、ショッピング街ではクリスマス・キャロルが耳を聾せんばかりにかき鳴らされる、というのも、日本人がキリスト教に親和していることの皮相な証左といえよう。

明治時代、キリスト教が教育、とくに女子教育と中等教育の分野ではたした役割も大きかった。当時とくらべれば、教育におけるキリスト教の役割は大幅に減じたとはいえ、今日でも、私立中等学校や女子大の多くはキリスト教関係であり、ほかにキリスト教立の私大も存在する。

キリスト教はまた、二十世紀初頭、恵まれない人々や障害者に対する社会事業の面でも先鞭をつけた。社会主義運動の草創期におけるプロテスタントたちの存在も際立っていた。のみならず、戦前を通じ、彼らは社会主義運動内部の有力分子でありつづけたばかりか、戦後も、日本社会党の穏健勢力としての重要な地歩を維持しつづけたのである。

だが、キリスト教の影響がもっとも強かったのは、おそらくは倫理という分野においてであろう。日本人による普遍的な価値の追求が高まるにつれ、彼らは多くの倫理観を身につけるに至ったが、それは歴史的にはまぎれもなくキリスト教に由来するものであり、現に今日の日本人もそうみなしている。現代日本の倫理的価値へのキリスト教の影響は、実体はさておくとしても、少なくとも外見的には、仏教や神道のそれを上まわっているというべきであろう。

加えて日本人は、とかくキリスト教徒を人格高潔の士とみなすかたむきが強く、キリスト教の神学には受け入れがたいものを覚えつつも、その信条がいかにも確固たるものであることに対しては、羨望の念を寄せているのである。

このようにキリスト教の与えた知的影響は多大であったが、教勢という見地からみれば、日本では零細な存在にすぎない。一方、神道も仏教も意味のある信条の体系というよりは、単に習俗、慣習次元のものとしてしか、多数の日本人は受けとっていない。

したがって、宗教的な必要を痛感する日本人の多くは、これら三つの伝統的信仰に着目するかわりに、とくに農村地帯や教育水準の低い階層で盛んな呪術的な民俗信仰や、「新興宗教」の名で一括される多様かつ平俗な宗教集団に目を向ける。

前者、つまりは迷信めいた民俗信仰は、通常が神道、仏教、ならびに中国の土俗的な呪術の混合体で、各種各様の、地生えの民俗宗派が存在する。さらに、星まわりとか、日のよしあしとか、占い業者をまともに受けとる日本人の数は、決して少なくない。

一方、後者、すなわち「新興宗教」はその発生の一因を、伝統的な「講」に負っている。

神社仏閣の参拝や、他の宗教的行事のために、既成教団の公的な機構をはなれて組まれるのが「講」であり、これは日本の古くからの慣習であった。

ただ新興宗教がこのように成長してきたより大きな原因は、それが日本人の社交上の必要を充たしてきた、という点に見出されるべきである。とくに都市への人口流入の結果、出身地の宗教団体とのつながりが断たれ、帰属感をもちうる社交グループがないままに、孤立化傾向がつよまっていったことが、この動きを助長した。

したがって、欧米人の宗教的要求が、絶対者との個人的な交流をもつことで個人の力をつよめたいという形をとるのとはうらはらに、「新興宗教」のめざすものは、なんとか社交面での必要を補ってもらいたいとする、日本人一流の内的必要に応えることである。

「新興宗教」はおおむね高度に折衷主義的で、神道や仏教はおろか、ときとしてはキリスト教や欧米の哲学的な影響をも包摂している。その大半は神道を根幹に据えているが、最大の新興宗教である創価学会は、日本仏教の一宗派である日蓮宗の、そのまた一派を外護《げご》する、平信徒の集まりである。

新興宗教が強調するのは死後ではなく現世的な価値で、信心ないしは秘法を通じ、健康、繁栄、自己改善、幸福などが達成可能であると説く。

その一部は、シャーマン的な神がかりを自認する特定個人、とくに婦人によって開教された。他の開祖は、単に道をきわめたと主張するだけで憑依《ひょうい》現象には触れない。これらの宗教の指導者は、しばしば世襲という形をとり、組織面でもタテ社会的なヒエラルキーを構成することが多く、指導者とそれに付き従う多数という、日本的な集団形態をとりがちである。分裂がひんぱんで、とかく信徒の出入りがはげしいのは、これが理由である。

文部大臣に認証された新興宗教も数百を数えるが、知事の認証ベースのものを加えると、膨大な数に達する。公称会員総数は数千万と号せられる。創価学会だけでも、一千六百万を呼号するが、信者の出入りを勘定に入れれば、特定時点における会員数は六百万というところであろう。

新興宗教のなかには、創立以来、かなりの時間が経過したものもある。現在、二百万の公称会員を擁する天理教は、一八三八年にまでさかのぼることができる。開祖は一人の貧しい農婦であった。他方、第二次大戦以降に創設ないしは今日の大をなした新興諸宗教もあり、創価学会はその一つである。また大新興宗教は、とかく広壮きわまりない本部を設け、大がかりな祭典や集会を催すかたむきがつよい。

政治への直接関与をこころみたのは、わずかに創価学会があるのみで、彼らは公明党を創設、現実政治の場に進出したが、その後にいたり、公的には両者は分離された。いずれにせよ新興諸宗教は、信者に対し高度に組織された、いわば防御用の「傘」をさしかけ、研究会や社交の場を提供することで、彼らの精神的な必要よりは、むしろ社交上の必要を充たしているかのごとくである。

このようにみてくると、日本の宗教事情がきわめて錯雑し、不分明なものであることがはっきりする。なるほど神社仏閣は随所にみいだされる。日本人の大半の生活が、神社の祭礼、神棚、仏壇、神式による結婚式、仏式による葬儀、その他の通過儀礼、と宗教的行事に色どられていることも事実である。

しかし七割から八割の日本人は、たとえ一つないしはそれ以上の宗教に「籍」をおいているとはいえ、特定宗教の信者であると、自らをみなしてはいない。日本人の倫理はその大半が儒教ならびにキリスト教に由来している。よしんば儒教に「所属している」

日本人が皆無で、キリスト教人口が一パーセントを切っていようともである。

宗教的な慣習として定着したものの多くは、仏教と神道の流れをくんでいるが、当の宗教自体を信じている篤信者はまことに少ない。そして宗教に熱心な少数者の宗教生活も、民俗信仰に向けられるか、新興宗教に向けられるかのいずれかで、その威信は低く、広範な影響力はもちえないのが実情である。

22　心理的諸傾向

いままで述べてきたことは、日本社会のもつ特定の側面を部分的に描写したにすぎない。日本のように人口の多い複雑な人間集団には、豊かな多様性や例外も少なくないことを承知の上で、あえてそれには目をつぶり、行動の規範に類することに焦点をあててきた。

日本社会の特色のなかには、お互いにうまく整合するものもあれば、嚙み合わないものもある。私の用意した目の粗いネットにひっかからないもので、ぜひ注目しておかねばならない特色もある。

知的面でさほど創造的でない日本人とはよくいわれることだが、この一般論などはさしずめその一例であろう。日本人が芸術面で独創的であることを疑う余地はないが、思想、哲学などの面での業績はいささか見おとりがする。近代日本の思想家で世界的に注目に値する存在は、言語の障壁が立ちはだかっていることは事実であるとしても、一人もいないのが実情である。

基礎科学への貢献も数多くはなく、ノーベル賞授賞者に選ばれた科学者は、三人にすぎない。工業面での日本の勝利も、自前の科学的発見に拠るよりは、むしろ外国の技術の借用もしくは適用に長けている、という点に負うところが多い。政治思想、哲学、それに社会科学の研究といった面でも、海外の研究をやりくりし、集大成するという傾向が強く、独自の創造になるものは少ない。

　日本固有の発想に大きく傾斜した思想家もいなくはなかったし、二十世紀初頭の西田幾多郎――彼は禅仏教につよく影響された――はその一例だが、日本以外ではさほどの感銘を与えるに至ってはいない。

　国際社会と接触してからまだ日が浅く、技術や思想の面で世界に追いつくことに寧日なかった国にとって、このような状況は理解できぬではない。近代以前の日本の教育は道徳に力点をおいた理論的なものであったが、近代以降はもっぱら実用をその目的としてきた。海外事情とその技術を身につけることに集中してきたのである。学問的研究の主眼は、海外から知識の断片を多量に吸収し、それを既知のものと混ぜあわせて、一つのまとまりをつくり上げることにあった。

　他方、産業界は既存の技術を習得し適応することに重点をおいてきた。新技術の開発よりもである。これは賢明な措置だったが、日本の適応のなかには、想像力に富む点で、真の独創性に迫るものも少なくない。

　理論面での斬新さには乏しくとも、実際面での応用には強いという傾向は、欧州に追いつくことを目指した当時のアメリカにも同様にみられた。科学、学問研究、思想などの分野でアメリカ人が主導的な役割をはたすようになったのは、ごく最近のことなのである。

日本が欧米の域に肉薄するのにともなって、同じような事態がおきないという保証はない。過去数ヵ年間に、研究開発（R&D）支出が急激に伸びたことは、その予兆かもしれない。技術の面で欧米に追いつき、前進スピードをおとさないためには、独自の技術を開発していくことの必要が感じられるようになったからである。

数年前までは取るに足りなかった日本の研究開発支出総額も、今日では米ソ両国に次ぐ世界第三位の大きさを誇っており、国民総生産の二パーセントを上まわる比率も、アメリカに比べそうひけをとってはいない。とくにアメリカにおける研究開発支出の少なからぬ部分が軍事関係であり、日本ではそれが無に近いことを勘定に入れれば、なおさらである。

ちなみに、日本の研究開発支出のうち、民間企業や民間研究機関の占める割合は、政府関係や大学のそれと比べてきわめて大きく、公私の比率は他の多くの国とは異なっている。

こういった上でなお、はたして知的創造性が日本人の一大長所たりうるであろうか、という疑問はのこらざるをえない。傑出した宗教指導者、偉大な詩人や作家、優れた組織者はもとより、高名な思想の集大成者をすら輩出した日本ではあるが、偉大な知的巨人を生み出してはいないのである。

日本人は分析の明晰さよりは微妙な綾や感受性に、理性よりは勘に、理論よりは実用に、偉大な知的概念よりは組織面での力量に傾斜してきた。言語による分析の明晰さや思想の独創性には、さしたる価値を認めてこなかったのである。言語によらない以心伝心的な理解を貴ぶあまりに、話しことばであれ書きことばであれ、言語を扱う能力や、鋭く気の利いた理詰めないき方は、しょせんは浅薄で、場合によっては相手を丸めこむための欺瞞とみなしてきた。

事実を平板に報道することを目的とした新聞は別として、文学などでは、きちんとわりきった分析よりは、芸術的な余韻や仮託を重んじてきた。文章は簡明かつ明快に書かねばならないとするフランスの理想には、なにか物足りないものを感ずるのである。しょせんは全知全能ではありえない人間が、どれほどものごとを簡明直截に規定したところで、真理に近づくことなどできやしない。むしろ錯綜や無方向性こそが真理への接近の方途、とするのが日本人の好みなのである。

現代日本で、理論やイデオロギーがどれほど大きな力をもっているかを知るものにとっては、以上の説明はいささか事実と相反するように映るかもしれない。というのは、日本の知識人はややもすると理論過剰に傾きがちだからである。現実から理論をつまみ出したり、理論を現実にあてはめる能力よりは、あくまでも理論に固執する執拗さがとりえの知識人の方が、むしろ多数派である。政治であれ哲学であれ、広く人々に訴えるのは、包括的で、漠とした一般論なのである。

だが、一部の日本人が政治信条や知的心情においていかにも頑《かたく》ななのは、知性よりもむしろ信仰としてそれを受け入れているからかも知れないのである。日本のマルキストが、現代の日本とはへだたるところまことに遠い十九世紀ヨーロッパを母胎とする認識や用語に、是も非もなくしがみついているなどはその一例であろう。

他方、学者は学者で、自分の属する思想的流派に忠実なあまりに、他の流派と相互交配する機会を求めようとはしない。総じて知識人は、自分の属する「イズム」を守ることに急で、そんなものには無感動の一般大衆や、政治や経済を動かしている実務家とは、かけはなれてしまっている。理論家として必ずしも強くないことが、彼らを駆って、自分の抱く理論への徹底した埋没へ赴かせるのだろうが、それはまた同時に、日本社会のもつ実用性尊重や相対主義を裏書きしているともいえそうである。

知的創造性の欠如を日本人の知的劣位のあらわれとみなしがちな欧米人ではあるが、これとても、欧米人の知的偏見《バイアス》にすぎないのかもしれない。理性のはたらきで手に入れた真理の方が、第六感で到達した真理よりも上等であり、また、ことばをあれこれ操作して争いを解決するほうが、人間感情の動きにまかせてつくりだした合意よりすぐれていると断定するなど、だれにもできないはずである。

インドや欧米に典型的にみられる分析の精緻さや巨大な概念体系の方が、ことばのやりとりを通さずに、いわば非言語的に達成された円満な協力や調和にまさること数等とは、いいきれない。

むろん、世界的に知識の先端にある日本が、いつの日にか従来を上まわる知的創造性を生み出すことは不可能ではあるまい。とはいえ、いままで述べたような日本的特性がこんごとも生き永らえて、日本の成功に寄与しつづける可能性も大いに考えられることなのである。

日本に関する二番目の一般論は、一番目のものより、さらに外れている。欧米人は、日本のなかに、異質なものより、むしろ自分たちが馴れ親しんだのと同じものを見出すために、ややもすると日本人を統合失調症的な存在と決めつけてしまう。すなわち欧米的な特色と、日本的な特色——ただし後者は欧米人によって東洋的という引出しに十把《じっぱ》一絡《ひとから》げにしまわれることもある——の二つに引き裂かれた日本人、とみなしてしまうのである。いや日本人の物書きの間でも、この見解は何回となく取り上げられてきた。

しかし、現代日本人に関するかぎり、この種の「分裂」は観察者の目の中にしか存在せず、彼らの心中とはまったく無縁である。過去から継承された遺産と新しい技術や機構が作り出した特色との間に、奇妙な対比が存在し、時おり落ち着きのなさを呈することがあるのは、急激に変化しつつある社会の常であり、なにも日本にかぎったことではない。ただ日本の場合は、ここ一世紀の間、他に例をみないほど急速かつ徹底的に変化したために、この種の緊張がとくに強烈であるという面はあろうが、欧米と比べて量のちがいにすぎず、質的な差異とはいいがたい。

日本は欧米化したというのが一般の通念だが、事実はそうではない。欧米文明の伝統にとって、なにが基本的だといってキリスト教ほど中核的な存在はないが、日本人のうちキリスト教を信奉するものは、わずか一パーセント弱にすぎない。

日本が欧米文明から受け入れたのは、鉄道であり、工場であり、一般教育であり、大新聞であり、テレビであり、大衆民主主義であるが、これはいずれも、西欧自身、ごく近年になって、近代技術への対応として作り上げたものばかりである。

この意味において、なるほど日本は「近代化」こそしたが、「欧米化」ではなく、しかも日本の近代化の過程は、固有の伝統文化を下敷きにして進行したのである。欧米の近代化が欧米文化の基盤の上に成立したのと同工異曲である。伝統文化と近代文明との間に対比と緊張が生じたのはこのためであり、それは日本のみに限ったことではない。

鉄道において四十年、テレビにおいて数年間、欧米の方が先鞭をつけたからといって、現代生活を色どるこれらの特徴が、際立って欧米のそれであり、日本とは無関係だということはできない。鉄道やテレビに違和感を覚えないのは、アメリカ人も日本人も全く変わらないのである。

東アジアに由来するお茶、中近東起源のコーヒー、着物に類似したガウン、アフリカ的な音楽の旋律のせいで、欧米人が分裂症にかかったり、精神に変調を来した、という話は聞かない。

だとすれば、なぜ欧米風の食品や衣服や音楽がそういう影響を日本人に与えねばならないのだろうか。ブラームスやベートーヴェンは、いまやアメリカ人、いな、ドイツ人の所有物であるのと同じ程度に、日本人のものでもあるのだ。「ハッピー・バースデイ・トゥー・ユー」は必ず英語で、元来はスコットランド民謡「蛍の光」を必ず日本語で歌うのは、今日では大衆文化の一環として定着しており、ことはアメリカと変わらない。

日常的に着物を着用するのは、年長の婦人、それに豊かな婦人のすることで、それ以外の婦人は、たとえば大学の卒業式など、特別な折にだけ一着に及ぶことになっている。それだけの余裕があればの話だが。

神式の結婚式では花嫁が伝統的な装束をまとい、キリスト教式や非宗教的な結婚式では洋式の服装を、というのもなんら異例なこととはみなされていない。ついでながら、キリスト教式の結婚式というのは、非信者の間でもすこぶる盛んである。

一方、新郎はたいてい洋服と決まっている。とくに経済的に余裕のある向きでは、新郎はモーニングに身を固めるのが通例である。これは、morning coat という英語がなまって日本語化したものであることはいうまでもない。

男性が日本古来の服装を身につけることはほとんどない。このことは、彼らの父親や祖父の世代のうちのかなりの者についてもいえるので、もし伝統的な衣服をまとったとすれば、ちょうどアメリカ人が先住民の服装をしたと同じく、なんとなく気詰まりな思いを禁じえないだろう。

欧米からのふりの訪問者の目には、あるいは文化的統合失調症と映るものも、一般の日本人にはごく当たり前にすぎず、わずかに自意識過剰な知識人がそう感じたとしても、それは例外にすぎない。急激な変化はあるにもせよ、日本の社会は日本人にとり、秩序だった、一貫性をもつ存在なのである。

日本の社会に驚かされるものがあるとすれば、それはその均質性であり、整然とした秩序であり、決まりきった様式の順守である。不断に変化しつつあるにもかかわらず、日本社会は、際立って日本的であることをやめてはおらず、その特質はすみずみまで行き渡っている。

他の工業社会と比べてなら、日本は安定しているようにみえる。犯罪や、若者の道義心の低下、ないしはその反抗精神が問題になることもあるが、少なくともアメリカとの対比でみるかぎり、犯罪率は低く、しかも下降傾向にある。少数者による荒々しい行動はあるにもせよ、若者は概して快活で、しつけもよく、同調志向がつよい。脱落者《ドロップ・アウト》は少なく、ほとんどすべての若者は能うるかぎり最高の学校教育を目指すのに懸命で、そのあとは、学歴の示す方向に比較的スムーズに収まっていく。

社会は鋭い亀裂で切り裂かれてはいない。むしろ、単調なまでに画一的である。途方もなく巨大な遺産の継承もない代わりに、人間をダメにしてしまうような極貧も比較的まれである。社会の重力の中心は、日本式英語でいう「サラリーマン」階層にあり、この話は英語の「ホワイトカラー労働者」よりはよほど正確な記述である。

サラリーマン階層の上には、一握りの幹部役員クラスが、その下には、農民や肉体労働者が位しているが、後者はサラリーマン的生活様式に近づくべく努力し、現にしばしばその目的を達している。

表面的には日本は幸福な社会のよそおいを呈しており、事実、他のいかなる国との対比においても、この評価は当を得たものといえそうである。子供は元気いっぱいかつ快活そのものであり、人々はいずれも上機嫌で、目的をもっているようにみえる。

アメリカと比べ、定年退職年限が早く、既婚婦人が家庭にとどまりがちなことが、大都市の群衆の若さを印象づけ、旺盛なエネルギーという感じを与えるのかも知れない。老齢の問題が、アメリカよりも人目に触れにくい、ということでもあろう。

だが、健康や寿命に関しても、日本は決してひけをとらない。平均寿命は婦人の場合が七十六歳、男性の場合が七十一歳で、これはアメリカと比べても、とくに男性についてはかなり際立って高い。

ともあれ、日本人は統合失調症的な不安定の兆候も示してはおらず、むしろ、おどろくほど安定し、無事に機能している社会、というおもむきを示している。これは、欧米の民主主義国を筆頭とする他の社会にとっても、十分なお手本たりうる、と思われる。

このように、もし現代日本をむしばむ心理的な障害があるとすれば、それは現代日本文明のもつ多元的な起源に由来するよりは、むしろ社会が個人に対して、厳重かつ画一的な規格を強いている点に求められるべきであろう。

高度にはりめぐらされた網の目のような社会制度は、多くの人を義務と恩義とのしがらみでがんじがらめにし、社会への同調を強制する規制によって、しめつけの息苦しさを覚えさせる。

すでに見てきたように、若者はとくにいらだち、束縛をかなぐりすて、ときとしては野放図な反抗に身をまかせようとする。急激な変化のペースは、広範な世代間ギャップを生み、恐らくは世代間のコミュニケーションを、欧米よりももっと厄介なものにしているかもしれない。日本人一流の外見的な調和を貴び、あらわな対決を避けようとする気風のおかげで、それは表面化するには至っていない。しかし、重大なことについて親子がいずれも沈黙を守りあう、という傾向が、実はことを深みに追いつめているのかもしれないのである。

日本の急激な変化を思うと、現在の、人目には満足げに映る安定状態が、未来永劫につづくとは、だれも確言できない。急激な変化にどう対応していくかは、あらゆる工業社会が今日面と向かっている難問であり、この点で日本が直面するであろう困難は、他にも増して苛烈であるかもしれない。変化のスピードは他国よりも速いのに、その物質的な基盤は、明らかに貧しいからである。

混雑や汚染の問題は、他国よりは大きい。金銭的な物差しではかるかぎり、日本人の生活水準は世界最高に近づきつつあるものの、かりに「福祉水準」なるものが弁別できたとするなら、それは相対的に低いといわざるを得ない。

生活空間も、企業活動のための空間も十分ではない。その結果、土地価格は高く、それが他の諸物価を押し上げ、混雑は、交通渋滞、汚染、通勤時間の耐えがたいまでの長さなど、大きな外部不経済を生み出し、生活空間や気晴らしのための空間の不足は、生活をエンジョイする度合いに食い込んでいる。

空間は豊かさの重要な一面だが、この点において日本人は貧しく、こんごもそうありつづけるだろう。統計数字が示すよりも、実はうんと貧しいのだ、というせりふは、しばしば日本人の口から発せられるが、それはまったくその通りなのである。

一部の観察者は、日本がいま比較的安定し、高能率で、満足げにみえるのは、単に一時的なできごとにすぎない、と説いている。従来からの特質と新たに入手した技能とがうまく噛み合い統合されたという偶然に起因するので、このたまさかの幸運もやがては色あせ、組み合わせの妙も失われていくだろう、というのが彼らの「読み」である。

凛々たる日本の経済的成功と、他の工業社会の苦難のいくつかから自由であることは、いずれも単に時間的な文化落差にすぎない、とも彼らは指摘する。今日の日本のしくみが、ややもすれば侵食され、変貌しつつあることの兆候は決して少なくない。今日の日本の「黄金時代」は、要はいっときの光芒にすぎないので、それが過ぎ去ったのちには、むしろ他の工業社会が現在かかえている問題に、より深刻な形で逢着するにちがいない、と彼らは観ずる。

それとはうらはらに、日本が近代という時代に対し、特異な諸特徴を持ち込んだことを考えれば、好もしい対処方法の組み合わせが形成され、近代の都市・工業文明がかかえる問題に、有効に立ち向かうことも可能である、とする見方もありうる。このいずれの見解が正しいかは、時の経過のみが判定しうるところだが、少なくとも現時点においては、日本をもって近代工業社会の最成功例の一つとみなすことは、決して見当はずれではない。

とはいえ、今日の日本についてわれわれの懸念を裏づける側面も皆無ではない。私が考える二つの側面の第一は、対外関係である。

日本は、諸外国と交易することによってのみ生きていくことができる。日本の生存のためには、世界が平和で、貿易がかなり自由に行なわれる、というのが必須の条件であり、この条件への依存度は、日本は他のいずれの国よりも高い。しかしこの条件を整備していく点で日本は大した力をもってはおらず、しかもその達成のために、影響力を行使するという面で、さしたる能力を示してもこなかった。

日本が高度の均質性をもち、しかも国内で水ももらさぬ高能率の組織を有していることは、かえって他国民の理解や共感をかちとることを妨げてきた。日本人同士の間では、みごとに対人関係を処理していく技量をもちながら、そのことがむしろ他者とのかかわりにとっては、ハンディキャップになってきている。

日本人にとっての最大の課題は、こんご何とかしてその能力を効果的に駆使し、自らの存立に不可欠な世界環境を創成していくことであろう。この点については、本書の後段で子細に検討することにしたい。

いま一つの主要な領域は政治である。近代の大衆民主主義は、その大きさにおいて巨大化し、その内容において複雑多岐化した。その結果、深刻な問題に直面、今日のような状況がつづくかぎり、はたして究極的にその「自己管理能力《ガヴァナビリティ》」がどうなるかについて、疑問を投げる論者もいるくらいである。

工業民主主義に拠る国々のなかで、民主制の歴史は日本においてもっとも浅く、しかも日本は近代以前において、なんらの民主的理念の跡をとどめない唯一の国でもある。のみならず、政治こそは今日の日本社会でもっとも鋭角的かつ公然たる不協和音が聞かれる分野である。政治の意思決定のしくみはいかにもスローモーで難渋をきわめており、日本の政治決定があるいは停滞状態におちいるのではないか、という懸念をもらす向きも決して少なくない。とくに戦後このかた、政治を支配してきた保守党が多数を失い、連立政権にまつわる混乱にとって代わられた際を想定しての懸念である。

日本のように高度の中央集権体制にあっては、政治は最も重要な側面の一つであるばかりか、おそらくはもっとも脅威にさらされた側面であるといえよう。次には、この主題をとり上げることにする。

政治

23　政治伝統

民主主義とのかかわりは、日本人の政治伝統においては、概念としても慣行としても存在しなかった。アジアには、村落単位である種の民主主義が根づいていた、とする説もあるが、これはあまり実体のない、雑ぱくな議論にすぎない。大体、村落のレベルでは、たえずお互いに接触があり、協同作業に従事することも多いので、ある程度の平等が存在するのは、なにもアジアに限ったことではない。決定だって集団でなされるのが通例で、伝統的な日本の村落もその例にもれなかった。

だが、地位や権限となると、決して一様ではなく、家族ごとに大きな差異がみられた。いずれにせよ、村落レベルの協同体というのは、政体としての民主主義とは似ても似つかぬ存在でしかない。互いに日常的に顔を合わさぬような大集団についても個々人の人権を認め、ことを決めるにあたっては代議制に拠る、というのが民主政治のあるべき姿だからである。

個人の権利と代議制という考え方や慣行が西欧で生まれたのは、一部、封建制を背景としていた。西欧の封建制における権利義務の相互性と法的な側面を強調したことは周知のとおりだが、日本における封建制下の人間のつながりは、基本的には道義次元のものとみなされた。

十五、十六世紀の、封建制の絶頂期においては、ある程度までの相互性と交渉の余地がみられ、下って徳川期にいたるや、主従間の相互関係はきわめて精緻にシステム化され、定着をみた。とはいえ、日本人にとっての理想が、目下の者が目上に対し、絶対の服従と忠誠を誓い、無制限な権能を与える点にあることは変わらなかった。

人間固有の権利もなければ、「大憲章《マグナ・カルタ》」の母胎になるような概念も不在ならば、代議機関との体験も皆無であった。このように見てくると、西欧に門戸を開く以前の日本の政体くらい、民主的な理想や機構と相いれない存在は、ほかにはちょっと考えられない。

十九世紀中葉の日本人は、民主的な制度を創出しようという意欲すら欠いていた。二十世紀の新興国とは異なり、当時の日本は民主主義という概念に惹かれることもなければ、民主的な制度を作り上げる必要も感じなかった。

彼らにとってなにが緊急だといって、いち早く強力かつ中央集権的な国家をつくり出し、西欧の軍事的経済的脅威に対抗することにまさるものはなかった。ただ、そのための努力を重ねる過程で、たとえ手段としてではあっても、西欧民主制のなかに、日本の役に立つ要素もありうることに気づくに至ったのは事実である。ただし、あくまでも目的のための手段で、第一義的な目標ではなかった。

このように経験にも乏しく、気質的にも民主制にはむいていなかったとはいえ、十九世紀の日本人は、伝統の中から少なからぬ遺産を掘りおこし、強力な集権国家の建設に資したばかりか、これらの資質の一部は後にいたり民主制の発展の基礎を形づくることになる。

その主たる資質の一つは、政治とは道義に基づかなければならないとする儒教の伝統であり、それに関連して、政治が、かなり高い廉直さと効率とをもって執行されてきた、という事実である。

むろん、冷酷、非能率、それに不正な官公吏もいないではなかった。上役へのつけとどけも日常茶飯事だった。今日の物差しでみれば汚職ということにもなろうが、当時としては当然なしきたりとみなされ、しかも一定の常識的な線を越えることはまれだった。与えられた制度のわくぐみの中では、ほとんどの管理者が上司には絶対に忠実で、非の打ちどころがないほど廉直、しかも任務の遂行にあたっては細かい点もおろそかにせず、前近代の尺度でするなら高能率ですらあった。

一例をあげよう。秩序の維持と地租の取り立てを行なったのは、ほんの一握りの、どちらかといえば低い階級の士分だったが、彼らの業務の周到さと効率のよさたるや、十八世紀当時としては他国のどの政権であれ、おそらく随喜《ずいき》したであろうほどだった。

行政面での高能率は、近代にもそのまま引きつがれた。明治維新以後、権力の移行と制度の改変が、まずはスムーズに行なわれたのもこれが理由だった。混乱も少なくはなかったが、法と秩序が全面的に崩れ去ることはなかったし、地租の取り立てが長期にわたって滞ることもなかった。一八七〇年代の初期には、租税が二百六十を超える諸藩をはなれ、新政府の手へと、まちがいなく流入するようになっていたのである。

新政府はまた、おどろくほどの容易さで、旧武士階級を、新設の県庁ないしは中央政府、さらには近代的な警察機構ならびに近代陸海軍の中枢に組み入れることに成功した。中央官庁機構を、欧米流の各省建てにすることも、彼らにとっては雑作ないことであった。古く中国から取り入れた制度や、徳川幕府の機構のなかに、すでにその萌芽がみられたからである。

人材を登用する際に、徳川期においては世襲制度がとられ、明治初期においては、個人的なつながりが重視されたが、十九世紀末にいたり、新しい教育制度や公式の試験を機械的に利用するという、切りかえが行なわれた。しかし、この切りかえすら、なんの困難もともなわなかった。

それは身分よりも個々人の力量に重きをおくという徳川後期の風潮と矛盾しないばかりか、トップの行政官を選ぶのは試験による、という中国の古い制度を、ほうふつたらしめたからである。

このように、政治的変革の大部分は、彼らにとってさほど至難なわざではなく、官僚機構の忠誠、効率、廉直は、容易に新政府に継承され、今日なお、日本の行政の高水準を支える一つの継続的な背景をなしている。

いま一つの政治的な遺産は、個人の指導性よりも、集団としての指導性を貴ぶという長い伝統であった。封建制が元来は個人的な色彩のつよいものであることを思えば、これは常識の線とは大きくかけはなれているが、日本の歴史においては遠く古い昔にまでさかのぼることができる。

十三世紀の鎌倉期ですら、権力分散の傾向がみられ、在鎌倉のいくつかの評定所、在京都の二人の守護職、将軍と並んで決定権をもつ執権職としての北条家などはそのあらわれであった。下って徳川期になると、この傾向はいっそう顕著になる。最高の意思決定機関としての大老職、老中職の二つのほかに、それ以下の行政職の大部分は、二名もしくは四名をもって占められ、代表者は持ち回りというしくみであった。大老、老中についても同様である。

明治の指導者も基本的には同じ集団指導の形式を踏襲した。急激な変化を経つつある国では、とかく独裁者的な指導者、ないしはそれを目指す人間があらわれがちだが、日本はちがっていた。複数の指導者が、集団としての「元老」を形成したことはすでに見てきたとおりであり、彼らは交代で行政上のポストにつき、一八八五年に総理大臣職が設けられてからも、次々にその椅子を占めた。困難にぶつかったり、総理の椅子に倦み疲れたときには、それを唯々諾々として他の元老に明け渡すのが常であった。

大久保利通――一八七八年に暗殺された――と、一八八〇年代、憲法起草時における伊藤博文の二人が、他者を上まわる勢威を振るったことは事実であるが、彼らとても決して政界を意のままに操ったことはなく、チームの一員として行動するのが本筋だった。

その後、権力はさらに拡散の一途をたどった。それも単に特定個人による権力の独占がなかっただけではなく、新制度のもとで、さまざまな機構に拡散していったのである。一八八九年には憲法が発布されたが、この憲法下において、権力は、君側にもっとも近い元老とその後継者、文官機構の各省庁、軍部、国会とそれを構成する各政党、大企業、それに一般国民の間に拡散をみた。

究極的な権力のバランスのたづなを握っていたのは元老であったが、当初のもくろみほどには完全でなかった。しかし一九二〇年代までには、国会と諸政党とが力関係の中枢を占め、ついで政党への影響力という形で大企業と一般国民がそれに加わった。一九三〇年代には、軍部、それもとくに陸軍が主導的な役割を演じ、一九四一年、対米開戦前夜においては、東条大将一人の手に強大な権力が集中した。これは一個人が掌握した権力としては、五十年このかた、例をみないほど大きなものであった。

しかし東条が手中にした権力といえども、集団指導者のそれでしかなく、独裁者のそれではなかった。現に、一九四四年、戦局の悪化が明らかになるにともない、彼はすごすごと野に下ったのである。

このように、独裁的な権力はもとより、カリスマ的な指導者をすらうとみ、集団による協力を是とする強い意向は、日本の政治伝統の顕著な特色であるばかりか、今日の日本人にとっても、大きな政治的資産でありつづけている、と私は見る。

いま一つの過去の遺産としては、日本社会がもつ教育に対する強い志向と、十九世紀中葉におけるかなり高水準の識字率をあげることができる。このような社会にとっては、識字能力の全国的な普及はきわめて実際的な目前の目標でありえたばかりか、そのことが、新日本の技術的経済的成功に大きく寄与する結果となったのである。

それはまた大衆民主主義の整備充実の基礎ともなった。識字率がはじめから低水準で、教育に対する無関心はまだしも、底流にある敵意とすら闘わねばならぬ数多くの途上国の現状と、それは好対照をなしている。

十九世紀の日本人の、いま一つ重要な遺産は、企業家精神であった。これは主として経済発展にかかわるが、政治的な意味合いをも兼ね備えていた。元来、企業家精神というものは、封建社会や大多数の前近代社会とは無縁な存在であるが、日本の場合、すでに徳川後期までにはゆたかに存在していた。

武士階級が江戸、もしくは城下町に集中していたことが幸いして、農村地帯は封建的な統制やきびしい監視の目を免れ、その結果、村落には相当程度の自治が存在した。農村地帯が一つの経済単位に統合されたことはまた、大幅な商業活動の余地を与えた。十七世紀、好機に乗じて盛んになった大都市商人の活動も、十八世紀にはやや頭打ちになったが、それに代わるものとして、農村地帯のなかから地生えの企業家があらわれ、地場の農作物を加工して他地域に出荷するという形で、商業活動に活気を加えた。

日本が海外との通商に門戸を開き、新政府が社会的経済的な障害の多くをとり払うに及んで、これら大多数の農村企業家はこの好機を逃しはしなかった。日本経済の近代化の背後には、政府の努力もさることながら、一般の日本人自体の対応が、このようにきわめてすばやかったことも、大きくあずかっている。

彼ら農村企業家中の成功者はまた、裕福な地主階級と組んで、政治への一般国民の参加を求める上で、大きな役割を演じた。新制度のもと、権力から切りはなされた旧武士階級が、政治的な影響力を求める声を上げたのは当然であった。ただ一八七〇年代をまたずして、農民が彼らに伍して、政治参加を要求したことは注目されてよい事実である。彼ら農民は、すでに地域社会の運営に馴れ、経済活動を通じて広域とのかかわりをもっていたわけだが、さらに一歩を進め、政治参加を求めるにいたったのである。

日本の伝統的遺産のうち、もっとも重要な一つは、政治的統一がつよく意識されていたことである。この点も、多くの発展途上国とは際立った対照をなしている。途上国の多くは、政治的統合をはかるにあたって、まず植民地時代の従属の経験を経ざるをえなかったのである。

日本においても、封建制下の分封が、国家的統一を曇らせたことは皆無ではなかったろう。しかし、日本が他から比較的隔絶した位置にあったこと、加えて政治的な集権化の古い伝統と、中国を中心とする東アジアが、伝統的に集権国家をもって文明の精華とみなす傾向がつよかったことも手伝って、国家的統一がもたらされたのだった。非西欧の大多数の国と比べた際に、この対比はいちじるしい。彼らはいずれも宗教的な志向が強いか、部族的もしくは言語的に分裂しているのかが、常だからである。

このように日本の政治的統一の歴史は、他の東アジアの国々にも共通にみられるところだが、日本の場合、三つの点において、これらの隣国ともへだたっている。

ひとつは、日本の政治を考える際の物差しが、中国のそれとは好対照をなすとみなされてきたことである。中国人は自ら中華をもって任じ、他の国々をすべて自国より劣る存在であるとみなしてきた。朝鮮人もまたこの考え方を受け入れた。その点、日本人の考え方のほうが、西欧流の国際的な現実になじみやすいものであった。

相違の第二は、日本では、政治的統一の理想と、地方自治や階級差という封建制下の現実との間に鋭い乖離《かいり》が存在していた点である。このような理想と現実との衝突が、十九世紀の日本に内部的な緊張を生み出し、その結果社会に亀裂が生じたことが、かえって変革を容易にした、という事実である。中国や朝鮮のように、画一的で、しかも長期にわたって定着した政治制度の場合には、変革は日本ほど簡単ではなかった。

日本と東アジアの隣国とを分かつ第三の特色は、西欧の脅威が強要する政治、経済、社会など各分野にわたる変革の必要に対し、十分な、日本特有の対抗論理を用意しえた点に求められよう。すなわち日本人は、「王政」を「復古」し、天皇親政の昔にかえすことを錦の御旗にかかげることで、封建的な政治社会制度をとり払い、経済近代化のための、かっこうな口実を見出しえたのである。

それにひきかえ、中国の場合は、王朝の交代を是とするのがせいぜいで、大がかりな変革を諾《うべな》うような地生えの論理を欠いていた。せいぜいが王朝の交代程度では、とても制度上の変革など望みうべくもない。

そこで彼らは外来のイデオロギーに目を向けることを余儀なくされた。共和制、民主主義、ひいては共産主義がこれであり、これらの外来思想を得て、はじめて抜本的な変革を正当化できるというわけである。ただ、これの実現が、悪夢のような、手間ひまのかかる過程であることはいうまでもない。

中国が西欧の挑戦にさらされたのは、日本に先駆けていた。にもかかわらず、基本的な改革の実施は困難をきわめた。一九一二年になってようやく共和制がしかれたとはいえ、わずかに古い政治秩序を破壊することに成功しただけで、それに代わる共和国を打ち立て、機能させていくことはできなかったのである。

民主主義は理屈の上では尊重されたが、実践に移されることなくおわってしまった。それどころか、中国はまず軍閥割拠主義の泥沼に、ついで蔣介石による国民党の一党独裁に、はまりこんでしまうのである。

わずかに一九四九年になって、中国はこれまた外来のイデオロギー――この度は共産主義がこれであった――を通じ、ようやく全面的かつ効果的に再統一されるに至る。さいしょの西欧との戦争から、実に一世紀余を経ていたのである。

一方、日本は中国のような精神的な傷を受けることなく終始した。十九世紀の大変革も、しょせんは「王政復古」という形における、在来の機構への回帰にすぎなかった。他の大きな変革も、日本社会をかなり根こそぎに修正するほど巨大なものではあったが、従来と同じ機構に従属するという点で、納得され、受け入れられたのである。

その巨大な変革の一つは社会的自由であり、いま一つは義務教育であった。その結果、代議制にともなう諸機構や民主的諸概念は、広く国民に理解され、魅力あるものとなっていった。事実、民主主義はごく自然な成長をとげ、一九三〇年代にひとたびつまずいたとはいえ、戦後にいたり力強い復活をとげた。その点、現代日本の民主主義は、戦前、とくに一九二〇年代の延長線上にあるというべきであり、決して理解不能もしくは不熟な外国からの借りものではない。

このように、非西欧の国々の大半が、昨今、経験しつつあるのとは異なり、現代日本の政治動向は、精神的な断絶によって色どられてはいない。急激な変革期をいくつか通ってきたにもかかわらず、日本の政治は革命的にではなく、進化の過程を経て今日に至ったものである。そのためにある種の安定が存在するし、たとえこんごどのような変化があろうとも、その変化も恐らくは日本自身の国内条件にみあった形で、自然発生的に出てくるであろうと予測されるのである。

いずれにせよ、十九世紀の日本人が、民主主義の背景を欠きながらも、彼ら自身の伝統の中から、多くの政治的資質はもとより、いくつかの特徴を選び出したことはまちがいなく、それがそれ以降の民主主義の発展に寄与したことも、疑う余地がない。

24　天皇

日本人はしばしば、日本民族がユニークなのは、先史時代以来、万世一系の皇室をいただいてきたからだと主張してきた。九世紀ごろには天皇は実際に日本を統治する力を失ったし、一三三三年、ときの後醍醐帝が天皇の統治権をとり戻そうとして失敗におわってからというものは、その回復をめざす動きがとり立てでなかったことは事実である。にもかかわらず、皇統への尊崇の念はひきつづき高かった。現に、ごく近年にいたるまでは、すべての正当な政治上の権力は、皇室にこそ源を有すべきであるという考え方に異を唱えるものは一人としてなかった。

すでに見てきたように、十九世紀における日本近代化の第一歩は、天皇による親政の復活という名目のもとに是認された。すでに一世紀有半にわたり、皇室への関心と尊敬とは高まりつつあり、倒幕を画策するグループにとっては、「尊王攘夷」こそ強力この上ないスローガンであった。やがて、天皇を動かしうるということが、彼らにとっての最大の武器となっていく。

このようにして、王政の復古は、天皇をふたたび政治の舞台の中央に復帰せしめ、すべてが天皇の名において執り行なわれることとなった。ただし、天皇が実際に統治すべきであるなどという考え方は、新指導者の夢想だにしないところだった。一千年にもわたり天皇が君臨こそすれ、統治してはこなかったことを思えば、天皇による統治を彼らが思いつきもしなかったのは当然であった。

しかも一八六八年、新たに即位した明治帝は、年歯わずかに十五歳の少年でしかなかった。やがて長ずるに及んで、明治帝の考え方や嗜好がなにがしかのウェイトをもつようになったことは事実であるが、彼をとりまく重臣たちは、決定を下すのは自分たちであり、天皇に代わって「聖意」をとり行なうことは当然であるとして、あやしまなかった。

明治帝のあとを襲ったのは大正帝（一九一二〜二六）であったが、心神耗弱《こうじゃく》の彼にとっては、意思決定に加わることなど問題外でしかなかった。第二次大戦時まで、日本の指導層は、一方において天皇への敬意を抱きながら、他力においては、天皇自身の希望とは無関係に、決定を押しつけることを何とも思わなかったのである。

一九四五年の降伏時に、彼ら指導層にとっての唯一の気がかりは、将来の天皇の地位に関してであった。天皇の前にひれ伏し、畏れかしこみながら、他方では彼個人を平然と操作するというこの両刀使いは、現代人、いや少なくとも日本人以外の外国人にとっては理解に困難を感ずるところである。

天皇に対するこの二重性は、すでに一八八九年の明治憲法の中にも盛られている。同憲法の起草にあたり、伊藤博文は欧米の立憲政治に対しキリスト教が提供していると同じ精神的な支柱を、きわめてあけすけに天皇制に求めた。キリスト教や類似の宗教を欠く日本としては、精神的統合は天皇制への尊崇にこそ求められるべきである、というのが伊藤の考え方であった。

かくして「天皇は神聖にして侵すべからざる」存在と規定され、その「万世一系」性が強調された。主権やすべての政府の権能も天皇に帰属したが、実際の決定は天皇以外のものがとり行なうという条件が付されていた。「天皇は統治権を総攬《そうらん》し、陸海軍を統帥し、戦いを宣し、和を講じ、諸般の条約を締結する」という文言を読むと、天皇の権限は無限のようにみえる。だが、同憲法を読みすすめば、天皇が立法のことを行なうのは、「帝国議会の協賛を以て」であり、天皇は単に「法律を裁可し、その公布及び執行を命じる」にすぎないことがわかる。また「すべて法律・勅令その他国務にかかわる詔勅は国務大臣の副署を要する」とも定められ、「法律により」司法権の執行にあたるのは「裁判所である」が、ただ「天皇の名において」であるともうたっている。

このように、天皇の大権に関してはきわめてあいまいであったにもかかわらず、別に誤解は生じはしなかった。明治、大正、今上の三帝は、輔弼《ほひつ》の任にある閣僚の決定に逆らってまで、自分の意思を通すことに執心した例はなかったからである。

現在の天皇が若かりし日に、軍部の行動に不興を抱き、戦争直前の段階で再考慮を求めるべく努力したことは知られているが、彼個人が行なった唯一の政治決定は、一九四五年八月、降伏をめぐる閣議が真っ二つに割れた際に、連合軍による最後通諜の受諾に軍配をあげたときで、これとても側近筋に促されてのことであった。

明治制度の創設者たちは、天皇制をもって国民的統合の効果的な象徴たらしめる上に大きな成功を収めた。全国民は天皇への熱烈な尊崇心を植えこまれ、「国家神道」の教義に支えられて、たえず天皇家にまつわってきた神性――神道的な意味における――をさらに補強したのである。

平民は天皇を直視してはならぬとされた。また、全国各地の学校には天皇の写真が下《か》賜《し》され、聖なる御真影として、特別な建造物の中に安置されるのを常としたが、のちには、不時の災害に備えて、コンクリート製の奉安殿がつくられるようになった。すべての日本人は、天皇の「皇恩」に報いんがためにのみ生きていくべきであるとされ、何百万もの兵士は、天皇の名において異郷で戦没することをいとわなかった。

この熱情は、他の近代国家にみられる「国旗謳歌主義」と一脈通じるものがあるが、でも戦前の日本人が国民的統合の象徴としての天皇に示した献身は、近代における国家主義的現象のなかでも、もっとも極端な例であったことは疑いない。

天皇崇拝を通じ、精神的統合をはかろうというのが伊藤の意図であったが、この点においてはそれほどの成果は達成されなかった。

わずかに少数の過激主義者は例外として、政府の責務が「聖意」を実行に移すことにあるという点については、議会人を含め、だれひとり異を唱えるものはなかった。だが、なにが真の「聖意」であるかについては、合意らしいものは存在しなかった。

君側の高官らは、「聖意」をもっともよく解釈しうるのは自分たちであると自負し、自分たちの見解は聖上によっても支持されていると主張することで、反対派の主張を退けることができた。しかし、それにも変化がみられ、すでに一九一三年の昔、国会がもはやこの手の強圧ではうんといわなくなっていることに気づくに至った。「聖意」がどこにあるかを見出す最善の方法は、選挙に示された民の声であると政治家が思うようになったのである。軍国主義者や右翼は、「聖意」を理解しているのは自分たち以外にはないと信じこんでいた。でも天皇自身にそれをただそうとは、だれ一人として考えてもみなかった。

美濃部達吉教授の天皇機関説は、一九二〇年代にはほとんどの知識層によって受け入れられていたが、一九三五年には不敬罪の宣告を受けるにいたる。いまや日本の実権を手中にした軍部は、しばしば「国体明徴化」をうたっては、天皇中心の日本の制度を説明しようとはかったが、結果はいつも神がかった、あいまいなものでしかなかった。

天皇の役割について憲法が明確さを欠いていたために、天皇制の中心部分に危険な穴が埋められぬままに残っていた。すべての権能は天皇に由来したが、天皇自らはなんの権能も行使はしなかった。天皇に代わって行動する閣僚をどのように選び出すかもはっきりしてはいなかった。現に選考のしかたは時とともに変化し、一度として明確に規定されたことはなかったのである。

当初は、生きのこりの元老の決定に委ねられていた。やがて国会内の政党勢力を主軸とするエリート指導者間の集団決定がそれにとって代わり、ついにはその集団決定は軍部の手で左右されるようになった。

天皇の統治権は、時とともに文民政府からの軍の独立を意味するようになったばかりか、ついには軍が天皇を意のままに動かすことをすら意味するに至る。なお、この点のあいまいさがどれほど破局的な結果を招来したかについては、すでに見たとおりである。

戦後、一九四七年に施行された新憲法は、これらの疑義を一掃した。天皇は「日本国と日本国民統合の象徴」と規定され、その地位は「主権の存する日本国民の総意に基く」ものとされた。天皇のとり行なう国事は、単に儀礼的なものと定められ、天皇は、「国政に関する権能」をもってはならないと明記された。

この点を一層はっきりさせるために憲法は「天皇の国事に関するすべての行為には、内閣の助言と承認とを必要とし、内閣が、その責任を負う」ものと定めている。国家神道は廃止され、天皇も一九四六年一月一日に自らの神性を否定する声明を発表した。これはアメリカ占領軍当局を満足させるのがその主たる目的であった。これ占領軍関係者にとっては、「神性」の意味するところが日本人に対するよりももっと大きかったからである。

天皇は従来どおりに、伝統的な神道の儀礼を一部とり行ないはするが、これまた憲法によって宗教的な意義をもたない旨、明示されている。宮内庁は総理府の一局に削減され、皇室経費も大幅に削られたのみならず、他の予算費目と同様、国会の運用下におかれた。一方、皇室財産も国に移管され、皇室も、天皇一家と三人の直宮《じきみや》の家族に限られることになった。天皇の皇女もひとたび結婚すると、一般市民なみの扱いを受ける。

これらの大きな変化を身をもって体験した現天皇は裕仁《ひろひと》という名で、彼自身が書類を署名する際にはこの名前を使うが、日本人が彼をこの名で呼ぶことは絶対にない。日本人は、陛下とか今上《きんじよう》天皇と呼ぶ。

彼は歴代天皇のうち在位最長記録をもっており、一九七六年には在位半世紀を迎えたが、新しい役割をどうやらほっとした思いで受け入れたようである。彼にしてみれば、戦前のように軍装に身を固め、白馬にまたがって軍隊を閲兵するよりは、普通の洋服を着用して、国民と文民政府のために象徴的な役割を演じることの方が、明らかに気楽なようにみえる。彼は生来が内気だが人好きのする性格で、模範的な夫であり父親であり、熱心な海洋生物の研究家でもある。このような彼の人柄には、新しい役割の方がよほどふさわしいといえる。

天皇個人の反応はともかく、もっと重要なのは、天皇制にみられたこの理論上の大変革に、一般の国民がどのように反応したか、という点である。彼らはどうやらこの変革を、平然と、いやむしろ熱烈に受けとめたようである。理論と現実とがようやくにして一体化したのがその理由である。ほんの一握りの一部旧民族主義者は、いまだに古い国体――それが何であるかは別として――への回帰を叫んでおり、守旧派の政治家も戦後二、三十年にわたり、理論的な「主権」を天皇に奉還すべきである、と主張してきたが、そのいずれも日本国民の大多数にとっては、なんの意味ももってはいない。年長の日本人のなかには、相も変わらず天皇への畏敬をもちつづけているものもおり、広大な皇居の清掃整備作業にもたくさんの農村出身者が奉仕しては、天皇への献身を示している。でも、ほとんどの日本人は、天皇に対し漠然とした敬意や愛情を寄せているにすぎず、多くの日本人は無関心か、若干の敵意を抱いている場合も皆無ではなく、それはとくに若者の間に顕著である。

だが、天皇制反対運動が大規模に展開されているわけではない。今日では、日本共産党ですらが、天皇制廃止を唱えてはおらず、一九五九年、皇太子が平民――戦前の基準に照らしてもそうである――出身の実業家の令嬢と婚礼をとり行なった際には、皇室への関心が若者の間ですら復活した。

このように考えてくると、戦後の日本の皇室は、北ヨーロッパの成熟した民主主義国における王室が定着させたパターンときわめて類似するにいたった、といえよう。政治から完全に隔絶されたいま、皇室は国民的統合の象徴、安定の証し、そして過去との安らぎにみちた情緒的きずな、としての役割をはたしている。いやしくも政治とかかわりのあるような形で皇室を利用したとすれば、はげしい抗議にぶつかることは必定である。それさえなければ、皇室は日本の国民的風景を色どる恒久的かつ無害な飾りつけとして、一般的に受け入れられているようにみえる。

このような形の君主制は、日本や北ヨーロッパのような国々にとっては、最適といえるように思われる。これらはいずれも君主制をとる国ではあるが、同時に民主主義国でもあって、革命によらず、主として進化の過程を経て今日に至った国ばかりだからである。

25　国会

一九四七年施行の憲法は、天皇から一切の政治的権力を奪うかたわら、実権がどこにあるかを明確にした。国会がこれである。国会は第二次大戦のはるか以前に、すでに長い進化の過程を経ていた。すなわち一八八九年公布の大日本帝国憲法は、一部分一般投票による帝国議会を設けていたが、欧米諸国の尊敬をかちとり、一般国民の支持を一本化し、不満に対する無害安全なはけ口を用意しよう、というのが指導者のおもわくだった。

国会開設という思い切った挙に出る以前にも、すでに一般選挙による立法府の実験は、地方レベルでは行なわれていた。一八七八年には県会が、一八八〇年には村会、町会、区会が、そして一八八八年には市会が設けられていたからである。

これらの地方議会も国会も、その権限はきわめて限られたものでしかなく、有権者も極度に制限されていた。たとえば衆議院議員を選ぶことのできる有権者は、二十五歳以上の成人男子にかぎられ、しかも少なくとも十五円の納税が資格とされた。この資格に合致する有権者は、全人口の一・二六パーセント（一八九〇年）にすぎず、家族を含めても全国民の六パーセントでしかなかった。奇しくもこの六パーセントという比率は、たまたま旧武士階級の占める比率に一致していた。彼らの多くが地主や実業家で、士族の出身ではなかったにもかかわらずである。

国会閉会中といえども勅令の公布は可能であったが、それが法律として定着するためには国会の承認が欠かせなかった。のみならず、予算や税務に関する事項は、すべて国会による行動を必要とした。

外交活動のように政府の専権事項とみなされ、法的措置、つまりは国会による承認を必要としないものもあったが、財政に関する事項はすべて国会の所管とみなされた。財政の基礎は国民の税金だったからである。

ただしこの点においても政府は国会、つまりは一般国民に牛耳られないために、憲法に一文を設け、もし帝国議会が新予算案を成立させない際には「政府は前年度の予算を執行すべし」と定めた。国会に財布のひもを握られないことを目指すこの切り札は、プロイセンからの借用であり、すでに一八八一年の憲法の案文起草段階で、いち早く合意をみた項目の一つだった。

一般投票による衆議院はまた、イギリスの上院に範をとった貴族院によってもその権限を制約されていた。貴族院は衆議院と同格とみなされ、政府はすでに一八八四年、新華族制度を設け、貴族院議員にあてようとした。これら新華族は、旧堂上貴族、旧大名、それに維新の元勲の一部から成り立っていた。公、侯、伯、子、男の五段階のうち、下位三段階の華族は貴族院議員を互選し、上位二段階の華族はおしなべて貴族院に籍をおいた。

それ以外にも、天皇の直接任命になる勅選議員が設けられ、主に高名な学者がこれにあてられた。あと各県から一名、多額納税議員が選ばれた。この構成を考えれば、衆議院に対する、きわめて保守的なチェック機関であったろうことは、容易に想像がつく。

このような予防措置にもかかわらず、国会が手に負えない存在であることはますます明らかになった。権限と有権者層は着実に広がっていった。一八七八年以降、地方選挙で得た経験に物をいわせ、普通政党は、国会開設の一八九〇年以来、毎回の選挙に勝ち進み、この勢いは第二次大戦時までつづく。一八九二年に行なわれた第二回選挙は、官憲による弾圧や、政府高官による収賄などまことに悪名高いものであったが、彼らの推す候補者は不振で、多数を占めるにはほど遠い成績であった。

しかも虎の子の予算にまつわる切り札も、無意味なことが露呈された。経済が急速に伸びていたこととて、前年度の予算など、不足以外のなにものでもなかったからである。

予算案の成立は、年を追うごとに、やり切れなさと困難の度を加えていった。そこで一部の政府指導者の中には、国会の廃止を唱えるものも現われた。だが、せっかく近代化を目指しながら、それでは敗北を自ら認めるようなものであり、欧米諸国の前に面目を失うばかりか、不平等条約の撤廃にもマイナスに働こう、という論議が勝ちを占め、彼らの主張は退けられた。

そこで妥協がはかられた。さいしょは一八九〇年代の後半につくられた暫定的な妥協策であり、次は一九〇〇年以降の、より恒久的な妥協策であった。すなわち政友会――一九〇〇年、伊藤博文自らの創設になり、板垣退助の流れをくむ政治勢力と、伊藤輩下の官僚群が合同した――は国会内で政府に協力する見返りとして、いくつかの閣僚ポストなど若干の椅子と、国政への発言力を手にする、という妥協であった。

政府と政党間の力関係は時とともに変化していった。一九一三年には政友会のライバル政党の誕生をみたが、それ以降というもの、この二つの政党は着実に勢力を伸ばし、ついには一九一八年、原敬が史上はじめての純粋政党人として、首相の印綬《いんじゅ》を帯びるにいたった。衆議院において彼の率いる政友会が多数派を占めたからである。

それ以後、二十二年から二十四年までを例外として、政党指導者が内閣を組織するという慣行は十四年にもわたって定着した。国会内の多数勢力を背景にしてである。陸海軍大臣を除く閣僚も、その大半が政党人から成り立っていた。

他方、教育が普及し、政治以外の分野での近代化が進行するにともなって、有権者資格も着々と拡大されていった。一九〇〇年、無記名投票が導入され、投票資格が納税額十円にまで引き下げられた。さらに一九一九年に三円に減額されるに及んで、有権者数は二度にわたって倍増し、全所帯のうち四分の一が有権者を擁するにいたった。

ついで一九二五年には、納税をもって投票資格とみなす制度は全廃され、すべての成人男子に参政権が与えられることになる。

このように、わずか三十五年ほどの短期間に、日本の政治制度は、ほぼ完全な全体主義から、すべての男子に参政権を認めた一八六七年の時点での、イギリスの議会制度に近い存在へと、大きく変容をとげたのであった。もとより、日本の制度はイギリスのそれほど確固としたものではなく、その事実は、一九三〇年の軍国主義への傾斜がはしなくも証明することになる。

首相は衆議院の多数党の党首であることが多かったが、でもそれだけで自動的に首相のポストに座るとは限らなかったし、衆議院にその決定が委ねられているわけでもなかった。天皇の名において断を下す存在が何人かいたのである。

また、国会も首相も陸海軍を完全に掌握してはいなかった。高級官僚の一部についても同様であった。ただここで留意しておくべき点は、なるほど不完全ではあったが、日本の議会制度がこれだけの発展をみたのは、イギリスの制度が参考になったとはいえ、基本的には国内における進化の過程の延長線上にあったという事実である。イギリスの議会政治と比べ、成熟に要した時間はごくごく短かっただけでなく、戦後、議会政治が力づよい復活をとげるにあたっては、これがその基礎となるほどに十分強力であったことも指摘されてよい。

戦後、新憲法のもとに発足した議会政治も、その実質は、一九二〇年代までに日本で自然発生的に展開してきた制度を、より明確にし、改良をほどこしたものにすぎない。日本人が戦後の制度を容易に理解し、まずは効率的に機能させてきたのも、これが理由である。

戦後の変革の主だった点は、国会をもって「国権の最高機関」であり、「唯一の立法機関」であることを明らかにしたことと、首相を選出する権利を付与したことである。首相は国会議員の中から選ばれる。衆参両院の決定がくいちがった際には、衆議院の決定が優先するという意味では、実際には衆議院が選出する。首相が各省庁の閣僚や一部の任命職の官僚を選任するのは、その次の段階である。

衆議院は内閣不信任案を突きつける権利を有しており、その際には、首相以下、内閣は総辞職するか、国民の信を問うべく衆議院を解散するかの道をえらぶ。これはイギリスの議会制度そのままの形態で、アメリカ流の民主主義ではないが、日本人はすでに一九二〇年代の昔から、明らかにイギリス式に傾斜していた。

戦後の改革のうちあと二つの重要な特色は、婦人参政権が認められると同時に選挙権が二十歳に引き下げられたことと、旧貴族院にかわって参議院が新たなよそおいで誕生したことである。

今日、全参議院議員は選挙によって選ばれる点で、旧貴族院とは異なっている。ただし代議士の場合とはちがった選挙方法をとるが、これは多少とも政党色を薄め、より大局的な立場から議員をひきつけようという願望のあらわれである。百名の全国区議員に加うるに、百五十名——ただし沖縄返還とともに二名増になった——の議員が、県単位で選出される。任期は六年で、三年ごとに半数が改選されることになっている。各県は少なくとも二名の定員を有しており、各選挙ごとに最低一人は議席をもつようにしくまれている。人口の多い地域では議席数も多くなっており、現に東京の場合は八議席をもっている。

一般選挙によって選ばれるだけあって、いまの参議院はかつての貴族院のように、保守的な立場から衆議院をチェックする機関ではなくなっている。それに、その権限は、明らかに衆議院の下風に立っている。首相の選出も衆議院のしごとなら、予算案がさいしょに送付されるのも衆議院である。たとえ参議院が承認しなくても、会期中でありさえすれば、三十日で自然成立する。条約や協定の批准についても同様である。

それ以外の法案については、参議院が反対の議決をした際も、衆議院で三分の二の投票がなければ、原案がひっくりかえされることはない。他方、憲法改正については、衆参両院それぞれの三分の二の表決が必要とされる。ただし実際に憲法改正が行なわれた例はなく、これは明治憲法についても同様であった。一九四七年、現行憲法の施行にあたって、憲法改正という形をとったが、これはあくまでも形式上のことでしかなかった。

それ以外の面では、国会は一九二〇年代とほぼ同じ形で運用されており、戦後のみならず、戦前の慣行をも先例として採用している。たとえば代議士の任期は戦前と同じく四年と定められているが、普通は任期以前に、ときの首相によって、衆議院の解散が行なわれる。彼個人ないしは政府与党にとって好都合な時期をみはからって、解散権を行使するわけである。選挙制度（27章参照）も、一九二五年の国会改正時の、きわめて変則なものをいまだに踏襲している。代議士の人数ですら、戦争直後においては、一九二五年と同じ四百六十六名であった。

通常国会が十二月に開会され、正月休みに休会、議案審議が本当にはじまるのが一月下旬、というのも戦前と同じである。予算についての審議は、四月の新財政年度のはじまりまでにはあがってしまう。これは、財政年度がほとんど半ばを越すまで、予算案が議決されないアメリカ国会の実情と好対照を成している。

「通常国会」の会期は百五十日を最低とし、一応、六月をめどとしているが、実際は、初夏までずれこむのが普通である。「臨時国会」はふつう初夏に召集され、補正予算案や他の緊急立法を審議する。また衆議院の解散が行なわれた際には、四十日以内に総選挙の施行が定められており、その後、三十日以内に「特別国会」が召集され、内閣首班の選出にあたる。

衆参両院ともそれぞれ議長を選任する。議長の権限は広範にわたり、たとえば議事引き延ばしをさけるために、演説の持ち時間を制限することも認められている。このような議長裁定には反論も可能だが、その際は単純多数決によって決せられる。議長が与党によって選ばれていることを思えば、多数決を得ることにはなんの問題もない。

議長はまた、委員会への任命をとりしきっている。国会議員はすべて最低一つの委員会には籍をおくことになっている。ただし委員会への割り当ては、実際は所属政党によって行なわれる。議席数に応じ一定数の委員のポストが、権利として各政党に割り当てられている。

参議院の場合には、委員長のポストも、政党間の勢力分布にもとづいて、各党に割り当てられる。一方、衆議院においては、常任委員長の椅子は、すべて自民党が独占してきた。ただ一九七七年にいたり、自民党の絶対優位が崩れるとともに、野党にも常任委員長の椅子の一部を、まわすことを余儀なくされた。同時に、衆議院副議長の椅子が、野党第一党の社会党員に与えられたのも、史上はじめてのことであった。

衆参両院はそれぞれが十六の常任委員会をもち、特別な問題がもち上ってきた場合には、特別委員会が設置される。常任委員会の大部分は、内閣や官僚機構の区分と対応している。外務、文教、建設、商工などの各委員会がこれである。ただし、もっとも重要な二つの委員会はこの範疇からはずれている。

その一つは決算委員会で、この委員会での、政府の過去の行動をめぐるはげしいやりとりは、マスコミの注目するところとなる。いま一つは予算委員会で、政治にかかわりのあることなら何でも閣僚に詰問するという意味で、昔ながらの議事日程引きのばしのかっこうの場になっている。

そもそも、委員会制度が、イギリス式の議会政治ないしは戦前の帝国議会——三つの常任委員会しかなかった——のやり方とは全く異質であることは明白である。それは占領軍当局による、日本の議会慣行を、アメリカ国会のそれに近づけようとする努力の一環であった。だが、その目的からみるかぎり、これは不成功におわり、委員会制度は元来の意図とはうらはらな目的のために存在するにいたった。

　民主主義には、大統領制と議会制の二つがあるが、この両者はどうもうまく混じり合わない、といえそうである。首相も閣僚も、議会における多数党の産物として、いわば議会向けの執行委員会的な役割を演じているために、立法府と行政府とが互いに対立しあう政治勢力として拮抗するということはない。前者はイギリス式、後者はアメリカ流儀といえる。

　その結果、主要法案を含む大多数の立法案件は、国会ではなく、官僚機構が内閣にかわって用意する、という仕儀に相成る。それは内閣によって国会に提出され、首相を選出したと同じ多数派の手で成立する、というわけである。

　むろん立法案件は、一応、もっともらしく各委員会に提示され、そこを経てのちにはじめて両院の本会議に上程される運びにはなっている。だが、アメリカとはちがって、日本の委員会の審議は公聴会ではない。上程案についての情報を広く集めたり、上程案を叩き台として、いっそうよいものに作りかえることで、賛成票が得られるようにするというしくみにはなっていないのである。

　要は、お座なりのみせかけにすぎず、帰趨ははじめから見えている、というたぐいのもので、本会議同様、党議にしばられた一枚岩的な投票でことが決する、というわけなのである。

　このように、国会内の委員会活動は、アメリカ当局者の改革の意向とはかけはなれたものになってしまったが、それ以外の機能がないわけではない。

たとえば野党は、本会議はもとより、委員会の審議をよいことに、議事をおくらせ、立法案件の流産をはかることで、与党に対し妥協するよう圧力をかけることができる。

予算委員会での政府閣僚に対する質問や、他の委員会の場も、大きな役割を政治の世界で担っている。戦前の対政府質問は、国会活動の一大見せ場としての地歩を固めていたが、これはイギリス下院の、かの有名な「質疑応答時間《クエスチョン・タイム》」に相当するものであった。

政府関係者を困らせるような質問を野党議員が発し、閣僚や政府委員が、それをいなすべく懸命に防戦するのに反し、与党議員は、閣僚がぜひとも強調したいと思っている点を、縷々《るる》説明できるような、おあつらえ向きの質問を発するのが常である。

この種の質疑の結果、本会議に先立つ委員会や、本会議での投票が、一票たりといえども左右されることはない。つまりはマスコミや一般国民が狙いなので、こうすることで大衆の支持をとりこみ、討議に加わったという事実を、次回の選挙に利用しようというわけである。

かくして委員会制度は、一定の目的をもってアメリカ人の手で作られた制度であったが、日本におけるその用途は、まったくちがったものになってしまった。だが、その方が日本やイギリス式の代議制度にはなじみやすいものなのである。

26　その他の政府機関

総理大臣が衆議院において、国会議員――といっても現実には衆議院議員――のなかから選ばれることは、すでに見てきたとおりである。自分の仲間から選ばれ、いつでもその同じ仲間の手で取り換えられるということから、首相のもつ個人的な権限は、アメリカ大統領のそれとは比較にならないほど限られたものであり、むしろ実体は委員会の長――この場合は党――に近いといえる。

戦後の歴代首相のうち、多少とも高飛車で、強さをすら感じさせた存在は、ワンマン宰相と綽名《あだな》された吉田茂ただ一人であった。彼は戦前の外交官あがりで、一九四六年から一九五四年にかけて、五期にわたり首相の座にあった。ただ彼のもつ権力の真の秘密は、七年の在任期間中、五年までが占領下であり、占領軍当局の絶対的な権力を背景としていた点に求められる。

首相は内閣の閣僚を任命する。その総数は、現在のところ二十名で、その過半数は国会議員であることが定められている。

実際は、イギリス同様、その一人のこらずが議席を有していることが通例で、目立った例外としては、一九五七年にノーバッジのまま外相に任命された藤山愛一郎氏と、一九七四年に文相に任命された永井道雄氏を数えるにすぎない。藤山氏は著名な実業家の出身で、一九五八年には初議席をもった。一方、永井氏は、元来が大学教授から新聞記者に転身した学者文相であった。

　十二人の閣僚は、それぞれ担当の省をもっているが、大蔵、通産、外務の三省が最重要とみなされている。十二名以外の閣僚は、担当の省こそもたないが、国務大臣として、いずれかの庁の長官職を占める。その一人は官房長官で、首相の側近にあって、アメリカ流にいえば主席補佐官《チーフ・オブ・スタッフ》的な役割をはたしている。いま一人は総理府長官で、総理府とは、ホワイトハウスの大統領府に相当する。経済企画庁、防衛庁、科学技術庁の各長官も国務大臣が占める。

　首相が何年もその職にある――史上最長記録保持者は、一九六四年から七二年にかけてこの椅子にあった佐藤元首相であった――のに反し、閣僚のほとんどはずっと短命で、平均は二年程度にすぎず、一年ということも珍しくない。政治の世界から行政官庁に出向いてきても、期間が短すぎることも手伝って、大臣とはいいながら、ごく一般的な政策大綱を握るのがせいぜいである。いま一人の外部者は各省庁に配属される政務次官――二、三の省は二人、それ以外の省庁は一人――で、いずれも国会議員だが、それ程の重要性をもっているわけではなく、わずかに国会との連絡役らしきものをはたすにすぎない。

　それ以外は、専門のエリート官僚群から成り立っている。事務次官を頂点とするこれら官僚群は、きわめて強固に組織され、実際に省務を動かしているのは事務次官である。これは、西ヨーロッパの議会制をとる国々と近く、アメリカの省とは好対照を成している。アメリカでは、各省の長官、副長官、それに数多くの次官補やそれ以下の高官は、いずれも大統領の直接任命になり、大統領にかわって、担当官庁を厳重に監督すべく注意を怠らない。

このように、日本の各省庁は、アメリカの省庁よりも自意識がつよく、政治への発言力も大きい。ただ唯一の例外はアメリカの三軍で、他の行政長官にまさる独自性への認識と影響力とを有している。それに反し日本の防衛庁は、他の省庁よりはるかに小さな独自性と影響力しかない。

官僚は例外的に他の省庁か地方政府に出向する以外はその全生涯を一つの省庁でつとめ上げることになっている。それだけに、それぞれの省庁は、他とは明確に分離され、しかも恒久的な官僚で占められた存在であり、自省の権限や権力を侵されることには頑強に抵抗する。一つの省内で、派閥間や部局間の抗争が政策をめぐって闘わされることも皆無ではない。だが、問題案件については省議をまとめ、他の省庁と競い合ったり、ときには与党を相手にすることさえある。

戦後の官僚機構も、戦前の廉直さ、高能率、威信などをいまに伝えている。戦前の官僚は、天皇が親署して任命する、ごく少数の「親任官」、勅令で任命する「勅任官」、試験に合格したものを総理大臣が任命する「奏任官」、行政官庁が任命する「判任官」の四段階に分かれていた。大多数の専門家や下級事務官は、むろん「判任官」に属していた。

これらの名称はもはや死語化している。だが、選考方法の別はいまにのこっている。大臣や政務次官は、代議制を母胎としているが、それ以下のいわゆる「特権官僚」は、真のエリートで、その多くが日本の教育制度の精華ともいうべき東大を頂点とする有名大学の出身で、厳重な試験制度を経てえらばれた存在である。

専門的な能力がたかく、身分が保障されていることもあり、彼らの自信たるや大へんなもので、政治家に対する際も、その姿勢たるや、アメリカではめったに見当たらないほどの頭《ず》の高さである。

彼らはまた活力に溢れている。五十五歳見当で退官するしきたりだけに、トップの高官はいずれも五十代前半の壮年者で、少なくとも二十年を所属官庁ですごした経験を背景にもっている。ただ俸給となると、きわめてささやかで、政治力や威信の高さとは対照的である。

官僚機構の底辺には、多数の事務官が存在する。これは中央政府についても地方政府についてもあてはまる。それ以外にも、公立学校の大学教授や一般教員などの専門職、警察官、国鉄職員、それに煙草などの専売公社職員が存在する。これらのポストの一部は、試験による選考という形をとるが、その大半は、学歴と過去の業績を基礎とする点で、他の近代国家の多くと同様である。

戦前の官僚機構は高飛車で、一般国民に対しては通り一遍の扱いしかせず、役人風を吹かすのはおろか、侮蔑的ですらあった。とくに警察にはこの傾向がいちじるしく、畏敬の対象であったが、鉄道職員ですらが制服に身をかため、肩で風を切ったものであった。これは封建制の遺制であったろう。士分が一切の政治権力を手中に収め、「官尊民卑」さながらの態度が、彼らの行動を特徴づけたのである。

敗戦と戦後の崩壊にともない、すべての権威は失墜し、こういった態度を吹きとばしたかにみえた。だが高級官僚は相も変わらず、大した威信を保っており、それはその水準の高さと、政治的影響力の大きさが明らかなことに起因している。

一方、下級官僚は尊敬どころか、むしろ軽侮の対象でしかなく、アメリカや西欧の一般市民が、下級官僚のもつ「官僚臭」のおぞましさを、やり切れない思いで見下しているのに近い。現実はといえば、日本の下級官僚は、大体が丁重かつビジネスライクで、高級官僚と同じ古きよき伝統を受けついでいるが、いずれも古い意味での「官吏」とはみなしてはおらず、むしろ近代的な公僕というイメージを自らも抱き、そうみなされてもいる。

何百万にものぼる官僚の綱紀と、制度としてのスムーズな運用を監督するのは人事院である。人事院は日本政府内部でも、自主性が高い機関の一つである。数ある省庁や協議会、委員会や院のなかで、いま一つ特筆に値するのは、会計検査院で、人事院と同じく高度の自主性をもち、アメリカのＧＡＯ（一般会計局）と類似した財政看視役をはたしている。

日本は地方行政の立場からいくつかの都道府県に分けられ、さらに市町村に細分化されているが、大都市にかぎって区が設けられている。都道府県はその規模こそ戦前の状態をそのまま踏襲しているが、現実には四つの名称で呼ばれる。一都（東京）、一道（北海道）、二府（大阪・京都）、四十三県がこれである。四十七都道府県といういい方は何とも不熟だが、日本人はそう呼びならわしている。

県以下の単位、すなわち市町村は、中央政府による長い統廃合過程の結果である。市は人口五万人以上ということになっている。一九七九年現在、市、町、村はそれぞれ六百四十六、千九百八十四、六百二十五を数えている。

行政単位としての村は、数多くの自然村から成り立っており、それらは今日では部落の名で呼ばれている。一方、いわゆる町や中小都市も、広範な田園地帯や部落を含み、一つもしくはそれ以上の都市部と並存している。

戦前には強力な内務省が存在した。内務省は知事の任命から警察の統制にいたるまで、すべての地方行政を細大もらさず監督したが、それは西ヨーロッパの国々によく見られる形態であった。

しかし戦後、アメリカ占領軍当局は、権力の過大な集中に手をつけ、アメリカ流の民選知事の育成促進をはかるべく、つよい決意を示した。戦前といえども、県会、市会、区会、町会、村会などは一般選挙によったし、市町村長も同様であった。戦後もこれらの機構はそのまま存続したが、その権限は大幅に拡大された。のみならず知事もまた官選から公選へと移されたのである。

内務省は解体され、その業務は自治庁――のちに自治省に昇格した――に引きつがれたが、戦前にくらべると弱体でしかない。警察の管理権は地方自治体に移管され、教育に対する管理権の多くも、文部省から各地の民選教育委員会に移管された。

地方自治の幅を広げようという努力は、しかしながら、失敗に終った。戦前の中央集権的なしくみが日本社会に深く行き渡っていたことと、面積が少なく人口稠密《ちゅうみつ》である国柄とを思えば、旧制度の方が日本には適しているかもしれない。イギリスやフランスのような、れっきとした民主主義国ですら、日本を上まわる集権制を敷いている。

一般選挙による市町村議員や市町村長、それに民選知事が、日本の地方政治に新たな息吹きを吹きこんだことは事実だとしても、しょせんは中央の下風に立っていることはまちがいなく、市町村警察は日本のように狭隘《きょうあい》な国土には不向きであることがはっきりした。占領の終結とともに、自治体警察は改編され、調整連絡機能は警察庁に戻された。同時に、不適格者が教育委員会を牛耳ることになるのを恐れた日本人は、教育委員を任命職に変え、監督業務の多くを文部省の手に差し戻したのである。

地方自治拡大のための努力は、一つの致命的な欠陥をもっていた。それは、権限の拡大にみあうだけの財政規模、つまりは徴税能力を欠いていた、という点である。中央からの交付金が七割を占め、市町村活動の多くをまかなっているのに反し、その土地からあがってくる租税は三割にすぎない。中央政府からの交付金にヒモがついていることは、いまさらいうまでもない。

地方自治体業務のうち、五分の四は中央の諸省庁の代行業務——正式には機関委任事務という——である、という推定も行なわれている。加えて、自治体の主要幹部は、その実、中央からの出向である。

中央政府がいかに地方自治体を押さえているかの例には、こと欠かない。自治体の法案の多くは、中央からの指示を下敷きにしており、各県庁は東京に大型の出店をもち、知事をはじめとする首長は、たえず東京にあって、中央政府との折衝にあたる、という具合にである。

近年にいたって、政治の関心が、国際問題や経済成長優先政策から、環境問題や生活《クオリティ・オヴ・ライフ》の質重視へと移行するに及んで、地方次元の問題がその重要性を相対的に高め、地方政治の重さが加わったことはたしかだが、これらの問題についてすら、先行するのは国レベルの政策であって、地方レベルの政策は後塵を拝しているにすぎない。

現代日本の司法制度もまた、戦前の制度に多くを負っている。戦前の司法制度は、全体主義的な時代風潮にもかかわらず、その効率、廉潔さ、自主性の水準は高かった。最高裁戦後憲法のもとにおける司法改革の主な特色は、最高裁判所の創設であった。最高裁は全司法権を掌握しているばかりか、下級裁の判事を指名し、すべての法律の合憲性についての判断を下す。この点はアメリカ流である。

最高裁判事は、首相による任命であるが、一たび任命を受けると、下級裁の判事同様、正規の弾劾訴追手続きによらねば職を免ぜられることはない。最高裁判事の場合には、国民の一般投票による罷免の道も開かれてはいる。

最高裁判事の氏名は、任命後初めての総選挙の際に、投票用紙に印刷され、国民の審査を受けるほか、その後は十年ごとに同じく国民の審査にさらされることになっている。

ただしこの条項はほとんど死文にひとしい。最高裁判事の知名度がそれほど高くないために、ごく少数の抗議票が投ぜられるのが関の山だからである。

裁判所による違憲審査権は元来がアメリカの発明だが、戦後、百パーセントの代議制の中に、異色の制度として取り入れられた。結果のほどは、はじめから不確かであった。というのは、イギリス流制度の下では、国会の決定をくつがえすものは存在せず、日本の最高裁は最高裁で、議会の決定に背馳《はいち》することには、ためらいを示しがちだからである。アメリカの最高裁が、政治や社会の動向を形づくる上に、活発な役割をはたしてきたのに対し、日本の最高裁は、むしろ狭い法律のわく内にとじこもり、国会における多数党の決定を憚《はばか》るかたむきが強い。

下級裁の若手リベラル派の裁判官が違憲判決をときとして下すにもかかわらず、多くの場合、最高裁によってくつがえされてしまう。一九五二年、最高裁は違憲審査権の発動を、具体的な問題のみにしぼり、抽象的な憲法問題については判断を示さない所存であることを明らかにした。その後二十年の間に、最高裁が示した憲法判断は、わずか二回にすぎない。同裁判所が憲法判断を避けるのは、一つには高度の政治的配慮が働く場合であり、いま一つは、公共の福祉が重大なかかわりを有する場合である。

自衛隊や日米安保条約の合憲性が下級裁によって問われた際に、最高裁が援用したのは、第一の論拠であった。すなわち、憲法の戦争放棄条項（第九条）に照らし、自衛隊と安保条約との合憲性に疑惑が呈せられたのに対し、最高裁は政治的な配慮のもとに判断を避けたのである。

憲法第九条にまつわるもっとも有名な係争事件は、一九五九年に終結をみた、いわゆる「砂川事件」であった。これらの憲法判断は、憲法の条文——どう見ても拡大解釈の余地は少ないのだが——を再解釈する国会の権利を受け入れ、自衛権や、そのために必要な軍事力や同盟関係を認めたのである。国民も選挙結果の示すところによれば、この国会による再解釈を、総じて受け入れているように思われる。

だが憲法に規定された「基本的人権」の擁護に関するかぎり、最高裁以下の裁判所は、遅滞なく、その擁護者としての任務をはたしてきた。憲法には三十を超える「基本的人権」が明記されており、しかもそこには戦前の憲法のように、「法律の範囲内において」というたぐいの付帯条項は付されてはいない。ただこの権利を「公共の福祉」のために用いるよう慫慂《しょうよう》されているのみである。

法律や法規が基本的人権を侵すことのないよう、目を光らせる点では、裁判所は実に周到な心くばりを見せてきた。一九七〇年代の初期に、日本人のいわゆる「公害」、すなわち環境汚染が社会問題化し、経済成長至上主義の妥当性についての疑念が高まるや、画期的な一連の判決を通じ、汚染当事者が被害者に支払うべきであるとする原則を確立したのは、他ならぬ裁判所であった。そのもっとも顕著な例は、水俣湾における水銀中毒事件であったが、汚染源が特定されたのが一九五九年であったにもかかわらず、熊本地裁の最終判断が下されたのは、実に一九七三年のことであった。

いま一つ、最高裁の判断で政治的に甚大な影響が予想されるのは、一九七六年、既成の選挙制度を違憲と断じた判断であった。国会議員一人を選出するに必要な一票の重さが、都市部と農村部であまりにちがいすぎ、憲法で定めた政治的権利の平等を侵している、というのがその趣旨であった。

一八九〇年代以来、日本の法律は大陸流の実定法にのっとり、英米流の慣習法は退けられてきたが、第二次大戦後、この制約は大幅にとり除かれ、アメリカ法でもおなじみの憲法上の保障措置は、その大部分が導入された。

ただし裁判の際の、アメリカ流の「対決制度」は裁判所のとり上げるところとならなかった。事実関係を洗い出すのは裁判官の職責であり、弁護士は当事者の助言役でしかない。陪審員制度も、戦前の一時期は、当事者の選択にまかされたが、陪審裁判を希望することは、陪審団の決定が予測不能なこともあり、裁判の結果に自信がないからだ、とみなされることが多かった。戦後、この制度が、惜しげもなく廃止されたのは、これが理由だった。

次に刑事事件だが、日本の検察官――アメリカなら州の利益を代表するＤＡ（地方検事）に相当する――は、よほど確固とした証拠がなければ、起訴には踏み切らない。裁判官の反応がかなり正確に予期できるからである。そのためもあって、起訴された被告の、おどろくなかれ、九九パーセントまでが有罪になる。

一方、有罪を認めた上で量刑を取り引きするというアメリカ的慣行は、日本の法曹制度には存在しない。有識の日本人が、アメリカの司法にあきれ顔を隠さない理由の一つはこれである。正義よりも取り引き、という感が否めないからである。

日本の裁判所が下す判決は概して寛大で、裁判官は、被告の側に改悛の情が顕著であるかどうかを量刑の際に斟酌《しんしゃく》する。心から後悔していれば、社会復帰の大切な第一歩を踏んだことになるとみなされているからである。

青少年関連や家族内のできごとについては、家庭裁判所が特設されている。民事については、法的な手段をとるよりも、むしろ調停和解にもっていくよう努力が払われる。日本人というのは、もともと裁判沙汰が好きではなく、調停による和解や妥協を好み、「出るところに出る」のは、よほどの場合に限られる。

このように日本の法曹制度には、話し合いのしくみが大幅に取り入れられているが、それも裁判所相手ではなく、個人間の取り決めという形をとる。その方が日本人の対人関係、集団関係という考え方にピタリなのである。ただ例外は交通事故の場合で、見知らぬ同士のやりとりのせいか、近年、交通事故に関する訴訟件数は急激に伸びている。

自衛隊の違憲合憲を問うような政治的にデリケートな問題とか、汚染にともなう被害問題のような複雑な事件とか、デモ隊やスト参加者の政治行動の合法性と、法と秩序の維持との間にどこにどう線引きするかというような問題については、第一審にはじまり、上告に至るまで、長い間ダラダラつづくこともあるが、概して裁判の進行について日本人は満足している。法による正義の裁定に時間が馬鹿らしいほどかかり、いつのことか分からないという不満は、アメリカではごく普通だが、日本ではほとんど聞かれない。

裁判官は廉直かつ公平とみなされている。警察も尊敬をあつめており、とくに特別機動隊は暴力の封じこめにみごとな腕前を発揮している。ほとんどの市民は順法精神に富み、銃砲や麻薬を一般国民の手から遠ざけるための、きびしい規制措置を是認している。麻薬禍は皆無に近く、暴力犯罪もアメリカよりは著しく低い。全体主義国家はいざ知らず、日本の街頭ぐらい安全なところは世界中どこにもない。昼夜を問わずである。日本の法律司法制度の点数は、どのようなリストをつくっても、一番高いところに近く位置するであろう。

訴訟が少ないこともあり、弁護士の役割はアメリカよりぐんと少ない。国民一人当たりの弁護士の数は、アメリカの十五分の一にすぎない。弁護士養成機関は、判、検事のそれと同じである。すなわち毎年政府が実施する、きびしい司法試験に合格した数百名が、二年間にわたって、最高裁の管轄下にある司法研修所で訓練を受ける。無事研修を了えたものは、判、検事もしくは弁護士への道を選ぶ。判、検事の場合は官僚としての威信や尊敬を受ける。

一方、弁護士は金まわりこそよいかもしれぬが、アメリカとは異なり、社会的評価はそう高くない。全体の数がアメリカと比べ少ないだけでなく、東京など大都会に集中している。訴訟好きな外国社会との経済関係に関するしごとが思いのほか多いのも、大都会の特徴の一つである。アメリカ連邦議会の三分の二が、弁護士出身者で占められているのに反し、日本の国会議員はそうではない。医師出身者よりもむしろ少ない位である。

日本人は訴訟好きではない。だが、法律志向がつよいことは指摘されてよい。彼らは高度に集権化された制度に馴らされている。そこでは強力な官僚機構がすみずみまで目を光らせ、詳細をきわめた法規や行政措置の網の目がはりめぐらされ、注意ぶかく規制されている。官僚機構はもとより、経済界や政界の指導者の多くも、法学部の出身者である。日本人は法律の条文を一字一句だにあやまるまいと、注意ぶかく順守する。

だが、日本の法律中心主義の中核をなすのは、弁護士ではなく、裁判官ですらない。それは、法律的訓練の産物としての高級官僚であり、法律の条文や法規の字句を人生の拠りどころとする、数多くの下級事務官群なのである。

27 選 挙

国の政治権力が一般選挙による国会の手にあり、選挙職の知事、市町村長、地方議員がそれぞれの土地で有力な存在であることを思えば、選挙が日本政治の中核を占めるのは明白である。その中でもっとも重要なものは、衆議院選挙であるが、これは一種独特なやり方で行なわれ、日本の選挙に特異な味わいを添えている。

英米の場合には、選挙区は一人区で、ただ一人の当選者が勝利を手中にするにすぎない。いわゆる「勝ち馬は勝利を独占《ウィナー・テイクス・オール》」がこれである。ところが日本ではそうはなっていない。また、ヨーロッパの各国でさまざまに見られるような比例代表制もとられてはいない。

日本は、多人区制度である。そこにはある程度までの比例代表制が、かすかに働いてはいるが、候補者は、単に所属政党の公認をとりつけ、党自体の訴求力に乗っかるだけではなく、アメリカの場合と同じように、個人として有権者にアピールできるかどうかに当落を賭けている。このような選挙制度は、戦前の政治制度のもつ一大日本的特徴であったが、戦後もひきつがれ、今日に至っている。

戦前の日本人も、大選挙区制と小選挙区制——というのが彼らの呼び方である——の利害得失について、論議をつづけた。小選挙区制とは、イギリス、アメリカ流の一人区であり、大選挙区制とは、全県一区ないしは大都市を一つの選挙区とするもので、一九一九年以前の東京府のごときは、一回の選挙で十六人を選出する、という有様だった。一人一票というのが原則だった少数党ですら、代表を送ることができたのに反し、大政党は支持者の票をできるだけ均等に分ける必要に迫られた。同じ党から何人かの候補者を立てても、個人人気のほどは候補者によってちがうのが通例だったからである。

一方、大選挙区制を是とする根拠は、選挙区が大きいほど、より広い視野をもった、真の政治家《ステイツマン》タイプの候補者が選出されやすいというのであった。この推論を証明する実証的なデータがあるわけではないが、少なくともそう主張されることが多く、そう信じられることもまれではなかった。しかし大選挙区制を強硬に主張する真の背景は、政府の側に、その方が大政党が全議席をさらってしまうことを防ぐことができる反面、少数の支持しか得られないような議員が選ばれやすく、そういう議員は政府を支持してくれるだろうという計算が働いた、とみるべきであろう。

一八九〇年から一八九八年にかけて行なわれた、最初の五つの総選挙では、いくつかの二人区を除き、小選挙区制が採用された。だが一九〇〇年にいたり、政府と政党政治家の間で話し合いがつき、大選挙区制が採用された。無記名投票や有権者の拡大が、政治家にとってはプラスというおもわくが、当の政治家の側にあったからである。

この制度は一九一九年まで存続するが、一九一九年、原敬《はらたかし》政党内閣が小選挙区制——

ただし六十八の二人区、十一の三人区を含む——を採用するに及んで、終止符が打たれた。

やがて一九二五年、普選の施行とともに、大小を折衷した中選挙区制がとられ、その後、大した手直しもないまま、今日に至っている。

一九四六年、占領下で、戦後はじめての総選挙が大選挙区制を復活させたのは奇妙といえば奇妙だったが、一九四七年以降は、全国を、それぞれ三人から五人の議席をもつ百三十の選挙区に分けた制度が、一九二五年同様、存在している。ただ一つの例外は、一人区の奄美群島区で、一九五四年、沖縄に先がけて、分離返還されたものである。

複数議席区のもとにおいては、たとえ少数党でも、五人区で二〇パーセント近くの得票を期待しうるかぎりは議席をもつことができる。ただ、前述したように、大政党にとっては厄介な問題が提起される。それだけの票数が見込めない場合でも、各選挙区に何人かの候補者を立てねばならない上に、票がほぼ均等に分散するよう意を用いなければならないからである。

たとえば、三人分の得票しか見込まれない五人区で、五人の候補者を立てることは、その政党にとってはとんでもないことになる。票がちらばり、三人はおろか、一人か二人しか当選しそうにないからである。また、だれかずば抜けて得票しそうな、魅力のある候補者がいる場合も、同様に不幸な事態がもたらされる。大政党にとっては、これらは深刻な問題であるが、せいぜい一人の当選しか見込めず、したがって一人の候補者しか立てられない小政党にとっては何ら問題とするにはあたらない。

だが、日本の複数議席区制度が日本の選挙政治の安定に資していることも見逃せない。アメリカのような一人区制の場合には、一般投票がわずか数パーセント動くだけで、地すべり的な変動がおこりうる。それにひきかえ日本では、五人区で与野党の議席数が一議席かわるのがせいぜいで、二議席のちがいをもたらすためには、二〇パーセントを上まわる支持政党の移動が必要とされる。アメリカとくらべ、日本の選挙結果の方がよりゆるやかな変化をしかもたらさず、しかも予測の可能性が高いのは、これが理由である。

日本の制度の一つの弱点は、人口動態の変化に応じ、選挙区や各議席数を改変しにくいという点である。事実、現行制度が施行された一九四七年現在では公平であったものが、その後いちじるしく不均衡の度を加え、極端な場合には、人口の多い地区と人口希薄な地区との一票の重さは、衆議院で、一対四という不平等を生むに至っている。

一九七六年の総選挙では十万票以上を得て落選した候補者が十名にも上ったのにひきかえ、五万票に満たない得票で当選したものは、実に九名を数えた。この結果、戦後もっとも人口が増大した大都市が不利益を蒙る反面、人口が着実に減少している農村部が、過当に得をしている。

一九七六年まで、日本人はこの事態の改善を国会自体の行動に求めてきた。だが、農村部を出身母体とする多数党は、自分の首をしめるようなことには熱心でなかった。他方、英米流の小選挙区制の導入については、小政党がことを構えて反対し、まともに取り上げることに待ったをかけた。英米流の小選挙区制にならって、選挙区制の改正を行なえば、議席数の大幅な削減が予想されるからである。

そこで、大都市の議席数を徐々にふやしていくという、不十分きわまりない手が打たれた。一九四七年から一九七六年の間に、奄美群島区と沖縄地方区を加えても、議席数は四百六十六（一九二五年）から、わずかに五百十一に微増したにすぎない。いずれにせよ、あまりにも肥大した国会は、動きがにぶくなることは避けがたく、人口過密な地区の議席をふやすというような、弥縫《びほう》策以上の抜本的な改革をむずかしくしている。

とはいえ、一九七六年四月十四日、最高裁判所が、現行選挙制度は違憲という判断を示すに及び、事態は大幅に変化する趣を呈するにいたった。憲法で保障された政治的平等と背馳するから、というのがこの判断の理由であった。この判断は、かつてアメリカの最高裁が下した「一人一票《ワン・マン・ワン・ヴォート》」の原則に近いともいえるが、この判断がいつ、どのような形で政治行動に移されるかはもとより、はたして何らかの具体的な行動がとられるかどうかについてすら、いまの段階ではなんともいえない、というのが実情である。

県知事や市町村長の選挙には、一人の当選者しかいない。だがそれ以外の選挙のほとんどは、衆議院選と同じ複数議席で、若干は比例代表制も加味された特色を有している。村会、町会、それに小都市の市会の選挙は一選挙区単位でたたかわれる。

他方、参議院選挙は、全国区と県単位の選挙区に分かれ、後者は三年ごとに一人の議員を送り出す二人区を別として、いっときに複数の議員を選出するのが通例である。

東京のように人口の多い地域が八議席を有するのに反し、人口がもっとも希薄な地域は二議席しか有さないことは事実だが、それでも大都市が、衆議院同様、人口比にくらべて、低く抑えられていることには変わりない。一票の重みはひどい場合には一対五という不均衡をみせている。だが、アメリカ上院が、最大一対七十五の不均衡を示しているのと比べれば、はるかにその度合いは少ない。

参議院地方区の選挙の結果は、総選挙の場合とひどくはちがわない。そして参議院議員の多くは、やがて衆議院を目指そうとしている若手か、それとも、そんな余力の残っていないことを自覚した老人のいずれかである。

ただ三年に一度、五十人ずつ選ばれる全国区議員の場合は、タイプがちがうことがある。

たとえ小さな圧力団体でも、組織さえきちんとしていれば、一人ぐらいの全国区議員は送り出せる。そこでさまざまな専門職が、自分たちの代表を参議院に送りこむことになる。日本人一般からは、疑いと軽侮の目でみられている旧軍隊も、二人や三人の職業軍人あがりを国会に送る程度の票はかためることができる。

テレビの人気者や、大衆受けのする小説書きの場合は、とくに恵まれた立場にある。いわゆる「タレント」——英語がそのまま使われる——も、専門職から出馬した候補と並んで、いくつかの政党から選挙に立ち、当選している。

ただし一九七四年の、いわゆる企業ぐるみ選挙は、ふたをあけてみたところ、みじめな失敗におわった。

日本の選挙政治にまつわる一大特色は、近年にいたるまで、第二次大戦以前の農村的な色彩が色濃く残っているという点である。

一八八〇年代から一八九〇年代にかけて、日本の選挙制度が整備された時代、日本は圧倒的に農村社会であった。都市人口と農村人口とがほぼ均衡したのは、ようやく一九二〇年代になってからであり、圧倒的な都市化社会に変貌したのは、戦後のことである。

その上に参政権は当初、農村部の地主階級に限られていた。納税が有権者資格の一つを形づくっていたからである。反面、大部分のホワイトカラー勤労者や工業労働者をはじめとする都市住民の大半が、参政権に浴したのは、実に一九二五年のことであった。日本の政党がその創成期、基本的に農村部の票田に顔を向けていたのはこれがためであり、この傾向は、農村部の方が相対的に多くの議席をもっていることも手伝って、戦後にもある程度までは持ちこされた。

したがって選挙の原体験は、農村住民の方が都市住民より長いだけでなく、地域の問題とのかかわりも、農村住民の方が深いといえる。

そのせいもあり、今日でも農村部の投票率は都市部のそれを上まわっている。前者が六人に一人の棄権率でしかないのに反し、後者は三人に一人が棄権するという現状である。農村部、都市部を合計すると、七〇パーセントから七五パーセント程度の投票率となるが、これは五〇パーセントから六〇パーセントのアメリカと比べ、高率といえる。また、都市化のおくれている地域では、地方選挙の方が国レベルの選挙よりも、高い関心をあつめる。

投票率が一番高いのは地方議員の選挙で、衆議院選、知事選がこれにつぎ、参議院選となると投票率は最低を記録する。

いま一つの特色は、複数議席制とからみあってのことだが、個人色がきわめて濃厚なことである。大政党は一つの選挙区に何人もの候補者を立てる。したがって同じ政党の候補者が、お互いに票を食いあうことは避けがたい。そこで、所属政党の組織によりかかるだけではなく、自前の選挙組織をつくり、有権者に受けるような個人的訴求力を打ち出していくことが欠かせないのである。

イギリスであれば、中央の有名政治家に当選まちがいないという選挙区をあてがうこともあるが、日本ではそんなことはない。その土地の善意の住民か、その土地生まれで大都市に出て成功した地生えの人間であることが求められる。

同じ党公認の競争相手と、一定数の票を食いあうわけだから、自前の集票機構《マシーン》と資金源をもたなければならない。他党に投ぜられるであろう票は、はじめからあてにできないからである。

その結果、日本の政治には個人的色彩がつよく刻印され、その点ではアメリカの政治に近い。イギリスや西欧のほとんどの国のような、個人の体臭のうすい、蒸溜水的な政治とは対照的である。

日本の選挙がはじまったのは十九世紀だが、当時、選挙の主たる推進母体になったのは、家の子郎党を中心とする小集団であった。その体質は農村的で、いかにも日本的なスタイルをもっていたのである。板垣にしろ大隈にしろ、土地の口ききから成る個人的な配下をかかえていた。一方、彼らは彼らで、身近な支持者をもっていた。

土地の有力者の口ききで、村のグループは票を一本化するかたむきがつよかった。昔ながらの村の団結という思いこみと同時に、票が割れては、どっちつかずになってしまい、政治的なにらみがきかなくなる、という計算が働いてのことであった。

このような地域ブロックがいっしょになって、土地の地方議員が選ばれ、さらにその頂点に、代議士が押し出される、というわけである。地域ブロックが全体として候補者を乗りかえたり、支持政党を変えたりすることも皆無ではない。ただ、いわゆる実力者ともなると、これらいくつかのブロックをもとに、確固とした「地盤」を作り上げ、いつの選挙にもご安泰ということになる。なお彼の没後、その地盤は後継者に伝えられることになろうが、それがたまたま息子ということもある。

そのみかえりとして、選挙地盤に利益を還元することが、彼には期待される。学校や橋の建設、鉄道路線の誘致などがこれである。ある政治家の地盤は、同じ選挙区のなかでも一つの地域にかたまっているのが普通で、そこでは「おらが先生」に圧倒的な票が集中する。同一選挙区でも、地盤以外の地域は同じ党の他の候補者に属しており、それだけに、集票はたいして期待できない。

このしくみはしかし、時とともに大きく崩れていった。とくに戦後はそうである。農村部といえども、いまでは昔のように、一ブロックあげて一人の候補者に投票する、ということはなくなってしまった。農村に住みながら工場労働者として都会に出る者の数がふえたことと、マスコミ時代よろしく、外部からの影響が増大する一方であることを思えば、農村部ですら、政治への関心や態度が多様化してきたとしても、おどろくにはあたらない。

候補者はもはや特定地域から、まとまった形で票あつめができるなどとは期待できない。したがって全選挙区に、集票のための網を広くうたねばならなくなってしまった。日本人のお得意のせりふでいうなら、タテ型の政治地盤が、ヨコ型への着実な移行を余儀なくされたのである。

その結果生まれたものの一つが、後援会の名で知られる個人的な支援組織で、大体の政治家がこれをもっているが、それは大型かつ多岐にわたる構成を有し、婦人、青年など選挙区内のさまざまな利益集団に訴えかけをはかっている。

選挙運動と選挙費用について、きびしさ一方の法的規制が設けられていることも、後援会のあり方を規定している。これらの規制はふつう、政治の腐敗や、裕福な候補者が不当に優位に立つことに水をさす、という理由で正当化されてはいるが、ある意味では、戦前、民主主義に不信を抱き、運用をできるだけ厄介なものにすることに自己の安泰をみた手合いが作り出した法的規制の残滓《ざんし》、といえなくもない。

候補者各人に認められている法定選挙費用は、些少なものでしかない。インフレの進行のために、ときおり手直しを受けているとはいうものの、人口がもっとも多い選挙区ですら五万五千ドル、人口がもっとも少ない選挙区だと一万六千ドル見当にすぎない。

この金額はどう考えても現実にそぐわない。一億円なら当選、七千万円なら落選という意味で、「一当七落」というような、皮肉っぽいざれごとが言われたくらいである。(この金額も物価上昇にあわせて、たえず上向きに「改定」されている)。むろんこのい い方にはかなりの誇張があるが、あまりに低すぎて実情にそぐわない法定選挙費用が、どのような問題をひきおこすかを暗示してはいる。

選挙運動自体についてもきびしい制約が課されている。選挙運動は公示後三週間から五週間と定められている。(投票日は日曜ときまっている)。戸別訪問も禁じられているが、日本人はそういう個人的タッチによわいと信じられているからである。

パレードもなければ、飲食の饗応もない。許されているのは、一定枚数のポスター、広告、選挙用はがき、パンフレット、それに短時間のテレビやラジオによる政見放送である。マイクつきのトラックは、おそらく公然と認められた、唯一の選挙運動手段である。ただし、ガンガンかき鳴らされては、静寂も落ちつきもあったものではない。

このように選挙運動の規制があまりにも手きびしいために、選挙法をくぐりぬけようとして、チャチなあの手この手がこころみられる。

たとえば、後援会は選挙目当ての組織というよりは、文化グループのよそおいをとらざるをえない。年間を通じ、青年部、婦人部、その他を対象にした「教育的」な会合がもたれ、候補者自身や他の後援者による「教育的」な演説会が開かれる。

加えて、アメリカの政治家同様、日本の政治家も、「顧客」の好意を買うために、たえず心をくばる。アメリカの政治家には先刻おなじみだが、選挙区で会合が開かれればいつでも都合をつけ、選挙区からの訪問者を東京の事務所に迎え入れ、彼らの私的な陳情には全力をつくしてあたり、外国旅行の際には絵はがき書きに精を出す、という具合にである。

大都市が選挙区の場合には、その性格上、この種の組織にはなじまない。戦前もそうだったが、戦後はいっそう顕著になった。当世風の生きざまは、地方都市や農村部においてすら、昔風の、人間くさい政治様式を侵食しつつある。

左翼の野党は一九二〇年代の創成期においてすら、個人的なつながりよりは、むしろイデオロギーや政策をもとに国民に訴えようとはかってきた。保守派の政治家にとってすら、高度に都市化した地域では、後援会制度は効果的には機能しない。ほかに関心をひくことが多く、お互い見知らぬ同士か、それとも他とのかかわりなしに自己充足的な生活をしているかのいずれかだからである。

一つの選挙区に住んではいても、社交や知的なかかわりの大部分は、工場や会社がある別の選挙区でもたれているかもしれない。労組や農業協同組合、婦人団体や青年組織、それに専門職のグループなどの圧力団体や選挙母体に対しては、もっと知的で、かわいた訴えかけがはかられなければならない。個人の魅力を補完し、場合によってはそれを代替するのは、イデオロギー上の問題であり、政治的にどういう立場に立つのかを明確にすることである。

都市化や生活の近代化がますます進行するにともなって、昔ながらの政治スタイルは着実に後退し、都市型の政策志向のつよい政治スタイルがあたりまえとなっていくであろう。

個人ではなく、一定の原則を中軸に組織され、その原則を信奉するものが党の組織を形成しているという点で、欧米の理想にもっとも近い政党は、日本共産党である。同党の中核部分は、党路線の忠実な信奉者から成り立っており、党員——同じ忠実な信奉者から成る——の数も、他党を上まわる。

公明党も強固な基礎をもっているが、それは政治思想よりは、むしろ母体としての創価学会への忠誠に規定されている面が大きい。

一方、社会党と民社党も、保守派の自民党よりは明確な政治綱領の上に立っており、組織としての力の源泉は労働組合にある。社会党の場合は、官公労ならびにホワイトカラー労働者を軸とする総評に、民社党の場合はブルーカラー労働者を軸とする同盟に、である。社会党の方が左寄りで、民社党は中道に寄っている。

ただ、社会党や民社党の議員も自分自身の後援会組織をもっていることが多い。他方、自民党の議員でも、より鮮明な党のイデオロギーを通じ、新しい保守主義を打ち出すことで、個人的な魅力という従来の形を補完しようとこころみているものも少なくはない。

このように、状況は複雑化しつつあるとはいえ、あえて大別すれば、古い、個人ベースの後援会スタイル、社会、民社両党の労組中心スタイル、それに共産、公明両党のもつ、より明確な党組織の三つということになろう。

28 政党

中国でもそうであったが、現代以前の日本においても、「党派」というのは、きびしく退けられていた。不調和というだけでなく、内部からの反乱というおもむきすらともなっていたからである。平民は政治とは無関係であるべきであり、士分は主君にひたすら忠誠をつくすべきであるとされた。

にもかかわらず、現実には派閥抗争が出現し、徳川末期には、幕府のみならず、各大名家においても、派閥抗争こそが政治の一大特色とみなされるに至った。そして明治時代に入るや、一般政党という概念はにわかに日本人の採用するところとなった。もっともその正当性に関する割り切れない思いは、その後も長く尾をひき、第二次大戦時まで持続する。

一八七四年、板垣退助は最初の政党をつくり、それを契機に自由民権運動へと傾斜していったが、他方、大隈重信も自ら政党を主宰した。一八八二年のことであった。第二次大戦まで、日本の政界を支配した政友・民政の二大政党は、実にここに端を発したのである。すなわち板垣の自由党は、主要政治勢力として、初期の国会に君臨、やがて伊藤博文のひきいる官僚出身集団と合流、政友会を名のった。

その後、政友会は長期にわたって代議政治に覇を唱え、一九一八年には、原敬を首班とする、史上初めての政党内閣の誕生をみる。戦後、この流れは自由党として復活した。

他方の潮流は、再編、分党、合同をくりかえすにともない、ひんぱんにその名称を変えていった。一九二七年、民政党という名が定着するまで、進歩党、憲政会などさまざまな名称で呼ばれたのである。

当初の総選挙においては、彼らはたえず板垣路線の後塵を拝していた。ただ一九一五年にいたり、大隈路線ははじめて板垣路線から多数党の地位を奪い、その後は両路線の間で交代がくりかえされ、一九二四年、はじめて加藤民政党内閣が誕生する。戦後、この流れは、民主党――進歩党と呼ばれたこともある――の名で復活、一九五五年には旧自由党と保守合同の結果、自由民主党を形成するにいたったが、この名称自体、その発生の起源を示しているといえる。

一九〇一年、理想主義的キリスト者を中心とする、社会主義政党が結成されたが、官憲によってただちに弾圧を受けた。一方、一九二二年に共産党は、プロレタリア政党の第一陣として、成功裏に進水をみたが、長続きはしなかった。二年後には非合法化の憂き目にあい、支持者に対する警察の弾圧は苛酷の一途をたどった。

一九二五年には、複数の社会主義政党が結成をみたが、いずれも短命におわり、警察による目こぼしを受けた政治勢力が一九三二年、社会大衆党を結成したものの、やがて一九四〇年にいたり、他の保守政党と同様、官製の大政翼賛会に吸収されてしまった。

第二次大戦後、釈放された生き残り党員や、中国、ソ連からの帰還者の手で日本共産党が復活、一方、社会大衆党も日本社会党としてよみがえり、一九四六年、四七年の総選挙では、それぞれ一九パーセント、二六パーセントの得票率を記録した。これは、戦前、一九三六年、三七年の、五パーセント、一〇パーセント弱の得票率と比べれば、一般国民の支持が明らかに増大しつつあることを裏書きしていた。

同時に社会党は、イデオロギーをめぐる戦前の対立を、戦後も引き継いでいた。民主主義よりも社会主義を先行させる考え方と、社会主義よりも民主主義を先行させる考え方との対立といっては、いささか粗大にすぎるであろうか。いずれにせよ、一九五一年と一九五五年の二度にわたり、同党は分裂を体験、さらに一九六〇年には三たび分裂をみ、穏健派は社会党を脱して、あらたに民主社会党を形成するにいたった。

このように、敗戦直後にさまざまな新興政党が誕生したことは事実だが、総じて日本の政党は、戦前の各政党にその存在の根拠を負っている。戦後派政党の最大のものは協同党で、一九四九年には民主党と合同したが、それ以外の戦後政党はいずれも一九四九年を待たずして姿を消してしまった。既成政党のうち、わずかに戦後生まれの存在は公明党一党であり、一九六四年、創価学会を中心に結党をみた。十年間にわたる選挙活動の末にであった。

戦前の政治は、国家次元の問題よりも地方レベルの問題に大きな関心をもつ農村有権者によって大きく左右されていた。したがってどの政党に属しているかよりも、候補者個人をどの程度よく知っているかの方が、大きな重みをもっていた。事実、大部分の候補者は、所属政党を名のる煩をいとって無所属で立候補することが多かった。

この戦前の状況は、いまなお生き永らえており、地方政治はもとより、自民党の構造自体にも、その残滓《ざんし》はつよくみられる。選挙区が小さく、農村部に近ければ近いほど、無所属として選出される議員の比率は高い。逆に、大型の、都市部の選挙区の場合には、所属政党を明らかにする度合いは高くなる。

一般的にいって、日本社会の都市化、工業化が進むにつれて、各レベルにおける所属政党明確化への動きは、明らかである。町村会議員レベルでは、いまだに大半が無所属を名乗ってはいるが、大都市の場合には、無所属市会議員は少ない。県会議員を例にとれば、かつては無所属が三分の一弱を占めていたのに比べ、今日では、大半の県会で数名を数えるにすぎない。一方、国会についても、無所属立候補者は一握りにすぎず、ひとたび選出されると、どこかの政党に所属するのが常である。

地方自治体の首長、つまり県知事や市町村長の場合にはまったく様相を異にする。戦後の初期においては、二大保守党が多数党を占めていたこともあって、大部分の首長は保守派に属していた。ただし、ほとんどの首長は、所属政党を明らかにしなかった。

しかしその後、政党のレッテルを用いる傾向が高まり、今日では、知事の半分以上が所属政党を明らかにするに至っている。

ただ、野党の総得票数が徐々に伸びをみせ、保守党を圧する傾向が大都市地域で高まるにともなって、大都市のほとんど、ならびに一部の中都市では、野党サイドからの首長が出現するようになった。たとえば東京都議会の場合には、一九六五年以来、多数派は野党の手中にあり、六七年から七九年まで、美濃部革新知事をいただいた。ちなみに同知事は、戦前、憲法学者としてその憲法解釈のゆえに甲論乙駁《こうろんおつばく》をよんだ美濃部達吉教授の子息であり、父君同様、大学教授を職としていた。

ただし革新側の候補者も、二党ないしはそれ以上の野党の相乗りを必要としているので、とかく無所属を称することが多い。

保守系無所属議員が、とくに農村部における地方政治を牛耳っていることは、自民党の構造が、異例であることを解く一つの鍵である。自民党とは、しょせんは一つの政治クラブにすぎず、その構成員は、第一義的には同党所属の国会議員、第二義的にはその支持者と地方議員、自治体首長など国会議員予備軍と目される人々である。

ことばを換えていうなら、自民党とは、プロの政治家を主軸とするクラブにすぎず、草の根レベルでの組織もなければ、大衆党員もごくごく限られている。逆ピラミッド、ゆうれい政党などと評されているのはこのためである。頭はあれど足がない、というのが後者の意味である。

ただ、この評価はいずれも人をあやまるたぐいのものでしかない。地方議員のもつ集票組織や後援会制度のおかげで、草の根次元での自民党基盤は、広くかつきわめて生き生きとしている。もっとも、同党に所属しているという帰属感をもつ有権者は少数にすぎない。

日本人の大多数は、党員になるのはおろか、ある政党を積極的に支持することすらうとましく思うのが常で、政治からは距離をおき、一方に肩入れしない、という姿勢を固守している。共産、公明両党の支持者と、労組の指導者が社会、民社両党を肩入れするのは、例外といってよい。

もっともアメリカで民主、共和両党のいずれにも偏しない無所属という姿勢がポピュラーになりつつあるのと同様、日本人の大半も、自分自身を、不偏不党とみなしたい、という強い立場をとってはいる。だが実情はといえば、日本人の政党支持は、アメリカ人有権者の場合より、一貫性がつよく、予測可能性もしたがって高い、とはいえるように思われる。

自民党は、一九五五年の結党以来、ずっと多数党を占め、得票数も大多数、もしくはそれに近い優位を占めてきた。天下党であり、最大政党でもあることを考えれば、同党を子細に検討する価値は大ありである。自民党についていえることは、少なくとも部分的には野党各党についても当てはまるからである。

自民党の中核をなすのは、同党所属の国会議員であり、首班の選出や法律案の成立について、全議員が協調して投票することは、同党による支配の有効性とその存在にとって、基本的な重要性をもっている。

投票に際して、党規党議は絶対である。地方政治が個人ベースで行なわれ、それぞれの国会議員が、正規の党機関よりも、個々の後援会のバックで選出されてくることを思えば、この点は特筆に値する。

アメリカの場合も、国会議員の力の源泉は、むしろ個々人の選挙地盤にあるわけだが、日本とは異なり、投票にあたっては党議にしばられることが少なく、自由投票の度合いが高い。一方、ヨーロッパの議会政治の多くが党規を重要視するのは、政治家の個人的基盤が総じてよわいことに起因する。

ところが日本の場合には、個々人の政治的基盤は、アメリカよりも個人的色彩がつよく自主性も際立っているが、他方、党議のしめつけは国会、地方議会の別にかかわらず、ヨーロッパの民主主義国にまさるとも劣らない。この組み合わせの妙は、集団を組織する能力において、日本人が端倪《たんげい》すべからざる才覚と器用さを持ち合わせていることを示している。

自民党はこれという明確なイデオロギーをもっているわけではない。にもかかわらず、国会では一致団結してことにあたる。戦前の政友、民政両党もさほどはっきりしたイデオロギーをもってはおらず、現在の自民党籍の国会議員も、単にこの二つの潮流のいずれかを継承しているにすぎない。

政党政治の初期においては、この両党は一致して政府に対抗、いかにして政府からより多くの権限をもぎとってくるかに腐心し、ついにはそれを手に入れてから久しくなるが、両者を分かつものは、個人的な葛藤であり、具体的な政策案件ではなかった。いわゆる「革新政党」の台頭によって、一九五五年には保守合同を余儀なくされたというものの、これとても単に便宜上の結合にすぎなかったのである。

自民党が革新政党より保守的な立場に立ちがちなことは事実だが、特定の問題に関するかぎり、広範な意見の持ち主を傘下におさめており、その点では、むしろアメリカの共和、民主両党に近く、ヨーロッパの政党とはへだたっている。

ただし日米両国の政党間に、大きな差異が存在しないわけではない。日本の政党が、選挙にあたっては、大した意味をもたないのに反し、ひとたび選出された議員に対してはかっこうな枠組を提供、代議制度――地方議会を含む――がまずは効率よく機能することを可能にしている。それにくらべ、アメリカの政党は公職に選ばれるに際し、いっときの宿を借りるための、いわばレッテルであり組織にすぎず、いったん選出されれば、自由裁量がかなり大幅に認められる、といううちがいが存在する。

自民党の特徴のうち、一つ重要なのは、同党所属の国会議員がいくつかの派閥に分かれている点である。これは党の団結を妨げるものとして批判の対象になっているが、党が国会内で、お互いに連携動作をとる上の、ひとつの重要なしくみになっている。

日本の派閥の典型的な構成は、多数の派閥メンバーの上に、一人の長もしくは何人かの代貸しが、派閥の長の名において行動する、という形をとる。有力派閥の数は、四つないし五つを数え、四十人から八十人ほどの派閥メンバーをかかえるほか、いくつかの中小派閥がこれに加えられることもある。大派閥がこれ以上の人員をかかえることになれば分裂は必至であり、多方、中小派閥もあまりに小さすぎれば、派閥としての効用を発揮しがたい。

各派閥とも、だれしもがリーダーと仰ぐ存在を頭にいただいており、派閥の長が国会ないしは党の有力者であることはいうまでもない。彼が死亡するか政界を引退すると、派閥は霧消するか、新しいリーダーが出現するまで、困難な道を歩むことになる。

自民党とは各派閥の連合体にすぎない、という議論も行なわれており、たしかに実務面ではそうにちがいないが、より基本的にはこれは俗論でしかない。ヨーロッパの連合政権の場合には、構成要素としての各政党は独自の政治勢力であるが、自民党の派閥は、同党の中にあってこそその存在理由を主張しうるので、それ以上の存在ではない。その上に、派閥ごとのイデオロギー面での特異性となると、自民党全体よりも希薄である。

ときには、ある特定派閥が一定の政策傾向をもつ、と評せられることもある。だがそれも確固としたものではない。また、派閥ごとに左寄りとか右寄りとかみなされることもあるが、これら政治評論家による分析も、大まかなもので、さほど的確とはいいがたい。どの大派閥もそのなかには異なる見解の持ち主を含んでおり、特定の政治見解を推進するために、たえずつくられる委員会や集団も、その参加者は各派閥を横断的に網羅していることが多い。

自民党が、自由、民主の両党を母胎としていたということが、党内派閥の色わけに尾を引いたことは、結党当初においてこそ事実であったが、その後、この側面は徐々にうすれ、今日ではほとんど完全に消え失せてしまった。官僚出身者を長とする派閥と、党人派に率いられる派閥との間の対立も、とやかく喧伝されたが、この政治評論家の説も、平議員に関するかぎり大した意味をもってはいなかった。現に一九六六年現在で、官僚出身者は一六パーセントを占めるにすぎず、長い目でみるなら、一時的な現象とみなされるべきであろう。

一九〇〇年の政友会の結党時と、一九二〇年代の政党勢力の伸張時においては、野心的な官僚群が政界へ転進をはかったことは事実であり、同様に戦後も、国会の圧倒的優位のもと、官僚出身者が党の要職に流れこんだこともあった。日本の官僚機構の操作に長《た》けた彼らは、政治家としても効果的に機能した。戦後、首相の印綬《いんじゅ》を帯び、長期にわたってそのポストにあった政治家は、吉田、岸、池田、佐藤と、いずれも官僚あがりであった。一九七六年十二月二十四日、総理の椅子に座った福田首相も、大蔵省の旧官僚である。

他方、一九七二年から七四年まで首相の地位にあった田中角栄は、元来がエリート官僚ではなく、自力ではい上った事業家出身の政治家であり、他方、田中の後を襲って一九七六年十二月まで総理のポストを占めた三木武夫首相は、戦前からの生粋政治家の最後の一人であった。

いつの日にか現在の老齢化した指導層を継ぐであろう若手は、その大半が根っからの政治家か、若くして官僚の道を捨て、政界に身を投じたかのいずれである。官僚あがりが次々に政界のトップの地位を占めたことも、一時代の一時的な現象にすぎず、いずれにせよ派閥現象とはほとんど無縁といってよい。

このように派閥というのは、イデオロギーを軸とする党内集団ではなく、機能的な存在であり、指導者とその追随者が個人的につながるという、きわめて日本的な形態をとっている。派閥はまた、その長にとっても構成員にとっても、はっきりした存在理由をもっている。すなわち派閥は、その長が党の総裁、ないしは党の要職につくためのいわば踏み台の役割を演ずるだけではない。陣笠議員にとっては、国会活動への参加に意義を見出し、日本人には欠くことのできない心理的な支えを提供してくれる場でもある。派閥次元でしばしば開かれる会合は、構成員、とくに若手に対し、議会内での政治の動きや問題点について、貴重な情報提供の場を与えてくれる。

また並みの議員にとっては、派閥に属した方が、委員長や政務次官さらには閣僚ポストが得やすい、という便宜もある。独力でこれらのポストにつこうと努力すればおおごとである。それだけにあえて一匹狼をとおす自民党議員は、よほど意志堅固な少数にかぎられているのが実情である。

自民党の立候補者をえらぶ上にも、派閥の役割は無視できない。ある意味では、候補者は自選である。引退議員もしくは死亡議員の子息もしくは後継者か、さもなければ、候補

自力で地盤や選挙母体をつくり上げていなければ、候補者として考慮に上ってもこないからである。

だが、それらの有力候補者のうち、だれを正式の候補者として公認するかは、党中央の権限である。すでに見てきたように、選挙の現状では、党の集票能力を上まわる数の候補者を立てることはできない。したがって、党のお墨つきを、そうやみくもに出すわけにはいかない。そこで、どうしても派閥の領袖のだれかの後押しが必要とされ、当選のあかつきにはその領袖の派閥に身を寄せることになる。金銭面での援助を仰ぐこともあるが、そうすれば派閥としても、いきおいその候補者の当選に熱が入ろうというものである。

候補者一人一人には、党本部からなにがしかの金銭的な援助が手わたされ、それが個人的な資金に加えられるわけだが、派閥のリーダーからの援助の上乗せは、同一選挙区の他の候補者より優位に立つ上で、有効な場合もある。国会議員が国会に選出されてくる過程で、派閥がどれほど大きな役割を演じるかは、同一選挙区内の自民党議員がおおむね派閥を異にするライバル同士であり、同一派閥に属することはまれでしかない、という事実をみれば、一目瞭然である。

一党の正式な公認をとりそこなう立候補予定者もむろん少なくなく、そのなかには、一応、無所属という形で非公認のまま、あえて出馬するものもある。党本部としては、これにはきびしい態度であたるが、派閥関係者の後押しを暗々裏に受け、選挙に挑む未公認候補もある。当選のあかつきには、大体の場合は復党をとげ、当然、その派閥に所属することになるが、そのかげで公認候補が落選の憂き目をみるというのがほとんどである。

日本の政治状況を論ずるものは、おしなべて派閥の弊害を説き、自民党自体も、派閥を解消する旨の決意を折にふれて表明してきた。派閥があるために、選挙資金が多量に無駄に流れ、党内抗争が激烈になることも事実である。

だが、派閥はとてもなくなりそうにはない。制度全体の運用に、機能的にかかわっているからである。公認候補を決め、彼を当選させる上に役割をはたしているばかりか、党による意思決定や、党の指導者を選び出す上にもかかわりをもっているからである。

国会における内閣首班の決定や法案の成立が、全党一致という形をとることはすでに述べたとおりだが、そのためには、党単位でのコンセンサスが欠かせず、それは各派閥間のかけひきによってしかかたまらない。四百人を超す衆参両院議員間の合意はむずかしくても、八つなり九つなりの派閥指導者間の合意は、当然のことながら、それほど厄介ではない。

アメリカでは四年に一度、大統領候補者を指名するために、騒々しいとりひきが行なわれ、議会は議会で法案への票あつめに、たえずあくせくしているが、それと比べれば、日本のやり方の方が総じて秩序正しいといえる。したがって、派閥の存在が党全体を弱体化させているという世評をよそに、むしろ派閥間のかけひきのおかげで、有効かつ弾力性のある組織になっている、といえるであろう。

自民党大会は、指導者を決める場である。年に一度というきまりだが、首相が辞任した場合、もしくは三年——一九七一年までは二年——に一度、新しい党総裁をえらび出すことになっている。党大会の構成は、国会議員クラブとしての自民党の基本的な体質を如実に示している。

四百名をこす両院の国会議員はそれぞれ一票をもっているが、それ以外は、各都道府県のいわゆる県連の代表に一票が与えられるにすぎない。県連票は、婦人、青年、その他、選挙の際の諸集団に割れていることが多い。

大会は総裁を選出するが、自民党が国会で大多数を占めているかぎり、同党総裁が自動的に内閣首班にえらばれる。総裁の選出は、各派閥間の合従連衡《がっしょうれんこう》の結果であり、総裁のポストを手に入れた側は「主流派」、敗れた側は「反主流派」と呼ばれる。

総裁は、派閥領袖間のひそかなとりきめによって決まる場合もある。アメリカ流の「葉巻の煙がもうもうと立ちこめる」密室の中で、ことがきまっていくというやり方に近い。一九七一年にきまった党規約によれば、総裁は単純多数決で、三年の任期をもって選出され、三期目だけは三分の二の得票を必要とすることになっている。これは、首相の任期を最大六年に制限する動きと解された。

首相が多数党議員による間接選挙で決められ、大統領制下のように、国民の「一般投票」によって選出されるものではないことから、アメリカの場合のように、広く一般国民の支持を得ることはまれである。

新内閣の誕生直後は、しばらくの「蜜月《ハネムーン》」がつづき、支持率も五〇パーセントを若干上まわりはするが、ほどなく三〇パーセント以下におちこむのが常である。自民党支持者といえども、現首相に対して、個人的に肩入れしているわけではないからで、別の派閥リーダーの方がましだ、と思っているかも知れない。

他の党役員は、総裁がだれであるかによって決まってくる。というのは、党役員の選考は、各派閥間のバランスを保ち、各派閥が執行部を忠実に支持してくれることを計算した上で行なわれるからである。総裁についで有力な党役員は幹事長で、政務次官や国会委員長ポストの配分をまかされ、党職員——さほど大きくはない——を管掌し、だれを公認するかを決める上で決定的な役割をはたす選挙対策委員会を掌握する。

幹事長と並んで重要なポストは、総務会長ならびに政調会長で、彼らが意思決定の過程でどのような役割を演ずるかについては、後段で解説することにしたい。

副総裁が選ばれることもある。これらのポストや党内の委員会の構成、それに閣僚ポストの配分にあたっては、派閥間の均衡をはかる慎重な配慮が欠かせない。派閥の御大が、自ら党や内閣の要職につくこともあるが、自派のメンバーを代理として送りこむだけの場合もある。

かつては、日本でも地域的な均衡が、派閥以外に重要な要素とみなされたこともあり、アメリカの政治では今日なお大きな役割をはたしているが、日本では明らかに派閥均衡の後塵を拝するに至った。

他の諸政党も、党の一般的な構成に関するかぎり、自民党と大差ない。党大会を定期的に開き、党の主要人事を決定する。ただ社会党だけは、大きいこともあって、正真正銘の派閥をもっている。

自民党の場合と同じく、社会党の派閥も個人的な色彩がないわけではないが、本質的にはイデオロギーを中心とする集団であり、それだけに抗争も苛烈をきわめる。

一九六二年までは、すべての同党所属議員は自動的に党大会の代議員であった。だが、それ以降、代議員の選出は地方組織の手に移っていった。自民党の国会議員とくらべ社会党議員は半数以下にすぎず、したがって党大会で占める彼らの比重は、いきおい軽くならざるをえない。そのかわりに、地方組織が選び出した労働組合指導者が重きをなし、代議員の四割内外を占めている。

党大会は、党の中央執行委員会の委員長――自民党の総裁に相当する――を選び出すほか、書記長以下の役員を選出する。党を実際に動かしている中執のメンバーが決められるのも、同じ党大会においてである。

党の主要役員はいずれも国会議員であることがほとんどで、自民党の場合と同じく、派閥間の抗争や、派閥均衡を目指す努力の結果でしかない。

29　意思決定過程

国会が日本政治の意思決定過程の根底であり、政党とそれに投票する有権者とが国会を構成する鍵であることはすでに述べた。ただその運営方法となると、アメリカの政治制度はおろか、ヨーロッパの議会政治とも、ある面ではかなり異なっている。さきに日本の経済界について論じた時に、日本一流のコンセンサス制度に言及したが、政界の場合も、同じコンセンサス制度に色どられている。

日本とアメリカとのもっとも明白な差異は、同じく民主主義とはいえ、日本が議院内閣制であるのに反し、アメリカが大統領制をとっている、という点に由来する。首相が国会の多数派によって選ばれる以上、与党と行政府との間には党派別もしくは政策上のちがいはない。アメリカの制度とはちがう点である。

その上、与野党議員の手になる議員立法もないではないが、法案の大半は与党にかわって内閣が提出するので、実際の起案は、内閣の指揮監督下にある各省庁の手でなされるのが通例である。

ここまでは日本の代議制も他の民主主義国の代議制も大差ないが、法案を与党がどう取り扱うか、という段になると、他の代議制とは異なってくる。すなわち、他の代議制の場合には、与党は明白なイデオロギーと確固とした政策をもっており、議員が選ばれるのも、イデオロギーと政策に拠るのがほとんどだが、自民党はそうではない。自民党議員は、個人的な魅力で出てくることが多いので、なにもきちんと構築された党の政策を手に出てくるわけではない。一方、首相は首相で、派閥間のとりひきで選ばれる場合が多く、自分自身の政策を実行に移す衆望をになっているわけではない。したがって基本的な決定が下されるのは、相も変わらず、党のコンセンサスを打ち立てるための、複雑な過程を経て後のことである。

自民党はこのために各種の機構をもっている。たとえば各派閥とも定期的な会合を開いては、政策事項を討議するが、その席上、派閥のリーダーは派閥成員に対し、問題の所在と自分の見解を説明するかたわら、どのような立場をとれば、彼らに支持してもらえそうかについて、一応の腹案を手に入れる。

問題がとくに大きく、論議をよびそうな場合には、派閥を横断した集団がつくられ、特定の立場を押しすすめることもある。外交問題はその一例で、その典型的な例はＡＡ研と青嵐《せいらん》会である。前者は数年前に盛んに活動した党内左派の集団で、とくに第三世界との連帯を志向するのに反し、後者は若手の超保守派を軸に、比較的さいきん結成された集団である。

だが意思決定過程にとって、より有力かつ中心的な存在は、政調会――正確には政務調査会――で、その長は党の主要役員の一角を占める。政調会は、主要省庁ならびに国会の常任委員会に相当する十五の委員会に分かれ、それ以外にも三十に近い小委員会をもっている。ほかに、二十ほどの特別委員会もしくはプロジェクト・チームが存在する。それぞれの委員会は何人かのスタッフをもち、専門家を招くこともあるが、委員はすべて国会議員から成っている。国会議員は自分の好みの委員会に所属し、投票権を行使できるほか、どの委員会の会合にも出席、討議に加わることが認められている。

このように党の委員会は、同党所属国会議員間の異見を折衷するとともに、各省庁の専門家——実際に法案の起草にあたるのは、多くの場合、彼ら官僚である——の意見とすりあわせる場として機能している。もちろん、正規の委員会のかげで、特定法案につよい関心を抱く国会議員同士や、関係省庁の官僚との間で、広範な話し合いが行なわれることは、いうまでもない。

日常的な決定については、企業や官僚機構にみられる稟議制度に近い手続きがとられる。委員会の決定は、政調会の審議部門に送られるが、そこで承認されると、党の総務会に送付される。ちなみに総務会は、派閥的地域的な均衡の上に立っている。

総務会が党として正式な承認を与えると、次に内閣法制局に送られ、そこで処理される。ついで事務次官会議——各省庁を実務レベルで動かしているのは彼らである——にかけられ、技術面からの検討を受けると、内閣に送付され、内閣の正規の承認を受けた段階で、政府提出の法案として国会に上程される。このように手間暇かけた手続きの過程で、特別な関心をもつ同党の国会議員や、各派閥の声は十分に吸い上げられているだけに、いざ国会での議決となると、それ以上の討論もなしに、あっさりと賛成にまわるのである。

甲論乙駁《こうろんおつばく》的な問題の場合には、これほどスムーズではないかもしれない。政調会が衆議一決的な決定に至らないときには、総務会にかけられるか、それとも派閥の領袖、もしくは総裁、副総裁、総務、政調両会長など党幹部からなる臨時の会合にかけられる。これらの役職や組織は、派閥均衡の上に立っているので、党内世論をまとめ、国会での議決をしばる決定に到達することができるのである。

これらの手だてを講じても、なお衆議一決といかない場合もなくはないが、その際は首相の裁断にまかされる。むろん首相自身の政治責任においてであり、場合によっては、党員からあとで批判されることも甘受しなければならない。いま一つ、両院議員総会の招集という手もあるにはあるが、これはすでに行なわれた決定の追認という色合いがつよく、なにかを決めるため、ということはあまりない。

社会党の場合も、自民党とほぼ同じ手続きを経て、党としてのコンセンサスに到達する。党の幹部役員の指導のもと、政策審議会や各委員会が党の綱領を決め、党所属国会議員がこれを順守する、という形をとる。イデオロギー的に分かれている同党であってみれば、決定に困難を感ずる問題もあるにはあるが、総じて与党よりは、意思決定過程は単純である。天下党でないために、大体の案件についてはおよその立場さえはっきりしていれば十分なのである。絶対反対をめざす案件はそう数多くはなく、それも具体的な代替案をともなうとはかぎらない。

政治的な意思決定過程が、党の機関を中心になされることは事実だが、決して政治家にかぎったことではない。各省庁の官僚がはたす役割も非常に大きいのである。のみならず専門研究者の中には、意思決定の主要機関は各省庁であり、党の機関や国会は第二義的な存在にすぎないと断ずる向きもある程である。

現に、国会に提出される法案の七割までは各省庁の起案によるもので、その大多数は国会を通過する。他方、のこりの三割が議員立法だが、「あがる」率はきわめて小さいのが実情である。成立をみる法案も、実は官僚の手になるものが一、二にとどまらず、政治的な事由があって、議員提出という形をとるにすぎない。

一方、野党議員が提出した法案は、絶対に「あがらない」といってよい。それに官庁提出法案の多くは、各省庁の長期的な政策案で、同一省庁内の各部局や、派閥集団の間で、さんざん叩かれ、コンセンサスを経て提出にこぎつけたものである。

この手続きを説明するかっこうの例は、予算案である。各省庁は、自省の予算要求を提出する。現行予算額を上まわることが認められており、二五パーセント増しということもしばしばである。省内では、各部局間や各計画間のバランスだけでなく、現行予算案のバランスを大きく狂わせることのないよう、細心の注意が払われる。

一方、大蔵省も最終予算案の策定にあたっては、各省庁間のバランスをとるべく腐心する。

したがって、いったん決定した予算費目は、デンと腰を据え、たとえ手直しが加えられるとしても小幅で、抜本的なものではない。手直しが行なわれる際も、官僚機構自体が国民的必要と国民の希望をどう認識するかが、その決め手になる。

ただ、予算案も他の法案同様、与党の承認を受けることが必須であり、それだけに与党筋の強い影響は避けがたい。それもいくつかの次元においてである。

首相以下、内閣がなにを目的として公約しているかは、予算案の策定や各省庁の立法案件を決める上に影響を与える。また政調会小委員会と官僚専門家との話し合いは、政治家にとって技術的な側面の勉強になるばかりでなく、官僚専門家に対し、どの政治目的を充たす必要があるかを明らかにする。いずれの段階であれ、個人的な話し合いは、政治家と官僚との、対面交通的な相互影響をもたらす。

政策の施行者としても官僚は大きな役割をはたす。これは日本の企業について述べたときにすでにみたとおりである。法律は大まかなわくを示すだけで、それを具体的に実施する段になると、行政による細目や規制が欠かせない。これは日本ならずとも同じだが、とくに日本の場合には、行政指導の領域がアメリカよりも大きく、それだけに行政の権限はずっと大幅なのである。

一例は、通商産業省である。この経済官庁がきめのこまかい行政指導を行なうことで、どれほど日本の業界ににらみをきかせ、海外との経済接触において勢威をふるったかはよく知られているが、その根拠になったのは、いくつかの大幅な許認可権であった。むろん官僚といえども、これらの措置を講ずるにあたっては、与党筋の大体の意向に逆らわないよう慎重でなければならない。だが、それでも個々の決定は彼らに委ねられており、政治家に指示されるわけではない。大統領や内閣が、こまかく監視し制御しているアメリカの制度とはちがうのである。

したがって日本の省庁の方が、アメリカの省庁よりはるかに強力である。とはいっても、無人の野に在り勝手次第たるべし、というわけではない。

与党との相互関連が密接な以外にも、各省庁は担当分野のさまざまな圧力団体との、連絡をたやさない。農協をはじめとする農業諸団体は、農林省には一方ならぬ重要性をもっている。同様に、日本医師会は厚生省にとり、日本教職員組合は文部省にとり、労働諸団体は労働省にとって、きわめて重要な存在である。ただし、日本教職員組合と労働諸団体の場合は、協力相手というよりは、むしろ対抗者というに近い。

経済諸官庁は経済界と近いが、経済界で、各種の連合体にまとまっており、そのためもあって、政府と経済界との関係は、アメリカの場合よりも、ずっと秩序正しく、うまくいっている。

圧力団体との調整作業は、多く非公式な話し合いを通じて行なわれる。だがこの過程を強化するために、各省庁は各種の審議会を設けており、一九七二年には、その総数が二百四十にも達した。

実質的な関心事項について審議会をもたないのは、外務省だけであった。外交政策というのは、いわば秘儀に類するものであり、国民の参加が有効であるためにはデリケートにすぎ、危険性をはらむ、という感じが同省の側に存在したからでもあろう。官僚サイドにしてみれば、審議会は省庁の方針に対し、一般の理解や支持をあつめる場であるとともに、省内の派閥的な論議をはき出させるためにも利用可能なばかりか、省議に一般国民の影響を反映させる場としても機能しうる、とみなされていたのであろう。

このように日本における政治上の意思決定過程は、三段階に大別されるといってよい。専門知識と行政面での一貫性を付与するのは各省庁であり、党内の手続きと国会内の表決とで、最終的な政治決定を下すのは議会、とくに与党である。だが行政も与党も、究極的にはいま一つの存在を無視できない。一般国民がこれであり、彼らは有権者として与党を選び出すとともに、与党が各省庁にどのような政策の策定を働きかけるかについて、大きなわくをはめる。

官僚機構は恒久的な存在であり、与党も一九五五年の自民党結党以来、変わってはいない。その点、この二つは比較的固定しているが、一般国民は多様で、しかも変化しやすい。

第一、有権者国民は、さまざまな政党に一票を投ずる。しかも、さまざまな圧力団体を構成し、その勢力もときとともに消長する。農民、漁民、医師、歯科医、地域住民や有関心層が作り出すときどきの運動組織、労働組合、業界団体、経済連合体などがこれである。

政治にみられるこの種の三者構成は、調整の要がある。とくに密接なのは、与党と行政との関係だが、各省庁は、一般国民や各圧力団体とも関係をもつようにつとめ、他方、与党はより親密な関係をとり結んでいる。党中央が、これら圧力団体の多くと直接かかわりをもつほか、各議員は、選挙母体を通じ、自分の選挙区内の一般有権者や、圧力団体との関係をつけるのに懸命である。

一方、圧力団体も、各議員に働きかけるほか、関連省庁や与党に直接影響を及ぼそうとする。

日本で、ふつう、体制側と呼ばれるのは、政治的には、自民党、同党支持の有権者ならびに各種圧力団体、それに官僚機構の三者である。他方、野党や野党支持勢力は、反体制とみなされている。政党間の区別ははっきりしているが、一般国民や圧力団体となると、それほど分明ではない。いくつかの政党に票割りする有権者は少なくなく、浮動票というのはさらに多い。また圧力団体の中には、親自民もしくは反自民と、はっきり色分けできないものもある。だが、体制側、反体制側という大体の色分けは可能であり、現に日本社会はそういう形で動いている。

自民党所属の国会議員、官僚機構、それに大企業の三者構成で、体制を捉える狭義の見方もある。大企業をして、一般国民を代表させるというわけである。この見方にも相応の理由がないわけではない。戦後このかた、大企業は意思決定にきわめて大きな役割をはたしつづけてきたからである。急速な工業発展は、行政と与党とに共通した政策の目玉だったが、工業発展が主として経済人の手になることを考えれば、行政と自民党議員とが経済人と密接に協力して、この国家目標の達成をはかったことも当然であった。

大企業はまた、自民党の台所をまかなう一大スポンサーでもあった。自民党以外への企業献金もないわけではないが、社会、民社両党は主として労組に、共産、公明両党は党の刊行物にその財源の多くを仰いでおり、公明党の場合には、支持母体の創価学会にも依存している。企業も組合も政治献金を認められているが、一九七六年に成立した政治資金規正法は、その金額を大幅に制限した。個人の大金持が少ないこともあって、個人献金は微々たるものでしかない。

経済人も官僚も自民党の実力者も、だいたいが東京に集中しており、しかも有名大学の出身者であることが多いので、個人的に親しいことはおろか、姻籍関係にあることすらある。その上に、退官が比較的早いこともあって、自民党の議席をもつことに第二の人生を求める官僚も珍しくなく、多くは大企業の顧問に就任する。後者は「天下り」と俗称されるが、官僚機構が「天」と呼ばれるところに、その威信の高さが垣間見られる。

このように、日本の体制は、アメリカでいう「東部エスタブリシュメント」よりも、はるかに相互の関係が密接で、むしろ一部のヨーロッパの国にみられる指導者層の実体に近い。

政治家、官僚、経済界の大物の間にみられる共生的な関係を、日本人はしばしば「ジャンケン」にたとえてきた。保守党の政治家は、企業のもつ金力に依存し、企業は官僚による行政手続きに依存し、官僚は政治家の政治判断や議決に依存する、というわけである。工業発展の推進が政府の主たる政治決断であった時期においては、大企業は超強大な圧力団体として、政治過程にまことに大きな役割を演じたものであった。

ただ大企業を体制の一角とみなす狭義の解釈は、決して全貌を捉えてはおらず、しかも、その妥当性を失うにいたっている。この解釈は、自民党の票田があくまでも農村部にあり、天下党の立場を維持していくためには、国民の広い層にアピールしていかねばならない、という点をみおとしている。

つまるところ、政治家にとって一番大切なのは、有権者の「清き一票」であって、企業献金ではない。加えて、占領終了後、二十年間はとにかく、今日では経済成長よりももっと緊要な問題がいくつも浮かび上ってきている。したがって、工業成長こそが最重点施策であるという点で一般の合意がみられたころとはちがい、政治家や官僚の利害は、経済人のそれとは、若干食いちがってきたのである。

反体制側や野党の役割も、無視されてはならない。少数政治勢力が意思決定にどのような役割を演ずるかについては、あいまいなままに放置されるのが民主制度の常である。もっとも現実には、少数勢力に対する多少の譲歩は行なわれる。

たとえばアメリカの上院の伝統では、議事ひきのばしのための長広舌《フィリバスター》や、南部選出議員による委員長ポストの独占は、しょせん少数派にすぎない南部の見解を、おもてに出す一つの手だてとみなされてきた。

他方、コンセンサスを好む日本人にとっては、重要案件が可否すれすれの伯仲した多数決で決まることには釈然としない思いがのこる。そのことが少数派の立場を強いものにしている。

もし自民党がわずかな議席差を楯にとり、絶対反対を唱える野党を無視して、次々に法案の強行採決をはかったとすれば、たとえ理屈はどうあろうと、国民大衆から非民主的な行為とみなされるばかりか、組織的なデモに見舞われたあげく、騒乱状態がひきおこされ、次回の選挙でそっぽを向かれてしまうことになりかねない。一九六〇年、安保改定というたった一つの案件をめぐって、政治的に騒然とし、首都の秩序が破壊される寸前までいったことは、日本の制度下においては、多数派の力にも限界があることを、如実に示している。

そうなってくると、多数党といえども、紛糾を招きそうな問題法案の国会提出は、できるだけしぼらざるを得なくなる。

大して問題になりそうにない法案についても、あらかじめ慎重に吟味することで、無用の紛糾を避けるようにする。重要法案については、野党がのみやすいような形にするばかりか、その件数をきびしくしぼることが求められる。

たとえば、防衛庁を国防省に昇格させる件について、自民党内部ではコンセンサスができている。それも昨日や今日にはじまったことではない。だがこの案件は棚上げにされたままである。名称を変えるのは、単に象徴的な意味があるにすぎない。実質にかかわりのないことで、大きな代償を支払うのは、ひきあわないというのがその理由づけである。一国会に、問題法案はせいぜい三つか四つ、というのが一般の常識である。

ということは、野党のみならず、与党と行政との間で合意をみた政策といえども、異を唱えそうな圧力団体と、あらかじめ話し合うことがどうしても必要になる。行政側は、政治的中立を標榜し、専門の技術屋を建て前としているだけあって、体制側はもちろん、反体制側との間にも、非公式ながら窓口をもっている。

また与党は与党で、政調会の審議過程から内閣への送付段階を経て、国会上程に至る全期間を通じ、野党の立場を考慮に入れ、そのために、同じく非公式ながら顔はちゃんとつないである。

野党との協力がどの程度うまくいっているかを示す一つの事実は、国会を通過した法案の三分の二近くが、全会一致であるという事実である。このように、自民党の政策も、国会提出以前の段階で、野党の影響を大幅に受けるのみならず、上程後といえども、野党の反対を乗りきるために、かなりの手直しが行なわれるのがしばしばである。

国会議員一人一人の投票が、各党内のコンセンサスで決まっており、各党それぞれの立場も、時には話し合いのテーマとなるほど、お互いに承知の上のこととて、国会内の討論には大した意味はない。むしろ形の上だけのことが多く、審議の結果を左右することはない。ある党がその立場を変えることがあったとしても、それは各党間の交渉の結果で、公開討論の結果ではない。イギリス国会の状況もやや似ているが、イギリスの場合には、弁舌の才を重んじ、それを国政壇上で披露することを好む。それにひきかえ、口舌の才に対する日本人の評価は低く、したがって国会内で討論が広範に行なわれる、ということもない。

与党にとっては国会とは、決定を下すための、もっとも厄介な、さいごの難関とみなされる。一方、野党にしてみれば、法案の通過を阻止する場である。その目的は、理にかなった討議にはなく、阻止にある。

これには二つの段階がある。一つは委員会の段階であり、いま一つは本会議の場である。

委員会が法案を修正し、野党にとって受け入れやすいものにすることもあるが、野党にとっての委員会の最大の効用は、ここを舞台に、反対法案に対し緒戦の抵抗をこころみる点にある。

予算案を四月の新財政年度までにはぜひともあげなくてはならないという要請と、国会の会期がかぎられているという制約とは、法案の阻止をもくろむ野党側にしてみれば、かっこうの拠点となる。法案そのものの是非をめぐる争いから、国会の会期をどれだけ延長するかに争点が移ることがあるのもこのためである。

自民党としては、会期を延長することで必要議案の通過をはかるわけだが、野党側としては審議をおくらせ、糞詰まり状態になることをめざすわけである。

委員会における閣僚への質問も、失言や食言をひき出すことで、審議中の議案をおくらせるための陽動作戦にすぎないこともある。一方、閣僚はこれに対抗するために、だんまりを決めこむことに相成る。

全議員による採決が宣せられた場合には、一人一人が議長席の前の投票箱まで足をはこぶわけだが、野党は「牛歩戦術」を使ってさいごの抵抗をこころみる。また、審議拒否という手をとることもしばしばである。反対意見を十分に斟酌せずに、法案を強行採決しようとしている与党、という印象を与えるのが、その目的である。

ひどい場合には、議長が力ずくで議長室にとじこめられるなど、いずれにせよ議事を進行できないようにされることもある。このような戦術に対し、与党も野党側のすきを衝き、急に開会を宣したり、表決をはかるなど、ペテンに近い対抗手段をとることがある。

このようないかがわしい手段や、荒々しい対決方式は、一九五〇年代にはよくみられた。だが近年にいたり、その回数はへり、七〇年代に入ってからは、もはや国会を色どる風景ではなくなってきている。

攻める側も守る側も、委員会や本会議の討論で、ことが変わっていくなどと考えていないことはすでに述べたとおりである。だが、いずれの側も、自分たちの言動が広く一般国民に報道され、それが次回の選挙の帰趨《きすう》を決めるかもしれない、ということは先刻承知している。その意味では、国会次元での意思決定にはたす一般国民の役割は、たとえ目にしかとは見えないまでも、大きいとしなければならない。この役割があればこそ、国会議員連もあえて妥協へと向かうのである。

反対意見を十分に勘案せずに、ただ議案の成立を強行しようとしているという印象が、与党にとって高いものにつくのと同様、野党側も、何でもやみくもに反対しているだけと映っては、政治的な代償は避けがたい。妥協を是とする理由づけが、かくして双方に生まれる。と同時に、絶対反対を唱えるにせよ、強行採決を辞さないにせよ、どの法案をえらぶかについては、いきおい選択的にならざるをえない。

国会劇は、一般国民を聴衆として展開するが、その際、国民の耳目となるのはマスコミである。各党の代弁者は、マスコミを通じそれぞれの立場を国民に訴えるが、とくに新聞は政治の動きを子細に追い、それを逐一報道する。スタッフをたくさんかかえていることもあり、各新聞とも国会のさまざまな動きを、それぞれの専門家に取材させる。取材対象は、各省庁や各政党はいうまでもなく、個々の派閥や派閥のリーダーに及ぶ。

各省詰めや、派閥番の各社の記者は、クラブ制をしいており、官庁や個々の政治家と、奇妙な共生関係をとり結んでいる。記者クラブは各省内に一室を与えられ、ほとんど毎日、大臣あるいは次官と会見もしくは懇談するほか、夜回りと称する家庭訪問がなされる。政治家の一日は、この非公式な、夜の会合なしにはおわらないのが常である。

記者クラブは、官庁の各部局や政治家が、自分に都合のよいような考え方をPRする一方、情報を手に入れるための、かっこうな手段である。と同時に、一般世論がなにがしかの力をふるうための、一つの手だてたりうる。

マスコミ、とくに新聞は非常に強大である。それだけに、日本の政治過程を考える際には、別途とり上げる必要があろう。

政治問題に対して国民がどのように反応するか、その形成にかかわるという意味では、その問題がどう決着するかに新聞が及ぼす影響は甚大である。マスコミがややもすると反体制にかたむきがちなことを考えると、反体制側が政治問題の結論に影響を与える一つのルートがマスコミである、ともいえそうである。

とくに新聞が政府や政治を子細かつ断固として監視している点においては、どこの国にもひけをとらない。日本人が、他の民主主義国の国民と同じく、政府内部のしくみに通じているのは、このためである。他面、記者クラブと政府機関、ないしは個々の政治家との関係が親密で、仲間うちという感情がつよいために、あえてその内情や身辺を洗い、ときには暴露も辞さないというアメリカ式の徹底報道に比べると、どうしても及び腰である。アメリカの政治過程においては、この姿勢がしばしば重要な役割をはたしてきた。もっとも近年、日本でもこの種の報道が増えてきてはいる。

結論として、日本における政治決定過程は、きわめて錯綜している。にもかかわらず、その効率はまずまずで、日本流の人間関係にはよくなじんでいる、といえそうである。柔軟で慎重で、しかも行きとどいてはいるが、手間暇はかかる。

少数派に対する拒否権の付与がいちじるしいために、他の制度よりは妥協案が生み出されやすい。また、官僚集団間の交渉であれ、党機関による委員会業務であれ、たえまなく行なわれる非公式な話し合いであれ、おおむね人目につかないところで進行する。

一方、人目につく部分は、あまり魅力あるものとは映らない。少なくとも欧米人の目にはそうである。民主政体とはかくあるべきもの、という先入観があるからで、たとえば、国政壇上では、開明的な討議が闘わされるべきであるという期待に反し、彼らが目のあたりにするのは、交渉やコンセンサスの手からもれた問題が、荒々しい対決をひきおこしている風景である。

また、圧力団体との不断の話し合いや、有権者による最終的な是非の判断も、人目につかないところで行なわれているだけあって、国民の政治参加というと、未解決の問題をめぐる街頭デモぐらいしか目につかない。

ただここで忘れてならないのは、院内の対決にも街頭デモにも、それなりのプラスがあるという点である。すなわち前者は問題点を浮き彫りにすることで国民の関心をよびさまし、後者は国民レベルでの政治参加意識を培ううえの一助となる。

どちらもかっこうの舞台ではある。そしてマスコミ報道の助けさえ借りれば、一般国民を政治のしくみに巻きこんでいく上の一助となりうる。かつての日本が徹底した全体主義国であったことを思えば、これは決してあだやおろそかに扱える成果ではない。

日本政治の表面づらだけをみて、その質と有効性とについて、酷評を下す皮相な観察者もいないではない。だがもっと突っこんだ見方をすれば、それはそれなりに有効で、日本流のやり方に最適であって、大へんな活力をもち、特異な魅力を備えていることが浮かび上ってこよう。

30　問題点

占領直後の日本の政界は、与党の自民党と野党各派——総体として進歩派とか革新勢力と呼ばれる——との対立を、その特徴としていた。右側には保守党を、左側にはマルキスト的色彩のつよい諸野党を配しての対立がこれである。この対立の根はすこぶる深く、野党側がいつまでも権力の座に近づけそうになく、万年野党の悲哀をかこっていることが、欲求不満を生み、対立をさらにザラついたものにしている。

占領直後は激烈をきわめた左右の対立も、その後、かなり薄まってきてはいる。マスコミが焦点をあてているのは、相も変わらず、左右の分極化現象だが、その実もっと根深く残っているのは、むしろ各野党間の葛藤である。

有権者の支持も、左右を問わずすこぶる多様で、さまざまな見解にまたがっている。自民党は自民党で、これという明確なイデオロギーの持ち合わせがあるわけではなく、政治家個々人の魅力にたよってきたにすぎない。彼らの政見にはばらつきがある。また野党支持票ですら、全体としてみれば同様にあいまいかつバラバラで、保守票と重複する面も少ないとはいえない。

当初、左右をもっとも鋭く引き裂いていたのは、歴史的経緯であった。左翼政党は戦前のマルキストから成り立っていた。当時の政府の弾圧や思想統制に手ひどく痛めつけられたのは、他ならぬ彼らであった。それだけに、過去との完全な絶縁を求める彼らの願いは熾烈《しれつ》をきわめ、旧軍国主義者や、戦前戦中の官僚連との妥協に踏み切った保守党への疑惑もつよかった。一九五七年から六〇年まで、首相の座を占めた岸信介《きしのぶすけ》が、東条戦時内閣の閣僚であったことは記憶されてよい。

左翼は、保守派の言動や理念には、ことごとく反対の態度をとった。いまなおデモ隊がかかげる政治スローガンには、「絶対反対」の文字が散見される。問題のいかんにかかわりなくである。

一口に保守派といっても、日本のよい側面――むろん彼らにとってである――の擁護に臆面もない連中から、ものごとを動かしていくだけが目的の実務派に至るまで、多岐にわたっていた。根っからの保守派にとって、マルキシズムの革命理論を口にする進歩勢力などは、危険なまでに「非日本的《アンジャパニーズ》」と映った。他方、実務派にしてみれば、進歩勢力は体制破壊の可能性を潜めた、非現実的なイデオロギー過剰集団にほかならなかった。

いずれにせよ、保守派が恐れたのは、彼ら戦闘的な集団が直接行動に出て、経済がめちゃくちゃになることだった。進歩派の例の「絶対反対」に呼応、保守派もまた、妥協無用の、断固たる態度をとるにいたる。

正常な民主的手続きではなく、お互いに棒をのんだような突っぱり合いの姿勢がかくして生まれ、今日もなお尾を引いている。外部の観察者からみれば、一見ささいな技術的な問題とみえるものも、保守派と進歩派がお互いに激し合うために、大紛糾をきたすことになり、そうなると、外部の観察者にはお手上げという状態になる。

保守派にとっては、戦前の統制を大々的に復活する上の橋頭堡《きょうとうほ》的第一歩とみなすものが、進歩派の目には、日本破壊の第一歩と映ずる、という風にであった。たとえば一九五八年、大衆デモの規制強化をうたった警職法改正案が提出されたが、野党側のはげしい抵抗にあってお流れとなった。戦前の警察統制の復活に道を開くから、というのが反対理由だったのである。

修身教育の復活も、はげしい対立の対象となった。一九六〇年代初頭のことである。これまた、戦前の思想統制への逆行が恐れられたからであった。教育委員や教科書の選定方法についても、はげしい対立が永年にわたってひきつづいた。しかし、左右の抗争があまりにも激烈をきわめたために、熱気ばかりがムンムンとして、実体は必ずしもさだかでなく、問題点が浮かび上ってくるとも限らなかった。

敗戦直後はいうに及ばず、今日においてすら、対立感情は激越そのもので、アメリカにおける民主、共和両党間の対立をはるかに凌ぐほどである。もっとも、個々の問題点のどこが賛否両論をひきおこすのかについては、アメリカ同様、日本でもあまりはっきりはしていない。

自民党が大企業に支持されていることは明々白々である。他方、四野党のうち三党までがマルキシズムを基本理念として登場している以上、本来なら階級闘争、富の再分配、産業の国有化などが大きな論争点として注目を集めそうなものだが、実体はそうではない。

敗戦直後においては、左右おしなべて、マルキシズムを字義どおりに受けとり、前記の諸問題に対しても、基本的には対決の立場をとった。しかし、一般国民にとって、左のイデオロギーは大した意味をもたず、理屈の上ではともかく、現実的にはイデオロギー上の対決も、あまりはっきりせずにおわった。

だが、マルキシズムの用語や思潮は、日本の知識人にふかく浸透し、一部の学問的専門分野に君臨し、左翼はもとより、保守派の言辞や発想にもその影を宿している。

マルキシズムは、一九二〇年代の啓蒙期においては、もっとも斬新かつ大胆な思想として、他方、一九三〇年代には、禁じられた果実としての魅力を有していた。共産主義者、それに社会主義者の一部は、戦争の日々、軍国主義者の支配に対し、勇気ある抵抗を試みた。それだけに彼らの理想主義こそ、戦前指導者の「いつわりの神々」に代替すべきものとみなす日本人は、決して少なくなかったのである。

ところが、一部の西欧民主主義国とはちがい、マルキシズムの階級理論は、ついに日本の大衆にはアピールしなかった。日本人が高度の均質性をもっていることは、すでに述べたとおりである。だから、彼らは、階級という形で物を考えようとはしない。もしどうしても、ということになれば、恐らく五分の四以上の日本人は、自分を中産階級と定義づけるだろう。したがって、階級うんぬんを選挙スローガンで訴えても心を動かされはしないし、「プロレタリアート執権」にいたっては、戦前の全体主義のうとましさを思いおこさせるにすぎない。

共産党の指導者や、社会党幹部の多くは、イデオロギー面での純粋さや熱意を捨てはしなかった。だが、一般有権者に対する際は、イデオロギーはむしろ彼らの足を引っぱる役しかはたしてこなかったのである。たとえば社会党大会は、同党所属の主要な政治家と、左派系組合指導者から成る最高会議だが、会を重ねるごとに、左寄りの色彩を徐徐に明らかにしてきた。言辞と思想の両面においてである。

ただ、いざ選挙となると、むしろ中道に向かってゆり戻す傾向がみられる。中道への揺れをもっとも如実に示すのは、かつての党内右派の闘将、江田三郎が、一九六〇年の初期に唱えた構造改革路線である。「江田ビジョン」は、イタリア共産党の構造改革論議に触発されて出てきたもので、イギリスの議会主義、ソ連の社会福祉、アメリカの経済力、それに日本の平和憲法の四つを目標としていた。

一九六二年、江田は党内権力闘争に敗れたが、それ以降、同党はイデオロギーの純粋さと、中道を志向する一般支持者との間をとつおいつしてきた。その後、苦肉の策として「階級大衆政党」という定義が打ち出されはしたものの、二つの相反する牽引力の矛盾を解くにはほど遠い。

同じような路線闘争は、共産党内部でも永年にわたってつづけられた。ただ共産党の場合には、日本人の指導者だけでなく、外国の先輩共産党がからんでいた。

一九四九年の総選挙で、共産党は従来の戦闘性を放棄し、「愛される共産党」を訴え、一〇パーセントの投票をかち取った。ところがその後、モスクワの指示で闘争路線に復帰するや、支持は落ちこみ、十年以上にもわたって、三パーセント以下の支持にとどまった。

ところが一九六〇年代が到来するや、共産党はまずモスクワと、ついで一九六〇年代の半ばには、北京とのつながりを断つにいたる。またナショナリズムを強調するかわりに、階級についてはソフトタッチに転じ、ついに一九七〇年には「議会制政治の防衛を目的とする多数政党制社会主義」をもって、同党の目標とする旨、宣言した。一九七二年の選挙で、同党の得票率がはじめて一〇パーセントの大台に乗った一因も、支持層の拡大を目指すこのような訴えが功を奏した点に求められる。

階級的利害同様、産業の国有化も大した訴求力をもたないことが、野党にもわかってきた。日本経済が、戦後、驚異的な成功をおさめたことが、この種の政策のもつ魅力を完全に消し去ってしまったのである。

なるほど左翼政党の方が、保守派よりは社会主義経済寄りで、経済成長の果実をより公平に配ることに熱心だ、というイメージはある。だが、社会主義経済についての青写真をはっきりした形で示すことはおろか、個別特定産業の国有化もしくは国営化案すら提示しようとはしない。

自民党や同党支持の大企業は、日本人に繁栄をもたらした。だが、この面での野党の能力が自民党を上まわると信じている日本人はごく少数にすぎず、少なくとも同等だと信じている日本人も決して多くない。

そこで野党は、第二義的な問題について、自民党とやりあうことになる。たとえば彼らは、中小企業擁護の旗手を買って出る。大企業に対抗してである。だが、中小企業がプロレタリアートなどではなく、プチブルであることがはっきりしていることからみれば、野党が肩入れしている対象も、しょせんは現状維持勢力なのである。

また彼らは、共産圏とくに中国との貿易に重点をおくよう主張する。これは、日本人には広く受け入れられる発想だが、現実的にはきびしい制約がまつわる。

このように、経済問題を巨視的な立場からとり上げることは、戦後の日本の政治論争では、さして大きな意味をもたなかった。一九六〇年代後半になって、やっと経済成長路線の延長に対する疑念がもち上がってきた程度であった。ただこれとても、日本経済の異常な成功がもたらしたとみるべきであり、古典的なマルクス経済学的な問題というよりは、むしろ新型の問題といえよう。

憲法に保障された基本的人権の擁護という面で、野党の達成した成果は、むしろ大きかった。基本的人権を侵す可能性が、もっとも大きな存在といえば、政府と大企業の二つがあげられる。与党がこの二つと一体化していることを思えば、自民党が基本的人権上の諸問題について、弱点をかかえているのは当然で、現に広範な批判にさらされてきた。

戦争体験は、すべての権威に対する懐疑を全国民に植えつけたばかりでなく、鉄道や空港用の用地接収など、一般市民の利益に関して、無神経だとみなされかねない政府のやり方に対しても不信の念をもたらした。永年、政治や行政を一手に握ってきた政党が、この種の紛糾に際して悪者扱いを受けるのは、いまにはじまったことではない。

具体的な対立葛藤の一つは、労働組合の力と権限にまつわるものであった。組合は、社会、民社、共産三党の有力な支持母体である。民間のブルーカラー労働者を主体とする同盟は、必要とあらばアメリカの組合同様、ストライキを打つ権利を留保しながらも、まずは使用者側と直接交渉する方が、彼らの実力を振う上で得策だとみなしてきた。このような姿勢をとるかぎり、だれからも文句が出ない。だから、同盟が支持する民社党が、この問題をめぐって与党とことをかまえることは、たえてなかったのである。

他方、官公労主軸の総評をめぐる状況は、民間中心の同盟とは、まったく異なっている。官公労働者のスト権をめぐって、たえず政府と争ってきたからである。総評の支持政党が社会党と、一部は共産党であるということから、社共両党はたえずこの問題に関し、政府与党と鋭く対決してきた。

ただ、官公労のスト権問題は、政治的には両刃の剣である。一九七五年十一月二十六日から十二月五日にかけて行なわれた、交通運輸ならびに郵政関係労働組合のゼネストが、不便を蒙った一般市民に、どのように受けとられたかをみれば、それは明白といってよい。

他の多くの社会問題については、左右の別はそれほどはっきりしていない。「革新」政党は、政府の政策に批判的ではあっても、はっきりした形の代替案を示しはしない。大学問題は、その好例である。野党が働きかけるのは、政府の改革案にやみくもに反対の立場をとる分子である。ということは、野党は現状維持の側にまわっていることを意味する。その上彼らは、私立大学の深刻な財政問題や入試制度を具体的にどうすべきかなどの重要問題について、なんらの実際的な提案も示しはしないのである。

産業の成長と社会福祉の充実とのアンバランスや、経済成長のすさまじさにともなう混雑や汚染も、社会問題化しつつある。利潤の再投資も、経済成長の最適化を目標としていた。そのために民間住宅、公共施設、それに社会的な恩沢は、いちじるしく無視され、その結果、混雑や汚染はますますその深刻さの度合いを加えていった。このような事態は、一九六〇年代全体を通じて、日本を見舞ったのである。

次々に問題が表面化した。その多くは地域的なものであったが、四日市市の喘息といい、水俣の水銀中毒といい、いずれも野党にとってはかっこうの攻撃目標となった。汽車や飛行機の騒音公害、排気ガスが原因の光化学スモッグ、それに一九七三年、全国をパニック状態におとしいれた魚の汚染など、問題が次々に表面化した。魚が日本人にとり、最大の蛋白源であることはいうまでもない。高層建築に関連する日照権問題も重大化した。日当たりというのは日本では生活全般にとって大切な要件とみなされているほか、冬季に暖をとり洗濯物を干す上には欠かせない。

一九六〇年代後半から七〇年代初頭にかけて、環境汚染、生活の風格といった問題に対する感受性は世界中で増大した。そのあおりを受け、公害に対する日本人の関心も急激に高まっていったが、政党がからんだことで、かえって焦点がぼけてしまった。

公害への関心がもっとも高いのは、その弊害があらわな大都市地域であった。その結果は、既成の体制に対する抗議の増大となってあらわれ、大都市地域における首長や地方議会の大半は、左翼政党の制するところとなった。

ただその票の多くは野党第一党の社会党に行かずに、共産党、公明両党に投じられた。社会党よりも有効に組織されているとみえることがその理由だった。公明党の場合には、都市のもっとも恵まれない階層から成り立っているという事情もこれに加わった。

このように公害問題は、抗議票を広く四野党に拡散させるとともに、野党第一党を弱め、公明、共産両党が主張する最大関心事にはさっぱり興味を示さない層でも、周辺的な理由で両党に投票する結果になったのである。

しかし公害を社会問題としてクローズアップさせた主役は、それほど政治色を帯びてはいなかった。数多くの住民運動が主役だったのである。彼らの主たる関心は、汚染をまき散らしている地場の工場とか、開発計画、原子力工場、地方空港の騒音問題など、純粋な地域問題に向けられている。一九五〇年代、六〇年代の市民運動は、外交問題にかかわることが常で、それだけに政党による操作を受けやすかった。それにひきかえ、住民運動の多くは、国レベルの政治にかかわることを避け、その意味では、脱政治に終始してきた。

公害問題は、かなりの大都市地域において、野党による地方政治の奪還を可能にし、地方政治に新しい意義を付与した。でも、日本のような高度集権国家では、この種の問題の処理能力は、しょせんは中央政府に集中している。しかも、与党自体がこの辺に目を向けるに至っては、この問題も単なる政党次元の問題として拡散してしまった。政府与党の思うツボであった。

この点を具体的に示す適例は、政府がいち早く的確にこの問題に対処した、という事実である。一般国民はもとより、政府自体が問題の所在に気づかされるやいなや、政府は迅速果敢に手を打ち、その結果、日本は公害のひどさとその対処との両面において、世界の第一線に立つに至った。一九七一年から七三年にかけて、一連の判決が下され、個人に対する被害や不便は、汚染者自身によってつぐなわれるべきである、という原則が確立した。

これらの判決に動かされた政府は、ただちに行政的な措置を次々に講じ、一九七一年には環境庁が新設されたほか、世界でもっともきびしい排気ガス基準が設けられ、その効果はすでに一九七〇年代半ばには、肉眼でみえるほどであった。

すなわち一九六八年と七五年の間に、大気中の亜硫酸ガスによる汚染は、その間、燃料消費が二倍以上にはね上ったにもかかわらず、半分以下に激減した。

日本はまた公害企業による補償支払いを政府が監督するという制度をつくりだした。むろん汚染源が特定された場合である。

その他、特定産業などの汚染源は、自動車の操作者を含め、具体的な加害事実が特定されない場合でも、一定の金額を徴収されるが、この金は補償金に積み立てられる。日本が今日、汚染防除機器や補償に支払っている金額は、対GNP比で、北米やヨーロッパの主要先進工業国の二倍ないし三倍にのぼっている。

このような状況を考えに入れれば、住民運動の大半が、政府や企業を交渉相手に選び、野党を相手にしようとしないのも、なんらおどろくにあたらない。

彼らの運動を野党にとっての政治的道具に供そうとしても、野党はまだ一度も権力の座についたことがないのである。

保守党と革新勢力とを分ける最大の問題とみられるのは、純粋な政治問題で、それは経済・社会問題を上まわっている。紛糾のたねになったのは主として外交問題であったが、ときには国内的な問題がその役目を演じたこともある。その中でもっとも大きなものは、左右いずれもが、一九四七年の憲法が定めた政治制度を打ち崩そうとしているとして、相手方を不信の目でみあっているという事実である。

左翼は、保守派をもって占領当時の改革をなし崩しに棚上げし、やがてはこれをとりこわしてしまう意図をもつものとみなした。当初この恐れを左翼が抱いたのも、決して理由のないことではなかった。一九五四年に自衛隊が保守派の手で作られたほか、同じ五四年には警察が、五六年には教育が、それぞれ左翼の猛烈な抵抗を排除する形で、ふたたび集権化されたからである。のみならず一九五五年の保守合同の結果生まれた自民党の中には、現行憲法を改正し、主権を天皇に奉還し、戦争放棄条項の破棄を公言する党員が、少なからずみられたのである。

だがこれらの復古的な動きも、はかばかしくは進まなかった。衆参両院いずれでも必要な三分の二を欠く保守党は、やがて憲法改正の意図を放棄するにいたる。党内の超保守派の中には、戦後の政治制度の各側面を、いまなお否定しようとする向きもあろうが、積極的な反対を唱えるのは、少数の狂信的な超国粋主義者集団にかぎられており、彼らと同類とみなされてもかまわないという政治家は、現役の中にはいない。

左翼が既存の政治制度を崩そうとしているという右翼側の恐怖は理解しやすい。社共両党のもつマルキシズムの革命理論がその理由の一端であり、外交政策であろうと賃金交渉であろうと、なんでも大衆デモに訴えようという左翼全体の姿勢がいま一つの理由である。

ただすでに述べたように、共産党ですら、さいきんは既存の民主制度支持の方向に路線を変えつつあり、天皇制廃止の主張すら棚上げするに至っている。デモも、かつての革命的熱情はうすれ、取り引きの一部分と化してしまった。だが保守派は、共産党や社会党の最左派——往々にして共産党よりもラジカルに映る——の指導者にしろ、あくまで両党を支持しようとしている集団にしろ、彼らの民主主義擁護の姿勢は擬態にすぎず、折さえあればその破壊に向かうであろうという疑念を捨て去ってはいない。これには一理あるかもしれない。

だが野党各派に投票する一般有権者の大部分が憲法とその民主的手続きとを無条件で支持していることは疑いを入れぬところであり、左側からの公然たる反対は、ほんの一握りの学生集団に限られている。その学生集団も、暴力をともなう奇矯な行動がわざわいして、日本の政治的現実から全く浮き上ってしまった、といえる。

学生運動のたどってきた経緯は、左翼革命的な風潮の低落傾向を裏書きしている。日本の学生運動も、他国と同様、左寄りの傾向を示してきた。第一次大戦直後の学生運動のはしりもそうであったが、第二次大戦以降、この傾向はいっそう顕著になった。ほとんどの大学で、学生組織を手中に収めたのは比較的少数の左翼活動家であり、その全国的な連合体としての全学連は、日本の政治的過激派の代名詞に等しかった。

多数派の一般学生が、彼ら過激派に動かされ、具体的な個別問題について行動に出ることもなくはなかったが、大多数の学生は総じて政治的無関心をとおし、スポーツ、登山、音楽など政治以外の活動に興味を示した。学業ですら、政治活動よりは彼らの興味をひいたのである。

戦後十五年の政治状況の中で、左翼学生運動のはたした役割は大きく、とくに六〇年の安保改定をめぐる大がかりなデモ騒ぎでは、中核的な地位を占めた。だがそれ以降、学生運動は政治の表舞台から後退しはじめた。トロツキー主義を含むいくつものイデオロギー派閥集団——そのそれぞれが建て前とするイデオロギーは外部者にはなんのことかよくわからない——に分裂、赤軍派、革マル派、中核派などと称しては、対立抗争をくりかえすにいたった。やがて彼ら同士の内ゲバは、流血をすらともなって激化の一途をたどり、ついには共産党までが、度しがたいほど旧弊で保守的な存在として、彼らの憎悪と軽侮をあつめることになる。

一九六〇年代後半におけるヴェトナム戦争、沖縄返還をめぐる騒ぎ、さらに七〇年安保で政治的興奮がまきおこると、過激派学生は鉄棒や所属集団名を記したヘルメットに身を固め、その存在を日増しにあらわにしていった。

東京の北東にある成田空港の開港をめぐる争いで、反対運動の中核を成したのも、彼ら学生組織であった。一九六六年にはじまった開港作業だったが、七一年には、死傷者を含む大騒ぎに発展したのである。学生運動は、空港予定地周辺住民の反対運動に乗っかることで、日本の政治制度や対外政策全般に対する全面攻撃の展開をもくろみ、新空港は在ヴェトナム米軍の兵站基地に使われようとしていると主張した。学生群との衝突で、三名の警官が惨殺されるなど、暴力沙汰が高まるにつれ、一般市民はもとより、周辺住民すら背を向けるようになった。もっとも成田紛争の沈静化には、その後さらに数年を要したのである。

一九七〇年代初頭このかた、学生の政治的役割は、過激派学生がますます極端の度を加えるにともない、下降の一途をたどっている。どの政党も政治家も、彼らとは一切無関係の態度をとろうとしている。共産党系の学生組織である民青は、一九六〇年後半の学園紛争時には、法と秩序の維持の側にまわり、それ以来、多くの学生組織をふたたび掌握するにいたった。

その間、極左集団は内ゲバの度をつよめ、仲間を裏切り行為をおかしたかどで処刑するなど、無意味なテロ行為に傾斜していった。一九七二年に、テルアヴィヴのロッド空港で二十六名もの犠牲者を出した発砲事件や、一九七四年、東京で死者八名、負傷者三百六十四名を出した三菱重工本社爆破事件などは、その顕著な例である。したがって、かつては影響力を誇った全学連も、その後継者に関するかぎり、完全に政治の場からは姿を消し、国民各層の憤激と軽侮の対象に堕してしまった。

既成の政治制度に対する公然たる反対は、いまや左右を問わず、奇矯かつ過激な少数集団にかぎられてしまった。とはいえ、体制のやり方に対する不満は広範にわたり、当然のことながら与党の自民党に集中している。調和とコンセンサスを求める一般国民にしてみれば、意思決定過程におけるもっとも具体的なあらわれが、街頭デモや、未解決の問題をめぐる国会内の対決という形しかとらないことには、うんざりせざるをえない。また野党支持の有権者にしてみれば、自民党の一党支配がえんえんと続きそうな気配に、イライラもし、怒りをも覚え、自分たちの役割は一切封じられていると、性急な結論を下す。

選挙の結果であれ、党の組織であれ、それを決めるものは個人的な人間関係にすぎず、具体的な問題点や問題意識でないことに鬱懐《うっかい》を抱く向きもある。選挙法はきびしいが、それがたえずこけにされ、法的にいかがわしい手段によって裏をかかれていることも、大多数の日本人を不快にしている。汚職や腐敗の疑いや非難はひきも切らず、政治とはきたないもの、という考え方も根づよい。

政治の腐敗を嘆く声は、外国人にはしばしば誤解を生んでいるので、ここで若干の説明を加えておく必要があろう。政治の腐敗は、他の多くの国と比べて、それほど一般的ではなく、地方政治に関してはアメリカよりも少ない。投票の買収もそうである。無記名投票に加え、一選挙区の有権者数が多いことが、票の買収を引き合わないものにしている。代議士の場合には、少なくとも五万票が必要である。そのリスクを考えれば、票の買収など、非現実きわまりない。

官僚機構も、こと中央に関してはスキャンダルにけがされてはいない。ただ政治家の場合は、地方行政関係者とともに、収賄のうたがいをもたれることがある。ただし公金を着服した、というたぐいの汚職ではなく、政治的な便宜と引きかえに、賄賂を受けとった、という式のものである。それも政治家の場合には、私腹をこやしたというよりは、政治資金にあてた、という例が多い。

外国同様、日本でも最大の問題は、合法的な政治献金と非合法的なそれとの線引きがむずかしいという点である。交際費をふんだんにもった実業家が、政治家や官僚を派手に供応するのは、いささか不穏当な臭いをともなうし、日本人の贈り物好きも同様だが、これらは単なる慣習とみなされている。

もっとも深刻な問題は、政治家のほとんどが、法定選挙費用をはるかに上まわる金額を受けとり、使っているという事実である。すでに触れたように、企業も労組も政治献金の自由を認められている。だが、どこまでが合法的献金で、どこからが贈収賄かの区別はいかにも不分明で、それだけに腐敗汚職の疑念がたえないのである。

汚職の非難の中には、ささいなものもある。公職を利用して、選挙区の便宜をはかったとか、選挙運動を行なったとかいうたぐいの批判がこれである。たとえば一九六七年の、いわゆる黒い霧事件では、ある閣僚は自分の選挙区に急行列車をとめたという不穏当さをつかれ、いま一人の閣僚は、防衛庁長官として、お国入りに際し、自衛隊の軍楽隊を私用に供したかどで非難を浴びたものであった。

さきにおきた二つの汚職事件は特筆に値する。いずれも一九七二年から七四年にかけて総理総裁の座にあった田中角栄にまつわる事件である。田中角栄は、自力でのし上った政商的政治家で、政治献金の受けとり方にしても、金で党内勢力を培養するやり方にしても、あまりにも無造作かつ奔放にすぎるという印象がつよかった。ウォーターゲート事件に触発され、ある雑誌が彼の「金脈政治」の暴露記事をかかげたことが契機となり、一九七四年十二月、ついに彼は首相の座をすべり落ちることになる。自民党のイメージを一新し、福田、大平の二大派閥間の党内抗争を避けるために、小派閥の長の三木が総理にえらばれ、その後、自民党の「ミスター・クリーン」と呼ばれることになった。

田中にまつわるいま一つの事件は、いわゆるロッキード事件であった。すなわち一九七六年二月、ワシントンの上院公聴会で、日本の政府高官（複数）が、ロッキード社から多額の賄賂を受けとり、航空機の購入に手心を加えた、という旨の申立てがなされたのである。これは戦後最大のスキャンダルで、その後の国会審議に危機状況をもたらした。

「ミスター・クリーン」の異名をとる三木首相は、その世評にこたえて、同事件の徹底調査を約した。自民党議員の多くは、彼を力ずくで退け、スキャンダルをうやむやにしようと画策したが、一般国民は三木首相への熱狂的な支持をやめなかった。

その結果、田中を筆頭とする有力政治家の数名が、何人かの実業家と並んで起訴され、一時的に収監の憂き目をみたが、のちに保釈金をつんで釈放された。

田中をはじめ起訴された国会議員の数名は、自民党に迷惑をかけたとして、同党を離れたが、一九七六年末の総選挙では無所属候補として立ち、一人を除くすべての元高官が当選をはたした。その同じ月に三木は福田に首相の座を明け渡したが、検察当局の廉潔と自主性、それに有罪率の高さを思いあわせれば、事件関係者の何人かが有罪宣告を受けることが予想される。

田中にからむこの二大事件のような汚職は、決して多くはない。だが政治とはきたないものというのは、社会通念にまでなっている。この通念は、戦後の政治論争を色どってきた。そして一番手ひどく痛めつけられたのは、与党でもあり、大企業党でもある、ご存じ自民党であった。大企業との親和性は腐敗のもと、というのが通念化しているからである。

政治の腐敗に対する法律のあいまいさをとり除こうという努力が払われつつあることは事実である。これまた、ウォーターゲート事件以後のアメリカの動きに触発されてのことである。

一九七六年の政治資金規正法は、政治献金に天井を設けることを目標としていた。ただ、法定選挙費用をもっと実情に即した額に引き上げ、有志による選挙運動への規制を緩和した上で、政治資金の動きには明細な報告義務を課す、というたぐいの手直しも、あわせ必要とされよう。

戦後の日本で、左右の論争をひきおこした最大かつもっとも明白な政治問題は、外交政策をめぐるもので、それもアメリカとの関係をどうするか、というのが中心であったように思われる。占領中、アメリカがどれほど大きな役割をはたしたかを思いおこせば、これも当然であろう。

思うに、外交政策上の亀裂をもたらしたさいしょのきっかけは、左翼勢力がアメリカの占領政策に幻滅した、という事実であった。すなわち、一九四七年から四九年にかけて、占領軍当局は、改革の促進から経済復興と安定へとギアを入れ替えたが、これが彼らに幻滅の悲哀を強いたのである。左翼勢力にとってのアメリカは、守護神であることをやめ、仇敵とみなされるようになったばかりか、それ以降というもの、彼らは、すべての厄介な問題は対米関係がらみ、という見方をとるにいたる。

マルキシズムの論客の中には、いまなお、日本人民の真の敵が国内の「独占資本主義」であるか、それとも「資本帝国主義」であるかをめぐって議論を闘わせるものがいる。彼らのいわゆる「資本帝国主義」がアメリカを指すことはたしかで、国内の「独占資本主義」が力をもっているのは、アメリカのせいである、というのが彼らの主張である。

日本の対外関係については、本書の後段で詳しく解説するつもりである。したがって、ここでは、戦後の日本が直面してきた主要な外交問題について、素描をこころみるにとどめたい。

戦後、日本人は、戦争のもつ惨禍につよい嫌悪感を抱き、軍事的な征服を通じて自国の経済生命線を確保しようとはかったことが、どれほど無鉄砲であったかを痛感、敗戦という現実を迎えた。平和への希求は、真摯そのもので、いかなる形の軍国主義もこれを排除し、世界のどこでおきようと、すべての軍事対立には中立的な立場を貫く、という決意をともなっていた。徹底した平和主義を受け入れた彼らにとって、戦争放棄を規定した憲法第九条こそは、熱烈な支持に値するものであった。

このような心情は、すでに、叩きのめされて無力化し、卑小化した日本の国際的地位にとっては、ふさわしいものであった。少なくとも、戦争直後の日本にとってはである。

一方、保守派は、日本が復興する唯一の方途は工業発展にしかないことを、炯眼《けいがん》にも見抜き、そのためには、アメリカの協力、アメリカの大市場、それにアメリカを庇護者とする、開放的な世界貿易とが、いずれも欠かせないことを信じていた。占領終了後は、アメリカと密接に手を組んでいかなければ、という思いが、かくして彼らを捉えたのである。

保守派はまた、冷戦がどれほどけしからぬものであろうと、現実に二つに分裂した世界情勢のもとでは、日本だけが裸で道中というわけにはいきかねるという考え方に立ち、憲法第九条が自衛権まで放棄してはいないという立場をとった。左翼の激しい反対をよそに、保守派はこの考え方を自衛隊という形に結晶させ、規模こそごく小さいものではあったが、広く国民の容認を手にするに至った。

だが、経済的な配慮はもとより、国内の政治状況を考え合わせれば、日本自体の防衛力の拡充には自ずと重大な制約が存在する。保守派がアメリカに安全保障上の約束を取りつけることを望んだのは、このためであった。

この方式を最初に提案したのは、一九四八年、ときの芦田均《あしだひとし》首相で、これが日米安全保障条約として現実化し、一九五二年春には、講和条約の中に取り入れられた。安保条約は、芦田やその後を襲った吉田が望んでいるものより、ずっと日本にきびしかったが、六〇年の改定を経て、いまでは日本側の希望に近づいたものになっている。

アメリカとの緊密な協力という経済政策は大成功であった。安保条約のもと、日本の安全は保障され、外国における戦争に巻きこまれることもなかった。にもかかわらず、保守党はこの条約をめぐり、たえず反対派からの批判にさらされることになる。安保条約は、憲法第九条をばかにし、日本国民の平和への願望を踏みにじっているばかりか、日本国民のつよい希望に反し、中国との全面和解を妨げている、というのが彼らの主張であった。

安保は、日本の安全を保障するどころか、むしろ危険にさらしている、というのがマルキストの解釈であった。資本主義的帝国主義のアメリカが、口でなにをいおうと、その実は「戦争挑発者」にすぎず、これと組むことは、共産主義「平和陣営」の攻撃を招き、朝鮮やヴェトナムなど、アメリカの対外軍事冒険に日本を巻きこむことになると主張した。

具体的な次元でいうなら、安保条約に賛成したことで、与党は外国軍隊の駐留という、義理にも愉快とはいえない事態に身を委ねることになった。外国軍隊の駐留に、いろいろ厄介な問題が、経済的にも社会的にもついてまわることは、避けがたいからである。

占領直後の日本政治は、主としてアメリカとの関係を軸にして展開した。最大の争点は安保条約で、一九六〇年の改定時には、史上最大の大衆デモが打たれた。一九六〇年代後半にいたるや、争点はヴェトナム戦争、沖縄返還、それに安保条約破棄の可能性が主たる争点になった。基地にまつわる問題が、たえず野党によって取り上げられ、ときには政治的な大事件として爆発した。一見外交政策とは無縁そのものの問題ですらが、なんらかの形で対米関係と結びつけられた。

自民党と野党とを分かつ分岐点が、安保を中心とする対米関係であったことは、かくして明白である。与党はアメリカとの協調を一歩も譲らなかった。ただこの点について責められると弱いことを自覚してか、論戦は避けて通った。安保条約は本来は好ましくはないが、アメリカとの経済関係を考えるとやむを得ないのだ、というポーズをとることもしばしばであった。国民の多くはこれを理解し、承認を与えた。一方、野党はこぞって安保に反対、妥協の余地をみせなかった。

だがこの争点も薄れていった。在日米軍基地の縮小と、日本人の経済レベルの向上が、基地周辺の問題を希釈化したのである。東アジアで広範な戦争が勃発する可能性も、一九七〇年代には減少し、それとともに安保条約についての強い感情は、賛成派反対派ともにうすらいでいった。ソ連も、中国も、日米安保反対の従来の立場をかえ、むしろ暗黙の容認を与えるようになった。中ソの激しい敵対感情がその原因だったが、この変化は、日本国内のマルキストの所説をパンクさせてしまった。

自民党と政権を分かち合う可能性が大きくなるにともない、野党も急進的な立場を転換し、対外政策面でもっと現実的な姿勢をとるようになり、安保条約批判の立場を柔らげるに至った。もっとも穏健な野党である民社党は、一九七五年、公然と安保条約を容認した。一九七六年の総選挙にあたっては、同条約を争点にえらんだ野党は、ただの一党もなかった。

かくして、米軍基地の段階的縮小に賛成で、条約そのものをできるだけ大げさにとり上げまいとする自民党と、野党との政策とは徐々に合流をみせるようになる。加えて、一九七〇年代には、外交問題は単にアメリカとの中立もしくは協調の選択だけではなく、もっと広範な問題点を含むことが認識されるにいたる。必要な資源の入手可能性や、国際貿易秩序の維持などの問題が重要性を加えるにともない、これらの諸問題に対する態度は、旧来の、左右の亀裂という図式では、もはや処理できなくなったからである。

31　傾向と趨勢

一九五〇年代初期の日本、それは二十年間にもわたる、めくるめく体験を経た国であった。一九三〇年代に軍部が主導権を手にしてからというもの、個人の自由は制限され、思想統制は狂躁をきわめた。ついで戦争は物質的精神的な荒廃をもたらし、戦後は外国占領軍の手によって、抜本的な改革がもたらされた。

やがて高度経済成長と、社会変革とが日本を捉えたが、そのすさまじさといったら、他の主要国がいずれも経験したことのないものであった。こう考えると、日本の政治も急テンポで変化し、先の予測が立たないのではないか、と思いこみがちである。しかし実のところ、比較的安定し、予測可能性もいちじるしく高いというのがいままでの状況である。

安定度の高さは、いくつかの要因に由来する。証明こそ不可能に近いが、いちばん当を得ていると思われるのは、日本社会のもつ基本的な安定である。この点については、すでに解説した。いま一つの要因は、当初、二つないしは三つの政党に分かれていた野党が、六四年以来、四つに分裂し、それが自民党の長期単独政権を支えてきた、という事実であろう。加えて、複数議席選挙区制をあげることもできよう。英米流の一人区制とくらべ、政党間の議席数の消長が比較的おちついているからである。

だが他のなににも増して、この安定をもたらした主因は、日本人の投票行動が一貫して変わらない、という点である。衆議院選挙をみれば、この点は明白である。すなわち、衆議院の投票は、年々歳々、おどろくほどの一貫性を示しており、十年単位でとってもそれは変わらない。いや、この傾向は、遠く戦前にまでさかのぼることができる。

一九三二年、ときあたかも満州事変の直後、当時の二大政党が手にした得票率は、合計九四パーセントを上まわった。ついで左右両翼からの圧力もあり、得票率は一九三六年には七七・六パーセント、翌三七年には、七一パーセントに落ちた。やがて戦中戦後の混乱期を迎えるが、占領終了直後の一九五二年には、保守票は六六パーセントと、戦前に近い率にまで回復したのである。

それ以降は、一九三〇年代同様、ふたたび下降線を描くにいたったが、そのカーブは、一貫してゆるやかなものでしかない。一九五二年から七六年をとってみると、選挙ごとに得票数はへり、六六・一パーセントから、四一・八パーセントまで落ちこんだが、年率にすると、ちょうど一パーセントにすぎず、これほど緩慢な下降カーブは、他にほとんど例をみない。

他の国であれば、一貫してある政党を支持するのは、地域的にそういう傾向があるか、さもなければ、階級によって支持政党が截然《せつぜん》と分かれている場合のいずれかである。イギリスは後者の例であり、アメリカの南部で民主党が圧倒的に優勢だったのは、前者の例である。この種の状況は日本にはない。

地域ごとの政党志向には目立った特徴はないし、農民は保守票、組織労働者は革新票という大まかな傾向こそみられるものの、農村部で社会党を支持する地域もあれば、ホワイトカラーはいうに及ばず、ブルーカラー労働者ですら、自分がある階級に属するからという理由で特定政党に投票しなければならないという気はさらさらなく、これは所属労働組合がある政党を支持している場合も変わらない。

日本人の投票行動が動かないのは、私のみるところ、全く別の要素が原因となっているといえそうである。すなわち、大部分の候補者がもっている個人的な支援組織がこれで、たとえどんな問題がからんでこようと、東京でどんな政治危機がおころうと、支持を変えないのが、これらの支援組織なのである。

したがって、緩慢にもせよ、選挙結果が動きをみせるのは、特定イデオロギーの消長が原因ではない。むしろ農村人口の都市流入傾向とか、日本人が豊かになり、流動性が高まった結果、個人次元での支持が弱まり、有権者が全く別の環境におかれたことなど、社会的な変動要因に帰せられるべきである。

自民党を指して、農民と大企業の党と呼ぶのは、それだけではないまでも、まずは当を得ている。農村部を大票田とすることが、自民党の長期単独政権を可能にした一大要因であることはまちがいない。農村部の一票が、都心部より重いことも、さらにこの傾向を助長した。

これにいらだった革新側は、保守政治家の意のままに動くおろかで封建的な農民、という批判を加えてきた。しかし、農民がもともと保守的な存在であり、一八八〇年代以来、既成政党と農民とのつながりが強固であった事実を踏まえ、自民党が農産物に大幅な価格支持政策をとることで、工業を中心とする戦後の繁栄を農民に均霑《きんてん》したことを思えば、農民が自民党に傾斜してきたことも、当然の帰結といえる。

農村社会は、日本でもご多分にもれず、基本的には保守である。一九二〇年代の経済困難は、農村地帯にも過激な思想を生み、一九三〇年代には軍部の悪用するところとなったが、一九四六年から四九年にかけて、アメリカ占領軍当局の手で推進された農地改革は、農村部の不満の解消と、保守主義の復活とに、あずかって力があった。

農地改革は、農地の所有を土地住民に、耕作面積を含む一戸あたりの保有面積を三町歩に制限した（この数字は全国平均にすぎず、当該地域の生産性に応じ、多少上下する）。この制限を上まわる余剰農地は、実際の耕作者に、没収に近い、ただ同様の値段で払い下げられ、その結果、小作地の占める比率は、四六パーセントから、五〜一〇パーセントへと大幅に下降したのである。

その後、日本は高度経済成長をとげるに至ったが、政治米価が高水準で決められたことと、輸入農産物の制限に助けられ、農民もまたその恩沢にあずかった。農村人口の大部分が、保守路線を変えようとせず、既成政党との古いつながりを、その後継者としての自民党に連なることで維持しつづけたのは、まさしくこれが理由である。

でも自民党の得票のうち、農村票の占める割合はほんの一部分にすぎない。大企業の差し出す票となると、いっそう少ない。大企業手もちの票数など、知れたものなのである。

一九七四年の参議院選の折、大企業が何人かの丸がかえ候補者を立ててはみたものの、その成績が思わしくなかったことは、すでにみたとおりである。

自民党にとっての大企業の重要性は、票以外の点においてなのである。経済政策の策定段階で、大企業が自民党や行政にみせた協力は、決定的な重みをもっていた。のみならず、自民党にとってはなによりの資金源でもある。

大企業は自民党への献金額を決め、資金をとり扱うための特別な窓口を設ける。一方、個別企業は個別企業で、各派閥だけでなく、危険分散の意味をこめて、一部の野党にも献金する。

自民党が大企業に政治資金を仰いでいることは事実だが、財界の大物が党の方針に直接口を出すことはあまりない。一九五五年の保守合同時には影響力を行使したし、六四年、河野一郎を退け、佐藤栄作を首相に選んだ際にも同様だった。だが、これまた例外にすぎなかった。ちなみに河野は佐藤の主たる政敵で、大企業には佐藤より好もしくない存在と映っていたのである。ともあれ、経済界の大物は、圧力団体の常として、自分たちに直接利害関係のある経済問題にかぎって、影響力をふるう。

このように自民党支持票の大半は、農村票でもなく、大企業票でもない。自民党に投票するのは、個々の自民党候補者の後援会組織の関係者か、保守的見解の持ち主か、とくに経済問題に関する自民党の力量を他党に優ると信じている、各界各層の一般市民である。

保守党支持者が圧倒的に多いのは、中小の地方都市や郡部である。個人次元での集票組織の維持培養がたやすいからである。他方、その維持運営がむずかしい大都市では、保守支持層は目にみえて少ない。この状態は、人口動態上の変化と相まち、保守票の低落傾向をもたらしている。若手自民党議員の一部が、新しい保守イデオロギーを打ち出すことで、大都市票を呼び戻そうと躍起になっているのは、このためである。

自民党支持票についていえることの逆が、野党支持票にあてはまる。それは圧倒的に大都市に集中、徐々にではあるが増加の傾向にある。占領以来、野党の総得票数は、各選挙ごとに微増をつづけ、一九五三年の二九・五パーセントが、七六年には四八・三パーセントに達している。これは年間一パーセントの伸びにあたるが、自民党票の低下率にほぼ匹敵する。

無所属——大体が保守系である——の支持率は五パーセント見当が常だが、一九七六年の選挙では、自民党から分派した新自由クラブが、五パーセントのうち、四・二パーセントの得票を獲得、自民党票その他を加えると、保守票が革新票をわずかに上まわった。

野党票は二つに大別される。一つは既成三野党の、左寄りのイデオロギーに対する支持票である。これは、共産党ならびに社会党左派がときとして抱く革命理念から、議会主義の上に立つ民社党の、穏健な社会主義にいたる、幅の広い路線である。

高度工業国家の常として、左翼的な発想が受けるのは、知識人、若年層、組合所属のブルーカラーやホワイトカラーの労働者の間においてで、彼らの多くは大都市に集中、その数は増えつつある。

いま一つの野党支持票は、同じく大都市型の、ただしイデオロギーとは無縁な、抗議票ともいえるものである。急激な経済成長がもたらした混雑や汚染などの害禍は、主として大都市地区を見舞った。その結果、多くの大都市住民は、大企業や農村人口にばかり顔を向けているかにみえる与党に対して、不満を抱くに至ったのである。これらの大都市住民が、さいきんの選挙で投票したのは、共産党に対してであったが、彼らは、共産主義の伝統的な目標に、これという関心を抱いているわけではない。なお、共産党以外にも、かなりの抗議票が公明党に投じられた。

公明党は、創価学会の政治部門である。同党の支持者は、母体となった創価学会と同じく、他にこれという帰属感をもちうる集団にめぐりあえなかったり、その他のハンディがあるために、宗教的な交わりを求めて団結した、主に都市在住者から成り立っている。彼らのほとんどは、恵まれない都市住民といってよく、その点、公明党が抗議票の一つの核をなしているのは当然の帰結である。

野党の一員として、公明党はマルキシズムの上に立つ他の野党の政治的色彩や言辞を模倣した。ただこれらの野党の考え方が、公明党の指導者や同党の支持者をとらえているとは考えられない。権力の一角を占めた際に、公明党がどういう路線をとるかは、定かではない。ただ、その構成から判断して、古いタイプのナショナリズムや保守主義に傾くであろうことは想像にかたくない。同党の指導者が社会保障政策につよい関心を抱くのも納得できる。

野党に関するもっとも重要な事実は、四党に分かれているという点である。かつては、社会党を中核に、少数の共産党を配するという形で、かなりのまとまりをみせた時期もないではなかった。たとえば、一九四七年には、社会党の衆議院議員は、全議席の三〇・七パーセントを占めていた。また、一九五五年においてすら、左右両社会党――再統一の直前である――の総議席数は、三三・四パーセントにものぼり、憲法改正阻止に必要な三分の一の条件を充たしていた。大勢は、社会党の側にあるようにみえた。日ならずして多数を占め、政権の座につくことも不可能とは思われなかったのである。

だが一九五五年を境に、この夢は光彩を減ずるにいたる。野党は四党、それもほぼ同勢力の四党に分裂し、ついに一九七六年には、全野党の総得票数が四八・三パーセントと、与野党がほとんど伯仲したにもかかわらず、社会党の比率は、二〇・七パーセントと、野党票の半分を割るのである。かつては前途に明るい期待を抱かせた運動が色あせ、政権への道がほとんどとざされたことも手伝って、社会党の低落には、ますます拍車がかかった。でもそれだけが原因ではない。党内のイデオロギー対立と、その結果としてのたえまない派閥抗争が挙げられねばならない。

いま一つの低落原因は、党としての歴史が長いだけに、共産、公明両党よりは、個人次元の集票支持機構への依存度が高く、それが老朽化しつつある点に求められよう。自民党がかかえている苦艱《くかん》と同種の問題に、社会党も直面している、というわけである。その点、組織の固さを誇る共産、公明両党と比べ、抗議運動としての社会党は弱体に映ずるので、それが抗議票に十分に乗りきれぬ弱味となっている。

保守票と野党票間の揺れ動きは、そう多くはないとみられるが、野党間の票の移動はかなり大幅といえる。事実、一九四七年から四九年にかけて、社会党の得票が二六パーセントから一三・五パーセントと落ちこんだのに反し、共産党の場合には、三・七パーセントから九・七パーセントへと、逆に激増を示した。四七年と四八年の二回にわたりひきつづき連立政権に参加したことが、社会党の評価を下げてしまったのである。第一回は、社会党首の片山哲を首班とする連立政権であったが、当時、日本経済は戦後の惨状を脱しておらず、内閣とは名ばかりで、占領軍当局の侍女的な存在にすぎなかった。その結果、左翼の支持者の多くが、一九四九年の選挙では、社会党から共産党へと、一時的に乗りかえたのである。

同じく、一九六七年から六八年にかけて、社会党票が二八パーセントから二一・四パーセントに激減したのは、公明党票が五・四パーセントから一一パーセントに伸びたことの関連で理解できる。少なからぬ抗議票投票者にとって、社会党よりは、公明党の方が、抗議媒介として魅力あるものに映じたからである。

日本の保守政治が、イデオロギー的には無定形で、派閥の弊害もあらわな自民党を媒体としながらも、けっこう効果的に組織しているのに反し、野党ばかりは同じ日本人でありながら、なぜ日本人に独特な社会的特徴や組織面での力量を生かして、同種の成果を収められないのか、疑問に思われるかもしれない。革新政党が、自分たちのイデオロギーに自縄自縛になっているというのが、一つの説明になろう。一九二〇年代、知識人の手で結成されただけあって、彼らは分裂傾向や理念次元での瑣末主義を、いまだに清算しきってはいないのである。

共産党も不断の内部抗争を重ねてきたが、一九六〇年代のなかばに、宮本顕治が党内を完全に掌握して以来は、統一と一体感を示すにいたった。

他方、社会党は戦前のイデオロギー上の対立を戦後まで引き継いだ、といってよい。戦後初めての指導者は、労組出身で穏健派の西尾末広であった。社会主義運動の濫觴《らんしよう》期以来のキリスト教社会主義者も、党内穏健派を占めていた。反対の極にあったのは、もっとも過激な共産主義者と弁別しがたいまでに激越な、革命主義者の一群だった。

かくして党は不可避的に分裂の方向に向かう。主要な外交案件や政策をめぐってのことである。すでに見てきたように、一九五二年の講和条約をめぐる亀裂は、左右の分裂をひきおこし、五一年から五五年にかけては、左右両社会党が並存する。ついで一九六〇年には、ふたたび右派が離党、ついには新党、すなわち民社党の結成をみるにいたった。

社会党の残留組も、ひきつづきイデオロギー派閥に分かれ、党の主導権をめぐる党内抗争に終始している。党内抗争に勝つのは左派の場合が多いが、一方、選挙では最左翼の候補者は退勢に向かいつつある。恐らくは共産党に票を食われてのことであろう。

近年にいたって、イデオロギーとしてのマルキシズムも若干退潮した。公明党にとっては、いわば借り着にしかすぎなかったし、民社党にとっては、ほとんど無意味化している。民社党の得票はおおよそ七パーセントだが、支持層は稳健派の総同盟に所属するブルーカラー労働者と、同じく稳健なホワイトカラーならびにインテリから成り立っている。社会党員でも比較的稳健な多くは、マルキシズムには冷淡で、党全体としても有権者への訴えには、イデオロギー色をできるだけおさえようとしている。

共産党にいたっては、さらに一歩を進め多数党議会主義を断固擁護する旨を明らかにしている。のみならず、一九六〇年代後半の学園紛争時においても、稳健路線を踏み外さないよう腐心、自党の影響下にある学生運動の手綱をしぼるなど、慎重な行動をとった。

とはいえ、感情レベルでのイデオロギー対立はいまだに根ぶかく、全野党の協力をむずかしいものにしている。民社党が共産党と協力する可能性はゼロと断じてよく、同じことは公明党にもあてはまろう。一部右寄りの社会党員にとっても共産党との協力は不可能に近く、左派にとってすら、労働組合運動をめぐる主導権争いの経緯を思えば、困難といえよう。いや社会党内部ですら、政府与党に反対を唱えているかぎりはともかく、いざ前向きの政策を打ち出さねばならぬ段になれば、はたして右派と左派とが有効な協力を行ないうるものかどうか、疑いなしとしない。

このように、野党は四党に分裂しているだけではない。深刻なイデオロギー上の断層が、根ぶかいところに存在、社会党を二つに分断し、両者の和解を、不可能に近いものにしているのである。

野党の構成もまた、一党が圧倒的な優位に立つことをむずかしくしている。社会、民社両党は、それぞれ総評、同盟に財政的に大きく依存しており、したがって労働組合の大きな影響下にある。このことは、組合員以外の一般有権者に対する両党の訴求力を少なからず弱めており、とくに社会党が、多数党になるには、大衆の幅広い支持が欠かせないにもかかわらず、その意向をないがしろにして、左寄りの傾向を示すのは、組合依存の大きさがその理由の一つとなっている。

公明、共産両党の場合には、組織のかたさが、都市の抗議票をひきつけやすいという利点はあるものの、これには政治的なマイナスも付随している。公明党は、閉鎖的な指導者群が、熱心な宗教票を操作しているという点で、なにがしかの全体主義的なニュアンスをただよわせてきた。一般有権者がとかく公明党に反発を覚えるのは、このためである。

たとえば、一九七〇年から七一年にかけて、創価学会を批判した書物を同会が抑圧しようとした事件がおきたが、公明党の得票が六九年の一一パーセントから、七二年には七・三パーセントに落ちこんだのは、この事件がマイナスにはたらいたからだ、というのが定説になっている。

一方、共産党については、大衆レベルでかなり多数の熱心な支持者層を有し、規律正しい学生運動を組織することに成功し、党機関紙の「赤旗」がきわめてうまくいっていることなど、いずれも高く評価されてはいるものの、その組織力があまりにもきちっとしていることが、一般の日本人にとってはかえって恐怖のタネになっている。共産党の中に、全体主義日本のいまわしい過去をみるからである。党中央の強固な組織は、公明、共産両党にそれぞれ一〇パーセント台を上まわる得票率を可能にした。だが、そのこと自体、これ以上の伸びをさまたげているともいえそうである。

このようにみてくると、野党の勢力は、外見ほど強力でないことがわかる。大都市地域では、圧倒的な得票を収め、野党何党かで知事や首長をとり、議会で多数を制することもあるが、抗議の象徴としての意味はともかく、政治上の決定に基本的なところでかかわり、力をふるうことはできない。それは、自民党勢力下の、中央政府が握っているからである。

また、野党に投ぜられる票の多くは、自民党の失政に対する都市部の抗議票にとどまり、左のイデオロギーへの賛成票であるとはかぎらない。野党とはいえ、民社、公明の両党は、これらのイデオロギー上の目標に与《くみ》してはいないのである。共産党や社会党に投票する有権者といえども、彼らがいよいよ政権の座につき、従来主張してきた政策を実行に移す可能性が近づいてきたと感じた際には、首をかしげるにちがいない。現に、大都市部の首長や議会は、彼らを押し出した野党諸派の公式な綱領からは考えられないほど、現実的で、脱イデオロギー的な政策をとっている。

左翼勢力が実際より大きなものに映ずる——とくに外国人観察者の場合にいちじるしい——理由の一つは、大都市部、なかでも東京に集中しているからである。それだけにニュースになることも多く、外国人の耳目に触れやすいのである。

東京都の美濃部前知事は社会主義の支持者である。のみならず、東京は国会の所在地であるだけに、国会内の与野党激突も人目をひきやすく、大衆による抗議デモの主たる舞台でもある。左にぐんと傾斜した知識人も集中し、これまた若干左寄りの大新聞が勢威をふるっている。

都市在住の知識人が左寄りであることと、戦前の極右的な考え方への反発とが相まって、戦後は左側からの、一種のマッカーシズム的風潮が存在してきた。すなわち、保守派や保守的な思想に対する批判は、よほど法外なものでも、知的にまともだと容認されてきたのに反し、左翼や左翼思想に対する批判は、たとえ穏健かつ理をつくしたものであっても、偏見のそしりを免れがたかった。

アメリカやその同盟国は、あらゆる批判のかっこうな標的とされた。他方、中国を筆頭とする共産世界は、お手柔らかに扱われ、問題や失敗があっても無視されるか大目にみられた。

このような姿勢にも、ようやく変化がみられるが、そのスピードは遅々たるものでしかない。知識人の発言に耳をかたむけ、日本の新聞を追い、対決政治の表面づらだけを観察している外国人が、実情以上に日本を左傾していると、思いこみがちなのは、これらの事情による。

自民党が多数党の地位から転落するのは、あまり遠くない将来に大いにありうることだが、それが日本の政治状況にどのような影響を与えるのだろうか。このあたりで、この問題を考察してみたい。

一九七六年十二月五日の総選挙では、自民党は五百十一議席中、二百四十九議席を得たにとどまり、半数を割った。ただ選挙後、何人かの無所属当選者が入党、必要な二百五十六議席を辛うじて上まわり、十二月二十四日の国会で、福田を首班に指名することができた。

いまや、自民党の優位はほんの僅かなものにすぎず、次回の総選挙では、多数党の地位をすべりおちることもありえぬことではなく、少なくとも次々回の総選挙では、その公算が大きい。一九七六年、最高裁が、都市部と農村部との一票の重みが不公平であるという判断を下したことはすでに述べたが、この判断はその公算をより大きなものにしている。

参議院となると、自民党の優位はいっそうスレスレの度を加える。一九七七年には過半数を上まわることわずかに一議席にすぎなかったが、同年七月十日に行なわれた半数改選の選挙ではさらに同党の議席数は目減りをみせ、無所属当選者三名を迎え入れることで、ようやく一議席差を守り抜くという始末だった。

この優位も、一九八〇年の選挙には恐らく失われるだろう。そうなれば、自民党の優位も二院のうちわずか一院にすぎなくなってしまい、その結果、両院の決定が食いちがった場合の取りきめとして、憲法五十九条に定められた両院の協議会が、立法過程で重大な役割をはたすことにもなりかねない。

それを待たずとも、衆参両院の完全支配はすでに自民党の手をはなれてしまっている。かつては各委員会で多数を占めていた同党も、いまはむかし、多数を制してはいないからである。委員数は、それぞれの議席数に応じてふりわけられる。衆参両院ともである。委員が与野党同数の場合、自民党は現行議席のもとにおいては、半数の委員しかだせないことになり、もしその一人が委員長に選ばれた場合には、野党側委員に押し切られてしまう。

占領後、一貫して日本を統治してきたのは保守派であった。それだけに保守党の一党支配にかげがさしてきた今日、将来、なにがおこるかについて懸念をもつ向きも少なくない。左翼革命が、緩急いずれかのペースで達成されると説く論者がある一方では、右翼によるクーデターの可能性を予測するものもいる。

かつての一般的な読みは、自民党による一党支配の終焉は、野党連立政権の登場を意味しよう、というのであった。その可能性が少ないことは、すでに述べたところからも明らかである。全野党、もしくは一部の野党が連立して、多数を制そうとはかったところで、それは短命かつ多難な経路をたどることは疑いなく、逆に一時的な右旋回の引き金を引くことにもなりかねない。それはともかく、自民党が多数派の地位を失えば、長期にわたる政治的混迷が引きおこされ、大混乱すら予想されぬではないとする恐れは、いまだに残っている。

私のみるところ、前述のシナリオはいずれも実現しそうにない。むしろ自民党が、一つもしくはそれ以上の「中道」勢力と連立するか、それとも少数派の自民党政権が、在野の中道勢力と協力するという形をとる可能性の方が大きい、と私はみる。その際、野党は、閣僚を送ったりはしないかわりに、不信任案の処理などをめぐっては政府に協力し、その代償として、立法過程で発言力の増大を認めさせる、というようなしくみである。この種のしくみは、民社党との間には成立可能である。民社党のもつ現実主義的な見方は、自民党内部のリベラル派と、さほど異なっていないからである。公明党との間にすら、同種のとりきめは、不可能ではあるまい。政権参加勢力としての同党は、おそらく自民党内部の一部保守派とすら、類似点を示すであろう。

この種の連立、ないしはとりきめが成立したとすれば、実体は自民党の派閥が一つ二つ新設されたのと変わらなくなり、自民党支配はさらに延命されよう。

民社公明両党よりも、自民党の提携相手として可能性が大きいのは、いうまでもなく新自由クラブである。彼らは、一九七六年、ロッキード事件のさなかに、自民党を離党した。同クラブを主宰する河野洋平は、一九六四年、首相の座を狙ってはたさなかった故河野一郎の子息である。

一九七六年の総選挙で新自由クラブはめざましい進出をとげたが、このことが彼らにより大きな野心を抱かせたとしても驚くにはあたらない。彼らが発足したときは、わずか五名の国会議員を擁するにすぎなかった。それが七六年の総選挙では一躍十七名に躍進、百三十全選挙区のうち、わずか二十五選挙区で候補者を立てたにもかかわらず、総投票数の、実に四・二パーセントを占めたのである。彼らのもつ若さとまともさ、それに保守派ではあるが清新な理想主義とが、都市票のかなりの部分を引きつけたことは明白である。新自由クラブは、七七年の参院選でささやかな成果を収めた旧社会党系の二つの小会派とともに、より根本的な政界再編成の胎動を予兆させる存在かもしれない。たとえば、穏健派の社会党員が、党内左派とのつながりにいらだちを覚え、一方、自民党の若手都市型議員の中にも、同党の旧態依然とした老人支配的イメージに不満を示す向きがあるなど、政界再編成の可能性はたえず取り沙汰されてきたからである。三木首相ですら、一九七四年の総裁就任以前に、党を割る動きをみせたくらいであった。

一九七六年の総選挙は、中道勢力を強化したかにみえる。自民党は議席数と得票数の両方で少なからず後退した。共産党も、得票率でこそ一〇・五パーセントから一〇・四パーセントへと微減であったものの、議席数は三十八から十七に落ちこむという不運に見舞われた。社会党の下落は二一・九パーセントから二〇・七パーセントへと、共産党のそれを若干上まわったが、議席数においては、総議席を二十ふやしたうちの五議席増と、一応のわけ前にあずかった。

中道勢力のうち、もっとも華々しかったのは新自由クラブであり、公明党も、一般投票が七二年の八・五パーセントから六九年当時の一〇・九パーセントに返り咲くに及んで、二十九議席から五十五議席へと大幅な伸びを示した。民社党は、得票率こそ七パーセントから六・三パーセントへと落ちこんだものの、十九議席が二十九議席に増えるという幸運に恵まれた。

七七年七月の参院選もこの傾向をうかがわせるものがあった。一方では共産党が得票数と議席数の両方で大幅に後退、社会党も少なくとも議席数ではかなりの落ちこみをみせたのに加え、社共両党とは他の極にある自民党も、得票数と議席数の両方でひきつづき退潮傾向を示した。

それに反し、いわゆる中道勢力の公明、民社両党は得票数をいちじるしく伸ばし、他の三小会派とあわせて十議席増をはたした。

ここ数年間のうちに、新しい中道政党が生まれる可能性は決して小さくない。新自由クラブ、民社、公明両党を中軸に、自民党のかなりの部分と社会党の一部をも配した中道政党が万が一にも生まれたとしたら、この新党は、きわめつきの守旧派からなる右と、共産党に社会党の左派を加えた左との両翼に対し、長く優位を保つことが可能かもしれない。いわば派閥連合としての現行自民党と同様な構成をもつこの新党は、当初は、出身政党別に色分けされながらも、過去において自民党が示してきたと同じ能力を、政治の安定と有効性に関して発揮することも考えられぬことではない。

いま略述した二つの可能性は、決して二律背反ではない。自民党を中核とする連立もしくは政策協定的なとりきめが、やがてより基本的な再編に結びつき、強力な中道勢力の誕生に向かうことは、不可能ではないからである。

いずれの場合といえども、政治制度や、内政外交政策の基本が、大幅に変わることはないであろう。政府の決定は、新党もしくは連立に参加する各集団の意見のバランスを配慮しつつ、慎重に下されるであろうし、反対派の意見が従来同様、注意ぶかく斟酌されるであろうことも変わりあるまい。

転換にともなうごたごたも、ごく少ないのではないか。自民党の優位がきわめて小さなものになり、同党が権力の座にしがみつこうと抵抗するのをよそに、野党が国会運営のかけひきを通じ、力ずくで引き降ろそうとでもすれば、あるいは対立が激化するかもしれない。

だがこの過渡的現象は、すでにここしばらくの間、明らかに進行してきている。自民党と野党との差がちぢまるにともない、少なくとも一部の野党、とくに中道政党との間にはしばしば話し合いの機会があり、ときには妥協を余儀なくされてきたからである。さもなければ、国会を渋滞なく運営し、必要法案をあげることなど、できない相談であった。

そう考えれば、中道政党が重要案件については、政府に対し、閣内閣外を問わず協力し、やがては中道勢力を結集して、新党を樹立、自ら政権の座につくことなど、ほんの一歩の踏みこみにすぎない、ともいえるのである。

連立や中道新党は、政策面でも大きな変化をもたらさないであろう。対外政策やアメリカとの安全保障とりきめは、過去においてこそ、大きな政策上の分岐点であったが、今日では色あせてしまった。連立政権であれ、中道新党であれ、アメリカと緊密な経済関係を維持していくことに異を唱えることは考えられず、おそらくは核の傘をも受け入れるであろう。

ただし、在日米軍基地については、その漸減をおだやかに求めていくことになろう。この点については、自民党の政策もたえずそうであった。

社会政策や経済政策も大差あるまい。自民党といえども、一般国民同様、経済成長至上主義はすでに放棄しており、社会福祉や生活の質《クオリティ・オブ・ライフ》の問題に従来にない関心を寄せている。公害に対し、野党に劣らぬ懸念を示し、迅速に対応していったことも、すでに見たとおりである。

中道勢力が閣内に入るか、中道新党が自前の政権をつくっても、福祉国家への移行を心もち早める程度にとどまるであろう。この点は、他の先進工業国同様、日本でも自明と考えられている。アメリカの場合には、大企業の側に抜きがたい政府への不信が存在するが、日本ではそうではない。彼らは自民党を支持しており、企業収益に対する関心もさることながら、国民的利益のために経済を管理しているという役割認識がむしろ上まわっている。したがって、福祉国家への接近傾向に対し、アメリカの経済界ほど、はげしく抵抗することは考えられない。

このように考えてくると、自民党の低落が、あたかも凶兆であるかのごとく予測されてから久しいが、多くの論者が考えてきたほどのショックには、なりそうにない、といえそうである。

政治の機能が、ささいな点において手直しを受け、国内経済政策が、中道ないしは左に徐々に傾斜していくことは避けられないかもしれない。だが、政治構造や政策の基本が大幅な転換をみせるとは、考えられない。

新政権も、しょせんは従来の政権の構成分子とほぼ同じ要素で形成され、その政策も、すでに進行中の諸傾向の延長線上にしかないと想像されるのである。

32　政治のスタイル

日本の民主制度を観察する外国人にとって、自分が見馴れている事象を見出すことができなかったときのおどろきは当然である。イギリスの国会におけるみごとな討論、アメリカの国会による法案の起草や、委員会による精緻な調査などがこれである。

また、日本の国会内では、腕っぷしをきそいながらのかたくなな対決が横行し、反対派はデモに訴えることで対抗し、汚職や黒い霧の非難がたえず、与党内の派閥抗争が大きく報道されるなど、母国ではお目にかからないような事象にぶつかっては、途方にくれることもある。日本における意思決定が、人目にふれないところでなされていることに気づかないことも手伝って、あざけりや軽侮にみちた目で日本の政治を眺めることにもなりかねない。

外国人の目に映る政治制度の薄弱さは、民主主義の歴史が短く、一九三〇年代にいったんは挫折したことと相まち、日本の民主主義など、せいぜいが「ひよわな花」にすぎず、場合によっては、なにも分っちゃいない連中が、民主主義を戯画化しているだけだ、と決めてかかることにも通じかねないのである。

しかし日本の政治制度をあるがままに捉え、アメリカ、イギリス、ヨーロッパ大陸のお手本と似ていなければならないなどと決めつけないかぎり、民主政治のしくみとしてけっこう有効で、欧米と比べてもそれほど見劣りしないばかりか、まさった面もあるように見える。

係争点が国会その他の公の場で、明快かつ適切に論じられないことはたしかだが、公式非公式な話し合いは、おそらくは欧米のそれを上まわるにちがいない。

また政党のくみ立ても、欧米とは若干異なってはいるが、一般世論と最終的な政治決定をつなぐチャンネルとしては、その有効性は欧米と変わらない。一般国民に対する政府のサービスも、他国に劣らぬほど効率がよく、公共の利益への対応も、まずまずといえる。

日本の民主主義のもつ潜在的な弱点のうち最大なものは、あるいは制度それ自体よりも、国民の側に存するのかもしれない。一般国民の民主主義への「腹にこたえるような手ごたえ」は、英語国民の場合ほどズシンとしてはいない。民主主義のルーツが、それほど深くないのも周知のことである。したがって、英語国民が民主主義をもって、聖なる遺産の一部とみなすほどには、日本人の熱情は高くないかもしれない。

とはいえ、代議政治と、その母胎としての現行憲法に対する現代日本人の献身の度はすこぶる強い。日本人は、九十年に近い民主政治との付き合いを有しており、一九三〇年代から戦争中にかけての悲惨なすぎゆきは、日本人をして、いかなる独裁制に対しても渋面をつくらせるに至った。よくもあしくもどうやら我慢ができるのは代議制だけ、というのが日本人すべての信念であるといってよい。

一九四七年に施行された憲法は、左右両翼の少数者は例外として、全国民の熱烈な支持をあつめており、大多数の日本人にとっては、あれ以外の政治形態など考えられない、というところである。

憲法の第一稿が主にアメリカ人によって起草されたという事実も、大したこととは考えられていない。それどころか、若干反米の傾きのある左翼陣営が憲法護持にもっとも熱心なほどである。憲法の文言も、さいしょこそ不熟にひびいたが、時とともに定着し、標準的になってしまった。たとえどれほどささやかな手直しであろうと、憲法に手をつけるのは断固反対、というのが大多数の日本人の立場である。小規模な手直しが、やがて重大な変更に道を開くことを恐れるがためである。

日本の民主主義がかかえるかもしれぬいま一つの弱点は、個人が総じて自分の所属する集団に隷属しがちだ、という点である。欧米の民主主義は、たえず個人主義のもつ力強さと、表裏一体をなしてきた。

ところが近年にいたって、個の主張と集団への帰属とのバランスは、どうやら前者にかたむきつつあるというのが日本の実情であり、その点、欧米とは逆の方向に向かっているのかもしれない。ともあれ、一人一人が個人として孤立している国民よりも、多種多様な集団から成り立ち、集団志向のつよい国民の方が、民主的な制度の運用に劣っている、とする根拠はない。

これに関連するいま一つの問題は、日本人がとかく調和を望み、正面切った対立を嫌悪する傾向がつよいことであるが、これはすれすれの多数派による決定を受け入れがたいものにしている点で、日本の民主制度にさらに負担を加えている。

異なる見解を公開の場でぶつけあい、単純多数決で決着をつけていくというのは、どちらも民主制度の根底にある普遍的な原理である。ところが日本人は、ことを荒だてずに対立を調整し、全会一致の決定にもちこむことを好む。そこで意思決定のやり方は回りくどいものになり、それが問題解決をおくらせる、と主張する論者も現に存在する。日本のやり方では、問題によっては効果的な決断ができず、このことが危機状況においては深刻な危険を招来する、という説も行なわれている。

しかしこの手の解説には用心してかかる必要がある。日本以外の民主主義国の方が、迅速かつ困難な決定を下すことに得手である、と断定しうるかどうか、心もとないからである。しかも日本の制度だと、政治勢力分布が変わり、多数派が変わったからといって、前の政策が無効とされ、新政策がにわかに策定される、というような可能性は少ない。

総じて日本の民主制度は、他国のそれと比べても、効果的な決定をまずまずの速度で下す能力が見劣りするとはいえない。たしかにいくつかの国際的な決定について、日本がアメリカや他国の願望をよそに、尻込みしてきたこともあるが、彼ら自身にかかわりの深い問題に関するかぎり、電光石火、きわめて効果的な決断を下してきた。経済成長に関する決断はその一例であり、最近では環境汚染関連がそうであった。

ただ、ここではっきりいえることが一つある。それは、たとえ危機的状況になろうと、日本が、戦時中のイギリスでチャーチルが示したような、またアメリカの大統領職にしばしば求められるような、カリスマ性をもった指導者を生み出しはしないであろう、ということである。そして、日本人のもつ集団志向のつよさを思えば、そのような指導者がいなくても、いざという際には、身を寄せあってお互いに力を合わせることができる、と想像されるのである。

いずれにせよ、カリスマ的な指導者、ないしはそれを求めるということ自体が、民主社会にあっては、むしろ弱さのあらわれと受けとられるべきではないだろうか。

プラスの面についていうなら、内政、外交を問わず、政治的な対立の荒々しさは明らかに減じつつある。他の一部の民主国家では、むしろ政治に関する世論の分極化がみられるというのに、日本では、数年前にはきびしかった対立が、はやくも明らかに減少しつつある。

また、近代都市工業文明がさまざまな問題をひきおこし、民主主義の自己管理能力《ガヴァナビリティ》に疑問を投げる一部の学者もいるくらいだが、この分野で日本が逢着している問題は、他国におけるほど深刻ではない。福祉国家を志向しつつも、日本人は目先の利益のために、将来を「質に入れる」愚はおかさなかった。

対外債務もほとんどなく、個人としても国民全体としても、将来の恩沢のためには、あえて今日の消費をさし控えるという心がまえができているように思われる。欧米の民主主義国の一部ではとかく深刻な政治問題になっている少数民族はさほど多くなく、恵まれない集団も少なく、地域間の反目も存在しない。

日本人はいまだに比較的順法精神に富み、犯罪も少ない。徳川期以来、官僚統治に馴れてきたことと、欧州大陸から借用した法制に深くなじんでいることもあって、日本人は、現代がもたらした二つの点、すなわち、法中心主義の増大と、どこにも存在する官僚支配に、アメリカよりはなじみやすい。アメリカ人の場合には、伝統的に政治不信を抱いてきたばかりか、アメリカ的自由がごくさいきんまでは豊かにあったことへの思い入れが、いまなおつよいからである。その点、混雑した環境の中で集団として生きぬいてきた日本人の、何世紀かにわたる体験は、今日のように錯綜した時代に生きるアメリカ人にとっても、参考になる点が多いはずである。

未解決な政治問題が院の内外で対決という形をとるのはいまも変わらないが、それとても一定のわくぐみを踏みはずすことはめったになく、いわば制度の一部と化してしまった。つまり、マスコミを通じて、広く一般国民に訴えるための一つの手段となったのである。

受け入れがたいような暴発もときにはあり、とくに戦争直後には頻発した。のみならず一九五九年にいたっても、社会党の浅沼委員長が白昼公然と、テレビカメラの放列の前で、狂信的な右翼少年に刺殺されるという惨劇もおきた。

しかし、政治がもたらす荒々しい感情的対立にもかかわらず、極端な暴力が少ないことに、むしろわれわれは驚かざるをえない。年来、大規模な街頭デモが行なわれてきたが、流血の惨がなかったことは特筆されてよい。デモの大部分は、象徴的な目標をかかげるだけで、具体的な目標を目指してはいない。また警察の訓練も、力でけちらすことではなく、いかに暴力沙汰がおきるのを未然に押さえこむかに向けられている。

一九六〇年、安保条約改定時には、大がかりなデモがつぎつぎとうたれ、たくさんの人が参加したが、犠牲者は、群衆の下敷きになって不慮の死をとげた女子学生一人のみであった。その後、過激派学生の活動が死傷者を生んだことは事実だが、彼らは暴力を志向することで政治の場から足を踏みはずし、もはや彼らの活動は政治問題であることをやめ、社会問題化するに至っている。

日本の政治状況を一見して、代議制度を根もとからゆるがすような暗雲を見出すことはむずかしい。政治、経済、社会のいずれの面であろうと、である。欧米の民主制とは多くの点で異なるとはいえ、日本の政治過程は全国民をほぼ漏れなく包含しており、きわめて行きとどいた存在で、その効率もまずまずである。個々人の投票行動は、入り組んだ手続きを通じ、受容可能な決定へと翻訳されるが、それは欧米の民主主義国におけると同じくらい効果的である。

新憲法のもと、現行の政治制度はここ三十年以上にもわたって、きちんと機能してきた。一つの憲法が三十年もの寿命を保つことは、国によっては珍しいことに属する。しかも日本国民は圧倒的な支持を憲法に与え、彼らのいわゆる「平和憲法」――戦争を放棄した第九条の故にこの名がある――に大きな誇りを抱いている（ちなみに第九条は、少なからぬ論議をよんでいる）。このように、日本の社会もその民主的な政治制度も、全体として健全そのもののようにみえる。

一九七三年の石油危機と、それにひきつづく七四年から七六年にかけての世界不況への対応が、この点を明らかにしてくれる。石油禁輸が国民生活に与える脅威と、石油価格の高騰のもたらす影響が、日本ほど大きい主要国は一つもなかった。

世界的不況のもと、経済成長率は年間一一パーセントからマイナス二パーセントへと大幅に下降し、他国には例をみないほどの急激な成長の低下を示した。超大型インフレも最初のうちは、大型賃上げをすら上まわるほどの狂乱ぶりであったが、やがて物価上昇も賃上げ率も低い数字におさまった。

その結果、総体としての実質所得は、ほとんどの日本人の場合、減少することになったが、日本人はこれをストイックに受けとめ、政治的にも社会的にも目に見える動揺は示さなかった。

一方、政治は欧米の国々同様、機敏かつ効果的な対応策を打ち出し、やがて日本は経済成長をふたたびみせるようになる。その率は、従来の日本と比べれば低くはあるが、それでも他の工業大国の大部分よりは速いペースの伸びである。

このように日本は国内的にみればうまく機能しているようにみえる。ただ、一たび目を広く国際社会全体に転じれば、日本にとっての展望は、国内ほど楽観をゆるさない。日本人はその全存在を、膨大な量の財が自由に出入りすることに賭けており、いったん、戦争が勃発したり、国際貿易機構が崩れるようなことでもあったらさいご、その基盤は破壊されてしまう。この種のショックが日本を見舞った際に、どのような政治変化がおきるか、だれ一人として予測できるものはいない。

日本人が従来の軌道を大幅に転換せざるを得なかった例は、近代史に二度みられたが、それはいずれも基本的には対外関係の圧力がしからしめたものであった。

一つは、開国とその後を襲った明治の巨大な変革であり、いま一つは、日中、太平洋の二戦争と、その結果としての戦後の変革であった。

もし万が一にも、日本人が現在のコースから大きく逸脱するような事態がおきたとすれば、この方向転換への原動力が、日本の外部からのものであろうことは、ほとんどまちがいない。

いずれにせよ、日本の将来にとり、もっとも不確かで、しかも決定的な要素は、対外関係である。次章以下でそれを検討するのはこのためである。

世界のなかの日本

33　戦前の記録

外部世界との関係が日本にとりいかに重要であるか、いや、対外関係など実ははじめから存在しなかったのではないか、というのが日本について語る際に、たえず顔を出すテーマであり、本書もその例にもれなかった。対外関係は過去のある時点においては単なるバックグラウンド・ミュージックにすぎなかったが、近年にいたり、圧倒的な力感をともなったライトモチーフとして、重苦しくのしかかってきている。

日本人一億一千五百万人——たとえその半分であろうと同じことである——が狭くるしい国土で生き抜いていくためには、大量の資源が渋滞なく流入し、その支払いを可能にするための製品がたえず外国に流れ出し、しかもこの巨大な財の移動を可能にするような条件、つまりは世界平和と国際貿易環境の整備とが欠かせない。日本人の技量と才幹がどれほど大きかろうと、もしこれらの前提条件がみたされなかったとすれば、それは日本人をなんら益することにはならない。しかるべき世界的環境と、好適な対外関係とは、かくして日本の存立にとって、必要不可欠な前提となる。

だが、日本人がもっとも自信を欠くのが、ほかならぬ対外関係なのである。こと対外接触に関しては、いままでの体験も十分な準備にはなっていない。強い自意識、希有な均質性、緊密な社会構造など、日本社会のもつ強みや美点ですらが、外部世界とかかわる際には、むしろ負の条件になってしまう。

彼らの言語は、他のいかなる言語とも根本から異なっている点で、他国民との巨大な障害になっている。たとえていうなら、日本人は大へんな成功を何回となく収めながら、従来とはちがった競技にひっぱり出され、わざも道具も不十分、というスポーツ選手のようなものである。

こういう状況が招来されたのは、日本人にとっては、いわば不意打ちだった。日本人がこのことに気づいたのは、ここ十年ほどのことである。歴史上、対外関係はさほど重視されないか、さもなければ、ありきたりの技能で十分に対処可能なものとみなされてきた。以下、このあたりの事情を素描してみよう。

六世紀、先史時代の日本には、朝鮮半島から多くの人々が渡来し、恐らくはそれとのからみで、朝鮮半島での軍事行動にまきこまれた。しかしその後一千年近くにわたり、日本は最小限の対外接触しかもたなかった。中国の文物を平和裏に輸入するというのは、日本史を流れる一つの主要テーマであったが、対外戦争ないしは人の移住というのは、そうではなかった。

外との交易は徐々にしか伸びなかったが、それとともに倭寇による襲撃が十四世紀から活発になり、近隣大陸の沿岸地帯を手始めに、のちには東南アジアにまで広がった。

十六世紀には、ポルトガルを筆頭とするヨーロッパ各国の交易者や宣教師が日本にその姿をあらわしたが、十七世紀には追放され、日本における天主教は根こそぎ抹殺された。

やがて日本は二世紀にものぼる鎖国を自らに課し、中国、朝鮮、オランダとのわずかな規制貿易を除いては、全く門戸を閉じてしまった。六世紀から十九世紀にいたる長い歴史的時間を通じ、日本人が経験した対外戦役は、二度にわたる元軍の襲来（十三世紀）と、一五九二年から一五九八年にかけての、秀吉による朝鮮半島への侵攻にすぎなかった。海外への軍事的冒険と、外国からの侵略の歴史が、日本ほど希薄な主要国は、ほかにはない。

対外関係が日本に深刻きわまりない問題を投げかけた最初の例は、十九世紀の中葉、技術の面ではるかに立ちまさる欧米列強が、孤立の夢をむさぼる日本の扉を叩き、開国と交易とを迫ったときであった。日本はやむなく門戸を開き、優勢な欧米諸国の軍事・経済技術を自らも身につけることで自国を守るべく、懸命の努力を強いられた。

この過程において、社会・政治制度の抜本的な改変が必要なことも日本人には納得された。そして、均質性、勤勉さ、協同作業の才など、自らのもてる伝統的な資質を駆使することで、この作業にみごとな成功を収めた。その成功たるや欧米の技術的優位という同じ問題に見舞われたどの国にも例をみないほど、赫々《かくかく》たるものであった。

ただ、日本を迎え入れたのは、危険かつ貪欲きわまりない世界であった。十九世紀という時代は、帝国主義の絶頂期であった。強者が弱者をむさぼり食らい、お互いに地盤協定をしては、戦略的な優位に立とうとしていた。

安全を確保し、地位を固めるためには、工業力同様、軍事力も欠かせないと日本人の目には映じた。強力な陸海軍をつくり上げ、海外に進出することに躍起になったのはこれが理由だった。

朝鮮半島がもし非友好国の手におちたら、日本の心臓部に短刀をつきつけられたようなものだ、という認識が生まれ、朝鮮半島の支配をめぐって二つの戦争がたたかわれ、日本はそのいずれにも勝利した。明治二十七〜八年の日清戦争、明治三十七〜八年の日露戦争がこれである。

この二大戦役の結果、台湾、朝鮮、満州の南端、それに南樺太を含む大日本帝国が誕生した。ついで第一次世界大戦が勃発するが、日本は東アジアにおけるもっとも有力な軍事大国かつ経済大国として参戦、中国各地にわたってその経済権益をいっそう広げることができたばかりか、戦争処理を通じ、北太平洋の旧ドイツ領諸島や、山東省の旧ドイツ保有地を手に入れることになった。

日本人の対外関係観に微妙な変化が生まれたのは、このころのことであった。軍事力やそれにともなう国威の発揚は、たしかに一方においては安全をもたらしたが、同時に新しいひよわさをもたらしたのである。

軍事力を支えるためには工業力の基礎として人口の増加が必須だが、それには外国からの資源の供給がなければならない。いまや日本は、建国このかた、はじめて海外に大きく依存することになったのである。鉄鉱石を含む地下資源の輸入をはじめとして、陸海軍の命の綱である石油は主としてインドネシア（旧蘭印）とアメリカ西海岸に、蛋白源ならびに肥料原料としての大豆は、満州に仰がなければならなかった。朝鮮や台湾からの米の移入も必須となった。

これは終着点のない大問題であった。人口が増え、工業力が伸びるにともない、対外依存は増す一方だからである。

だが国際情勢は、帝国主義的拡張にとって不利に展開していた。第一次大戦に倦み疲れた西欧列強は、対外侵略に終止符を打ち、国際協調に安定を求めようとしていた。日本の拡張政策が、世界の非難を招くようになったのは、これが理由であった。拡張政策賞賛の時代は過ぎ去っていた。その上、発展途上国では民族主義の高まりがみられ、とくに日本の拡張の好対象であるべき中国において、その台頭は顕著であった。日貨排斥や大衆による抵抗が広まった結果、かつてのように安上りな帝国主義的拡張が成功を収める公算に、かげりがみえた。

一九二〇年代に、ときの政党内閣は軍事的拡張に背を向け、山東省から撤兵して、シベリア出兵にみきりをつけた。国家予算に占める軍事支出の比率が大幅に引き下げられ、日英米の海軍力の比率を三・五・五と定めたワシントン会議（一九二一～二二年）の決定が承認されたのも、このような背景を考えればおどろくにはあたらない。高い税金をうとみ、外国との通商にマイナスが生ずることを恐れる実業人が、政党内閣の背後で影響力を行使したのである。

西太平洋での軍事的優位を保ちつつも、日本は国際貿易と、ウィルソン大統領の理想主義や国際連盟に象徴される平和的な世界秩序とに依存することで、経済拡大への安全をとりつけようとはかったのである。

ところが一九三一年にいたり、日本陸軍は満州の侵略を開始し、日本をふたたび帝国主義的拡張政策へと追いこんだ。この政策転換の経緯についてはすでに見てきたとおりであり、ここでその原因をくわしく繰りかえす必要はない。

ただ、政党内閣による対外政策に対する国内、とくに軍部サイドの不満が、その主因の一つであったことはたしかである。あわせて一九二九年に端を発した世界恐慌が、国内の政治的社会的緊張をいちじるしく高める一方、各国による保護貿易政策の採用が、日本に世界市場からの閉め出しの恐れを抱かせたことも、指摘されなければならない。

帝国主義的拡張に満腹し、世界恐慌の影響をさほど気にもしないですむほどの蓄積をはたしおえた欧米の列強が、日本にだけは拡張政策の放棄を求めた真の狙いは、経済・軍事面での力をやしなうに足る十分な基盤を日本にもたせないようにするためである、という論議も聞かれた。

彼らはまた、自分たちは北アメリカやオーストラリアなど、けっこうな処女地を手に入れながら、日本にだけはその機会を封じ、小さな島にとじこめておこうとするのは、白色人種の得手勝手な人種偏見である、とも主張した。

満州事変がきっかけとなって、中国への拡大はつづき、中国軍との衝突もその数を増した。そして、ついに一九三七年、北西部の中国共産党政権の圧力に屈した蔣介石が、日本の進出を食いとめるべく、武器をとって立ち上ったことで、日中戦争が勃発した。

日本軍は百戦百勝を収め、中国大陸の大半を制するにいたったが、国共両軍は奥地に立てこもって抵抗をつづけ、その結果、日本の軍事機構は中国の民族主義の深みに足をとられ、動きがとれなくなってしまった。日本は中国の抵抗をなんとか粉砕すべく、さらに戦線を拡大していったが、防共協定で独伊と組んだことで、アメリカによる経済圧力がますます加わる結果を招いた。

東アジアの覇権を目指す日本の意図は、ヨーロッパにおけるドイツの意図と同一視され、経済圧力を加えるべきだというアメリカ世論の高まりをもたらしたからである。

一九四一年夏、アメリカ政府はついに対日石油禁輸を断行、日本政府は、対米開戦かそれとも後退かの二者択一を迫られた。日本は対米先制攻撃の道をえらび、緒戦においては華々しい勝利を収めたものの、一九四五年には完敗を喫し、ついに史上はじまって以来、初めて外国人征服者の支配下に入ることになった。

34　中立か同盟か

　戦後、日本人は自分たちをとりまく状況が一変していることに気づかされた。彼らは、意気沮喪《そそう》し、貧窮し、しかも世界中の除《の》け者であった。軍事的にも経済的にもなんの力もなく、いっときはその強大を誇った軍事力も、いまでは核保有超大国の出現の前に、まったく問題にならなかった。

　個人として、民族として、どう生き延びるかだけが彼らの関心事であった。これが敗戦直後の日本の状況だったのである。

　やがて日本は独立をとり戻し、経済的に繁栄し、力をつけていったが、人口が増加し、工業依存度が高くなったために、世界の資源や貿易にたよる度合いが従来になく高まったことを悟るにいたった。しかもこの問題を解決する方法が、いくつもないことは明らかだった。帝国主義的拡張政策は、もはや問題外であった。平和のうちに通商していく以外に、日本に活力ある未来をもたらす方途はなかったのである。

　戦勝国は日本帝国から、朝鮮、満州、樺太などの旧植民地と、加えて、それに一時的にではあるが沖縄をとり上げていた。その上に、民族主義は世界各地でますます高まり、武力による新領土の征服はおろか、帝国主義的支配も、もはや不可能になっていた。

日本以外の帝国主義的列強も、何世紀にも及ぶ支配の末に、既存の植民地が維持不可能になったことを、ほどなく自覚するにいたる。ソ連や中国に代表される大陸国家は、自国民が居住する陸続きの地域を掌握しつづけることができた。だが海洋帝国は、急速に消え失せていった。旧植民帝国のなかには、現状維持をはかったものもあった。インドネシアにおけるオランダ、旧仏印ならびにアルジェにおけるフランス、アフリカにおけるポルトガルなどがその例であった。

ただほとんどの植民地は、新しい事態に則して自発的に放棄された。このような情勢のもとでは、どれほど守旧派の日本人であれ、帝国主義的征服など、夢想だにしなかった。

日本に許された唯一の選択が、平和な世界での開放的な通商にあることは自明であった。当初、日本人が抱いた軍国主義反対や熱烈な平和主義は、戦争の惨禍と困苦とに対する感情的な反応であった。だが日を追って、それは理性レベルでの確信へと変化していった。戦争直後にみられた情緒次元での反応が色あせ、戦無派世代が次々に登場してきたにもかかわらず、日本にとって世界平和は必要、という知的確信は消えなかった。平和こそは、いまにいたるまで、日本人大半の胸中に最高至善の概念としてどっかと腰を据えている。彼らの平和志向は深く、うそいつわりのないもので、情緒と理性の両方に裏打ちされている。

すっかり無力化した占領下の日本では、対外関係は問題にならなかった。世界平和が必要だ、という単純な合意が成立しえたのである。

ところがひとたび独立を回復し、ついで経済力をとり戻すに及び、敵対する二つの陣営に分裂した世界の現状で、自国の安全と、世界平和のために、どのような立場をとるべきかという問題が浮かび上ってきた。いかなる戦争にも関係せず、国際紛争にはかかわらないように努力することの重要性を疑う日本人は一人としていなかった。この目的をはたすために、政府は、日本語のいわゆる「低姿勢」をとり、経済復興と成長とに全精力を集中した。国民一般の承認を得てである。

ただそれ以外の点では、アメリカと密接に協調することで自国の安全を求めるべきか、それとも、厳正中立を守って自由な立場に身をおくべきかについて、深刻な対立が生まれ、その後二十年にわたって、日本の政治を揺るがす最大の争点になったのである。この事情については、すでに述べた。

この対立を日本人に迫ったのは、一九五一年、アメリカがソ連や中国抜きで、日本との単独講和に決し、同時に日米安保条約を締結、独立後の日本に米軍基地を維持し、日本の防衛を約束したのが契機であった。アメリカの立場からいうなら、この二つの決定は、いずれも不可避であった。

占領はすでに時間的にその有効性の限界を越え、これ以上の継続はせっかく達成した成果をふいにする危険をはらんでいた。だが、全面講和は不可能としかみえなかった。中国の招聘は困難であった。二つの政権のうち、どちらが真に中国を代表しているかについて、アメリカと同盟国との間に、合意がなかったからである。国民党政府を中国の代表とみなすアメリカに対し、イギリスを含むいくつかの同盟国は、北京政府を代表とみなしていた。折しも、北京政府とアメリカとは、朝鮮で戦闘状態にあった。

モスクワも北京も、在日米軍基地など、アメリカが必要とみなす条件を受けいれそうになかった。アメリカにとり、在日米軍基地こそは、朝鮮における軍事体制を背後から支えるものであり、丸裸同然の危険にさらされた無防備の日本を防衛するための、せめてものとりでであった。

日本の保守派指導者はこの辺の事情を理解するとともに、同じ立場に立った。アメリカとの防衛関係の継続をさいしょに唱えたのは芦田首相であり、ついで吉田茂も前任者の政策を支持した。社会党ですら、穏健派は単独講和もやむなしとの立場をとり、この問題を契機に、左派とたもとを分かった。

ただし、他の野党はこれにはげしく抗《あらが》った。彼らの目に映ずるアメリカは、かつての解放者から仇敵へと変化していた。戦後の改革を中途で放棄し、日本の経済復興を推し進めることで冷戦における立場を強化し、日本経済の社会主義化の可能性をつみとったアメリカなど、仇敵以外のなにものでもない、という次第だった。

彼らはむしろ共産諸国に親しみを覚えた。真の平和陣営にあって、資本主義的侵略者とたたかっている共産諸国、というのが彼らの見方であった。彼らはまた、安保条約とそのもとでの米軍基地は、日本の安全を保障するどころか、むしろ脅かしているとみなした。これらの基地が、他国とアメリカとの戦争に日本を巻きこみ、その結果、相手国からの報復攻撃を招き寄せることになる、というのが彼らの恐怖であった。同時に、安保と米軍基地とは、日本人大多数の誇りである戦争放棄条項を踏みにじり、国際紛争には中立の立場をという日本人の願望を侵すもの、とみた。

このような姿勢は、国民に広く受け入れられ、少なくとも部分的に賛同する者は、保守党支持者の中にも少なくなかった。自民党の最大の強みが、経済面の成果にあることはやがて明らかにされるが、アメリカとの協調を主眼とする対外政策は、常にその最大の弱点であった。

たとえどれほど消極的な同盟であろうと、どちらか一方と与《くみ》することは好まれなかった。中立の方が、はるかに好もしい状態と映じたのである。とくに、東京周辺に大がかりな米軍基地が存在することは、日本人のプライドを傷つけ、たえず社会的ないらだちの種になった。

アメリカ軍将兵にまつわる不愉快な事件や犯罪の勃発は避けられなかった。軍関係者の犯罪には、当初日本の裁判権は及ばなかったが、このしくみは十九世紀の治外法権のまがまがしさを思いおこさせる以外のなにものでもなかった。

米軍基地はまた、一等地を占めていたが、他目的への転用が望まれていた。それだけに、東京郊外にある砂川飛行場の滑走路延長が提案された一九五四年には、長期にわたるはげしいデモが繰り広げられたのである。

日本人以外にとっては、チェコスロヴァキア、ハンガリー、ベルリンなどで、ソ連が軍事行動に出たり、政治的圧制を加えたりしていることの方が、よほど心の痛むことであったろうが、日本人にとっては、遠い、無縁なできごとにすぎなかった。自国にある米軍基地や制服兵士こそが、過去の軍国主義のいまわしい思い出を彼らに強いたのである。

アメリカの核兵器に対する日本人の感受性には、独特なものがあった。日本人は、第二次大戦終結にあずかって力のあった、二回の原爆攻撃に見舞われていた。一九五四年、中部太平洋ビキニ環礁における原爆投下実験が、福竜丸という日本漁船に「死の灰」を降らせ、船員の一人を死亡させるや、「人類が蒙った第三回の原爆投下」——やや針小棒大な呼び方だが——をめぐり、大騒動がもち上った。

毎年八月六日、さいしょの原爆投下の日に広島で開かれる原水爆禁止大会は、アメリカと安保条約に対する抗議集会の趣を呈した。ただ一九六一年にいたり、大会は支援政党別に分裂の様相を深め、ついで、反米色をうすめることになる。ソ連や中国の核保有への関心が日本でも高まったからである。

核に対する日本人の過敏な反応は、よく核アレルギーの名で呼ばれるが、核兵器だけではなく、原子力発電や原子力船にも向けられていた。六〇年代を通じ、日本は商業レベルでの原子力発電の可能性を手さぐりで模索していったが、資源小国の日本にとっては必要この上なしとみられるこの動きも、はげしい反対運動にぶつかった。さいしょは政治的な動機がつよかったが、だんだんと原子力発電所設置反対の、地域住民運動へと変化していった。

原子力で動くアメリカ艦艇は、抗議運動のかっこうの目標となった。一九六四年にいたり、原子力潜水艦の在日海軍基地への入港がやっとのことで認められたが、これも絶対安全の保障をめぐる永年にわたる交渉の結果であった。にもかかわらず、少なくとも当初は、大がかりな入港反対デモに見舞われたのである。

こういった動きもやがては一時的に沈静化していったが、一九六八年、ヴェトナム戦争批判の高まりのさなか、原子力空母の入港がきっかけで、旧に倍する大型デモが行なわれた。また日本の原子力船「むつ」による実験も、どの港湾都市からも母港になることを拒否されたので、数年間というもの、見事に時間を浪費しただけであった。

一九五〇年代はもとより、一九六〇年代になっても、日本の政治は基地問題、反基地反核デモ、それに安保条約反対を軸として回転する面が大きかった。一九六〇年の安保改定が、戦後最大の政治危機をもたらした経緯については、すでに見たとおりである。

改定は必要であった。独立国日本の地位にふさわしくない条項がいくつも含まれていたからである。たとえば、日本政府が要請しさえすれば、国内の騒擾《そうじょう》事件の鎮圧に、米軍の出動も可能であった。また米軍の核兵器に対し、日本側はなんの口出しもできなかった。これは日本人にとっては痛憤《つうふん》にたえないところであった。また安保条約には、条約終結の時期はおろか、そのための手続き方法もなんら明示されてはいなかった。

日本における米軍の出動が不可能とされ、十年間の期限が設けられたのは、改定を通してであった。十年を経過しさえすれば、どちらか一方が一年間の猶予期間をおいて、廃棄通告ができるとされた。

一方、核問題については、新条約と付属文書により、アメリカが日本における装備上の重大な変更を加えるにあたっては、日本政府と事前協議を行なうと定められた。これをもっと具体的にいえば、日本政府の公式の承認なしに、日本国内における核の配備や貯蔵はおろか、持ち込みすら認められないということであり、日本政府が承認するわけはない、というのが大方の読みであった。事前協議条項はまた、在日米軍基地が、朝鮮戦争当時のように、海外での直接軍事行動に使われる場合にもあてはまるとされた。

これらの変更が、日本の指導者の好みに投じたことは当然であった。だが、民社党結成に動いた穏健派の社会党員を除く各野党は、改定案の批准は認めがたいとして反対を決めた。旧条約はたしかによくない。だが、独立以前の日本がやむをえず呑まされたものである。一方、改定案は、完全独立した日本が自発的に合意したもので、たとえ改善されたとはいえ受け入れがたい、というのが彼らの主張であった。

しかも国民の興奮をいっそう盛り上げるような外部要因が次々に出てきた。アメリカのスパイ偵察機がソ連上空で撃ち落されたいわゆるU2事件、それにともなうアイゼンハワー・フルシチョフ巨頭会談の中止、六月十九日のアイゼンハワー訪日に間に合わせるべく、安保条約の批准を無理押しした岸信介の強行策、などがこれであった。とくにさいごの点について野党側は、岸の非民主的な暴挙であり、アメリカによる不当介入であると断じ、その結果、国民世論は大きく沸騰するにいたった。

いったん安保改定案が批准され、発効するや、政治情勢は沈静し、その後数年間というもの、中立か同盟かをめぐる論議はおだやかさを加えた。ときあたかも、池田新首相は、「低姿勢」をとり、十年間で「所得倍増」をはかるとして、国民の関心を、経済繁栄に向けることに成功した。防衛に関するいま一つの争点も、鋭さを減じつつあった。自衛隊の名のもと、どう考えても憲法第九条を無視して、政府が押し進めてきた陸海空三軍の創設をめぐる紛争が、これであった。

一九五〇年、日本に駐留するさいごの地上軍があわただしく朝鮮に投入されるや、マッカーサーは、警察予備隊の創設を指令、その後がまに据えようとはかった。日本はこの指令を実行、占領終結時にはかなりの拡充をみていた。ついで一九五四年にはさらに拡大され、名称も陸上海上航空自衛隊とあらためられ、新たに設置された防衛庁の所管に入った。

保守系の政治家が、日本も何らかの自前の防衛力をもつべきだと考えていたことは明らかである。だが、財政的政治的な理由から、小型のものに止めておきたいと願っていた。吉田にしろその後継各首相にしろ、もっと急速に軍事力を増強し、自衛隊により広範な地域的責任を課すようにとの、アメリカ側の圧力を巧みにかわしていった。憲法と国民感情を楯にとっての巧妙な抵抗であった。

ついにはアメリカ政府も折れ、日本の政治風土を考えれば、ごく限定された軍事的姿勢しか望めず、近隣諸国が日本の軍事力の復活を恐れている現状にかんがみれば、これこそがもっとも賢明な方途である、という日本側の見解を受け入れるにいたった。一九五四年に定められた自衛隊の総定員は二十五万名だが、現行の人員は、三軍をあわせても、わずかにこの定員数を上まわる程度にすぎない。

占領以後、日本はその防衛支出を、相対的に低くおさえてきた。さいしょはGNPの一パーセントを若干上まわったが、GNP自体の伸びとともに、その比率は下降し、さいきんでは、〇・七パーセントから〇・九パーセント見当でしかない。西欧主要国の三～五パーセント、アメリカの七パーセント内外、それに中国やソ連などの最低一〇パーセントとくらべると、この比率は際立って低い。

他方、日本経済の規模の大きさを勘案すれば、たとえ対GNP比は低かろうとも、日本の軍事力はむしろ世界的には大きい方に属し――実際は世界第七位――給料や装備も悪くなく、訓練にいたっては最優秀の三軍を保持している。これは世界のいくつかの地域にとっては、巨大と映ずる規模であり、現に空軍は、アジア最強の存在の一つである。ただ日本の軍事力も、米ソ両国とくらべれば、全く問題にならず、兵員数も中国の二十分の一そこそこ、台湾や南北朝鮮のいずれをとっても半分を大きく下まわるのが現状である。

野党は自衛隊創設当時から、はげしく反対した。戦前の軍国主義の復活が恐れられ、明らかな憲法無視が指摘された。国民世論もさいしょは鋭く反発した。自衛隊は、日本人の大半が抱く反軍国主義の平和志向を逆なでする以外のなにものでもなく、現に彼らは、非武装中立を希求し、他国が日本のもつ高い平和主義的な理想を尊重し、日本を攻撃したりすることのないよう願望していた。

マッカーサー自身が、日本は「アジアのスイス」たるべきだという、やや時代遅れな理想をかざしたこともあり、日本人の多くも、永世中立を他国に認められてきたスイスを、その目標においた。スイスがたいへんな軍備負担を負うことで、この結果を生んでいることには気づかないかのごとくであった。

社会党は一貫して非武装中立を標榜してきた。他方、共産党はいま少し現実的に、軍事力の存在を認めていた。彼らの統制下にあるかぎりはである。

自衛隊に対する反対が、防衛庁の省への昇格を妨げてきたことは、さきに触れたとおりであり、国民も、敵対心といえば極端だが、うさん臭いものを覚えてきた。自衛隊員の募集は難渋をきわめ、定員に充たないこともしばしばだった。徴兵の可能性にいたっては、平和志向のつよい戦後の日本では、とても考えられない話であった。

しかしながら、自衛隊への反対も、徐々に下火になっていった。戦前の軍国主義復活の引き金になる、という懸念はごく少数者に限られている。自衛隊は自衛隊で、模範的に行動し、低姿勢を逸脱することなく、政治への一切の介入を避け、台風や地震などの天災時には、国民への奉仕に全力をあげてきた。一九五九年、最高裁は自衛権に関する国会の憲法解釈を追認する判断を下し、その後も同様の解釈を受けついだが、国民もこの解釈を受け入れたかのごとくである。

ここ数年間の世論調査は、自衛隊の増強や海外派遣にはきびしく反対しながらも、現行レベルでの存続については、圧倒的に賛成であることを示している。

一九六〇年代前半が比較的平穏無事であったにもかかわらず、中立か同盟かの問題は、六〇年代の後半にいたり、ふたたび沸騰した。一九六五年以降、アメリカによるヴェトナム介入が高まるとともに、アメリカとの同盟は日本を戦争に引きずりこむ、という例の恐れが再燃したからである。テレビや新聞報道は、詳細にわたってヴェトナム戦争の惨禍を伝えた。世界の他国民同様、日本人の同情も、アメリカの外的侵入に抗して闘っているヴェトナム人に寄せられた。日本人は、ヴェトナム戦争をかつての対中侵略戦争の錯誤と結びつけ、アメリカの空爆にさらされる北ヴェトナム人の上に、戦時中、同じくアメリカの空襲の被害を受けた自分たちの惨状を投影した。ヴェトナム反戦を唱える市民運動や、学生による組織的なデモがはげしさを加える一方では、横浜市長のような、反体制傾向のつよい地方自治体関係者の中には、在日米軍基地の使用に支障を申し立て、在ヴェトナム米軍用の兵站《へいたん》補給を妨げる措置に出るものもあった。

ほぼ時を同じくして、アメリカがいつまでも沖縄を軍政下においていることに対する興奮が高まっていった。沖縄は民族統一運動のいわば日本版の趣を呈しはじめていたのである。戦前、沖縄県は日本の最南端の県として、琉球列島の南部の三分の二を占めていた。沖縄とは、同列島中の最大の島の名である。

その住民は、日本民族の一支流で、言語が特異なだけでなく、その習俗も日本人一般とは際立ったちがいを示していたが、それは中国との間に密接な通商関係が存在していたことに由来している。

彼らは王制をしいていたが、一六〇九年、九州南端の雄藩である薩摩藩に征服され、それ以降は、薩摩のきびしい支配下におかれていた。ただし、琉球王が中国に朝貢する権利は従来どおり認められた。薩摩にしてみれば、琉球王を媒介とする、外部世界との密貿易の実を失いたくなかったのである。

このようにその帰属があいまいだったことが禍いして、十九世紀には、日本と中国（当時の清国）との間に紛争が勃発したが、一八七四年、清朝が日本に対し賠償金の支払いを決めるに及んで、帰属問題は日本に有利に決着した。台湾の生蕃《せいばん》が、沖縄人の船員数名を殺害したことに対し、日本は生蕃追討の旗印のもと、台湾に出兵、清朝に謝罪を要求していたのである。

第二次世界大戦の末期、はげしい戦闘の末に沖縄を占有したアメリカは、戦後も、全琉球列島をその支配下におき、西太平洋全地域防衛のかなめとしたが、やがて台風の頻発が沖縄の、とくに海軍基地としての役割をいちじるしく減殺していることに気づくにいたる。ついで一九五四年、アメリカは琉球列島北端の奄美群島を日本に返還したものの、沖縄は保有しつづけた。折しもヴェトナム戦争の進行にともない、西太平洋のアメリカ軍の増強は、沖縄の軍事的価値をいっそう高めていた。同時に、日本本土の米軍基地反対デモが激化し、基地の自由使用に大きな制約が加わっていたことも、沖縄の価値を高めたのである。日本が本土の米軍基地の使用を制限しているばかりか、ひとたび野党政権が誕生すれば、その全面的撤去がありえないことではない以上、在沖縄基地だけは万難を排して維持しつづけるというのがアメリカの戦略思想となっていた。

第二次大戦終結時における沖縄住民の日本およびアメリカに対する姿勢は、愛憎相半ばしていた。本土の日本人に対しては、心中すこぶる穏やかではなかった。一段劣等な辺境の人々、という取り扱いを受けていたからである。

しかも日本全土で、直接陸上戦闘の舞台になったのは、沖縄県あるのみだった。本土の日本人にはるかにまさる惨禍を、沖縄県民は被ったのである。

一方、アメリカによる軍政――のちにいたり、渋々ながら徐々に住民自治への道を開いていったが――は、その異質性と尊大さの故に、自分たちもしょせんは日本人なのだという意識を沖縄住民に植えつけていった。本土復帰運動がかくして展開され、一九六〇年代の末期には、本土側からの熱烈な対応をひきおこす運びとなった。すでに日本人はプライドを回復し、豊かさをとり戻していた。それだけに、百万近い同胞がいまなお異民族支配のもとに呻吟《しんぎん》していることに対し、痛みを覚える余裕をもっていたのである。

この感情は、左翼の反米主義者のみならず、ナショナリスティックな保守派の胸中にもわだかまった。

かくして沖縄は、日米関係の新しい争点と化し、アメリカの沖縄支配が日本の対米同盟関係を、破壊しないまでも損なう気配は濃厚となった。

政治的興奮をひきおこす問題は、沖縄とヴェトナム戦争だけではなかった。一九六〇年代が終りに近づくにつれ、第三の問題が加わり、いやが上にも政治的漸強音《クレシェンド》を盛り上げようとしていた。安保条約の期限切れがこれであった。一九七〇年六月十九日をもって、改定安保はその十年間の期限を終え、手直しであれ破棄であれ、審理にかけられようとしていた。

一九六〇年の安保騒動が忘れられぬ各反対グループは、一九七〇年をもって、アメリカとの同盟関係を断つべき第二陣とみなしていたのである。

だが、予想に反して、危機は訪れなかった。日米両国政府はいずれも条約の変更を提案せず、したがって国会による批准の必要も生まれなかったのである。もし変更が提案され、批准が必要であったとすれば、野党にとってはかっこうの攻撃目標であったろう。若干の修正が好ましい、という考えは日米双方にあったに違いない。にもかかわらず両国政府が条文の手直しを差し控えたのは、批准にともなう困難があらかじめ予想されたからにほかならなかった。

沖縄問題も、危機的な状況に立ち至ることなしに、消えていった。沖縄をめぐる国民感情のはげしさと、七〇年という年が野党側にとって重大な意味をもつことに鑑み、アメリカはこの問題については譲歩することを決意し、「両三年」のうちに沖縄を返還すると約束した。この決定は、一九六九年十一月二十一日、ニクソン佐藤両首脳による共同コミュニケにうたわれた。同時に、返還後の在沖縄米軍基地は、本土の基地と同様の制約下におかれることも合意された。アメリカがここまで譲歩したのは、沖縄をめぐる状況が日米関係全般を損なう恐れがあると同時に、もし日米関係自体がおかしくなれば、民族統一的感情のために、沖縄の米軍基地の有用性もおそらくは減殺されるであろう、という認識が存在したからである。

ただ、朝鮮や台湾が一朝有事の際には、沖縄の米軍基地の使用を認めてほしい、というのがアメリカ側の希望であり、その何らかの確約を日本政府から取りつけたいと願っていた。一九六九年の共同コミュニケに、これら二地域の安全に、日本は格別な関心を有する旨の文言がとり入れられたのは、このためである。佐藤によるこの文言はあいまいなものであった。野党はこれらの文言を、両地域の防衛に対する日本自体の誓約と受けとり、執拗な批判を浴びせかけるとともに、アメリカは日本に対し「北東アジア条約機構」（NEATO）への積極的参加を強制しようとしている旨の、例の非難をくりかえした。この機構は、その名称こそ、東南アジア条約機構（SEATO）に近かったが、架空の存在にすぎず、当のSEATO自体が開店休業の状態であった。NEATOという略語にしてからが、日本の左派の口からはしばしば発せられたが、当時のアメリカの指導者には、全くなじみのない新語であった。

　このように、一九六九年の共同コミュニケは、若干の政治的暴風雨をまきおこしはしたものの、沖縄問題には終止符をうち、やがて一九七二年五月十五日の、沖縄返還を迎えることになる。それとともに、沖縄自体の政治的緊張は、アメリカおよび米軍基地から、日本政府による沖縄県への処遇へと焦点を移すにいたる。ちなみに沖縄県は全都道府県中、もっとも遠隔の地にあり、経済的にも立ち遅れた県である。

　ヴェトナム戦争ですら、一九六八年にアメリカが派遣軍の増強を手控え、徐々に撤収しはじめるに及んで、争点としては後退していった。このように、一九六〇年代末期に、日米関係を脅かした三つの争点は、七〇年代初期にはいずれも消え失せてしまったのである。

　中立か同盟か、という二者択一にしてもそうであった。かつては、あれほどの熱狂を生んだこの命題が、もはやその熱狂の多くを失うにいたった。

ただ、自民党と野党とを分ける、表面的な争点としてはその後も生きつづけ、具体的な、個別問題がときおり発生しては、古い熱情に火をつけることは、皆無とはいえなかった。たとえば一九七四年十月、とある退役アメリカ海軍提督の発言がきっかけとなって、日本に入港もしくは立ち寄るアメリカ艦船が核兵器を搭載しているか否かをめぐる論争がまきおこった。もし搭載しているとすれば、日本に核兵器を「持ちこまない」という両国間の取り決めに違反することになる。これはかねてから問題とされていた「持ちこむ」——英語ではintroduceが使われている——ということばの解釈をめぐる論争の再燃であった。日本国民の解釈がきわめてきびしいのに反し、アメリカ政府の使い方が大まかなことは明らかだった。だが両国政府とも、この点のあいまいさを深追いしないという立場を選び、ほどなく興奮は沈静した。

アメリカとの同盟関係が、かつてのような政治的熱情をひきおこす時代はおわったのである。現に、一九七五年には、民社党はついに安保条約を公然と支持する側にまわり、つづいて一九七六年の総選挙を迎えるが、それは、どの党も安保条約を争点にしないという点では、さいしょの選挙であった。

一九七〇年代の日本の政治で、中立か同盟かという問題がいわば周辺に追いやられた主たる理由は、世界情勢が変化し、新しい問題が登場したために、従来とはちがった視点からみられるようになった、ということであった。すでに日米の同盟関係は二十年余もつづいていたが、日本がアメリカの戦争に巻きこまれることはついぞなかった。アメリカが東アジアであらたな軍事的冒険をはじめるという可能性にいたっては、以前よりずっと少なかろう。

また日米安保体制は、なるほど共産国からの非難を受けはしたが、それも口だけで、しかも今となっては鋭さを減じつつあった。中ソの対立は深刻化し、アメリカのみならず日本をも味方につけようというのが、中ソ双方の狙いであり、少なくとも相手側の支持にまわすことだけは防ぎたい、とねがっていた。

ソ連はいつもの荒々しさとは打って変わり、日本に対する「微笑外交」——ただし日本人の造語である——を開始した。またモスクワも北京も、安保条約非難をとり下げた。日米安保条約を欠く日本は、下手をすると相手方の軌道に傾斜していくか、それとも強大な軍事力を独自に築き上げていくかも知れない、という恐れが中ソ双方にあったからである。かくして、安保条約を批判する日本の左翼は、中ソの態度の軟化にともない、いわば二階に上ってはしごを外されたようなことになってしまった。

一方、東南アジアにおけるアメリカの軍事的脅威の消退に目をつけた中国は、ワシントンとの緊張緩和に動いた。その第一歩を印したのは、一九七一年七月十五日、ニクソン大統領が近く中国を訪問する旨の発表が、世界を揺るがせたことであった。翌年二月、ニクソン訪中は成り、米中両国間に非公式な関係が樹立されるにいたる。

アメリカはその後も台湾との外交関係を保ちつづけ、台北に大使を駐在させていた。一方、中国とアメリカとは、相互に代表部をおき、それぞれワシントンと北京とに駐在させていたが、その後、大使館に昇格している。

米中接近は、日本政府を踏み切らせ、ついに日本と中国との国交正常化の運びとなったが、この問題こそは、国論を二分し、はげしい論議をひきおこした国内問題中の最難物であったのである。

思えば一九五二年、吉田茂はアメリカの強圧に屈し、台湾の国民党政権を、真の中国であるとして心ならずも承認するのやむなきにいたっていた。さもなければ上院での対日講和条約の批准は難航するだろうと、アメリカ政府の代表者から因果を含められていたからである。

野党側は、はじめから北京政府を承認するよう主張し、日本人の大部分も野党の立場に与していた。しかし自民党は、北京政府が権力を掌握し、大多数の国が台湾との関係を断ち切って北京政府の承認に動いた後といえども、しりごみをつづけた。

一つには蔣介石個人と、彼の敗戦日本に対する処遇への恩義を覚えていたからであり、いま一つには、旧植民地であり重要な貿易相手でもある台湾への関心があったからである。だが最大の理由は、もし北京を承認したら、アメリカの憤激をかい、日米の同盟関係を脅かすことになりかねない、という恐れであった。

しかし一九七一年と七二年のニクソンの決断は、この重しを取り除き、日本人は喜々として北京との国交正常化に動いた。

一九七二年九月、田中首相は北京を訪れ、中華人民共和国の正式承認という挙に出たが、これはアメリカの一歩先をいく行動であった。それまでも日中両国間には、貿易をはじめとする非公式な関係が存在していたが、外交的には台湾の国民党政権をもって中国の代表とみなしてきたのである。だがいまや、日本はその関係を逆転させたのであった。

台湾の問題については、日米両国とも、その対中共同コミュニケの中で、将来の問題としていわば棚上げする立場をとった。日本もアメリカも、台湾が一つの中国の一部分であるという中国台湾双方の立場を了承する旨を明らかにした。一方、中国も、アメリカがひきつづき台湾を承認し、防衛条約を守っていくこと、日本が貿易その他の関係を台湾と持ちつづけることのいずれにも、異を唱えなかった。これは台湾が当分の間は中国と別個の存在であるという事実を暗に認めたにひとしい。だが、中国側の統一への思いは強く、他方、台湾住民一千五百万、なかでもその六分の五を占める本省人の、共産主義下の中国大陸には組み入れられたくないという決意もまたかたい。

台湾が経済的にきわめてうまくいっており、アメリカによるある種の軍事的約束に加えて、自前の強力な軍備を有することを思えば、この問題の早期解決はほとんど考えられない。ただ一九四九年、台湾が中国大陸と分離したとき以来、いまほど台湾問題が東アジアにおける軍事的な脅威でなくなった時期は、一度もなかったといえる。

東アジアにおける他の脅威も減じつつあるようにみえた。中ソ対立が現実の武力衝突に発展するだろうと考えるものは少数にすぎなかった。むしろ、中ソ対立があることが、かえって中ソ両国がアメリカと事をかまえたり、他国で対立抗争したりすることをチェックする方向に働くだろう、というのが大方の読みであった。

朝鮮半島はなるほど二つの敵対する重武装国家に分裂して、発火点の可能性を残してはいた。とくにアメリカが韓国の防衛を約束しているだけに、国境線近くでの米軍の展開が、一朝有事の際にアメリカ自身や他の東アジアの主要国を巻きこむ恐れはなしとしなかった。だが、北朝鮮の独裁政権が、ヴェトナムでのアメリカの失敗の直後、アメリカに介入の意思なしとして冒険に走り、朝鮮半島に危機をひきおこそうと策したときには、ソ連も中国も援助を断固拒否している。

アメリカもアメリカなりに事態の沈静化をはかり、韓国大統領の人権抑圧政策の荒々しさに当惑したことも手伝って、米軍の漸減《ぜんげん》を考えるにいたった。ただし、この件に関する日本の利害については、十分に配慮することを明らかにしている。韓国におけるアメリカの存在は、日本の安全保障がその重要な目的とみなされているからである。

朝鮮が気がかりな問題であることに変わりはなかった。東南アジアにおける不安定の継続と同様にである。だが、アメリカが東アジアの戦闘に参加し、中ソとの間にきびしい緊張状態が存在したころと比べれば、それほど深刻でもなかった。

一九七〇年代初頭の国際関係にみられたいま一つの顕著な進展は、日本防衛に関するアメリカの公約が、はたして信頼に値するかどうかについて疑念が芽生えたことであった。それまで日米両国はお互いを当然視し、とくに相手方について細かく気をくばりあう必要を感じなかった。アメリカ人は、占領中の名残りもあり、日本に対しては庇護者的な態度で接していた。日本人は日本人で、アメリカが、兄貴分の立場をとっているとみなしがちで、たとえ弟分の日本がなにをしようと、アメリカはその立場にふさわしい行動をとるべきだと決めてかかっていた。

ところが突如として、双方の相互信頼はそれほど確かなものではなくなってしまった。

米中和解は、日本にとり政治的には、たしかに降ってわいたような恩恵であった。ただその当初のやり方は、いかにも日本を当惑させる体のものであった。アメリカ政府は永年にわたり、中国問題について、ワシントンと東京とが密接に協議し協調しあうよう、求めつづけてきた。だがいざ自国の政策を百八十度転換させるという段になると、事前の協議はおろか、あらかじめ通告する労すらとらなかったのである。一般の日本人にしてみれば、自国政府が国内の大きな圧力に抗しながら、アメリカの中国政策を忠実に踏襲してきたのに、その報いは、こんなにもつめたく無視されることなのか、という感を拭えなかったのである。訪中発表をニクソン・ショックと呼んだのは、彼らの困惑の深さを示していた。と同時に、アメリカが日本との同盟関係を捨て、中国にのりかえようとしているのではないか、という恐れを抱いた者も少なくはなかった。

この懸念が、ヴェトナムからの撤兵と、アメリカ国内の対外政策をめぐる混乱と綯交ぜにされたとき、日本人は、アメリカによる防衛の約束がはたして日本にとって価値があるかどうかを訝《いぶか》らざるをえなかったのである。就任当初のキッシンジャー国務長官が、西ヨーロッパや日本との同盟関係よりも、むしろソ連との力のバランスに重点をおいたことも、キッシンジャーの日本嫌いや日本軽視という風評と相まって、彼らの懸念をつよめた。またキッシンジャー以下のアメリカ人が、世界の五極構造――日本もその一極を占めるとされた――を口にしたことも、日本人にとっては、心配のタネになった。もっともその心配は杞憂にすぎなかったのだが。

今日、日本人の大部分は、自国の安全についてほとんど気にかけてはいない。正しいにせよ、あやまっているにせよ、これが実情である。事実、十三世紀以来、日本はこちらから挑発しないかぎり、他国の侵攻を受けたことはなかった。ただ彼らに心配のたねがあるとするなら、アメリカの軍事的冒険に巻きこまれることよりも、アメリカがその約束をきちんとはたさないのではないかという疑問へ、すでにその姿を変えていた。このような態度の変化は、中立か同盟かという論議を、いわば根底からひっくりかえしてしまったのである。

一九七〇年代の半ばにいたっても、野党の大部分と自民党とは、安保条約に対する立場を、公式には異にしていた。だが実質的には、安保条約への反対はぐっと弱まり、たとえ野党が権力の一角を占めたところで、大した変化はみられないだろう、というのが大方の日本人の読みになっている。対米関係にまつわるいらだちや問題が大きく後退する一方では、アメリカとの対等意識はぐんと伸びた。アメリカ政府も、日本政府を完全なパートナーと認め、共通の関心事についてはことごとく意見を求めるなど、慎重な心くばりを身につけるに至った。

在日米軍基地は、もはや昔のように巨大な存在とは映じなくなった。そして日米双方とも、いずれは基地がその数も規模も少なくなるはずだと観じている。やがて米軍基地の管理運営権が日本側に移譲され、米軍がときに応じて利用を許されるということにでもなれば、この問題には終止符が打たれることになろう。

大多数の日本人はまた、日本が独自の核兵力を開発するよりは、アメリカの核の傘にある方がよほど好ましく、日本防衛に関するアメリカの約束が、たとえどれほどあいまいでたよりにならないとしても、結局のところは最善の安全保障にちがいない、と考えるようになってきている。

安全保障の補助的な一環として、自衛隊を現行のレベルで維持することについても、まず広範な合意が存在するといってもよい。ただし、具体的にどういう形で自衛隊が使われることになるかについては、はっきりしていない。自衛隊が有効に出動しうる範囲の小型攻撃が日本に加えられる可能性は、皆無に近い。この種の攻撃がソ連の手でなされる可能性もなければ、アメリカが、攻撃者がどの国であろうと、拱手傍観《きょうしゅぼうかん》することもない。かりにそんな攻撃がなされたとなれば、二超大国間のバランスは脅威にさらされ、全面核戦争の引き金にもなりかねないからである。

自衛隊が日本にとって決定的に重要な権益を守る力のないことははっきりしている。またそのために必要な軍事力を整備増強していけるとは、とても考えられない。ペルシャ湾沿岸地域からの石油生命線や、その他の物資輸送路を防衛しうる海軍力など、想像を絶する規模と経費とを必要としよう。たとえ部分的にであれ、その種の海軍力の増強をもくろんだとしたら、隣国や主要軍事大国の懸念を触発し、日本の安全を高めるどころか、むしろ逆効果になるだけである。そこまでいかないまでも、地域的に大型な海軍力をつくり上げること自体、同じ危険をおかすことになる。しかも日本にとって決定的に重要な利益を守ることができないままにである。日本の利益は、一地域レベルのものではなく、全世界にわたるからである。

このように考えていくと、自衛隊がはたしうる明確な軍事的役割などありはしない。国連の平和維持努力への協力なら考えられもするが、それとても、国際的な紛争には一切かかわりたくないという日本人の決意を思えば、いまのところは正面切って考慮の対象にはなっていない。

ただ自衛隊が、西太平洋におけるアメリカの軍事的姿勢全般の中で、地域防衛機構の一環を形成していることは明らかで、とくに対潜作戦への寄与は考えられよう。それに自衛隊が現に存在し、アメリカの軍事力や防衛思想に百パーセント依存しているわけではないという点に、日本人全体がなにがしかの安全感を見出していることは確かである。その効用はともあれ、自衛隊が日本国民にまずは受け入れられ、もはや深刻な政治論争の対象でなくなったことも事実である。

原子力発電の開発には多くの問題がからみあい、政治の争点になっている。だが、核兵器の開発を唱える日本人は皆無に近い。日本の国土の狭隘《きょうあい》さや、人口、産業などの集中度合いを思えば、相手が本気になって第一撃をかけてきた際には、生きのこれる可能性は全くない。日本にできることといっては、わずかに海上にある核兵器装備の潜水艦から一矢報いるだけで、しかもそのときすでに日本は死に絶えているというわけである。

それでは、ささやかな自己満足にすぎず、その効用も、アメリカの核の傘——たとえどれほどたよりないとしても——に遠く及ばない。

いっときは、核武装のみが大国の証し、という議論が、もっともらしく考えられたこともあった。アメリカ、ソ連、中国、英国、それにフランスの五カ国がたまたま核保有国で、同時に国連安保理事会の常任メンバーとして拒否権をもっているという事情があったからである。実はこの五カ国が常任メンバーの地位を与えられたのは、第二次大戦の主要戦勝国だったからであった。

しかし、国連の影響力が低下し、核兵器が小国にも拡散しかねまじき動きが出てくるにともなって、核保有国としての「栄光」もかがやきを失い、むしろなまなかな核保有国であるよりも、核をもたない大国の方が威信を増すゆえんであるという確信が、ますます強まっていった。

だが日本は核保有国になる選択を残してはいる。技術の面でも経済力でも、十分だからである。原子力科学も健在で、不十分とはいえ、気象通信衛星との関連で、ロケット推進能力を一応は開発している。だが日本が核武装に踏み切るとは、まず考えられない。核保有国からの譲歩をとりつけるべく、永年にわたって手間どった末に、日本は一九七六年の春になって、ようやく核拡散防止条約を批准した。

自民党政府はまた、核兵器に関する政府の立場が、国民感情と完全に一致していることを明らかにしてきた。すなわち、核を作らず、持たず、持ち込ませずの、いわゆる

「非核三原則」をくりかえし明言してきたのである。

このように、核をはじめとする安全保障関係の諸問題は、中立か同盟かという、例の全般的な論議を含め、その緊迫度を減じていった。むろん表向きには、与野党間の争点として残ってはいる。だがその意義はいまやほとんど失われ、それにかける熱情の大半も消え失せてしまった。

それ以外の外交政策上の諸問題が、軍備や防衛とは直接の関連を欠くままに、重要性を大きく伸ばしていったのである。

35　貿易

アメリカとの安全保障条約を中心とする同盟関係は、戦後の日本における政治論議の中で、大きな存在として浮かび上った。そのために、これこそが日本の対外政策の基本であるとみなされてきた。だが、もっと根本的な対外政策が、実はその背後に潜んでいたのである。

それは、できるだけ多くの国と活発な通商関係をとり結ぶことで経済力を復興しようという意思であった。日本はこの政策をみごとに押し進め、かがやかしい成果を収めた。アメリカとの同盟関係は、その支柱として巧みに活用されたのである。

日米の同盟関係が、ある国々との貿易に支障を来したことも皆無ではなかった。しかし、日本は、アメリカと同盟関係にあることで、膨大な軍事支出から解放されていたばかりでなく、保有する軍事力が貿易パートナーである東アジアの国々を尻込みさせることもなかった。そしてなによりも、アメリカの強大な軍事力、政治力の背後にあることで、国際紛争にまきこまれることなく、ひたすら経済成長を心がけることができたのは、その余慶であった。このような貿易至上主義は、大部分の日本人によって当然しごくとみなされているが、それだけに、これが日本の対外政策にとって第一義的な重要性をもっている、という事実は往々にしてみすごされがちである。

占領のごく初期において、アメリカ当局は、破産に瀕した日本をしぼりあげることで、日本によって戦禍を蒙った国々の賠償支払いにあてるというそれまでの方針を放棄した。ところがひとたび独立を回復した日本は、まず賠償支払いを通じて近隣諸国との交易の復活を求め、現に賠償を支払ったばかりでなく、日本製品の海外市場の開拓をはかったのである。

一九五四年、ビルマを手始めに、日本は東南アジア諸国との一連の賠償協定を結び、その結果、これらの地域との間に、多くの財物の交流がみられるようになった。台湾との間には、すでに一九五二年、条約関係がとり結ばれていたが、台湾の国民党政府は、日本が台湾に残した経済投資が十分なつぐないであるということもあって、賠償支払いを求めなかった。日本と台湾との貿易関係も、これまたかなりの進捗をとげた。

事実上の賠償支払いのさいごは、韓国との間のとりきめで、一九六五年に結ばれた。賠償という名で呼ばれこそしなかったが、この取り決めは何年にもわたって難航した。それにはさまざまな理由が介在していた。

一つには、韓国人の側に、日本植民地主義の三十五年にもわたる圧政に対し、きびしい反感が存在したからである。両国の間にはまた、在韓米軍によって防衛水域と規定された水域における漁業権をめぐる紛争がからみあっていた。韓国側は当該水域を自国の専管水域と主張していた。

日本の左翼は左翼で、北朝鮮との妥結をみないままに、韓国とだけ妥結するのは一方的であると主張、あわせて在日朝鮮人——その大半は北朝鮮寄りであった——の多くが不安な状態におかれ、ときとしては制御不能ですらあるという事態が、ことをいっそう厄介なものにした。

しかし、ひとたび日韓の国交が正常化されるや、両国間の貿易は激増し、韓国経済も上昇に転ずるなど、日韓経済関係は緊密の度を加えた。その度合いたるや、少なからぬ韓国人が、日本の経済帝国主義が、ふたたびその橋頭堡《きょうほとう》を韓国に構築するのではないか、という恐れを抱くにいたった程であった。

その間、他の地域との貿易関係も、着々と息を吹きかえしつつあった。占領軍として日本に接したことからくる親しみや、アメリカの指導下に経済面での成果が上ったことへの関心も手伝い、アメリカ人の日本への敵意は急速にその姿を没し、アメリカ市場はごく当初から日本に開放され、戦前にみられたのと同じ地歩を固めるにいたった。

占領終結当初、アメリカとの貿易は日本の全貿易量の三分の一にも達したが、一九七〇年代においてすら、その比率は五分の一を上まわった。アメリカが全世界の生産高の四分の一近くを占めることを思えば、この比率は相当な高率といってよい。

戦後まもなく、アメリカから日本にもたらされた多量の工業技術——この点で日本は戦争中にすっかり遅れをとっていた——や、かなりな額の銀行資金はそれぞれ日本の経済復興と、全世界相手の貿易の復活とに、決定的な役割を演じた。

開発途上国の市場も、安価な日本製品の前に開放され、とくにラテンアメリカは日本にとって重要な市場となった。オーストラリア人も、当初は戦時中の日本軍の残虐行為に対する憎しみを捨てなかったが、自国の天然資源の輸出先として、日本が一番の顧客であるという認識を深めるとともに、日本人への友好的な感情と、日豪貿易関係への評価をつのらせていった。他方、西ヨーロッパ諸国の多くは、日本から遠くはなれていることもあり、日本との友好関係や通商には無関心なまま、日本からの輸入には特別な制約を設けてきた。それが緩和されたのは、ごく最近のことである。

共産圏との貿易となると、話は別であった。というのは、占領終結時の日本は、共産国家のいずれとも正規の条約関係をもってはいなかったし、当の共産国家自身も、自給自足経済をめざし、貿易を最小限にとどめていたからである。

しかし日本は、早々と政経分離を宣言、相手国の政体がどのようなものであり、どのような安全保障とり決めを行なっているかにかかわりなく、すべての国と貿易を行なう意思があることを鮮明にしていた。一九五六年、日ソ両国の国交がようやく正常化したのにともない、経済関係も徐々に発展し、その図式はやがては東ヨーロッパの共産国家群にも及んだ。これは彼ら自身、ソ連からの経済的独立をはかっていたのと、軌を一にしていた。

日本が原料を必要としているのに反し、シベリアでははかりしれない資源が開発の手を待っている。それを思いあわせると、いつの日にか、日ソ両国の間に大規模な経済関係が生まれることは不可避のように思われる。だが、双方の努力にもかかわらず、まだ実現のはこびに至ってはいない。サハリン（旧日本領樺太）の石油や天然ガス、それにシベリアや東部の木材資源は、日本向けに大々的に開発されているが、ヤクーツクとチュメニ地域の石油・天然ガス資源は、その膨大な埋蔵量をいまにねむらせたままである。その開発のためには、僻遠《へきえん》かつ劣悪きわまりない自然条件に抗して、広範な運搬施設を建設しなければならない。それには、巨額の投資と、多くの不安定要素とを覚悟せねばならず、また、中国からの反発も予想される。日本人としては、中国から敵対行為とみなされる行動は、できたら避けたいのである。

あわせて日本の実業家は、このように大がかりな作業を手がけるに際しては、アメリカの実業人の参加が欠かせないと感じている。アメリカの実業家に一部の資金を負担してもらう方が、ソ連も約束を守るだろうし、あこぎなまねに出ないのではないか、と考えているのである。だが日米ソの三角協力関係は、現段階では生まれるに至っていない。

日ソ間の交渉が何年にもわたって行なわれ、双方ともその締結を望んでいるにもかかわらずまだ完全な平和条約がとりかわされてはいない。

何が争点になっているかといえば、現在ソ連の統治下にある北方領土の返還を、日本側が主張していることである。第二次大戦後、ソ連は千島列島を日本から取り上げたが、その中には、北海道沖のハボマイ、シコタンの二島が含まれていた。この不毛の地に住みついていた少数の日本人も、占領と同時に追い払われた。

千島列島に対する当然の領有権を有する日本は、この両島に加えて、クナシリ、エトロフの二島の返還要求に踏み切り、一九六〇年の後半に至り、四島一括返還をソ連につよく求めることとした。当時まだアメリカの統治下にあった沖縄から、国民の目をソ連の統治下の北方領土に転じさせようという意図があってのことと想像される。

だがソ連も強硬であった。この種の領土返還要求をのむことは、ソ連にとっては、まことに面倒な事態を引き起すことになりかねない。アジアにおいては中国が、ヨーロッパにおいてはソ連の衛星国が、同種の返還要求を、ソ連に対しひそかに抱いているからである。日ソ関係にとって、「北方領土」問題が、トゲのように突きささっているのは、以上の経緯による。

大方の日本人にとって、日ソ経済関係よりいっそう重要なのは、中国とのそれである。戦前の拡張主義者たちは、中国こそが日本にとってもっとも自然で、最大の通商相手であり、経済的な意味での「約束の地」である旨の印象を国民に流した。

ただ実情はといえば、中国との通商は、アメリカとの貿易と比べれば、ほんの何分の一にしかすぎなかった。一九三〇年代だけが例外だが、これは戦略的な要請で、日本の対満投資が巨額にのぼった、という事情が介在していたからにほかならない。

戦後の対中貿易は、ごくさいきんまで、台湾よりも少なく、日本の総貿易量の四パーセントを超えることはなかった。ただし、中国側にしてみれば、総体が小さいこともあって、全貿易量の四分の一見当にものぼっている。にもかかわらず日本人の大部分は、対中貿易が潜在的な重要性をもつと信じこんできた。もっともアメリカ人もまた、対中貿易の可能性について、現実ばなれした考え方を持ちつづけてきた。それを勘定に入れれば、日本人の思いこみも驚くにはあたるまい。

日本人にとって、対中貿易の問題は、いわば焦眉《しょうび》の急の政治問題であった。これに中国との文化的つながりの深さを重ねあわせると、日本人が左であると右であるとを問わず、米中の敵対関係のあおりを食らってこの巨大な隣人との関係が緊張していることに、割り切れぬ思いを抱いてきたことも了解できるというものであろう。

日本政府も実業界も、一方においては戦略物資の対中輸出を規制したアメリカの政策に準拠しつつ、他方では、中国側の要求する実行案をも受け入れてきた。また、実業家や野党の政治家の場合には、中国一流の対米非難や日米関係への批判を口にしつつ、対中貿易の推進に知恵をしぼってきた。

日本政府が一貫して通そうとしてきた原則は、政経分離と呼ばれるものだった。外交面では台湾の国民党政権を認めつつ、貿易面では、台湾とも中国とも関係をもつというのがその具体的な内容であった。

他方、中国側は政経不可分を唱えてこれに対抗したが、長い目でみれば日本がその主張を通したといえよう。すなわち、一九五〇年代の日中貿易は微々たるものでしかなかったが、一九五八年になって、中国は突如その打ち切りを通告してきた。表向きの理由は、長崎で開かれた中国物産展で、日本人の青年が中国国旗を引きずり降ろしたから、というものであったが、本当のところは、日本に圧力を加えるのが目的であった。

だがこのもくろみは成功せず、その後、貿易高は旧に復した。とくに米中、日中の雪どけ後は急増を見せ、台湾との貿易量に近いレベルにまで達した。その間、例の政経分離の原則が攻守そのところを変えたことはいうまでもない。政治関係は中国一国と、経済関係は中台双方と、というのがいまのしくみである。

日本人の多くが対中貿易に過大な期待をかけていたことは事実だが、期待外れの面があったことも否めない。中国は自国市場を消費物資には開放しなかったばかりか、あらかじめ慎重に規制された窓口以外は認めなかった。その上、日本が必要とする多くの資源を、輸出にふりむける余裕をもってはいなかったのである。

唯一の例外は石油だった。小規模ではあったが、中国が石油を日本に売りはじめたのは、一九七〇年代だったが、おそらくはシベリア産原油への依存に水をさすのが目的であった、と想像される。中国の産油量がかなりの規模に達すれば、相当量の貿易品目に達しよう。だが中国側は、そういう意欲を示してはこなかった。それに日本側も、パラフィン含有量の多い中国産原油の精油設備を建設することには、熱心でないようにみえる。ペルシャ湾地域からの原油が硫黄の含有分が高いことは知られており、そのための脱硫装置の整備拡充で手いっぱいという理由があるからであろう。

それに中国産原油にあまり依存しすぎると、政治的な事由で突然供給が断たれたときにどうするかという配慮も、日本人の熱意にブレーキをかけている。いずれにせよ中国

ところない。産原油が、日本の年間原油輸入量の二・五パーセントを上まわったことは、いままでの

日本が全世界との通商関係を回復したのにともない、国際社会の一員として国連復帰も叶った。

日本の国連加盟に対し、拒否権を行使して反対しつづけてきたソ連も、一九五六年、日ソの国交正常化をまって、その態度を変えたため、日本の国連加盟が実現した。国連こそが世界平和にかける日本人の希求を具象化するものであった。それだけに、国連加盟の実現は歓呼をもって迎えられた。官民を問わず、日本人は国連に対し、心からの敬意と協力とをおしまなかったものである。

左派にとっては「非武装中立」を具体的な政策として成立させるうえでのなによりの保障は、国連にあるとみなされた。政府からすれば、国連を全面的に支持することで、アメリカとの同盟関係をうすめる効果が期待できるとともに、厄介な国際問題については、一切、不介入を通すという日本の政策を表沙汰にしないですむ、という便宜がある。

ただ、全面協力といっても、国連の平和維持措置への参加は含まれていなかった。そして、日本が世界的な尊敬や自信を回復したのちといえども、この点には変わりがなかった。もっとも、国連が世界平和の維持に主導的な役割をはたすであろう、という希望がその後薄れていったのは、世界各国も日本も同様であった。

一九六〇年代、日本に対する近隣諸国の態度は変化をみせ、それがもとで、日本は地域間協力や連帯に主要な役割を演ずることができるようになった。ASPAC（アジア太平洋協議会）——ただし短命におわった——や、アジア開銀などはこの例であり、いずれも一九六六年に創設されたものである。

しかし、これらの地域集団や国連への参加もさることながら、それよりもはるかに重要なのは、欧米の高度工業国家を主要有力メンバーとする国際的な経済機構に加盟をみとめられたという事実である。すでに一九五二年、日本はIMFと世界銀行の一員になっていたが、一九五五年にはガットへの加盟が承認された。ちなみに、下って六〇年代、ケネディ・ラウンドの名のもと、工業製品に対する関税引き下げがガットによって実施されたが、これが日本の貿易にもたらした意義は、まことに大きかった。

さらに一九六四年には、アメリカの強力な推輓《すいばん》が、ヨーロッパ各国の不承不承を押さえ、日本はOECDへの加盟をはたした。OECDは、いわば高度工業国家の経済クラブだが、近年にいたり、欧米諸国にとっても日本にとっても、重要な国際経済交渉の場としての地位を高めている。

このように日本は一歩一歩、主要な高度工業国家の一員としての地歩を固めていった。一九七〇年代には、主要工業通商国家の首脳会議が開かれたが、米、英、西独、仏と並んで、日本の参加は自明のこととされた。イタリアとカナダが加わったのは、それ以後のことである。

ことばを換えていうなら、日本はいまや、「第一世界」の不可欠な一員として承認されるまでになったのである。かつては、欧米という名で呼ばれたこの「世界」も、いまでは非欧米の日本が加わったことにより、北米、西欧、それに日本からなる「日米欧」云々、ということばに代替されるようになっている。

戦後日本の対外政策が大成功をおさめたことは疑いの余地がない。日本は国際社会の一員として復帰をとげたばかりでなく、貿易に最重点をおき、政治や戦略上の配慮を貿易から切りはなすことで、従来を大きく上まわる繁栄と経済力とを身につけた。

これらの政策に支えられて貿易量は激増し、経済はブームに沸きかえり、日本は戦後における「経済奇跡」と評されるにいたる。かつての労働集約度の高い産業は、資本集約度の高い重化学工業にとって代わられ、ついには、技術的に精緻な各種製品へとすすむ。

世界市場には、さいしょに日本製の繊維製品、次にはカメラや電子機器、ついで、船舶や巨大タンカー、鉄鋼や化学肥料、さらには自動車などさまざまな消費財や機械類が溢れにあふれた。その後、日本の重点輸出品目は、コンピューターなど、技術的に高度な物品へと移っていった。そして現在の日本が、将来を遠望して期待を寄せているのは、知識集約度の高い産業である。これは技術の占める度合いが高く、エネルギーや原料の消費量が少なくてすみ、汚染の恐れもさほど多くない産業のことである。豊かな技術をもちながら、エネルギーや資源面では深刻な制約をかかえている日本であることを思えば、彼らのもくろみも当然といえよう。

それはともかく、産業の繁栄と貿易の増大とは、新たな問題を生み出した。民間投資と社会資本とのアンバランスや、都市の混雑、汚染が一九六〇年代後半までにどれほど深刻な国内問題をひきおこしたかは、すでに述べたとおりであり、それが日本人の経済成長至上主義に水をさしたことも、すでに触れた。

同様に、貿易面での勝利も新たな国際問題のタネになった。日本の実質経済成長率は年間一〇パーセントを記録したが、これは他のどの国よりも高い成長率であったばかりか、世界全体の成長率のおよそ二倍にのぼっていた。日本の貿易量の伸びは、成長率の大きささをも上まわり、一九五三年にはわずかに三パーセントでしかなかった比率が、一九七〇年代の初期には七パーセントと、大幅にはね上った。成長率が、日本と世界とで、これだけ大きくちがっていることが原因となって、世界経済に不均衡が招来され、日本の対外関係に新たな緊張を生み出したのである。

日本がアジアの経済大国になったことは、近隣諸国の古い恐怖をよみがえらせ、新しい怨嗟《えんさ》を生み出した。一九七〇年代には、日本は、共産圏を含むアジアの全隣国にとって、少なくとも二番目、場合によっては一番目の貿易相手国となっていた。オーストラリア、フィリピン、韓国の輸出総額のうち、最低三分の一は日本向けであった。

日本のビジネスマンは、東アジアならびに東南アジアの、非共産国のすべてを席巻し、ときとしては値切りに値切り、必要に応じては、うす汚ない手段にも訴えるなど、縦横に動きまわった。

また、必要な資源を熱心に探しまわるあまりに、彼らは他国の自然景観を損なったり、経済的に純真な原住民をいいようにあしらっている、とみなされた。

日本製品は各市場に氾濫し、広告用のネオンサインは各都市の夜景を色どった。日本語という障壁のかげにかくれ、日本人向けのクラブやホテルにかたまっている彼らは、尊大かつ恐ろしい存在に映じるのだった。皮膚の色や肉体的特徴が現地人に近いだけに、欧米人よりは自分たちに近いだろうという期待はうらぎられた。アメリカやヨーロッパのビジネスマンよりも、むしろ日本人の方が現地人に嫌われているらしいのは、まさしくそのためである。

日本が、征服という手段でいったんは失敗した大東亜共栄圏を、こんどは経済的な手段で再現していくのではないか、という恐怖を覚える人も少なくなかった。この手の恐怖は、韓国やフィリピンのように、日本人が仮借なき植民者、ないしは残忍な占領者として記憶されている国々では、とくに鮮烈であった。

この種の懸念に加えて、日本は貧しい隣国に対し十分な援助の手をさし伸べていないという怨恨が存在した。むろん日本は他の先進工業国に伍して、対外援助を手がけてはいた。たとえば、アジアを中心とする途上国から日本にやってきて、日本政府の費用で訓練を受けた者の数は、一九七五年までに二万名を上まわった。一方、一万名を超す日本人専門家がこれらの国々に送られた。

一部の欧米先進国と比べれば、日本の努力は少なかったとはいえ、絶対量としては決してささいとはいえなかった。経済援助に関する統計も、数字面に関するかぎり、欧米のそれにほぼ匹敵する。

ただ子細に検討すると、日本の援助の多くが、貿易がらみであることがはっきりする。逆にいうなら、他の援助供与国にくらべ、政府レベルの贈与の額はぐんと少なく、借款の条件もはるかにきびしかったのである。近隣諸国にしてみれば、同じアジア人でしかも工業的に進んだ豊かな国のやることとしては、貧寒にすぎはしないか、というのであった。

日本に対する不満は、年とともに増大していった。「醜いアメリカ人」という評語は、「醜い日本人」におきかえられた。

むろん日本人にしても、不満増大の兆候は十分に気づいていた。だが、自分たちの目標達成に忙殺され、これらの兆候に対しては、さしたる注意を払わなかったのである。ことの重大性に彼らが愕然としたのは、一九七四年一月、ときの田中首相が東南アジアを親善訪問した際のことであった。反日デモや騒擾《そうじょう》事件が一行を見舞ったのである。

インドネシアにしろタイにしろ、これらの事件の背後に、国内政治問題があったことは事実である。しかし日本への反感のつよさもまちがいのないところであった。近隣諸国の苦情に耳を傾け、それにみあった形での対応策の検討を、貿易、援助の両面で手がけるようになったのは、これがきっかけであった。

先進諸国、なかでもアメリカとの間にも、同じような危機的状況が醸成されていった。すでに述べたように、アメリカの市場は、当初から日本製品には完全に開放されていた。ときおり、「自主規制」の名で呼ばれる制限が課されたこともあったが、これはあくまでも例外であった。たとえば、繊維のように、アメリカ国内の斜陽産業が、日本からの輸入品による脅威を感じた際に、アメリカ政府が日本政府に働きかけ、いわゆる「自主規制」という名の自粛措置をとってくれるよう要請したことはあった。自由貿易を制限しているのではない、という体裁をととのえんがために、「自主規制」と呼ばれたが、実体は以上のようなものであった。

しかしアメリカ側のこのような措置も、日本が課した輸入規制に比べれば、なんということもなかった。いやしくも国内産品と相当程度競合するとみなされる一切の外国品は、輸入制限の対象になった。

日本はまた、直接投資に対してもきびしい制約を加えた。当初はアメリカも、この一方的な経済関係を受け入れた。弱体で、貧困にあえぐ日本にとってそれは必要であったばかりか、日本がアメリカにとり重大な競合相手になる見込みは、当時はなかったからである。

アメリカがこのような鷹揚《リベラル》な態度をとったことは、まことに幸いであった。さもなければ、日本の経済復興は大幅に遅れたであろうし、かりに日本がはじめから直接投資に門戸を開いていたとすれば、日本の産業の多くはアメリカ資本の手に渡り、その結果、耐えがたいほどの政治的緊張が、日米両国間に醸し出されたにちがいないからである。

だが、日本が繁栄をつづけ、経済が強大化するのにともない、このアンバランスは、アメリカ側の不満の増大を招いた。日本は貿易と直接投資を自由化することで、互恵的なとり扱いをすべきである、という要求が高まっていったのである。オーストラリアや西欧各国も、日本製品に対する輸入制限撤廃を条件に、日本もまた貿易政策を自由化すべきであると主張した。

日本は、自国の目先の経済利益を追うことには懸命だが、他国の経済的必要には無神経で、経済以外の世界的問題にはとんと無関心な、自分勝手な存在とみなされるにいたった。四面楚歌といってよかった。

「エコノミック・アニマル」という非難が浴せられ、ドゴールが池田首相（当時）を、「トランジスターのセールスマン」と評した、という噂が伝わってきた。アメリカ人も日本の「ただ乗り《フリー・ライド》」を口をきわめて非難した。それは単に、日本の安全を保障するために、アメリカが巨大な防衛費をまかなっていることを指しているだけではなかった。日本との貿易関係が一方的に日本を利している、という不満がその内容であった。

戦後まもなく、日本の経済成長は、貿易収支や国際収支の赤字によって制約を受けていた。ただ六〇年代の後半までには、状況は明らかに日本に有利な展開をみせ、多額の貿易収支上の黒字と、手持ち外貨とを有するにいたった。

アメリカの経済人や政治家は、この状態に対し、不満を抱いた。日本の円が実力不相応に安く、経済均衡をもたらすために手だてが講じられねばならぬことは明白だった。日本人も、アメリカ側の主張がおおむね妥当であることを否定はしなかった。だが、いま少し時間をかけなければ、とても調整はできかねる、というのが彼らの反論であった。

彼らはまた、日本は、たとえ緩慢であるとはいえ、貿易や投資の自由化に向かっていると反論、日本が空間と資源において恵まれないことを考えに入れれば、統計数字が示すほど豊かではないとも主張した。この主張は事実無根とはいいがたい。

ただ、何よりの問題は、官民ともに敗戦直後の貧困の記憶があまりにも生々しいだけに、いわば習い性となって、せっかく繁栄をもたらす要因となった諸規制をなかなか手放したがらない、という事情がからみあっている点であろう。

このような袋小路の折も折、一九七一年八月十五日、ニクソン大統領は、突如として、いわゆる新経済政策を発表、ドル貨の金交換を停止するとともに、輸入品に対し、一律一〇パーセントの課徴金の新設を表明した。

これらの措置は、いずれも日本を主たる対象にしていた。しかも、中国政策に関する第一次「ニクソン・ショック」からちょうど一ヵ月後に発表されたこともあり、日本人はこれを「第二次ニクソン・ショック」と名づけた。

だが、問題がこれで直ちに片付いた、というわけではない。明けて一九七二年には、日本の貿易収支は大幅の出超を示し、対米貿易を例にとると、実に四十億ドルという記録的な黒字を計上した。一方、ニクソンの措置は、戦後のいわゆるブレトン・ウッズ体制にとどめをさすものであった。ドルと金との連結は失われ、為替は固定制をはなれ、変動相場制にとって代わられた。

占領当時から、円の対ドルレートは一貫して三百六十円に固定していたが、その後いっときは百七十五円にまで達し、ついで二百円を上まわるところまで戻した。

日本人はこの措置にショックを受け、対日直接投資と工業製品の輸入の両面で、自由化を促進する必要を痛感、その後数年の間に、この両分野での残存規制をほとんど全面的に撤廃した。でもそれによって日本経済が深刻な打撃を蒙る、ということはなかった。

日本もご多分にもれず、農産物の輸入に対しては厳重な規制を課している。それなしには経済的に成り立っていかないのが日本の農産物だからである。たとえばアメリカ産の米は、日本の港湾渡しで、まだ国内米のコストの半分ぐらいの安値である。

こういった規制が、経済的な理由よりは、むしろ社会的、心理的な影響を配慮してのものであることはいうまでもない。純経済的にいうなら、必要とする全農産品を輸入に仰いだ方がよほど日本にとっては有利である。でもその結果、農村社会が破壊されたり、ほとんどの食料を外国に依存しているという思いにうなされることにでもなれば、これは容易ならない問題を引き起す。

外国人の専門家の中には、よしんば貿易と直接投資が完全に自由化されたとしても、日本は、きわめて効果的な規制外規制を維持していると指摘、その例として、ことばの障壁、行政による規制の複雑さ、それに外国人に対する日本人同士の狎《な》れ合い、などを挙げる。この指摘に対し、日本人は、外国人が日本語を身につけようとせず、日本流のやり方に通じていない点を衝き、日本が外国市場への浸透をはたしえたのは、外国の経済制度の精査や、外国語への習熟を怠らなかったからである、と反論する。

日本がダンピングをこととし、輸出を不当に助成しているという非難もまま聞かれるが、この種の非難の当否を証明することは、日本にかぎらず決してたやすいことではない。

一九七〇年代、日本の西欧向け輸出がめざましく伸び、日本の黒字が四十億ドル見当にのぼったのにともない、一九七七年の初頭には、日本への報復措置を訴える声がまず西欧で高くなり、一方、アメリカでも、対日貿易の大幅な赤字への懸念がふたたび聞かれるようになった。

このように、日本と外部世界の間には、経済的な摩擦が不断に存在している。むろん数年前とくらべれば、その緊迫度はやや薄らぎ、日本人自身も、問題が深刻化しないうちに、事前に手を打つことの必要性を深く認識していることは事実である。

日本はいまや、先進工業通商国家群の、責任ある一員としての地歩を固め、世界の大半と、相互にとって利益のあるような経済関係をとり結んでいる。日本もやがてその成長率を、世界並みに下げていくことになろうが、それとともに、他国との経済的緊張も徐々に和らぎ、やがては一九六〇年代後期や七〇年代の初頭よりも、低い緊張レベルにおちつくものと予想される。

36　相互依存

戦後、日本の産業も貿易もいちじるしく拡大した。だが、それにともない、新しい問題が発生すると同時に、資源と、外国市場の両面における日本の対外依存度も大きく伸びた。一九二〇年代から三〇年代にかけても、日本は貿易政策および帝国の前途について同じ問題に直面していた。

したがって、この問題は日本にとっての基本的な問題として、なんら目新しいものではない。だが、その深刻さは当時の比ではない。

日本の対外依存度がどれほど高まったかは、輸入石油にまつわる数字を一瞥するだけで十分である。一九三〇年代のむかしに日本の陸海軍を二年間動かすのに必要な石油の量は、一九七〇年代の今日においては、わずかに六日分の輸入量にすぎない（日本が一九四一年、石油禁輸の脅威に直面、アメリカとの戦争という、絶望的な大ばくちに走ったことは、われわれの記憶になまなましい）。

むろん、どの国も多かれ少なかれ他国に依存しているというのが、今日の世界の実情だが、国際政治や世界貿易のきまぐれに左右される度合いには濃淡がある。その中で日本が、おそらくはもっとも左右される度合いの高い国――少なくとも主要国の中では最大——であることは、たしかである。

とはいえ、若干の統計数字は、一見、以上の断定に背馳《はいち》するようにみえる。たとえば、日本の輸出入総額は国民総生産の一割を占めるにすぎない。これは、アメリカのように自足度の高い国と比べても、二倍程度にすぎず、西ヨーロッパの大部分の国と比べれば、半分見当である。世界の小国の中には、もっと高い輸出入比率をもっている国すら少なくない。

その理由の一端は、一国の人口規模および面積が小さいほど、その経済的な必要を国内だけで充たすことがむずかしく、したがって対外貿易にかける比率も高くなる、というわけである。

たとえば、人口三百万のニュージーランドや、五百万のデンマークは、一国で独自の自動車産業を支えることはできない。それにひきかえ、一億一千五百万の人口を擁する日本は、国内市場が十分大きいために、工業面で成功を収め、ほとんどすべての工業製品に関して、自足をはたすだけの規模をもっている。世界でもっとも人口が大きい国の一つであることをみれば、国民総生産に占める輸出入の比率が、日本の場合、どちらかといえば低いのも当然である。

だが、日本を考える際にもっと重要な要素があと二つある。それは輸入品の内容と、その供給源である。西ヨーロッパの場合、貿易の大半はECの域内であり、したがってアメリカの州際通商に近く、取り扱われる製品のほとんどすべては、たとえ価格面での上下はあろうと、それぞれの国内で生産可能なものばかりである。だから西ヨーロッパ全体を一つの経済単位とみなせば、日本の場合より、他国への経済依存度は低いといえる。

アメリカ合衆国の場合も、通商面での最大のパートナーは同じ北米大陸のカナダであり、その意味では地域的《リージョナル》である。カナダと合衆国との経済関係は、共生関係といってよい。

一方、日本はといえば、この種の地域的な交易関係は比較的少ない。旧植民地としての台湾や韓国との貿易は、あるいは地域的という範疇に属するかもしれないが、この二つを合わせても、日本の総貿易量のわずか二十分の一強を占める程度である。東南アジアにしてからが、日本からは二千五百キロから五千キロもの遠隔の地にあり、日本と同じ地域経済圏を形成しているとはいいがたい。日本から五千キロの圏内にあるのは、さしあたり中国と西シベリアが筆頭だが、これも日本の総貿易量の三分の一に遠く及ばない。

日本の対外通商の構成を一見すれば、日本がどれほど世界経済に依存しているか、その大きさは一目瞭然である。日本の産業を動かすエネルギーや大半の原材料に加え、日本人の生存を支える食料の大半は、おしなべて遠隔の地から輸入される。対外貿易はなるほど日本の国民総生産の一割程度にすぎない。でも、この一割見当がなかったとするならば、日本経済の他の部分は完全に機能を停止し、日本人の大多数は生存することすらおぼつかなくなってしまう。日本は、地球の裏側や、それに近いところにある国々との交易に完全に依存しきっているので、この点では、日本ほど地球大での貿易関係に大きく依存している主要国はほかにはない。

日本の存立が外国産の原料や国際貿易にたよっているという事実は、すでに本書でくりかえし取り上げたことでもあり、これ以上、詳説する必要はない。ただ、例示的なデータをくりかえしておくこともあだごとではあるまい。

すなわち日本は、石油、鉄鉱石、鉛、羊毛、綿花のほとんど百パーセント近くを輸入しなくてはならない。これらの品目以外でも、石炭、銅、亜鉛、木材、その他の資源の世界最大の輸入国である。エネルギー需要のうち、八五パーセントは、海外からの輸入燃料に仰いでいる。その大半は石油だが、なんと総エネルギー需要の六割余は、一万キロ以上はなれたペルシャ湾沿岸から、海路はるばる運ばれてくる石油によってみたされている。

国内の畜産用の飼料穀物を勘定に入れるなら、食料においてすら、日本の対外依存度は実に五割を上まわる。飼料穀物のほとんどすべて——小麦の九五パーセント、大豆の場合はそれ以上——は、海外、とくにその大半をアメリカに仰いでいる。日本はその主食である米については自足しており、いっときは余剰をかかえたこともあるが、それは日本人の食生活が多様化し、米の消費量がへったからである。外国米の輸入を禁じ、国際価格をはるかに上まわる水準の支持価格制度を実施することで米の生産を維持してきたことは、すでに見てきたとおりである。

　世界人口のわずか三パーセントを占めるにすぎない日本人が、国際的に取り引きされる全食料品の約一〇パーセントを消費していること、それが全アジア向けの半分以上にものぼることを、ここでは指摘しておく。


　戦後の数年間というもの、原材料は世界中どこでも豊かに供給され、日本が生産する工業製品にくらべ、その価格もむしろ安かった。つまりは、買い手市場だったのである。日本は天然資源に乏しく、しかも大都市は戦禍で破壊しつくされたわけだが、「人間なにが幸せになるか分からない」といったら、逆説にすぎるだろうか。

　日本は、世界中どこででも、必要な原材料をもっとも有利な仕切り値で買うことができた。たとえコストが高くつこうが、品質が劣ろうが、国内資源をなんとか活用しようという誘惑にはかからないで済んだのである。そういう必要にせまられた国は、日本以外には少なからずあった。

　日本は率先してマンモス・タンカーや、鉱石運搬船の建造を手がけ、その結果、船腹による輸送コストは、陸路とくらべ比較にならないほど割安になった。一方、生産性の足を引っぱるような、低能率、老朽化した工場設備が破壊されたために、それらにわずらわされることなく、最新鋭の機械設備で新たなスタートをきることが可能であった。

鉱石類や燃料など、バラ積みが可能な原料がかかわってくる場合には、工場を臨海地帯に設置することで、陸路による高運賃を避けることができた。

このように日本の貧寒な資源状況と、戦争による工業施設の破壊は、工業国として台頭する上に、むしろプラスの条件に転化されたのであった。

一九六〇年代、日本の経済的成功は多くの自画自賛を生んだ。日本が生きていくためには外部にたよりきりにならねばならないという懸念は、自画自賛の中に埋没してしまった。ところが七〇年代に至るや、次々と事件がおき、日本の依存度の高さへの認識が再浮上してきた。一九七三年のアラブ・イスラエル戦争によって触発された石油危機は、そのもっとも重大な例である。アラブ諸国は石油禁輸を断行、日本経済の息の根をとめるかにみえた。

アメリカのばあい、輸入石油はエネルギー需要のほんの一部をまかなうだけであり、しかもその用途は基幹部分ではなく、自家用車や家庭暖房用にすぎない。たとえその一部をそぎおとしても国の浮沈《ふちん》には大した影響がない。にもかかわらず恐れを抱いた。ましてや、日本の場合には、輸入石油はエネルギーの大部分を占め、しかもおもに工業用に向けられていた。従来の対世界観が一変したのもうなずけないではない。

アラブによる石油禁輸はほどなく解除され、いまにして思えばそれほど深刻な影響をのこしたわけではなかったが経済的に首をしめられるかも知れないという思いは、その後、現実的な可能性として日本人の意識に定着した。

彼らはまた、石油はともかく、それ以外の資源はどうなのだろう、という思いに捉えられている。銅にしろアルミニウムの原材料であるボーキサイト鉱にしろ、世界的に需要が多いのにもかかわらず、産地はわずか数ヵ国に偏在しているだけだからである。この不安は日本だけでなく、他の国々にも共通しているが、日本人はその上に、食料についても、海外に供給を仰ぐことがいかにあやうげなものでしかないかを、すでに思いしらされていた。

すなわち一九七三年の夏、ソ連による大量買いつけが不足をひきおこすことを憂慮したアメリカ政府は、突如として大豆の禁輸政策を発表、その中には日本への輸出も含まれていた。石油禁輸直前のことである。

日本はアメリカ産大豆の主要輸入国であり、大豆は日本人の食生活にとって主たる蛋白源であった。にもかかわらずの禁輸措置だったのである。

この措置はまもなく撤回され、日本は必要とする量の大豆を手に入れることが可能となった。しかし、大豆をめぐるこのニクソン・ショック第三弾は、あらためて日本人に、重要な食料品を海外に仰いでいるという事実を思いおこさせるとともに、アメリカのような友好国ですら、日本の必要を全く無視して、この種の心ない挙に出うるという冷厳な事実を思いしらせたのである。

アラブ諸国の石油禁輸措置は、経済的な痛手というよりは、心理的な恐怖の方が大きかった。だが、OPEC諸国のその後の決定により、原油価格は実に四倍にも高騰し、時を同じくして他の諸原料の価格も大きくはね上った。一方、食料の価格も急上昇した。

ひとつにはエネルギー価格が上ったからであり、いまひとつには、旱魃《かんばつ》の結果、ソ連を中心とする各国の食料輸入の急増があったからである。

このように一九七四年を境として、日本の輸入品価格は大幅な上昇をみせたが、これはとりもなおさず日本の貿易条件が折返し点を通過し、新しい段階に突入したことを示すものであった。

日本が輸入する主要な品目は、「補充不可能」で、世界的に供給に限界のある資源、および農地面積に限界があるばかりか、気象条件によって制約を受ける農産物である。世界の人口が増えつづけ、生活水準が伸びるにともない、これらの有限な資源への需要も高まっていかざるをえない。世界はすでに四十億になんなんとする人口を擁しており、三十五年ごとに倍増するいきおいを示してきた。途上国の人口が増え経済的にも伸びる反面、先進工業国もまた経済的に成長をつづけていけば、消費者の絶対数のみならず、一人当たりの消費量も増大していく。そうすれば、日本が輸入に仰がざるをえない産品への需要が、さらに加速度的に伸びていくことは避けられない。しかもこれらの産品の供給には限りがある。

他方、日本の輸出の大半を占める工業製品や高級なサービスは、原材料と農産物の制約こそあれ、ほとんど無限に生産の増加が可能であり、これらの生産能力をもつ人々の数も、不可避的に増大することになろう。だとすれば、これらの製品やサービスの価格は、「補充不可能」な資源や農産物価格との対比において、いきおい下降せざるをえない。十分な量の製品を売ることで、必要な輸入品の代価にあてるという日本のしくみは、このときにこそ、さらに困難の度を加えることになろう。

このように、日本の交易条件はときの経過とともに日本に不利になるであろう。加えて日本のもつ技術面での優位も、着実にそこなわれ、やがては現在の豊かさを増すことはおろか、現状を維持することすらむずかしくなっていくことが予想される。エネルギーや資源が安価で、技術的な能力が世界的に不足していた戦後のほぼ十年間は、まことに平穏無事な日々であった。この日々が、再来する可能性は、ごく小さいとみるべきであろう。

石油危機や原料価格の高騰に日本がみごとに対応し、その後の世界不況から立派に立ち直ったことは事実である。一九七五年と七六年、日本では景気は底をついていた。あと二、三十年というもの、日本は先進国中はいうに及ばず、途上国と比べても、より高い経済成長率をもちつづけるであろう。たとえ数年前の年間一〇～一一パーセントという成長率が、五パーセントから八パーセント見当に落ちこもうと、である。

だが、いま少し長い物差しではかるなら、日本の将来はそれほど明るくない。日本人が現在の世界的な地位を維持しつづけ、大幅な低落――場合によっては破局的な低落であるかもしれない――を回避するためには、世界貿易が少なくとも正常な伸びを示すことが最低条件であり、急激な伸びをみせることすら不可欠かもしれない。だが、これらの条件自体、世界平和が持続され、国際間の緊張や、世界大での問題の処理方法が目にみえて改善されないかぎり、とても期待しえないことなのである。

一つの体系としての世界が平和を保ち、世界貿易が伸びつづけ、「宇宙船地球号」のわく内で、人間的諸問題がきちんと処理されるかどうかに、すべての国民がその存立を賭けていることは自明だが、日本の場合には、とくに際立ってそうである。

人類の滅亡必至を説く論者は、滅亡過程のシナリオをさまざまに描いてみせるが、彼らの預言が正しいとすれば、日本にかぎらず、どこの国にも希望はない。だが、この種の世界大での預言が成就しないまでも、他の国なら、若干の不便を感ずるが、一時期ひっそくするだけで済むような状況のもとで、日本だけが破局に見舞われる、という可能性も皆無ではない。一億一千五百万に近い国民が、あの狭い四つの島の、そのまた狭隘な地域にひしめきあっているのである。それはちょうど、アルプス登攀者が、狭い岩山にとりつき、国際間の紛糾という強風にもろにさらされようとしているのにひとしい。他国民のほとんどが、もっと広い土地でキャンプをはっているのと比べれば、暴風雨の到来が与える脅威は大きい。

世界平和、地球大での生態系、それに世界貿易を脅かすものがなんであるかについてのくわしい説明は、ここでは割愛する。だがひとこと触れておきたいのは、ありうべきシナリオのいくつかが、日本にもたらすかもしれない影響についてである。

いったん大規模な核戦争がおきたとすれば、現在の世界文明の大半は存在がむずかしかろう。だが、日本については、いまの形のままで生きのこることは絶対に不可能、と断言しうる。核兵器が予想どおり拡散し、戦争が起きたと仮定しよう。よしんば限定戦争であったとしても、食料や石油の供給ルートにストップがかけられるだけで、日本はまちがいなくひっくりかえってしまう。途上国の人口増加が天井知らずだったり、途上国と先進工業国との葛藤が増大したりすれば、世界貿易をそこなうような無秩序の到来も考えられぬではない。

国際的なテロリズムがますますその能力を加え、その結果、従来にも増して密接かつ微妙に結びあった今日の世界に、混乱状態をひきおこす可能性も少なくない。このような事態が一つでもおきれば、日本のように微調整《ファイン・チューニング》と世界大での高度依存に多くを負っている経済は、手ひどい打撃を免れない。

地球大の生態破壊が日本に与える影響は、他国へのそれを上まわろう。世界の大洋の汚染の深化はいうまでもなく、水産資源の乱獲ですら、蛋白源を多く魚類に仰いでいる日本人にとっては容易ならぬ影響をもたらそう。日本で消費される水産資源の実に四分の三は、遠洋からのものである。

大気汚染が世界的に広がった結果、もし気象異変がおきるようなら、農業生産は激減し、日本にとっても、農業生産国にとっても、決定的な被害が招来されよう。よしんば、自然現象の一環としての気象異変であろうと、結果はかわらない。

いずれにせよ、この種の災禍がおきた際に、もっとも大きな被害を蒙り、しかもこれといった対策を欠く国の一つが日本であることは、ほぼまちがいない。

大戦争や生態破壊が、たとえありえないとしても、以下の破局的状況だけは、日本を見舞うことになりそうである。世界貿易の下降、もしくは停滞がこれであり、これだけは、大した洞察や病的な憶測なしにでも、十分に予測可能である。

国際間の経済関係は、ますます複雑化し、取り扱いがやっかいになってきている。他国の通商政策や為替相場やインフレによって影響を受ける度合いは、どの先進国であれ、深まる一方である。

多くの国の経済状態の間を縫ってバランスをとり、どの国の統制からもかなり自由な、いわゆる多国籍企業も、ますますその役割を高める一方で、新しい難問や、新たな国際緊張をひきおこしている。

工業製品や資本を供給する立場の先進国と、それを受け入れる側の途上国との怨念や摩擦もきびしさの度を加えつつある。途上国にしてみれば、原料や軽工業品以外、これという輸出品目をもっていないからである。先進、開発途上の別を問わず、経済ナショナリズムの台頭はすでに織り込みずみだが、その結果、保護主義的な政策や貿易戦争の招来が考えられる。

そうなれば、いつも損をするにきまっているのは日本である。これというカードを、資源という形でもってはいないからである。国際貿易に対するアメリカ一国の姿勢が急変しただけでも、連鎖反応が引きおこされる。アメリカ自体は若干貧しくなった程度でおさまるだろうが、日本は廃虚と化すだろう。世界貿易の下降はいうまでもなく、その停頓ですらが、西ヨーロッパの国々はもとより、アメリカのような資源大国を含むすべての国々に、深刻な打撃を与えることははっきりしている。だが日本にとっては、それは致命的な大打撃でありえよう。本書で私が描いてきた日本は、国内的には強力で健全な日本であった。しかし、もし以上述べたような事態が、歴史の次のページであるとするなら——その可能性は必ずしも小さくない——さしもの日本もとても生き延びてはいけないのである。

このことをいま少し前向きにいうなら、日本が世界平和の維持と、世界貿易の拡大基調と、人類が直面している世界大の問題解決に賭ける必然性と熱意は、他のいずれの国にも劣らない、ということになろう。「補充不可能」な資源の主要消費国として、日本は海洋や南極などの処女地の秩序だった開発に、重大なかかわりをもっている。現在審議が進行中の国際海洋法会議に寄せる日本の関心には、おそらくは他国を上まわる切実さがともなう。というのは、水産資源が食生活に占める比率は高く、また経済的存立のために世界中の海上交通路に頼らざるをえないからである。近年、領海が次々に十二海里に拡大され、二百海里以内の水産資源と海底資源の占有宣言が行なわれている現状に日本人は重大な関心をよせざるをえない。同じことは、鯨類保護の大旆《たいはい》のもと、世界中で湧きおこった捕鯨問題についてもいえる。日本は全世界の捕鯨量の四割を占め、一九七〇年においてすら、食肉需要の九パーセントを、鯨肉で充たしていた。

世界的な環境汚染問題も、他国民同様、日本人を巻きこんでいる。日本人は環境汚染の主役の一員であり、しかもその自然への依存は、世界全体にまたがっているからである。

しかしいちばん複雑で、日本にとって焦眉の急の難問は、やはり世界貿易上の諸問題であろう。世界貿易の停頓を避け、保護主義的政策や貿易戦争を避けるためには、旧に倍する成果が達成されなければならない。

その第一は、北米、西欧、日本、豪州など、先進工業通商国家間の、経済協力をめぐる諸問題である。これら先進工業国は、日本の輸出入先の四割以上を占めている。経済的利害も近ければ、価値も共有しているといってよい。したがって、これらの国同士の協力関係は、不断に改善されなければならず、それも単に通商関係にかぎらず、金融政策、インフレ対策、失業や環境問題への対応、それに多国籍企業の規制をも含むべきである。

一方においては、自由貿易という相互にとってプラスとなるような理想を保ちつつ、他方、集中豪雨的な輸出が相手国に経済困難をもたらし、国際間に摩擦が発生することのないよう政治的に配慮することが二つながら求められる。数年前、日米間で行なわれたいわゆる「自主規制」――現実には自主とはいえなかったが――を、さらに整備し、もっと普遍性のある、しかも名実ともに「自主的」な「秩序ある国際マーケティング」の制度に昇華させていくことも必要であろう。

それには複雑かつ大がかりな努力が求められるが、その際に多くの面で中心的な役割をはたすのは、やはり日本であろう。工業通商国家のなかで、日本こそは、いまなおもっとも高い成長率を示しているばかりか、他国からややもすると異質で理解困難な存在と、疑いの目でみられているからである。

これら、日本にとって基本的に重要な経済関係以外にも、三つほどの問題が存在する。その重要性においてやや劣るとはいえ、よほど真剣かつ想像力に富んだ対応が求められる。

その第一は、共産圏諸国との貿易である。たとえば一九七五年を例にとると、輸入で五パーセント、輸出で八パーセントと、いずれもごく小額にすぎない。だが、いつの日にか、とくにソ連との貿易は、重要の度を加えるであろうと想像される。

第二に、日本も他の先進工業国同様、中近東の石油産出国との関係という難問をかかえている。彼ら産油国が手に入れた膨大な資金を、どう還流するかも難問である。日本の総輸入量の四分の一程度は、中近東対象であり、そのほとんどは石油である。中近東地域との経済関係が齟齬《そご》をきたすようなことがあれば、先進工業国の大半が大打撃を蒙ることになるが、先頭をきるのは、なによりも日本であろう。

第三はいわゆる南北問題である。これは長い目でみるなら、核バランスの問題をも上まわる人類最大の課題であろう。日本はもとより北の一員だが、南は世界人口の大部分を擁するばかりか、その人口は世界最大の増加率を示している。したがって、世界の資源の多くを保有しているにもかかわらず、経済成長が人口増加に追いつかないというのが、多くの南側の国々の現状である。北の工業国家群との格差も拡大しつつあり、両者間の葛藤や不満も増大している。問題は多岐にわたり、長期的には、安定した世界への深刻な脅威となっている。

南側の不満が定着したばあいはむろんのこと、その人口のほんの一部が絶望に走るだけで、全世界や世界貿易を混乱状態に追いこむこともありえぬではない。途上国が現在以上の安定や豊かさを享受することなしに、はたして先進工業国だけが、現在の安定や豊かさを持続できるであろうか、という疑念も、決して故なしとはしないのである。これまた、先進工業世界にとって、きわめて深刻かつ複雑な問題ではあるが、ここでも日本は矢面に立たざるをえない。

日本のおかれている位置は、発展途上世界の中心部にもっとも接近している。のみならず、先進工業国のなかで、日本くらい途上世界との貿易量の多い国は、ほかにはない。実に日本の輸出入を合わせた全貿易量の半分以上は、途上世界――ただし中近東と中国とを含めて――とのそれなのである。

一国の安全度を、武力による攻撃を排除しうる能力ではかった時代もかつてはあった。だが世界の現状では、どこかの国が日本に攻撃をかける可能性は少ないとみるべきであり、アメリカとの間に、いささかあいまいではあるが防衛取り決めが結ばれていることで、この点での日本の必要は充足されている。日本防衛の第一線は、決して軍事的次元ではない。国際協力が、はたして維持され、健全に伸びていくかどうかに、むしろそれはかかっている。

このために世界平和が必要なことは、いまさらいうまでもないが、他国との間にたえずもち上ってくる経済や政治上の問題が、解決されることも同様に不可欠である。

かつて、朝鮮半島が敵の手におちた場合には、軍事的に日本ののどもとが扼《やく》される、とみなされたことがあった。しかし、軍事技術や世界情勢がさまがわりした今日においては、この見方はもはや時代錯誤でしかない。世界貿易の下降もしくは停頓こそが、日本の頭上にあやうげにかざされたダモクレスの剣である。という比喩の方が、今日でははるかに当を得ている。その剣を支えるこまやかな糸は、たえず風にそよいでいる。それは大戦争であるかもしれず、全地球的な環境破壊であるかもしれないが、恐らくは、複雑さと緊張の増大を目前にしながら、しかも人間がお互いに協力しあえないという事実が、最大なものであろう。

日本人が、過ぐる日に、軍事的な防衛にそそいだ活力が、いまや心機一転、有効な国際協力の妨げになっている問題——経済面その他での——の解決に向けられている、と期待する向きもあろう。国際協力こそが、日本のもつ戦略上の第一線だからである。

だが、実情はこの観測からはほど遠い。日本人は、世界史的なドラマの観客であって、参加者ではないかのごとく、おどろくほど受け身である。だれかが率先して動きはじめないかぎり、じっとしており、他者の動きに反応するだけである。敗戦直後は、なるほどこの戦略がうまくいったし、必要でもあった。それがいまだに尾を引いているという面も分からないではない。伝統的な孤立主義の具体的なあらわれ、という側面もあろう。日本人はいまだに自国を、なんとはなしに世界から隔絶した存在とみなしているからである。彼らは、世界が日本に対しなにを用意しているかを探ることには全力投球するが、世界の明日を決める上に、日本が大きな力をもっているとは、ゆめ思わないのである。

したがって、他者の目に映る日本のイメージは、他国が苦労して作り上げるものを利用する点においてはぬかりがないが、自分であえてリスクをおかそうとはしない存在、ということになる。アメリカ人が日本人を目して、「ただ乗り」志向のつよい存在とみなしてきたのも、まんざら見当はずれとはいえないのである。

日本が世界に大きく依存していることはとにかく、こんごの世界のありようについて日本がはたす役割は小さくないのだという認識は、なかなか生まれそうにない。日本が世界でもっとも地球大の経済をもちながら、心理的にはもっとも閉ざされた集団というのは、たいへんな逆説であり、悲劇とすらいえるかもしれない。「島国根性」というのは、日本人がしばしば好んで用いる自画像なのである。

十年前までは、日本人はこの状況が彼らに何を求めるかについては、ほとんど気づいていなかった。だが一九七〇年代初頭に、相つぐショックに襲われたことも手伝って、めざましい覚醒がみられるようになった。石油、物価、ニクソン・ショックがそれであった。

たしかに日本人は従来、いったん問題の所在が明らかになると、彼ら一流の活力と手腕とで、それを克服してきた国の内外の諸問題についてである。でも、この度ばかりはそうおいそれとはいかない。長い道のりが前途には横たわっている。

たとえば、日本人と他の先進工業国との間には、巨大な言語的障害がそそり立っている。これは他の先進工業国はおろか、発展途上国にも類をみないほど巨大な障害である途上国のエリートは、たとえ少数ではあっても、外国語をちゃんと身につけざるをえなかったからである。自分たちの文化のもつ技術面での後進性を越える道は、それしかなかった。

国際会議場裏における日本人は、沈黙していることで名を売り、海外の同僚の事務所を訪れる日本人は、ニコニコするばかりで、何をいいたいのか了解不能という評価を受けている。仲間うちの気安さにみちみちた小さな島国を住みかとする彼らは、他国人の間に伍してくつろぐことはできず、また他国人をくつろがせるすべを知らない。国際関係での手腕力量に自信を欠くあまりに、ますます引っ込み思案になっては、不安と畏怖とに身を委ねることになる。

これらの困難も克服不能ではない。日本人が全世界との経済関係樹立に示した手腕と活力と成果とを思えば、なおさらのことである。彼らは、経済関係こそが自国にとって決定的な重要性をもつことを、早い段階で見通していたのである。

同時に、若者の間における外部世界への態度も急速に変わりつつある。彼ら若者は、年長者ほど自信喪失もしていなければ、ぎごちなくもない。

いまや日本人は、日本が国際的にどのような問題をかかえているかを理解しはじめた。であるとすれば、かなりの成果が期待できるのではないか。ただ、これで従来からの行きがかりが一掃されるわけではない。次章以下でこれらの諸問題を吟味することにしたい。

37 言語

言語は国際関係における基本的な一手段であり、日本語はそれ自体で優に一つのテーマたりうる言語である。日本語くらい、日本人を他者と明確にわかつ文化的特色は、ほかにはない。と同時に、日本語こそは他者との関係を厄介なものにしている大問題なのである。くわしい検討に値するゆえんである。

日本の対外接触にとって、言語的障壁がどれほど大きいかを本当に認識している人は、日本人にも少ないし、外国人になおさらである。日本以外のほとんどの国では、言語のちがいが、若干の面倒やいらだちを生むことはあっても、深刻な問題をひきおこすことはなさそうに思われる。非西欧諸国ですら、国際的な伝達は英語によることが多く、ときにはフランス語も使われるが、その国のエリート指導層はこのいずれかの言語で教育されている公算が大きい。

たとえばインドの場合、意思疎通上の問題は、むしろエリートと一般国民との間にあるので、エリートと外部世界との意思疎通はそれほど厄介ではない。これは日本が直面しているよりもはるかに深刻な問題であるが、あくまでも国内問題であって、国際問題ではない。

世界の大部分で外国語の技能は十分に開発され、必要をみたしているようにみえる。同じことは日本についても表面的にはあてはまるようである。ほとんどの日本人は中学、高校で六年間英語を学び、大学でさらに修学をつづけるものも少なくない。

日本政府は政府で、外務省や他の省庁に、十分な外国語能力を身につけた人材を配し、外部世界との交渉に遺漏のないようにつとめている。日本の経済界も、まずは十分な言語技能を開発して、巨大な海外経済活動にあたっている。科学者も海外の学界と意味のある接触を可能にするだけの言語能力をもっている。

マスコミも外部世界に関するニュースを多量に送ってくるほか、外国の書籍や論文も日本語に翻訳され、おどろくほど多量に活字になる。それにひきかえ、日本に関する報道や翻訳や資料が英語などの外国語に訳出される例はきわめて少ない。だがそれでも十年、二十年前とくらべると、ぐんと増えてはいる。

日本語を身につけた外国人もごく少数でしかないが、一、二世代前にはゼロに近かったことを思えば、その伸びは驚異的である。ある人の計算によると、一九三四年に、日本語の資料をかなり十分に使いこなせるアメリカ人学者は十三名にすぎなかったのに、一九六九年には五百名と激増しているという。

言語的障壁を圧縮する上で改善がみられたことは疑う余地がないが、しかし必要をみたすには、はるかに不十分である。この状況をもっと的確に描写するためには、裏から解説するのが一番だろう。

英語教育に大がかりな努力が向けられているのをよそに、その実績となると、すこぶる貧しいものでしかない。その理由はあとで説明するが、日本人が、英語を習得するのは、他国民の場合よりもむずかしく、日本の外国語教育は貧寒の一語につきる。官僚機構、経済界、それに科学界は必要最低限度の外国語能力を開発するにいたったが、それ以外のほとんどの分野では、まだ低い。自然科学は例外として、国際会議に参加して有意義な討論や貢献のできる学者も、パラパラでしかない。

ほとんどの日本人が学校で英語を学ぶにもかかわらず、十分な速度と正確さで英語が読める日本人の数はかぎられており、大部分は、暗号解読の難行苦行の域を出ていない。日本人ならだれでも、日本語化した英語の単語を五百や六百は知っているが、発音が日本的にデフォルメされているために、外国人にはほとんど理解不能なばかりか、英語を母語とする外国人の口から発せられた場合、それを理解できる日本人は少ない。「ハロー」「マイ・ネイム・イズ」「グッバイ」程度のせりふを口にすることのできる日本人は何百万もいるが、それに対する返答を理解できるものは少ないし、ましてや人並みな対話に入っていけるものはもっと限られてくる。

では日本人が英語以外のヨーロッパ語、ないしはアジアの言語を知っているかというと、決してそうではない。日本人が漢字を使い、学校で漢文を少しばかり習うこともあって、新中国の簡体字で書かれていないかぎり、ちょっとした古典の一節や、人名、標識程度のものなら読むことができる。それ以外に、中国語から借用したり、中国語を下敷きにした名前や単語も数千はあるが、中国語と日本語とがすっかりかけ離れてしまったために、今日ではお互いに理解不能になっている。

たとえば中国の黄河は、原語では「ホワンホー」と発音されるが、日本語では「コーガ」である。経済も、中国音では「チンチー」、日本語では「ケーザイ」、と大きくへだたっている。現に、現代中国語を読んだり話したりできる日本人はきわめて少なく、朝鮮語となるともっと少ない。朝鮮語と日本語とが近い類縁関係にあり、朝鮮半島が日本の最近隣に位置しているにもかかわらず、である。

かつて医学や哲学や法学ではドイツ語が、芸術ではフランス語がきわめつきの外国語とみなされていた時代もあったが、独仏語であれ他の外国語であれ、本当に知っている日本人の数となると、ごくごく少数でしかない。英語以外の外国語についての知識は、ほんの少数のビジネスマン、外交官、学者、それに海外在住者など特殊なグループに限られているのが実情である。

英語国民、とくにアメリカ人とオーストラリア人も、外国語に弱い点では日本人と変わらない、という反論もありえよう。だが彼らは、現代の国際語である英語を母語とするという僥倖を手にしており、世界の方から言語障壁を乗り越えて彼らの方に接近してくれる、という幸運に恵まれている。彼らが外国語につたないのも、このことが一つの理由なのである。だがこの幸運と、それゆえに外国語に弱いという論拠は、日本人にはとてもあてはまらない。

かつて朝鮮人や台湾人が日本帝国臣民として日本語の学校に通うことを強制され、日本語を身につけたこともあったが、いまの若い世代は、日本語の知識とは無縁に成長している。また二十世紀の初頭、中国からの留学生が日本で高等教育を受けたことがあったが、この時代の名残りをいまにとどめる少数者は別として、日本語を知っている中国人はほとんどない。ましてや中国や朝鮮以外の外国ともなれば、日本語はほとんど知られていない。

ヨーロッパの学者や外交官で日本語を知っているのはほんの一握りにすぎず、南アジア、中近東、アフリカ、ラテンアメリカとなると、その数は一層少なくなる。オーストラリアの一部では、日本語がかなり大々的に教えられるようになり、アメリカのかなり多数の大学にも広まっているとはいうものの、合衆国の日本語学生の数は、フランス語履習者のわずか二十五分の一である。このように、彼らの方から言語障壁を乗りこえるべく苦労し、日本語で知的な会話に従事することができるまでに上達した欧米人の総数は、一千人を上まわらないものと想像される。

言語障壁を克服する主だった方途は翻訳であり、近年、その質が大幅に向上したことはまぎれもない事実である。同時通訳技術も向上し、おかげで会議の進行がいちじるしく早められた。日本語と英語のように、語系が異なる際の同時通訳のむずかしさはいうまでもない。

ただ、一つのことばを他のことばに移すという作業が、しょせんは「ひよわな葦《あし》」であることも事実で、よしんば、通訳者が日英両語に完全に通暁していた――まれにしかないケースである――としても、他国語に移される過程で、大きな変容を蒙《こうむ》ることはさけがたい。語順はおおむね逆さまにされ、明快な発言はあいまい化し、いんぎんな語句は相手を侮辱するようなものと化し、たとえ字義どおりに正確に訳出された場合でも、原義とは似ても似つかぬ感触を与えることに相成る。

同時通訳者が、摩訶不可思議な技能をもっていることは事実であるにもせよ、元の発言の三分の二程度しかカバーできないこともしばしばである。明らかな誤訳はひきもきらない。現に私も、アメリカ人の質問が少しばかり誤訳され、日本人の応答がこれまた誤訳された、という例を何回となく見聞きしてきた。見当はずれな回答を得たアメリカ人が、どうも日本人の思考過程は自分たちのそれとはちがうらしいと速断することも、大いにありうることなのである。

書きことばによる翻訳ですら、まだまだ改善の余地がある。ここ一世紀の間、日本人は欧米の文物を習得するのに懸命なあまり、欧米語から日本語への生硬《せいこう》きわまりない直訳を受け入れるにいたった。直訳はしばしば原文の主張をデフォルメし、微妙な綾をとりちがえ、翻訳者の知識が及ばないところでは、単純なあやまりも少なくない。

日本人は、翻訳書の出版という莫大な努力を通じ、たしかに欧米の文化、社会、政治、知的世界などの思潮に通じてはいる。ただこれについての日本人の認識が独特な色合いをもっていることは否めない。翻訳過程での当然なデフォルメに加え、外部世界との知的交流の不足が、それを決定的にしている。

日本語への翻訳作業が不満足なものであることは、すでに述べたとおりだが、その逆となるともっと弱体である。日本のもつ重要性がまだ広範に認識されていないこともあり、日本に対する外国人読者の関心は少なく、日本語からの直訳、ないしは、よりきちんとした翻訳ではあっても、本来、日本人向けに書かれた資料であるため、その受容度はゼロに近い。

外国人の知識レベルや興味対象に関する思いこみがあることと、話のもっていきかたが異様なこともあり、外国人が苦労して読もうとは思わないというのが実情である。そこで日本語から外国語に訳出されるものはきわめて少ない、ということになる。唯一の例外は現代日本文学で、数人の学者の手になる翻訳のなかには秀逸なものもあり、広く世に行なわれている。翻訳者の大部分はアメリカ人である。

だが文学は、現代日本の知的生活のほんの一端を示してくれるにすぎず、それ以外の日本の思想は、少数の外国人専門家と、まずは十分な英語力を身につけた一握りの日本人学者のフィルターを通して、きわめて弱々しく海外に伝達されるにとどまっている。日本の知的生活の大部分は、言語障壁のかなたで、世界とは隔絶した形で進行しているのである。外国語からの翻訳の流入で大きく影響されてはいるものの、逆の影響は皆無に近い。外部者がその中に入りこんでいき、外部世界についての誤解を正し、その概念を広く国際的な精査にゆだね、その成果を他者に伝達するというようなことも、ほとんど無いにひとしい。

日本が先進工業民主国家としては世界第二の存在であり、共産圏からなる「第二世界」、途上国からなる「第三世界」との関係において、「第一世界」のもつ中核的な一国であることはすでに見てきたとおりであるが、これら三つの世界との間にかかえる言語障壁の大きさも、日本が主要国中最大である。

第一世界の他の国であれば、各界の指導者の大半が英語を操るほか、英語以外の共通語を分かち合っている場合も多い。閣僚や政府職員や知的指導者の大半は、通訳を介さずにお互いに話ができる。よしんば通訳を介したとしても、インド・ヨーロッパ語族間の通訳は、日本語が介在した場合とくらべれば、はるかに容易である。

それにひきかえ、日本の大部分の政治家や、政府関係者、経済人、知的指導者の多くは、日常的な挨拶をかわしゴルフのスコアの話をするのがせいぜいで、それ以上突っこんだ話を、同じ立場にある外国人とかわすことなどできはしない。

ここ二十年ほどの間に、私は何十人もの日本の閣僚と知り合ったが、そのうちで、知的に真剣な会話を英語でかわすことのできるのは、せいぜい三名しか思いつかない。西洋史を含む歴史の教授も、ここ四十年間に何百人となく知り合ったが、同じことのできる人の数は、閣僚の場合をそれほど上まわらない。

七、八十年前とくらべて、状況がむしろ悪化している面もある。一八八五年から一九一二年にかけて閣僚の椅子を占めた政治家についての調査によれば、かなりの対外経験をもつものの比率は六一パーセントにも上っていたという。ところが、一九四五年以前の時期については、それが二一パーセントにまで落ちこみ、戦後期についてみれば、戦前の教育状況を反映してか、わずか一六・六パーセントにすぎない。

日本自体の教育制度がよくなるにともなって、指導者層の対外経験は少なくなっていったのである。このような状況がつづくかぎり、工業通商民主国家が互いに必要とする緊密かつきめの細かい協力関係を打ち立てるという作業も、日本の場合、他の第一世界のどこの国にも増して、困難をきわめるであろうと予想されるのである。

日本が第一世界以外の国々に対してかかえる言語障壁も同様に苛酷である。これらの国の大半で、日本人が用いる意思疎通手段は英語で、場所によってはフランス語、ラテンアメリカにおいては、スペイン語もしくはポルトガル語である。

これらの言語に対する日本人の把握がいかにもあやふやなために、彼らの直面する困難は倍加し、誤解が積み重ねられている。その上、国際会議においても、公用語——おおむね英語である——についての日本人の能力は、全出席者中、最低か、それに近いところに位している。その結果、日本の主張の声は弱々しく、不明確なものでしかない。ありうべからざる話だが、事実である。よしんば積極的な寄与をという意欲をもっていたとしても、彼らが望むような影響力を行使しえないのである。

日本のように大きな経済力をもち、国際関係への依存度が圧倒的に高い国にとって、これは悲しむべき事態である。

日本がかかえる言語上の問題も、一部は日本自身のせいであるが、一部は言語をめぐる不幸な現実の所産でもある。そこで、この現実をまず吟味し、次に言語問題によりよく備えるために、日本人がなにをしたらよいかについて検討することにする。

さいしょに、日本語に関する俗説の一つを片づけてしまおう。日本語については、ほとんど何の知識もないくせに、日本語は論理や明晰さに欠けるので、近代的な科学技術の必要を満たすには不十分だ、などとかこつ外国人は少なくない。日本人のなかにも、この非難に与《くみ》するものもないではない。しかしこれは、たわごとにすぎない。近代日本の赫々たる成果をみれば、一目瞭然である。どの言語も、いくらでも曖昧《あいまい》になりうるふところの深さをもっている。ただ、ほとんどのインド・ヨーロッパ語とくらべ、日本語における方がはるかに曖昧になりやすい、ということはいえよう。

たしかに日本人は言語の力は信用しないが、非言語的な理解には自信があり、全会一致でことを決めていくことを望み、個人的な対決を避けることに熱心なあまりに、アメリカ人にはおなじみの率直に話すというやり方をとらず、言いにくいことはできるだけ言わずにすまそうとする。

また日本人が物を書いたり話したりする際に、慎重な論理のつみ重ねよりは、散漫なそぞろ歩き的な議論を好み、鋭く明快な発言よりは、暗示や例証を好むことも、そのとおりである。

といって、日本語では簡潔、明晰、論理的な意思表示ができないというようなことはない。要は当の本人の意思次第である。日本語そのものは、立派に近代生活の要請に応じることばなのである。

日本人が困難に直面するのは、他民族と言語による接触を行なうときである。外国人にとって日本語の習得は容易でなく、日本人も外国語には不得手である、という説が広く行なわれている。残念ながらこの評価はいずれも真実をうがっており、しかも、この二つは車の両輪、楯《たて》の両面である。日本語は他言語といちじるしく異なっているので、他者には習得がむずかしく、日本人は日本人で、母語とちがう他言語を、たやすく身につけるわけにはいかないのである。

世界の諸言語は、その構造、音声、語彙《ごい》などの面における異同をもとに、いくつかの語族に分かれる。英語を母語とする者は、単に国際的な伝達にもっとも広範に使われているというプラスだけでなく、インド・ヨーロッパ語という、世界で一番の広がりをもった語族に属しているというプラスをも享受している。この語族は、全ヨーロッパをほとんど網羅しているばかりでなく、シベリア、イラン、アフガニスタンの大部分とインド亜大陸の北部の三分の二、それに南北アメリカ大陸の大部分に広がっている。

このように広大な地域であるにもかかわらず、話されている言語はいずれも基本的な構造を同じくしており、音声面での類似性は高く、意味素次元での共通性もまた大きい。「母親」をあらわす基本語がそれぞれ mother（英）、Mutter（独）、mère（仏）、mater

（ラテン）であり、「三」をあらわす数詞が three（英）、drei（独）、trois（仏）、それにラテン語、ロシア語、サンスクリット語の tri と近似しているのは、その例である。

インド・ヨーロッパ語族のどれか一つを母語としている人間には、別の言語を身につける上に、大きな利点があるばかりか、お互い同士、貸したり借りたりの関係がふかいこともいっそう他国語の習得を容易にしている。ラテン・ギリシャに共通の語源を有することばもさることながら、Leitmotiv（ライトモチーフ）、coup d'état（クーデター）、siesta（シエスタ）などが英語に入りこむ一方では、多くの英語の単語が独仏など、他の西欧諸言語に流れこんでいるのが現状だからである。

インド・ヨーロッパ語族以外の言語を母語とする人々も、同様の利点をそれなりに有している。

日本にとって大きな意義をもつ言語の一例として、中国語を取り上げてみよう。中国北部、中部、西部の中国語は、世界最大の話し手をもつ言語であり、その人数は、英語、スペイン語、ロシア語、それにインド亜大陸の西北部で話されるヒンディ、ウルドゥー両語の常用者の数をも圧している。

中国語は元来がシナ語族の一部であり、同語族には、南部沿岸地域の中国諸国——ふつうは中国語の方言の扱いを受ける——それにチベット、ビルマ、タイ、ヴェトナムなどの諸語を含んでいる。

シナ語族に属する諸言語は、同じ音から成り立つ単語を一声、二声などの「声」で区別し、単綴語《たんてつご》に収斂し、インド・ヨーロッパ語族の一大特色である語尾変化を欠き、したがって文中の各単語間の関係は語順で決めていく、という傾向を共有している。英語の場合には、語尾変化を大幅に喪失したことが原因となり、意味を特定する上で語順への依存度は高まり、中国語の語順と近似する偶然の結果が生み出されている。

現に、中英両語の語順があまりにも似ているために、中国人が限られた英語の語彙を、母語の語順のわく内で使っても、中国語を一切解さない英語国民にも了解可能という現実が生まれている。第二次大戦以前、中国の沿岸地帯で話された、「ピジン・イングリッシュ」がこれである。中英両語がたまたま類似していることが幸いして、お互いの言語を身につけあうのが容易だったのである。

それにひきかえ日本語の場合には、いずれの大語族もしくは有力語族とも類縁関係にないばかりか、中英両語にみられるような偶然の恩沢に一切浴してはいない。のみならず、日本人の手にしているカードは、まったくついていないの一語につきる。

日本語は、おそらくはアルタイ語族——モンゴルのアルタイ山脈からこの名がある——に属している。アルタイ語族は、トルコ、モンゴル、満州——中国をさいごに征服した半遊牧民族名——それに朝鮮の諸語から成り、ハンガリー語、フィンランド語など、アジアを起源とするヨーロッパ語をはじめ、おそらくは南インドのドラヴィダ系の言語とも構造上似かよっている。

日本語の構造は朝鮮語に近似し、モンゴル語とも近いが、たとえ類縁関係にあるとしても、いまでは遠く相隔たってしまった。語彙もしくは音声の面で両者間の類似点を洗い出すことができるのは、専門家だけである。

日本人が朝鮮語はもとより、トルコ語やモンゴル語を身につける上で、なにがしかの利点をもっていることはたしかであるが、インド・ヨーロッパ語族を母語とする人々がもつ恩恵の大きさと比べた際には、現代社会におけるそれは、ごくささいなものにすぎない。

日本人にとっての主要外国語が、さいしょは中国語、のちには英語になったことは事実だが、日本語と比較して、これくらい構文と音声の両面で距離の大きい言語はどう考えても思いつかない。

音声的に日本語はきわめて単純で、この点ではポリネシア語につぐ。標準的な母音は、アイウエオの五つを数えるのみであり、イタリア、スペイン、ドイツ諸語と同じように発音される。他方、中国語の母音の数は日本語を上まわり、英語ときては、めくるめくほどの多様性をもっている。

日本語は、子音もきわめて限られており、v音とl音がないばかりか、n音を除いては語尾に子音がくることはなく、子音がかたまって発音されることもない。中国語の方が子音は心もち豊かである。一方、英語の場合は、いろいろと子音、および子音塊をとり揃えており、シラブルの頭にも終りにもくる。

日本人にとって英語の子音が面倒な例としては、valorousやscriptが、それぞれ「バロラス」「スクリプト」のように発音されることが挙げられる。また中国語が「四声」に、英語が強調アクセントに大きく依存しているのに反して、日本語にはその両方が欠けている。

簡単な中国文や英文が、日本人にとって、悪夢さながらの、異様な音声とアクセントのかたまりにひびくのは、このためである。英語を母語とするものにとっても、フランス語のu音や、ドイツ語のü音もしくはö音は厄介ではあるが、日本人がなにか外国語を口にしようとする際の難渋ぶりとは、くらべものにならない（ついでながら、英語国民が日本語を話すときに経験する、おそらくは唯一の困難は、長音と短音との区別であろう。ココとコーコー〈高校〉、キタとキッタ〈切った〉などがこれである。英語にはこの種の区別が存在しないからである）。

構文上の日本語と中英両語とのちがいも、極端なまでに大きい。単複の区別をもたず、冠詞の差や性別を欠く点では、日本語も中国語も、ひとしくインド・ヨーロッパ語族とは異なっている。また日本人は、文脈や使われている動詞の丁寧度から、主語がなんであるかが推測可能な際には、いちいち明示しない。

一方、中国語にはない語尾変化が、インド・ヨーロッパ語族とは全くちがった形ではあるが、日本語には存在する。動詞も形容詞も、語尾に一連の変化を「膠着《こうちゃく》」させており、それによって、法《ムード》や態《ヴォイス》——受動態か能動態かの別——や時制や、否定・肯定、さらには丁寧度までがわかるようになっている。

「書く」という動詞は、「書かなかった」から、「書かせられましたらば」——ただしこの形は理屈の上ではありえても、現実におきる可能性は低い——にいたるまで、多様に変化しうる。しかもこれはほんの一例にすぎない。

したがって日本人が英文を綴る際には、文章構造を英語的に再構築する必要があるばかりか、単複だの、時制の大半だの、定冠詞不定冠詞の別だの、厄介な発音上の問題だの、ふだんは親しみのない事項を山ほど勘定に入れなければならないのである。外国語として英語を学ぶ外国人とくらべ、日本人の苦労は並大抵ではない。したがって成果が見劣りするのも、当然といえよう。

文字と言語を混同する人が少なくないが、この二つが全く別物であることは、いまさらいうまでもない。ラテン・アルファベットが、ヨーロッパの大半、南北両アメリカ、それにインドネシア、フィリピン、マレーシア、ヴェトナムなど東南アジアをはじめとするアジアおよびアフリカの各地で用いられている。それ以外の表記法も、世界の他の地域では使われているが、東アジアだけは例外で、日本、南北朝鮮、中国ではいまだに漢字が優位を占めている。

漢字は元来が絵文字にはじまるが、すでに数千年もむかし、中国人はこれを精緻なものに仕上げ、一つの単語に一つの文字をあてるというやり方が長くつづいた。

漢字の数は何十万にものぼり、そのなかにはきわめつきの複雑さをもったものも少なくない。この表記方法は習得がすこぶる困難で、とくに日本語のように、類縁のない言語の表記にはそう簡単に適応されるべくもない。たとえば日本語一流の語尾変化は、漢字の手にあまる存在である。

日本語を漢字以外の表音式表記法にあてはめることはたやすいが、日本人は、折悪しく、漢字という表記法にさいしょに触れたことがわざわいして、ついにはこの厄介きわまりない表記法にどっぷりつかってしまった。その結果、自由の身になることなしに、今日に至ったのである。

六世紀から九世紀にかけて、日本人は中国文明の多くをはじめて取り入れたが、それは中国の書きものを通じてであった。まつりごとを含むすべての事項が、中国の書きものを媒介として行なわれたのである。それは、一見、北ヨーロッパ人がラテン語に依拠したのと似てはいたが、ラテン語と北ヨーロッパ語との近さと、ラテン・アルファベットの方が簡単であることを思えば、北ヨーロッパ人の作業の方がよほど手軽だった。

ついで、八、九世紀と、十五世紀から十九世紀にかけての二回にわたって、中国の影響がいちじるしく強まった折にも、日本の学者や実務家はそこそこの漢文を物し、かなり自由に読みこなすことができた。でも、はたして耳で聞いて理解し、十分に話せる日本人が多かったかといえば、まことに疑わしい。少なくとも今日、中国語を操ることのできる日本人は、ごくまれである。

日本の発展とともに、日本語を表記することの必要が生まれてきた。ごく当初から、固有名詞や詩歌は、漢字を一つ一つ、表音的にあてはめることで表記されていたが、それがもとで「かな」ができ上った。九世紀のことである。これは、漢字を簡略にしたもので、個々の音を表音的にあらわしている。

表音法としてのかなには片かなと平がなの二種類があり、片かなが漢字の一部分をとり出して、表音にあてているのに対し、平がなは、漢字を大幅にくずしたものである。この二つの表記法は、その後も共存をつづけ、今日にいたっているが、完全に標準化されたのは、十九世紀においてであった。

今日、片かなは、中国語や朝鮮語を除く外国の固有名詞や単語を表わす際に用いられ、われわれが斜字体を使うのと一脈通じている。他方、平がなは、それ以外のことばを表音的に書く場合に使われている。

十世紀、十一世紀には、完全にかな文字だけの純粋な日本文学があらわれた。その後も、かなだけで日本語を表記することは不可能ではなかったが、中国と中国風の表記は高い勢威をもっていたから、公的ないしは学問的な書きものには漢文を用いたり、日本語の文言の中に中国の単語を、漢字で挿入するという慣行がやまなかった。

日本人の手になる漢文は、ときとしてひどく訛ったものとなり、中国語の単語に日本流の語尾変化をつけたり、日本語の文法に合うように手が加えられたことを示す記号が付されたりして、どっちつかずのしろものというおもむきを呈している。その結果、もとの漢字の意味と、その受け皿としての日本文法の両方に通じていなければ、なんのことかわからないという、奇妙なものが生まれた。日本人が学校で習う中国古典というのは、まさにこのような形で教えられているのである。

何世紀もの間、日本人が中国語の単語、とくに技術用語や学術用語を大量に受け入れたことは、かくして納得がいく。だが、姓氏をすら中国風に変え、地名の大部分を中国化した朝鮮人ほどではなかった。

ただ中国語の単語を日本化したことに問題がないわけではなかった。元来、日本語よりもはるかに多様性に富む中国音を、日本語の音韻体系のわくの中に押しこんだことから、中国語では全く別の発音をもつものが、日本語では同じように発音される例がきわめて数多いのである。たとえば、「カオ」や「クアン」から「シアオ」にいたる二十もの中国音が日本語では「コー」のたった一つに圧縮されてしまう。二十の中国音ひとつひとつが、それぞれ四声で区別されることを思えば、実に八十もの中国音が一つの日本音にまとめられるということを、これは意味している。また日本の辞典には、「コーカ」と発音される同音異義語が百以上も採録されている。日本人がかなに拠らずに漢字に固執するのは、このためである。

ひどく日本化した漢文と、漢字がたっぷりと仕込まれた日本文とがないまぜになり、今日の表記法が生まれた。名詞のほとんどと、語尾変化をしない単語は、その起源のいかんにかかわらず漢字で表記され、大多数の動詞の語幹と形容詞も同じ扱いを受けるが、語尾変化など、漢字では書けない部分はかなで表記される。世界中の表記法のうち、日常的に使われているもので、これほど複雑で厄介なものは、恐らく他には存在しまい。英語の綴字も、あれはあれで、言語道断といってよいほど不規則をきわめ、第一級の世界語としては悲劇的なくらいだが、それでも日本語の表記法の厄介さには、遠く及ばない。

かなを学ぶことは大してむずかしくはない。平がな、片かなとも、わずか四十八字から成り立っているにすぎず、あとは濁音と半濁音の記号があるばかりだからである。他方、千八百五十の当用漢字に、学校の課程だけで習熟するのは大ごとで、特殊な分野の漢字を習得するためには、明らかに時間不足である。

漢字はそれぞれ中国語の原音――二つの場合もある――に由来する一つの読み方があるばかりでなく、同じ意味をもつ日本語の単語一つないしは二つと対応するのが常である。

たとえばこれは極端な例だが、「生」という漢字の場合には、七つの全く異なる日本語の単語をこれ一つで表わすことができる。ある漢字をどう読むかを決めるものは、前後関係、つまりは文脈だけである。

このような恐るべき表記法をもちながらも、日本人があのように高い教育水準を達成しえたことは、彼らの教育にかける熱情の高さを示すものとして賞賛されてよい。識字能力への、この巨大な障害をのりこえる必要があったればこそ、日本人は勤勉と規律とを身につけたのかもしれないのである。もっとも、漢字を習得するためには、いきおい記憶に重点がおかれねばならず、このことが日本人の独創性をそぎ、やみくもに従順であることを助長した、とみる向きもある。その真偽のほどはとにかく、日本語を完全にものにした外国人がいかにも少ないのは、表記法がむずかしいからであることは、まちがいない。

日本人であると外国人であるとを問わず、厄介な漢字かなまじり表記法を捨てて、純粋に表音的な表記法を採るべきである、と主張した論者も一、二にはとどまらなかった。その際、当然候補にあがるのは、かなであった。

だが、みごとな文学作品がかなだけで書かれた十一世紀の昔はいざ知らず、今日ではかなでは用が足りないという憾《うら》みがある。むしろラテン・アルファベットの方が、ずっと適している。ラテン文字十九字と、あと一つ二つの補助記号さえあれば、日本語の表記は完全に行なわれる。それに、耳で聞いて理解しうるかぎりの日本語なら、この表記法でも簡単に読み下すことができる。必要なのは、ちょっとした練習と馴れだけなのである。

日本人の多くは、そうは考えていない。でも、第二次大戦中、日本の暗号を解読し翻訳した経験を通じ、私にはこのことがはっきりわかったのである。

占領初期、アメリカ軍がローマ字表記への移行を強要するのではないか、という感じを抱いた向きもあった。だがそういう運びにはならなかった。のみならず今日、一部の言語専門家を除いては、ローマ字化への関心は、微々たるものでしかない。

日本人は漢字の廃止に対してははげしく反対するが、それにはいくつかの理由がある。日本語の表記法を一度身につけたものは、たとえ外国人であろうと、日本語についてあれ以外の表記法がありうるとは、のっけから信じようとしないのである。たいへんな投資をして、せっかく身につけたことを考えると、やすやすと明け渡すわけにはいかない、ということでもあろうか。

また、漢字には、表音文字にはない美的な価値がまつわっている。少なくとも漢字を知っているものに対しては、である。魔力に近い美質すらある。漢字には、表音文字にない実質がともない、漢字で書かれただけで、その単語自体をはなれた、独自な生命が生まれるようにみえるのである。

また、学術用語や技術専門語の場合、漢字で書かれておれば、その構成から、意味が自ずと明らかになる、という便宜もある。「氷河」であれ、「考古学」であれ、六年生にもなればまずまちがいなく察しがつくのも、単語を形成する漢字があればこそである。ところがそれに対応する英語の glacier や archeology は、アメリカの六年生には皆目なんのことかわからない。少なくとも自明ではない。

漢字はまた、名前を簡略化したり、簡潔明瞭なスローガン化にも向いている。新聞の見出しや、政治スローガンは、それ自体日本ではちょっとした芸術だが、これとても漢字の助けを借りることなしには、考えられない。漢字はまた、斜めに読み下したり、速読には大へん便利である。主要な単語は漢字で書かれているので、目につきやすいからである。

漢字がひきつづき用いられていることの、より重要な理由は、それが東アジアを一つに結ぶ文化的紐帯《ちゅうたい》の中核をなしてきたからである。ついほんの一世紀半前まで、教養のある日本人、朝鮮人、ヴェトナム人、それに中国言語圏の人は、おしなべて同じ中国の古典を読み、漢文をしたためることができた。

今日ですら、漢字で書かれた氏名や書名やスローガンは、日本人にも朝鮮人にも相互理解が可能である。たとえば『漢帝国興亡史』という書名は、日本語でも朝鮮語でも語尾変化を含まないために、三国でほとんど同じように書かれる。またこの三つの言語は、中国古典に由来し、中国古典を基礎に日本で造語された、多くの共通語彙をもっている。耳からはわからないまでも、漢字で書かれているかぎりは、お互いに理解しあうことができる。

ただし、書きことばを通じての文化的紐帯は、いまや崩れ去りつつある。ヴェトナム人は、漢字を完全に放棄してしまった。また中国本土のいわゆる簡体字は、日本人にも朝鮮人にも判読できぬことが多い。一方、朝鮮人は彼ら独自の「ハングル」(諺文)という能率的な表音制度をもっており、徐々に漢字にとってかわりつつある。

日本でも大幅な漢字制限が行なわれたほか、中国とはちがった形での簡略化が進んでいる。かなの頻度が高まる反面、漢字の使用はそれだけへりつつある。あと一、二世代もすれば、かつて東アジアを束ねた偉大な文化的紐帯も、あるいは消え失せてしまうかもしれない。

漢字の使用を主張する側の主だった論拠は、もし漢字を捨ててしまえば、日本の伝統的遺産が理解できなくなってしまう、という点である。たしかにそういうことになれば、ヨーロッパにおいて、ラテン語をはなれ、それぞれの国語に切りかえた以上の文化的断絶がひきおこされることになろう。それに、考えてみれば、ヨーロッパ諸国自体、この切りかえの完了には、実に数世紀を要したのである。

しかも、音からだけではさだかに区別しがたい山ほどの単語が、宙に浮いてしまうことになる。これらの多くが、いまでは廃用に瀕しているとしても、これは大ごとである。だが現代日本人と、書かれた遺産との断絶が徐々にではあっても確実に進行しつつあることも事実である。現に日本人の漢字についての知識は減少しつつあり、古風な言いまわしも現代生活においては、奇妙かつ縁遠いものへと化しつつある。

おそるべき破局でもおきないかぎり、日本の表記法がさまがわりするとは私には考えられない。だが、何世代かのうちには、日本人も、特殊な目的は例外として、徐々に表音的な表記——少なくとも表音性のもっと高いそれ——へと、ギアを入れかえるであろう、と想像されるのである。

片かなの使用頻度が高まりつつある理由の一つは、英語からの借用語が多いことに起因する。日本人は外来語の借用には、いつもながらのすばやさをみせた。すでに述べたように、中国古典からの借用や、それをもとにした日本での造語は、ヨーロッパ人がラテン語やギリシャ語を材料に、自分たちの語彙をふやしていったのと同工異曲であった。それが、朝鮮や中国に逆輸出された過程も、原材料を海外に仰ぎ、それを加工して再輸出するしくみと似かよっていた。

日本人は十六世紀にポルトガル語から単語を借用した。パンは、いまに残るその名ごりである。ついで徳川期には、オランダ語から借用した。たとえばブリキは、オランダ語の blik に由来する。十九世紀になって開国してからは、多くのヨーロッパ語が渡来した。ドイツ語は医学、法学、哲学の領域で、フランス語はファッションや芸術の諸分野で隆盛をきわめた。

しかし何といっても圧倒的な優位を占めたのは英語であった。新しい科学技術の分野で一番数が多かったのは英米人のお雇い教師であり、通商をはじめとする日本の対外接触に最大のかかわりをもっていたからである。英語はひとたびは、日本人の対外接触の主要な意思疎通手段になるところであった。

明治の啓蒙家の一人で、欧米事情の主たる紹介者であった福沢諭吉は、若き日々に蘭学を学び、一八六〇年の横浜開港と同時に同市を訪れ、そこの外国人居留民と接触をはかったところ、オランダ語では通用しないことを知って愕然としたという。

彼が熱心な蘭学の徒であったことを思うと、この逸話にもなにかペーソスがともなう。いずれにせよ、開港早々の横浜での共通公用語は、他のアジア諸地域の開港場と同じく、英語であった。

明治維新につづく改革の中で、医師や一部の官員、それにある種の専門研究者は、第一外国語としてドイツ語もしくはフランス語を選んだが、それ以外の日本人にとっては英語こそが外国語であり、しかも、西太平洋におけるアメリカの存在が巨大化するに及んでは、英語はますますその優位を高めた。一方、ハワイや米大陸への日本移民の流入も、言語的影響を与えずにはおかなかった。

やがて、いわゆるアメリカ英語が、イギリス英語を圧するにいたる。とくに学校英語教育においては、アメリカ英語でなく、英本国の「キングズ・イングリッシュ」というのが、日本人がつねつね主張してきた点である。ただ、日本人の英語の発音がひどく悪いことを思うと、彼らの発音からでは、この主張の正当性を確認することはむずかしい。それに英語からの借用語に関するかぎり、彼らの主張は明らかにあやまっている。アメリカとイギリスとで語法上に差異がある際には、アメリカ語法が採用されるのが常であった。エレベーターやトラックは、いずれもアメリカ語法であり、イギリス語法の lift, lorry と、それぞれ対比されるが、日本人が選んだのは、アメリカ語法であった。

日本語に英語が本格的に流れこんだのは、占領中においてである、というのが大方の予想だが、実際はそうではなく、第一次大戦以後、日本がリベラルな路線を歩んでいるときのことであった。タクシーやラジオ、それに日本流の造語であるサラリーマンというような、今日となってはすっかり一般化したことばが入りこんだのも、このころであった。

一九三〇年代から戦時中にかけては、軍部は日本語の中に英語をまじえることに白い目を向け、一番ひどい場合には日本語をもって代替するようにと強圧した。たとえば、野球はその一つであり、構成的には中国からの借用要素から成り立っているが、英語のベースボールと並んで、いまなお使われている。

アメリカによる占領は、一切の垣根をとり払い、それ以降というもの、日本語への英語の流入はひきもきらなかった。純粋な日本語を守ろうという論者は、この現象に異を唱えはするものの、アメリカ産——であることが多い——の新しい概念を、英語がらみで祖述紹介する学者や、芸能界、広告界、マスコミ、それに英語をやみくもに取り入れることに何の遠慮会釈もない一般国民を押しとどめるには、あまりにも無力である。

英語からの借用語のなかには、とり立てて有用な役割を演じていないかにみえるものもなくはない。ちゃんとした日本語があるのに、それにとって代わるだけの役割しかはたしていないからである。たとえば、ライオンという外来語は、もともとの「獅子」という名詞を事実上追い出してしまった。これは、戦前すでにみられた現象のように私には思えるが、おそらくはライオン歯磨のトレードマークが一役かったのではないか。このライオン歯磨自体、イギリスのDr.Lyon's歯磨が引き金をひいたものであろう。いずれにせよ、ライオンの絵が描かれていることもあり、子どもたちの脳裏にライオンという音とともに、きざみつけられたと想像されるのである。

第二次大戦以降は、ピンク、オレンジ、グリーン、ブルーなどの色彩語が英語から入りこんできて、在来のれっきとした形容詞にとって代わるか、並行して共存するようになった。カッコがいい、というだけで使われている英語の単語も少なくない。英語の中でフランス語が用いられるのと同工異曲である。たとえば、カフェ——フランス語でも同じである——とか、コーヒー・ショップなどはその例であろう。

しかし、英語が用いられるほとんどの場合は、新しい事物や概念やニュアンスが、既存の日本語に加えられる場合である。この目的で生粋の日本語をいじくってみても、それは不自然で、かえってことを厄介にするのがおちである。国際通用語をドイツ語に置きかえようとしたナチのもくろみもかくや、ということになりかねない。中国語を材料に新語を造成するのも、かつてのようなわけにはいかない。というのは、この種の単語は既存のことばとあまりにも類似しすぎて、耳で聞いたかぎりでは、はっきりしないからである。

英語の原語をそのまま新語として採用する方が、よほど気がきいているということもあり、現に数多くの英語の専門語が、日本語の話しことばの中で、そのまま用いられている。漢語風の同意語では、他と区別がつきかねる場合が多いからである。

英語からの大量借用は、多数の新概念と、識別容易な新語の導入の両面で、日本語を補強し、豊かなものにした。しかも、決して日本語の自主性をそこなったりしてはいない。

日本語とは、ユニークきわまりない言語であり、たとえどれほど外来語を取り入れようと、英語とは完全に異なった、それ自体、独立した自主的な存在である。日本人が、純正主義者に一顧だに与えなかったことは、一つの見識であったといえよう。他国語から新しい語彙を吸収しうる能力は、ある意味では、英語の場合と同様、日本語のもつ栄光の一つなのである。

これほどたくさんの英語を借用したのだから、日本人の英語習得はさぞや容易になったであろう、と想像する向きもあるかもしれない。たしかにその面もなくはない。英語の単語の中には、すでにおなじみのものも、少なくないからである。

だが、借用語があるために、かえって外国語習得上の障害がふえた、という側面もある。だから、私が多くの英語からの借用語を掲げたのも、ひとつには、英語の単語を、日本語の比較的単純な音声体系にあてはめるために、どれほど多くのデフォルメがなされたかを示すという含みもあったのである。

なまなかな日本的デフォルメに、どっぷりとつかっているだけに、かえって英語国民にわかるような形で発音することにひどく難渋する、という事実もあるからである。その上、日本人はしばしば意味までも、日本化してしまい、原義とは似ても似つかぬ意味を付与してしまう。

たとえば、自動車の steering wheel はハンドルに、horn はクラクション——英語の klaxon からきた——に、sewing machine はミシンに、列車の一等はグリーン・カーに、野球の nighit game はナイターに、air-conditioner はクーラーに、個人に対する集団の暴力は一切をリンチにと、日本語化してしまった（ちなみに、英語でいう lynch もしくは lynching が日本でおきた例を、私は寡聞《かぶん》にしてしらない）。

日本人はまた英語の単語を、きわめて独創的に使う。もっとも英語を母語とする人間にとっては、虚を衝かれてたじろぐこともあるので、たとえば私も、数年前、はじめて新聞の見出しで、「ベア」という略語にふれ、いぶかしく思ったことを思いおこす。よく本文を読んでみてはじめて、「ベースアップ」の略だということがわかった。この「ベースアップ」が英語の base up に由来していることはたしかだが、この表現自体、賃金の一律値上げ、という意味では、日本的デフォルメといえる。たしかに有用ではあるが、本式の英語とは無縁なことも事実である。

general strike がゼネストに、panty stocking もしくはアメリカで panty hose と呼ばれるものが、パンストになったりする。イギリスとアメリカとは、共通の言語によって分裂しているというざれごとは、アメリカで広くいわれているが、むしろこのせりふは、日本式英語にあてはめた方が、もっとぴったりするかもしれない。本国人が、自分たちの使っている英語の単語を理解してくれないばかりか、識別すらしてくれないことに、日本人が失望しいらいらするのを目のあたりにするのは、私どもにとっても辛いことである。英語からの借用語は、たしかに日本語を大幅に補強しこそすれ、日本の言語的障壁を超克する上には、さほど役には立たなかったのである。

日本と外部世界とを隔絶する言語的障壁が、基本的には、きびしい言語的現実に起因することは明白だが、それにしても、日本人がそれを乗りこえるために、従来、もっと努力を払ってこなかったことは驚きに値する。すでに触れたように、日本の学校英語教育は、概して貧しく、時代に即応してもいない。文法的な分析や古い英語を読むことがその中心だし、大学入試に備えることが第一義的であり、それは実際的な効用を目指してはいない。現代の英文を読むことはうとんぜられることが多く、話したり聞いたりに至っては、なんの努力も払われていないにひとしい。

英語教育の改善と近代化が不十分であることは、大学制度の改善が未《いま》だしであることと並んで、伝統と熱意の欠如が大手をふってまかりとおってきた分野の双璧である。日本が変化のはげしい、動きにみちた社会であることを思えば、この二つは異例ともいえる。日本の指導者が、今日なお言語技能の必要をみとめておらず、したがって英語教育の改善の必要も十分に認識していないことの、これは何よりの証左であろう。盲点といってもよい。

この盲点には、いくつもの理由が存在する。一つには、日本人が、書きことばこそ他文化との接触手段だと年来みなしてきたという事実である。中国の文物を輸入した昔においてもそうであったし、一八五〇年代の開国以降も、欧米の文物を学ぶためには、具体的な事物と書かれた記録に拠るべきだという考え方が支配的で、対面コミュニケーションの必要は意識されなかった。外国の文物を移植するのは、書かれたものを、ひまにあかせてなんとか解読翻訳し、外国人とのやりとりや解読翻訳のために、若干の専門家を養成しさえすれば十分、と考えられていたからである。

外国人と直接かかわらなければ、彼らも日本のことを知らずにすみ、日本人がなにを考えているかを悟られずにすんで、かえって好都合という考え方すら存在した。そうすれば、日本人は外国人の目にふれないところで動ける反面、彼らの動きは日本人には一目瞭然という利点がある。このように、日本人は外国語の解読術には長い伝統を有しながら、外国人と話し合ったり、意思を伝えあうことには無頓着だったのである。

日本の指導者で外国語を本当に身につけたものがほんの少ししかいなかったこともあり、外国語の達者な人間へのある種の侮蔑意識が芽生えていった。英語に通じ、そのことでなんらかのプラスを手にしている人間は、それ以外のことでは浅薄《せんぱく》にきまっている、という評価が下された。これらの人々は、大体が正規の教育制度を経ていなかったことから、よそもの呼ばわりをされた。「英語使い」というような侮蔑語すら生まれるにいたったのである。

あまりに外国語に得手な日本人が増えすぎると、日本語がおかしくなるか、あるいは日本人としての意識が損なわれる、という恐れ――多くは問わず語らずのうちにではあったが――も存在した。これはむろん、理に合わない感情論にすぎなかった。

オランダの子供は、英独両語を身につける。この二ヵ国語はお互いに近接しているが、だからといって彼らのオランダ語が失われるわけではない。現に、何百万ものヨーロッパ人が外国語をマスターしているが、民族としての意識がなくなるなどと、だれも恐れてはいない。

ところが日本では、この恐れが、次章でとり上げる民族としての自覚という、より幅広い問題とからみあい、日本人の外国語教育への姿勢に、暗々裏にではあるが、大きな影響を与えてきたのである。

大多数の日本人は、指導者をはじめとして、日本語という防壁のかげで安住してきたために、この状況がどのようなマイナスをもたらすかを、ほとんど認識していない。日本人が知的に孤立していることも、日本が他者には「舌のもつれた巨漢」ないしは国際社会の周辺に位置する「油断のならないよそもの」と映じていることも、とんと意識されていないのである。日本をいま少しよく理解してもらい、日本人も他の世界についてもっと知る必要がある、という認識がようやく生まれようとしているのが現状で、この二つの目的のためにも、言語技能の大幅な改善は不可欠である。

これは、外国人にも日本人にもかかわりのある、対面交通上の問題である。しかし、かりに外国人による日本語の学習が飛躍的に増大したとしても、主たる努力の主体は、やはり日本人でなければならない。

表記法がむずかしく、主要言語をはじめとする他の諸言語から隔絶していることもあり、そこに昨今の歴史的経緯が加わると、日本語が主要な国際語になることは、まずありえないといってよい。

技術を身につけるために日本に来遊する途上国の留学生ですら、日本語を学ぶことには、往々ためらいを示す。時間や努力を要するわりには、帰国後、大して役に立たないからである。日本に学ぶ留学生にとってすら、日本人教官が英語を使って教えることが、最良の解決策のように思えることはしばしばである。

日本人の英語習得への努力は、近年、大幅に増大した。学校の授業の不備を補うべく、熱心な若者は最善をつくす。夏休みを利用して渡米し、外国人のための英語学校に学ぶ若者の数も少なくない。各大学にはESSという名の有力な学生グループがあり、英語劇を上演したりする。英語学校は全国いたるところで簇生し、大体が金儲け主義の域をあまり出ていないが、中にはかなり良質な言語教育を提供しているものもある。企業の中にも、英語国民をやとって、海外勤務予定者に英語を教えさせているところもある。

だが真の問題解決には、やはり正規の学校で行なわれている英語教育——これには非常な努力が払われている——を改善することにしかない。必要なのは、若干の資金と、頭を少し働かせることだけである。それほど重要でもないことに、たいへんな投資をおしまない日本人であることを思えば、いずれにしても大したことではない。

一番の問題は、現在、学校で教鞭をとっている五万人を上まわる英語教師である。彼らの大部分は実際に英語を操ることができないのである。

彼らを対象にした再訓練計画が必要とされるばかりか、再訓練不能な教員は、もっと高い技能をもった教員にとって代わられるべきである。古い教員の再訓練や、新しい教員の養成にあたっては、その多くを海外に派遣し、長期の訓練を受けさせるか、それとも海外から若い英語国民を日本に招き、英語教育機関に配属するか、実際の授業に参加させるか、のいずれかを選ぶべきである。いまの日本にそれだけの余裕がないはずはない。そういう目的のためなら、最低限の俸給で日本に来たいという若い英米人は、それこそ何千何万にものぼるだろう。

同時に、英語教育をできるだけ大学入試から切りはなし、現代の書きものを読み、話し、聞く能力を重視するなど、実用的な目的に焦点をあてる必要があろう。聞き、話すという技能を練摩するためには、学校でＬＬ（語学実習室）や電子機器をもっと活用するとともに、ラジオ、テレビの語学番組をぐんと改善する必要がある。

だが恐らくいちばん肝心なことは、英語学習をはじめる時期が、中学一年では遅きに失するという点であろう。新しい音を容易に作り出すことができ、言語習得の能力がまだ高いと思われる、もっと年少期にはじめるべきである。学校での教育は、小学校一年ないしは二年ではじめることが可能であり、テレビ番組の場合は、さらに年少の児童を対象にすることができよう。

かりにこれらの措置がとられたとすれば、十年足らずして日本の言語的障壁は克服されるにいたるだろう。よしんば年長の日本人にとっては無理でも、次代を担う若い日本人にとっては、である。

38　隔絶感と国際化

言語の障壁は比較的定義しやすく、したがって対処も容易であろうが、日本がかかえるいま一つの対外接触上の障壁は、形がなく、微妙で、それだけに克服は困難であろうと想像される。私としても、この点の記述はいきおい主観的な印象論にせざるをえない。

私が考えているいま一つの障壁とは、日本人が自分たちのことを、他とは「隔絶」したユニークな存在とみなしている点である。国際的な生き方に大きくかかわっている諸国民の中で、日本人ほど、「われら日本人」と「外国人」との間に、はっきり線を引いている存在はなさそうである。日本人のもつ集団意識は、どうやら他国民よりはつよく、それだけに「他者とは異なる」という感覚も強烈なように思われる。

このような心的態度は、おどろくにはあたらない。日本語が他国語とは際立っており、地理的にも孤立の度合いが高く、とくに草創期にはその度合いがいちじるしかったこと、さらには現代において、非西欧、非白人の唯一の工業先進国として存在していることに思い至れば、これも当然な帰結であろう。事実、西洋にも東洋にも完全には属していないのが日本なのである。

日本社会が年来、集団への帰属を重視してきたことも、これにはかかわってこよう。

ウチとソトとは、たえず峻別されてきた。そして最大かつもっとも重要な日本の集団は、日本人自体なのである。

隔絶感というのは、計量化がむずかしい。自分の感情が他者のそれと比べてどうちがうかは、分からないのが普通なのである。ナショナリズムも燃えさかっているが、なかでも、新興国及び途上国にいちじるしいのは当然である。自分自身の存在に対し、自信がもてないからである。

無意識レベルでの人種的文化的優越感や、他者に対する侮蔑感は、西欧全体にとくに際立っている。中国人の文化的優越感も、三千年もの伝統に由来するだけあって、巨大の一語につきる。ところで日本人のいだく「他者とは異なる」という感情は、優越感ともいいがたく、ナショナリズムですらない。とにかく他とは異質であるという思いであり、その思い自体、すこぶる特異といってよい。

こういわれて、傷ついたり、少なくとも途方にくれる日本人は少なくないかもしれない。彼らは自分たちを国際的この上ないとみなしており、現にそういう面もある。たとえば日本の学校ぐらい、世界中のことを広く教える学校は、他にあまり例をみない。自国の歴史や文化だけでなく、西欧の歴史や文化に関する知識は、日本の教育の重要な一環を成しており、中国の歴史や文化にもかなりの注意が払われている。

それにひきかえて、西欧諸国の教育課程は、西洋史や西洋文明のわくを踏み出すことにまことに臆病であり、この面においてはもっとも先進的とみなされるアメリカですら、ほんの一部の地方で、かいなでの注意が払われているにすぎない。

途上国は途上国で、旧宗主国に対しては引きつづき注意を払うが、自国の文化伝統に関しては、まだ十分な学問的蓄積をもつには至っていないかもしれず、近隣諸国や世界の他の地方に対しては、おそらくなんの関心も払わないであろう。

日本の教育も、世界の広大な地域をやりすごしてはいる。だが、少なくとも一部の遠隔かつ異質な文化伝統については、他国に例をみないほどの広がりと深さとで、これを取り扱っている。

生活のあり方も、他国にはひけをとらないほど、国際化された面をいくつかもっている。たとえば新聞であれ、テレビであれ、国際的なニュースはよくカバーされており、日本人が触れる国際報道の方が、世界の他の国民より平均して多いといえる。日本の科学者は専門分野の第一線にあり、人文・社会科学者も西欧の知的傾向に通暁している。

流行であれ、スタイルであれ、ファッションであれ、世界的なものはたちまち日本全土を席巻してしまう。その速度と徹底ぶりとは、どの国にもおとらない。

西欧音楽にしても、本家本元に負けない質と量とで、手に入れることができる。世界中の芸術は広く知られ、しかるべく評価されている。西欧各国、中国、その他世界いずれの国の珍味佳肴《ちんみかこう》も、都会地でなら賞味することができ、その質は絶品に近い。日本人の生活様式は、欧米の国際基準に近似している。

国際主義《インターナショナリズム》への献身が日本人ほど熱烈で、逆にナショナリズムを日本人ほど目の敵にしている国民は、ほかにはいない。国連への委託を彼らはたえず口にし、「国際的な」ということばは、アメリカ人が「母性《マザーフッド》」ということばに年来寄せてきたと同じ含みをもつにいたった。

とくに敗戦直後、日本人はナショナリズムに関係のある一切のシンボルに背を向けた。国旗や国歌がこれであり、口にするのも憚《はばか》られた。今日ですら、国旗が立てられる度合いはどの国より少ない。国歌「君が代」にいたっては、幼児が「お相撲の歌」と呼ぶくらいである。大相撲のテレビ放映の際に演奏されるこのメロディーも、それ以外で聞かれることは、ごくまれだからである。ちなみにアメリカでも、「星条旗よ永遠なれ」は、フットボールや野球の試合の前にはきまって吹奏される。

ナショナリズムにあたる在来語は「国家主義」で、いまだに使われているが、その語源や字くばりは中国的な要素から成り立っており、時代がかった、「封建的」なひびきをともなっている。一方、「愛国」ということばを使うのは、極端な右翼だけである。

日本人が、自らを目して、他国民よりはるかに国際的であるとみなす理由は、これではっきりしたであろう。ただ、彼らの国際性がどれほど皮相なものでしかなく、彼らの疎外感がどれほど深いものであるかは、一皮むいただけではっきりする。

日本人の多くは日本という国や同胞と完全に一体化している。そのために、「愛国心」ということばや、愛国心培養のためのシンボルを必要としないのである。

彼らは国家主義という用語を避け、ナショナリズムという英語——より没価値にひびく――を選ぶか、国民主義、もしくは民族主義――この語は私には国家主義よりも、もっと禍々《まがまが》しいひびきをもつ――ということばを採用した。戦後、ナショナリズムや国家の権威に対する反発がその頂点に達した当時といえども、日本人は一人のこらず、もっとも基本的なところで、ナショナリスティックであった。したがって他国の一部でみられるように、個人がその所属する民族国家にどうも親和できないという問題など、想像することすらできなかったのである。

日本人の隔絶感の強さは、彼らが他国民に対しどういう態度を抱いているかをみれば、もっとはっきりする。日本人はどうやら自らをたえず日本人とみなし、他者をまず「非日本人」として意識するようである。これまた計量化がむずかしいことは、すでに触れたとおりだが、日本人のこの傾向は、被圧迫少数民族や、単純素朴な部族集団を除いては、他に例をみないほど強烈といってよい。「あなたはだれですか」という問いに対し、さいしょに返ってくる答えは、「日本人です」ということが多い。

海外に遊ぶものはだれでも、自分がどれほど強烈にナショナリスティックな感情をもっているかを知って驚く。どうやら他国民と比べて、日本人はとかく、自分の民族的出自を片時も忘れにくいばかりか、自分を一個人としてではなく、全日本国民の代表とみなすという気負った姿勢がつよいように思われる。

世界的に名を成した日本人は、自分も身のまわりも、たとえば山本太郎という個人が成功したとはみずに、一個の日本人が名声をはせた、とみなしがちである。国歌が吹奏される中で国旗掲揚が行なわれるオリンピックなどでは、全参加者のナショナリズムが高揚されるのは事実だが、少なくとも西側の民主主義国の選手なら、個人的業績ととらえがちなのに反し、日本の選手は国家的栄誉という重圧を覚えるのが常である。

日本人がこの種の姿勢を捨て切れないことは、海外移住者にとり、新たな問題のタネになる。一九四一年、日米開戦とともに、この問題はアメリカ在住の一世にとってきびしいものとなった。人種偏見に災いされ、彼らはアメリカ市民権を手に入れることができなかったが、問題の深刻さは、アメリカ生まれで、れっきとしたアメリカ市民である二世も変わらなかった。

彼らは、日米両国のいずれかに忠誠を誓わねばならず、中途半端なあいまいさは許されなかった。日本人であろうとするなら、百パーセントの日本人であることが求められたのである。だが大多数の日系市民は、アメリカとの完全な一体化の道をえらんだ。

西海岸の日系市民は、不公平としかいいようのない処遇を受けた。多大の経済的損失に耐えながら、黙々と家を追われ、「移住センター」という名の強制収容所に収監されていった。

ハワイ出身の日系の壮丁は、「移住センター」の若き収容者とともに、二世のみからなる戦闘部隊を編制、アメリカのため勇敢無比にたたかった。彼らの死傷率は最高で、これほど多くの勲章にかがやいた部隊もほかにはなかった。

一方、日系以外の移民は、母国とのつながりが日系の場合ほど密ではなかっただけに、かえって父祖の国とアメリカとに対する二重の忠誠を、長く維持することができた。日系米人と中国系米人との相違は、とくに際立っている。日系の場合には、他の大多数のアメリカ人とは人種的にちがっているにもかかわらず、日本語を捨て、アメリカ的生活の、しかも本流に、他のどの移民集団にも劣らぬはやさで、溶けこんでいった。中国人の場合には、国家とのつながりよりは、文化的紐帯のかかわりが深いので、中国語も捨てず、伝統的な生活様式を保ちつづけている。

日本在住の外国人に対する日本人の態度をみれば、彼らの連帯意識と排他性とが一目瞭然である。外国人はいつまでたっても外国人、つまりは「よそ者」というのが日本人の思いこみである。この点では、アメリカ人とのちがいは鮮烈である。というのは、たとえどんなに風変わりにみえようと、外国人はすべてアメリカ市民になることを欲し、現にそうなるだろう、と決めてかかっているのがアメリカ人だからである。日本人とアメリカ人とは、この点で両極に位置している。

アメリカを訪れる日本人は、自分たちが外国人を遇するのとは正反対の扱いを受けることにびっくりする。英語も知っているはず、アメリカ流のやり方にも通じているはず、というのが、日本人に接する際のアメリカ人の態度だからである。

ある公式な日米文化会議が開かれたときのことだが、テーブルの一方の側には在日アメリカ人と日系米人のほかに、アメリカに在留する日本人が座り、他方は日本に住んでいる日本人だけが座っていた、という事実を私はいまでも覚えている。

日本に在住する外国人は、永住者とみなされないかぎりは、丁重な扱いを受ける。でも、よそ者であることには変わりはない。もし多少の日本語でも口にしようものなら、それがどんな片言にすぎなかろうと、大したものだといって褒めそやされる。発達障害の子どもが、突如として知性の一端をひらめかしたかのごとくにである。日本について知識があろうものなら、彼の見解はうやうやしく徴せられ、日本人よりよほどくわしいなどともったいぶった扱いを受ける。でも彼の意見は、常によそ者のそれにとどまる。

ある意味では、だから日本在住の外国人の立場は安易である、ということにもなる。彼は自分自身が何ものであるかについて思いまどうことはない。彼は、どれほど長く日本に住んでいようが、どれほど日本での生活にかかわっていようが、外国人でしかない。私のように日本に生をうけ、日本で育ち、その後、日本についての研究をつづけてきたものにとっては、アメリカ人としての自意識を保つ上に、これはありがたいことであった。とくに日米間に対決や戦火が訪れたときにはそうであった。いずれにつくべきかという情緒的な葛藤の可能性は、一切なかったからである。

とはいえ、日本に長い外国人の中には、外国人、つまりは外部者としか呼ばれないことに、腹を立てているものが少なくない。第一次大戦直後、私の幼少期には、外国人という呼び名が普通だった。でも欧米人は西洋人と呼ばれるのが常であった。異人とか毛唐とかいう侮蔑的な呼称も、知る人ぞ知るであった。

だが呼び方はどうあろうと、外国人は総じて丁重にとり扱われた。超国家主義と反欧米運動が吹き荒れた一九三〇年代といえども、だれかにわずらわされるという危険は皆無だった。例外は警察の行きすぎだけであった。

でも外国人は、しょせんよそ者だった。結婚その他で日本国籍を取得した場合であっても、他の日本人かられっきとした日本人とは扱われなかったのである。

東アジアの出身者は、欧米その他の出身者ほどにはよそ者ではない。外国人ということば自体、彼らについてはそれほど用いられない。朝鮮人とか中国人とか台湾人とか呼ばれるのが常である。ただ日本人が彼らに対して示す態度をみれば、私の論点がいっそうはっきりしよう。

日本に在住する中国人や朝鮮人のほとんどは、永住権をもち、日本で生まれ、話せることばも日本語だけという場合が少なくない。外見にしても生活様式にしても、日本人とは区別できないことが多い。

でも日本人は彼らを区別しておくことに全力をあげ、帰化手続きを面倒なものにし、彼らを差別するのが通例である。彼らと日本人との結婚はめったに見られない。のみならず、それは侮蔑の対象になる。黒人と白人の場合のように皮膚の色がちがうのならまだしも、日本人が越えなければならないのは、意識の上での一線だけである。にもかかわらずこの線を乗り越えることのできた日本人は、ほとんどいない。

私が年来知っている外交官には、さいきんまで中国系だった人が一人いるほか、野球選手にも数人の朝鮮系、台湾系のスターがいる。でも彼らは例外で、だいたいは日本社会から距離をおかれているのが実情である。

この状態を象徴するような悲劇が、一九七四年の夏におこった。ある韓国系の若者が自国の大統領を狙ってはたさず、あやまって大統領夫人を射殺してしまったという事件である。彼は日本で生まれ、朝鮮語を解さなかったにもかかわらず、日本社会に受け入れられなかった。そのことが、自分の立場について彼に錯乱を強いたのだった。

この事件は国際的な波紋をよんだ。だが真に責められるべきは、彼のような若者を受け入れることを拒んだ日本社会のありようだった。日本に居留する六十万の朝鮮系の人人が、社会への全き参加を拒まれるままに、当の日本社会に対し「朝鮮人問題」という難問をつきつけているのは、驚くにあたらない。

ここで私は一つの事件を思いおこすのだが、この事件は日本人が自分たちと他者とをどれほど区別するかをみごとに裏書きしている。

福岡市の、さる指導的な立場にある日本人が、近く着任するアメリカの総領事が日系であると知って、おどろき恐れた、という事件である。この種の人事はアメリカではなんら異とするには当たらないことで、現に、駐ワルシャワ米大使はポーランド系米人であると聞かされた彼は、怒り狂い、ポーランドで通るからといって日本でも同じことだとアメリカ側が考えているとするなら、日本のことは何にもわかっていない、と声を荒だてたものだった。

ふたをあけてみたところ、明らかに彼の思いすごしだった。新任総領事は評判がよく、彼の任命は大成功だった。だがこの日本人がみせた態度は、彼らが自分たちを特異な存在とみなしていることを如実に示している。それどころか、自分たちがユニークだという思いに、ある種の栄光を感じているといってもよい。

自国が特殊だという思いこみは、優越感もしくは他人を軽蔑することと結びついていることが多い。だがこの一般論は、日本には必ずしもあてはまらない。たしかに日本人が、自分たちの優秀性を主張したこともないではなかった。たとえば徳川の末期、彼らは日本が「神国」であり、皇室が神々の裔《すえ》であることをひどく強調した。また下って第二次大戦時には、日本こそアジアの盟主であり、堕落した欧米からアジアを解放する役割をもつ、とみなすものもあった。

当時、よく使われたことばの一つは、八紘一宇《はっこういちう》という神がかったものであった。これは元来が古代中国の哲学に由来し、「世界の八大州を、一つの屋根のもとに収める」という原義をもち、日本が道義の面で世界に君臨する、ということを漠然とさしていた。このように、民族的優越感をときとしては爆発させたとはいえ、むしろわれわれにとって驚きにたえないのは、日本人が、自国以外の外国を、より優れた存在として認めることをためらわなかった、という事実である。

自他の区別をつよく意識している日本人ではあるが、だからといって他国に範をとり、そうすることで自国の劣位を暗に認めることには決してやぶさかではない。少なくともいくつかの面ではそうである。

日本史を通じ、日本がもって範としたのは、ほとんどの場合、中国であった。だが近代にいたり、西欧の主要国がその役割をはたすようになった。それを意識する度合いや、具体的にどの程度まで借用するかは、ときにより推移がみられた。振り子の揺れのようなパターンといってもよい。大幅な借用のあとには、外来要素の同化と伝統的な諸特徴の高揚の時期が訪れる、という風にである。

欧米のものなら何でも、という一時期が明治初年にみられたことはすでに述べたが、一八八〇年代を境にして、ナショナリスティックな時代が到来した。ついで第一次大戦直後には欧米の事物への熱狂が再来、一九三〇年代の軍国主義的な反動にとって代わられるまでつづいた。第二次大戦後は、アメリカの占領のもと、外国の影響がふたたびもり上ったが、ごくさいきんになって、一部の伝統的な価値を再評価する動きが徐々に高まりつつある。

振り子の揺れにも似たこの種のパターンは、必ずしも日本に限ったことではない。非西欧の国々が欧米の影響にさらされる際に共通にみせた類型的なものであるのかも知れず、近代以前においても同様に識別できるものかもしれない。ただ日本の場合には、この揺れの幅は減じつつあるようにみえる。戦争に完敗し、外国占領軍を迎えたという特殊事情もあって、戦後の日本にはおびただしい量の新奇な思潮や事物が、外部から流れこんできた。その巨大さを思えば、振り子のゆりかえしは、きわめて緩慢でしかなかった。欧米に完全に追いついたことで、日本もどうやら外来のお手本を拒否したり受け入れたりという情緒的な反応から、解き放たれつつあるといえそうである。

日本人は他者に対する優越感よりは、むしろ劣等感にさいなまれてきたという議論があり、日本が従来、外来のモデルを意識的に使ってきたことがその根拠に持ち出される。だが優越感と劣等感とは、一見、矛盾しているようにみえるが、実はそれほど相隔たっていないのではないか。

現に過去の事例をふりかえってみれば、ある民族がその優越をやみくもに主張したときには、いつも劣等の恐れと明らかに結びあわさっていた。

北ヨーロッパにおける初期ナショナリズムの胎動は、地中海地域のより古い国々に対する歴史的文化的な劣等感に促された面が多かった。草創期のアメリカの「白頭の鷲」を先頭に立てたナショナリズムも、西欧世界の、粗野でしかも弱体な辺境的存在という、当時のアメリカの地位と明らかにからみあっていた。非西欧世界全体をおおうナショナリズムは、さいきんまで植民地、半植民地の立場におかれてきた、という事実と無縁ではない。

日本においても、初期のナショナリズムは、中国に対する劣等感の反映という形をとった。なるほど中国は老大国で、巨大な文明や聖賢《せいけん》を生み出したところかも知れないが、だが「神々の地」と呼ばれうるのはただ一つ、日本あるのみ、というのがその主張だった。

近代日本のナショナリズムは、欧米に追いつき追いこすことを下敷としていた。ただ日本人の劣等感という例のテーマに戻るなら、外国人と比べて、はたして彼らの劣等感の方が立ちまさっているかどうか、私には若干の疑問があるし、第一、この論議はいささかとらえどころがなさすぎて、あまり役に立つとも思われない。

ただ一つ、古くは中国から多くの文化を借用し、新しくは欧米を到達目標としてきたという意識が、外国人とかかわりをもつ際に、日本人をきわめて自意識過剰にしてきたことは否めない。これは、集団への順応と、他者の容認とをもって、個我の主張に優先させてきた日本社会のしくみからも、容易に出てきうる特質である。欧米の基準に見合うかどうかを、近代日本はたえず気にかけざるを得なかったし、現に個々の日本人も、外国人、なかでも欧米人がどう思うかについては、すこぶる神経過敏だった。外国人は、なにも日本について知らず、聞くに値する意見のもちようがない場合ですら、たえず新聞や一般市民に意見を徴せられるのが実情である。それは、たえず自分を意識しているアメリカ人記者が、ニューヨークで下船途中のイギリス人に、アメリカ婦人についての見解を求めたという、ついさきごろの挿話を思いおこさせる。

海外に赴く日本人はもとより、新しいスポーツを手がけるとか、なにか新しいことに手を染める日本人は、執拗なまでにきちんとしたやり方を身につけようとする。それはゴルフであれテニスであれ、カクテルの正しい飲み方であれ変わらない。人目に映ずる規矩の正しさをたえず気にする彼らのおもわくは、ときには、かえって逆効果をもたらす。外国語の習得などはその好例で、完全主義に陥っては舌が動かなくなるのが当たり前で、それでは外国語の習熟はおぼつかない。ある程度までは、えいままよ式の放胆さが欠かせないのである。あまりに自意識過剰では、相手の居ごこちを悪くしてしまう。日本人が外国人とかかわる際のいま一つの障害は、このあたりにも存在する。

近代の日本人がもちつづけてきたいま一つの懸念は、非西欧世界ではありふれているが、欧米人にとっては、持ち合わせたことのない特殊なものであった。欧米からの影響に抗し切れず、日本の自主性《アイデンティティー》が押し流されてしまうのではないかという恐れがそれである。明治期の日本人は、国際社会に関する欧米流の考え方に順応し、欧米の技術や機構の借用を余儀なくされた。自分自身を守るためにはこれしかなかったのである。ついで前世紀いっぱい、日本人は欧米の技術に追いつくことに寧日なかったが、その過程で、技術以外の欧米文化の各側面からも少なからぬ影響を受けた。

初代の近代化推進者は、いずれも徳川期の伝統的な育成過程にどっぷりつかっていたので、少々のことで日本人としての自主性を失うなどとは、思ってもみなかった。だが、新しい欧米流の教育を受けた日本人は、この種の恐れに捉えられた。前世紀末の文学者の一人、夏目漱石にこの恐れがみられたことは、すでに述べたとおりであり、それ以降、彼とその恐れを共有する作家は増えてきている。

一九七〇年、実に劇的な割腹自殺をとげた三島由紀夫は、「真の日本」の追求をやめない一人であった。日本風のやり方や価値の再主張がしばらくつづくと、次は欧米に追いつくという大波に洗いさらされ、それがまた、はたして日本は真の日本か、という疑問を生み出すというのがパターンなのであった。

一九七〇年代前半は、これらの問いかけが頂点に達した時期であった。日本人であることの意味や、世界に対する日本独自の役割が何であるかを自問する書物や雑誌記事が、つぎつぎに世に問われ、「日本人論」の名で呼ばれるようになった。日本人らしさがさらに失われたら、という恐れは案外、日本人が英語教育を改めることに微温的で、外国語教育をへらすべきだという主張が一部にあることの、それと口にはされないまでも、真の理由であるのかもしれない。彼らの論旨は、少数のエリートのための英語教育は改善されねばならないが、大多数の日本人は、時間と精力とをかけてもどうせ十分には身につかないのだから、その労苦から解放されるべきである、というのである。この論旨の背後にあるのは、英語教育などやめてしまえば、外国語のもつ影響から解き放たれ、日本人らしさの喪失を食いとめられる、という考え方である。

日本人のもつ懸念は、同意できないまでも、了解不可能ではない。すべての近代技術を、文化的に欧米流と定義するなら、日本にあるもので、その影響から免れているものはほとんどといってよいくらいない。だがよく考えてみると、今日の欧米だって、近代技術の影響を免れているものは皆無に近いので、今日の欧米人と十八世紀の欧米人の距離は、今日の日本人と十八世紀の日本人の距離と同じくらい離れているのである。

産業革命と近代技術が欧米に端を発したことは事実である。だが、人類史上のすべての技術の進歩と同じく、それは必然的に全人類に帰属するので、いつまでも欧米人の専有ではない。農業や、青銅や鉄の使用が広がったからといって、受け手のすべてが、その創始者の一部分となったわけではない。元来が中国人の発明になる紙や印刷術、火薬や陶器類は、なるほど各地に伝播していったが、だからといってすべての文化が、中国化したわけではなかった。

近代技術や工業化社会は、欧米人のものであると同時に、日本人の所有物でもある。現代という時点に立ってみるなら、日本人が蒸気機関とかかわってきた時間は、英米人の場合と比べて、半分を上まわる長さでしかない。ましてやその後の技術革新については、時間的ギャップは減少の一途をたどり、今日では完全に消え失せている。長期的な尺度で将来を展望するに、近代技術面での欧米の優位は、おそらくはとるに足りない瑣末事と化するであろう。

他方、近代技術と欧米文化とを切りはなして考えるならば、様相は一変する。欧米の文化的な主潮に、キリスト教と個人主義を数えることに異論はあるまいが、日本人のキリスト教徒は一パーセントを下まわるにすぎず、個人主義に対する態度も、欧米人のそれとは際立ったちがいを示している。

反面、日本が欧米と共有する価値や機構も少なくはない。近代教育といい大衆民主主義といい、マスコミといい大衆スポーツといい、いずれも然《しか》りである。ただこれらは西欧文化の伝統的な諸側面ではなく、近代技術に歩を合わせた発展にすぎない。これらについては日本人もその受容に躍起となり、独自なカラーを加えた。これらの機構や価値は、もはや日本人の所有にも属するので、われわれのみの専有物ではない。

日本の若い者は、このことをよく承知しているようにみえる。だからこそ、日本人の独自性が失われる、というたぐいの恐れをあまり感じていないのであろう。こういった心的態度は、毎年毎年、といってもよいくらい急激に変わっている。したがって日本の特異性うんぬんという危惧も、年長者のみの問題といってよく、それだけにやがては消え失せる運命にある。いやむしろ、今日の複雑かつ密接な国際関係下におけるより深刻な問題は、彼らが日本人であることを意識しすぎている点にこそあるので、日本人らしさの不足にあるのではない。

自分たちは他国民とはちがっている、という日本人の考え方は、優越感、つまりは質の問題ではなく、むしろ種類のちがい、というおもむきがつよい。他者と比較して優《すぐ》れているとか劣っているというのではなく、要するにちがう、という考え方である。その根底にあるのは、人種意識であろう。あたかも自分たちが、ちがった種に属しているかのごとくにである。

わずか一世紀そこそこ以前の状況も、このような感じ方を受け入れやすいものにした。日本語という特殊なことばを話し、日本に特有な生き方をしている人間は、そのすべてがこの島国に他と孤絶した形で住んでいたのである。加えて、若干のアイヌと、さらに少数の中国人、朝鮮人、それにオランダの交易関係者を除いては、日本人以外の他人種他民族は、日本には存在しなかった。第二次大戦勃発時ですら、たとえ一人であろうと外国人と相当程度のかかわりをもったことのある市井の日本人は、まれであった。

ところが現状はがらっと変わってしまった。日本人の生き方自体、それほど他と区別がつかない。各種各様の外国人は日本に杖をひき、日本人は日本人で地球全体を歩きまわる。日系人は外国の社会に受け入れられ、二世三世などが日本に遊び、片言の日本語をしゃべるのがせいぜいな場合には、外部者の扱いを受けざるをえなかった。アメリカやブラジルでは、日系人の国会議員すら誕生した。古い考え方は大揺れに揺れている。だが完全に消滅したわけではない。

人種問題というのはアメリカに固有のものと感じるアメリカ人は多い。異人種が混じり合っている国の方が問題が表面に出やすいことは事実である。だが、人種的な違和感というのは、世界中どこにでもある心理的な態度であり、他人種との接触が限られ、それだけに表面化もせず、問題にもならない地域の方が、かえって強いように思われる。

東アジアは私が専門に勉強してきた地域だが、人種的な違和感はつよく、むしろアメリカ以上というのが私の意見である。

日本人が白人《コーケイジャン》とはじめて頻繁に相まみえたのは十九世紀だったが、日本人にとっては、異様かつ吐き気を催すような存在と映じた。高い鼻と、紅毛碧眼《こうもうへきがん》とは、人間よりも天狗に似つかわしく、その体臭のつよさはやり切れない思いを強いた。動物性脂肪の摂取が多いのと、厚い毛皮の衣服がその理由だった。現に「バタ臭い」ということばが生まれ、かつては白人に対する侮蔑語として頻用されたほどである。

このような心理的態度は、脱ぎ捨てられてからかなりの時間が経過したほか、体臭の問題も、日本人の食事内容が濃厚になったことと、欧米における入浴やドライクリーニングの普及のおかげで、おそらくは軽減されるに至った。

だが、日本人が人種のちがいを意識する度合いは、いまなお非常につよい。白人と日本人との国際結婚の例を私は数多く知っているが、欧米人の家族の反対――むろんどちらからも反対の出ない場合もあった――の方が、日本サイドからの反対より大きかった例を、ただの一件も思いおこすことができない。

黒人種に対する日本人の態度はずっと悪い。戦後、アメリカ占領軍がやってくるまで、日本人は黒人とはほとんど没交渉にすごしてきた。それだけに黒人に接するときの彼らの態度は、いまなお驚異と反発とで色どられている。

一九六〇年代、アメリカで人種騒動がおきた当時、日本人はアメリカの人種問題に驚愕した。左翼系の若者のなかには、黒人に対し頭の中で同情するものもあったが、日本人の基本的な姿勢はといえば、途上国の場合とは異なり、白人への共感であった。白人と自分たちとを同一視する方が容易だったのである。彼らの心を打ったのは、黒人がひどい目にあってきたという事実よりは、むしろ白人が厄介な問題に直面している、ということへの驚きだったのである。

東アジア人の人種差別的な意識は、彼らが混血児をどう取り扱うかをみれば、一目瞭然である。韓国でもヴェトナムでも、アメリカ軍兵士と現地の婦人——下層の出身者が多かった——との間に生まれ、親に捨てられた子どもたちは、まわりから拒絶されるか、少なくとも差別を受けるのが常であった。

黒人との混血児は、白人との混血児の場合よりも悲惨だった。ただいずれの場合にせよ、人種差別をもって知られるアメリカに養子としてもらわれていくのが、彼らにとっての最大の幸運だったのである。

ほぼ同じような状況は、敗戦直後の日本にも存在した。ある婦人篤志家が、彼らのための孤児院を創設、世の賞賛を浴びたが、彼女を支える唯一の希望は、混血児がやがてはアマゾン河流域の、いわば文明の果てで、自分たちの生きる道を見つけていってほしい、ということであった。

だがこれらの混血児も長ずるに及び、その何人かはハーフの容貌を武器に、芸能界に出てスターの地位を占めた。一方、よい家庭をもった混血児の何人かは、一般の日本社会に受け入れられ、それぞれの分野で成功している。しかし、機会さえ許せば外国に移住を、という混血児は多く、主たる移住先はアメリカであった。

日本人や東アジア人にみられる人種的な感情は、他のアジア人、たとえば人種的に近いはずの東南アジア人にも向けられ、ぐんとはなれたインド人や中東人となるといっそうはげしくなる。ややルーズに「人種的」といってもそうあやまりではないほど強烈な違和感は、東アジア人相互の間にも存在する。日本人、朝鮮人、中国人は、相互の結婚を、白人とのそれの場合と同様に、うとましく思うことが多い。のみならず、娘の婿に、アメリカ人ならまだいいが、中国人や朝鮮人はぜったいにご免という日本人の両親は多いものと思われる。

この点、欧米とのちがいは歴然としている。欧米では、国際結婚はごくあたり前だったし、とくに貴族間の国際結婚はそうであった。階級の方が国籍よりも大事だったのである。

たとえば英国女王は、元来がドイツを出自としている。その名前こそ、ナショナリズムの発作にかられ、ハノーヴァー家からウインザー家へと改められ、彼女の配偶者のそれも、バッテンベルクからマウントバッテンに変わったとはいえ、れっきとしたドイツ系である。ドイツの皇帝ヴィルヘルム二世も、最後のロシア皇帝ニコライ二世も、互いにヴィクトリア女王を祖母とする従兄弟同士で、英語で話し合っていた。東アジアには、この種の貴族間結婚の伝統はなかった。近代以前に異人種間の結婚があったとすれば、それは海賊や船乗りと、港町の賤業婦の間に限られていた。

人種的な感情はさておき、国内で上下関係に重点をおく日本人は、他国に接する場合でも、とかく上下優劣の次元で相手をみなすかたむきがある。これはどの国民にもある程度はあてはまることだが、日本人の場合にはその頻度も意識も高いといってよい。

たとえば、「日本一」ということば同様、「世界一」ということばがよく日本人の口から発せられる。欧米に追いついた今日では、むかしほどのことはないにせよ、日本が何番目に位するかについての関心は、いまでも驚くほどつよく残っている。GNPは世界第三位で、平均寿命ではスウェーデンと一位を分け合い、造船総トン数でも一位で、あれは二位、これは三位という式にである。また一人当たりの国民所得では十五位、というようなことを実によく知っている（スカンジナヴィア諸国やスイス、アイスランドやニュージーランドのように、人口は少ないが富んだ国のために、この点での日本の地位は低くなっている）。

日本人はまた世界各国を、日本人の側からの好悪度で格づけするのが好きである。これは外国にはない、日本一流の室内競技だが、日本人はたえず試みており、世論調査の際には必ず顔を出す。

好きな国のリストの高位を占めるのは、主として遠隔の欧米の国々であり、日本の近隣諸国はマイナスの扱いを受けることが多い。アメリカとの関係が広範にわたることもあり、アメリカは好きな方の高位を占めている——永年にわたり第一位にあった——が、嫌いな国の方でもかなり高位にある。近年、この人気コンテストで優勢が明らかなのは、スイスであった。日本にそこまで知られていないという利点に加え、なんとはなしに世界平和という理想を具現しているかのように映ずるからである。英仏二国、それにある程度まではアジアも、日本にとっての手本として記憶されていることもあって、かなり高い格づけを得ている。

他方、もっとも嫌われている国で上位を占めるのは、北朝鮮、韓国、それにソ連で、もっとも好きな国という票が投ぜられることはめったにない。中国は好きな国の中でかなり高位にあるが、マイナス票も少なくない。

ネルー栄光下のインドは、決して悪いランクではなかった。これまた平和の象徴としてである。だが近年にいたり、顔を出すことがあるとすれば、むしろ嫌いな国の方である。インドというのは、いかにも異質で、なんとなく虫が好かない、というのが日本人多くのみかただからである。それ以外の国の存在は、日本人の意識の中で、あまりにも希薄にすぎ、プラス票であれ、マイナス票であれ、これという反応をよびおこさない。

総じて日本人は、共産主義国家や非西欧諸国よりも、西欧民主主義国につよい親近感を示す。欧米と日本をくらべ、欧米の方がすぐれていると結論しても、日本人はそれほど悪感情を抱かないが、非西欧の国とくらべて日本の方がすぐれている、と結論した場合はそうはいかない。そもそも非西欧のような後進国と比べられること自体、日本の沽《こ》券《けん》にかかわるとでもいうか、軽蔑されたように思うのである。

このような態度も、近代における欧米の優位と、欧米に匹敵するだけの近代工業民主国家を日本がつくり上げたことに思いいたれば、おどろくにはあたらない。ただ同時に、多くの日本人の側に、はたして日本が「第一世界」に属しているのかどうか、また第一世界の他のメンバーに仲間の一員として受け入れられるかどうかについて、ある種の危惧が存在することも事実である。人種的にはともかく、文化的な理由で日本を受け入れることに異を唱える向きがありはすまいか、という恐れが存在するのである。

全般的に欧米を好むにもかかわらず、振り子が伝統的な日本的価値への回帰に向かうときは、必ずといってよいほど、汎アジア主義的な感情の台頭をともなった。今世紀の初頭、芸術史家で哲学者でもあった岡倉天心は、「アジアは一つなり」というきわめて不正確かつごたいそうな金言を吐いた。ついで一九三〇年代には、欧米の腐敗と搾取からアジアを解放するというのが、軍国主義者連の言いぐさとなった。一九七〇年代の日本人論の台頭――日本人らしさへの模索である――は、日本のもつアジア性と文化的紐帯に関する論議をともなっていた。

ただ、日本人の汎アジア主義的な感情には、これという実質が欠けていた。それは中国人には向けられたが、他のアジア人には向けられなかった。ところが当の中国人をはじめとするアジア人は、日本を不信ないしは公然たる敵意のまなこでみるのが普通だった。彼ら自身も、彼らなりの汎アジア感情を持ち合わせていたかもしれないが、日本人の心中にあるそれとは似ても似つかない存在だった。それだけに、日本人の汎アジア主義が、定期的に燃えさかったとしても、それはなんら積極的な内実ももたなかったばかりか、単に欧米に対する拒否的な反動の域を出なかったのである。

日本人の外国に対する態度のうち、もっとも成熟しているのは、アメリカ、中国、ソ連、それに朝鮮に対するものである。他の欧米主要国について相当の知識をもっている日本人もかなりの数にのぼり、とくにイギリス、フランス、ドイツ、オーストラリア、カナダについてはそういえる。ただ何といっても日本人の意識の中ではアメリカが最大の存在であり、他の国々はアメリカの陰にかくれがちである。

日本にいる欧米人はだれでも、ほぼ自動的にアメリカ人とまちがわれる。そうでないことを証明できれば別だが、まちがわれる当の本人にしてみれば、何ともいらだたしい限りである。

日本からの移民が多いのと、経済的な関係が大きいのとで、日本人の中にはブラジルについて知っているものもある。だがブラジル以外のラテンアメリカ諸国は、日本人の想像力の中で、いとささやかな存在でしかない。非西欧諸国、とくに東南アジアの国々は、日本との間に大きな関係をとり結んでおり、そのほかにも、しょっちゅうニュース種になる国もあるが、一般の関心をひくにはいたらない。総じて非欧米世界は、中国と朝鮮を例外として、日本人の意識の、ほんの周辺を占めているにすぎないのである。

言語であれ、基本的な文化性向であれ、旧植民地であるだけに近代的な諸機構であれ、日本にいちばん近い国は韓国である。だが日本人と朝鮮人との間には、親近感も温かい感情も存在してはいない。後者にしてみれば、日本によって植民地支配を受けた記憶が残っているだけに、日本への嫌悪感が育ち、それは教育を通じ、次の世代に引き継がれていく。

しかし日本への強い怨念と裏腹をなすのは、口には出さないが日本に対する尊敬の念である。彼らは日本に範をとることで、最高の敬意を払っている。

他方、日本人は朝鮮人を軽蔑する傾向がある。朝鮮は自分たちがかつて統治した後進国にすぎず、日本在住の朝鮮人は厄介な少数派とみなされている。たしかに在日朝鮮人は、その数の割に犯罪発生率が高く、首をかしげる事業や商売を手がけている例もみられる。だが、新しく外から連れてこられた恵まれない人々が、社会の最底辺に突っこまれ、しかも一人前の存在として受け入れられない以上、これは当然至極な成りゆきである。

朝鮮は日本人にとっては、厄介な問題である。その政治的不安定と軍事的緊張は、日本そのものの安全を脅かすかも知れず、国内的に、半恒久的な厄介者——日本人が懐に包みこむことを拒否してきたからこそだが——とみなされている少数民族集団の供給源でもある。ただ近年にいたり、双方の若者とも、昔ながらの姿勢をなくしつつあり、地理的にも歴史的にも近い両国民の関係を、もっと友好的なものにしていくために、自ら乗り出そうとしている。これは喜ばしい変化である。

ソ連は、日本人が伝統的に敵意を抱いてきたほとんど唯一の国である。それは、十八世紀後半、北海道、樺太、千島列島をめぐる、帝政ロシアとの確執にまでさかのぼることができる。日本とソ連との境界線がはっきりしていないことも手伝って、在来型の国境紛争がもち上り、現に北方領土の四島をめぐる日ソ対立は、いまなおつづいている。

領土紛争がかもし出す敵対感情は、明治三十七、八年の日露戦争でまず火をつけられたが、第二次大戦後、日本からの和平仲介の依頼に対し、ソ連が満州侵攻でこたえた、という事実によって、いっそう沸き上ったのである。戦後、日本人捕虜をシベリアに連れ去ったソ連は、その三分の一を収容所で死なせた、とも日本人は信じている。それに占領後四年間も、ソ連は拒否権を発動、日本の国連加盟に待ったをかけたのであった。

一握りのモスクワ寄りの共産主義者は例外だが、ほとんどの日本人にとって、ソ連は欧米のもついやな面をほとんど全部備えていながら、その魅力的な特質は持ち合わせない存在と映る。だがソ連のもつ力は十分に認識しており、シベリアの天然資源を日本のために開発する可能性についても、興味をそそられている。ソ連との関係は、対中関係とのバランスに最大限留意しつつ、折目正しいものにしていくというのが、彼らの決意である。対中感情の方が対ソ感情よりずっと温かいことは、以下に触れる。

日本人一般の中国に対する感情は強烈で、しかもきわめて複雑である。敬意と親近感は大へんなもので、これは長く中国に範をとってきたという歴史的事情の投影である。表記法であれ語彙であれ、芸術であれ、伝統的価値の多くであれ、日本の文化がどれほど中国をルーツとしているかを、彼らはよく承知している。中国は日本人にとっての、ギリシャでありローマであるのだ。事実、戦前の日本人が日中関係をあらわすために好んで用いたのは、「同文同種」ということばであった。

中国が日本にとっての脅威と映ったことは、いままでもなかったし、今日の日本人も中国をいっさい恐れていない。むしろ対中貿易の重要性を過大に評価するかたむきがあるばかりか、この隣国——ちなみに世界最大の国である——との間に友好的な関係を維持することは絶対不可欠である、というのが日本人すべての感情である。

日本人の対中国感情のほとんどは過去の思い出の反映であるが、今日の中国もある種の魅力をもった存在と日本人には映るので、この点は世界の多くの人と変わらない。日本がアメリカとの関係であまりにも従属的であったのに反し、中国は堂々と自主路線を貫いてきた。日本人がアジア的特性を荒れはてるにまかせてしまったのに、中国人はそれを守りつづけてきた、というのが日本人の中国観である。

ただ後者はいささか奇妙な見方である。というのは、一方で文化的に多くのものを温存していることは明らかだが、中国の共産主義の手がけたことは、要するに伝統的な価値の多くを完全に否定したことにひとしいからである。それはそれとして、この種の中国観はいまなお日本では一般的である。

加えて戦後の日本人は、中国人に対するある種の罪悪感を抱いてきた。中国を荒らしまわったことに対する罪の意識である。それだけに、過去の錯誤に対し、なんとか償わねばという思い入れが存在するわけである。

このようにさまざまな思いが重なりあって、中国を憚《はばか》る気風が醸成された。中国の善意は何としてもつなぎとめておかねば、というのが日本人の態度であり、中国への批判をさし控える一方では、彼らの対日批判は、それがどれほど激しく当を得ないものであれ、唯々諾々《いいだくだく》として受け入れる。貿易ミッションや野党の政治家が、日本政府の政策を非難するような共同声明への署名を拒まないのなどは、その一例であろう。新聞も、中国の気に障るような記事は掲載しない。そんなことをすれば、中国内部からの報道の機会をつぶしてしまう、というのが関係者の言い分である。

一九七〇年代も後半を迎えるにあたり、日本人の中国への論評が、率直さと大胆さを加えつつある兆候もみられるが、中国批判は偏見のあらわれで、少なくとも賢明ではないとする傾向は、いまだに尾を引いている。

それ以外に、いま一つの側面があって、ことをさらに厄介にしている。それは日本人の対中国観のもつ温かさをよそに、中国人が日本を不信と、一方ならぬ軽侮でみてきた、という事実である。この点、中国人が日本人の好意にこたえたことはかつてないので、日本人の対中ノスタルジアは、「片思い」の典型例といってよい。

その上、すでに十九世紀初頭においてすら、日本と中国とは文化的に大きく異なっていた。しかもその後、違った発展過程を歩むことで、両者の距離はますます広がっていった。したがって、中国との文化的親近性という日本人の考え方には、それほど根拠がなく、日本人、とくに若い層にとっては、いまの中国のような生活条件のもとで生きることなど、想像を絶するというのが実情であろう。いや現に、それを原体験した日本人にとり、中国での生活はやり切れないの一語につきるという。

対中貿易も、さほど大きなものになるとは思われない。中国が、自給自足の共産主義国にとどまる限りはである。

しかも日本は台湾との間に密接な経済関係をもっており、台湾の全人口の六分の五を占める本省人の、旧宗主国日本に対する感情は、朝鮮人の場合とはきわめて対照的に、どちらかといえば温かく、日本人も当然のことながら同じ感情を返している。

このような本省人の態度は、彼らの頭上にある他省人中心の国民党政府に対する、ひそやかな抵抗の一形態であるのかもしれない。しかしいずれにせよ、台湾の存在は、日中関係——米中関係についても同様である——の深化にとっては一種の障害となっている。日本はこれからも、中国との間に公式的には、筋目正しい友好関係を保つべく、全力をあげるであろう。が、友好的であれ敵対的であれ、日中関係が、一部が予想していたほど日本にとって重要なものになる可能性は少ないといえよう。

アメリカに対する一般国民の態度は、中国の場合より、さらに複雑である。この点についてはすでに前段で詳説したことでもあり、ここでは素描にとどめよう。

二十世紀初頭まで、アメリカは欧米列強のうちでも、もっとも鷹揚かつ友好的な国とみなされ、日本人がもって範とした存在であった。やがて、アメリカは日本の戦略上の最大ライバルとなったが、経済、文化両面での関係はつづき、他のどの国よりも大きな存在であることに変わりはなかった。

戦後の占領は、アメリカを日本の各側面に密接にかかわらせ、一方において日本にとっての最高至善の手本になる半面、中立か同盟かをめぐる政治的応酬をも生み出した。

これが、爾来、日本における政治的論争の火種になった経緯はくりかえし述べたところである。

日本人の対アメリカ姿勢には、例の「愛憎併存症候」が歴然としている。日本の知的論争や野党リーダーの発言の根底に、深く根ざした反米感情を見てとることは容易である。だが同時に、つよい親米感情も存在するので、それもいわゆる「体制エスタブリシュメント」側のみでなく、「草の根」レベルにも及んでいる。

アメリカを批判することは気楽なことだと考えられている。いわば、同じ屋根の下での批判だからである。日本人がよく指摘することだが、中国やソ連を批判するのは無意味だが、アメリカ批判が有意義なのは、見込みがあるから、である。日本人が外部に手本を追い求める以上、その対象となるのは、おもにアメリカである。

アメリカの文化的影響がひきつづき流入してくるのは当然というのが彼らの見方であり、さいきんでは日本からのかなりの逆流も当然視されるようになっている。アメリカ映画やテレビ番組を通じ、アメリカの生活にはかなり通じているというのが日本人の通念になっている。

製品広告にしても、ロンドンで人気のある云々、というようなことはうたわない。モスクワや北京は論外で、何といってもニューヨークである。日本人がいちばんよく知っている外国人はアメリカ人で、事実、アメリカ人への親近感がもっともつよい。

海外に出る際も、いちばんの目的地はアメリカである。一九七三年にアメリカに遊んだ日本人は六十五万人にも達したが、これはどの一国——その中には近隣の台湾も含まれる——と比べても、二倍近い数字であった。他方、アメリカ人の対日観光客は、どの国と比べても、少なくとも五倍の数に達した。アメリカにいるときの方が、ヨーロッパよりずっと気が楽だ、という発言もしばしば聞かれる。それ以外の地域はいうに及ばず、である。インドネシアやインド、エジプトやソ連を口にすることなど、彼らには思いもよらぬことなので、アメリカより、はるかに遠い存在と映っていることは明白である。

したがって、もし日本人が他国民のどれかと、真の仲間意識をつくり上げたとするなら、それは、まちがいもなく、アメリカ人とである。

ごく一世紀前まで、対外関係らしいものをほとんどもっていなかったことを思えば、日本人が世界各国との間につくり上げた関係は、おどろくほど多様かつ緊密といってよい。だが、世界平和の持続と、地球大での貿易の拡大とに、その全存立を賭けている国としては、日本の対外関係はいかにも薄手で不十分きわまりない。なるほど日本人が身につけた手法は、他国との個別的な経済関係その他を処理する上には十分であろう。だが、その国力と技能とに見合った形で、世界的な諸問題の解決に貢献するためには、十分とはいえない。

多くの他国民に映る日本の姿は、他者がつくり出した世界秩序に黙々と参加するだけで、軍事力を回避するという形で消極的な貢献こそはたしているものの、これという積極的な貢献はしていない存在、といったところであろう。それどころか、経済成長率の高さに、秘密主義的な外見と、他者への無感覚とが加わり、世界秩序や世界貿易を破滅に導く可能性こそあれ、世界を遅滞なく動かしていく上に貢献できる存在とは、みられていない。

こんなことでは、日本自身のためにならない。いまや世界は、深刻な問題に直面している。それは環境や資源などの技術的な問題から、世界貿易や国際緊張などの錯雑した問題に及んでいる。大きな潜在能力をもつ日本であるだけに、これらの問題解決への寄与を、最大限にするべく努力せねばならない。このためには、日本は具体的な問題についての言語的な伝達能力を増進するとともに、自他との間に、より強い相互信頼と協力の精神を培っていくことが必要とされよう。日本人自体が他国民に対し、同胞としての意識をつよめ、いっそうむずかしいことだろうが、外国人もまた日本人への同胞意識をつよめていかなければ、人類が直面しているこれらの深刻な問題の解決を可能にするような、相互信頼や相互理解は生まれない。

それは、国連への熱意や、日本人がかねてから抱いてきた、建て前としての「国際主義」で片がつくものではない。やはり彼らは、隔絶感・違和感をこえ、あえてきびしいことをいうなら、人類の仲間に加わる心構えをもっとはっきりさせる必要がある。世界と自分とを一体視し、その一員であるという自覚を深めていかねばならない。

外国語の技能も、単に個々の交渉にかかわる専門家だけでなく、すべての日本人にとって必要とされる。他者との交流を深め、いま述べたような感じ方を養っていくためにもである。

英語教育の問題が、数少ない専門家のみならず、すべての日本人一人一人にかかわりがあるという私の主張も、まさにこれが理由である。むろんこの種の問題は、日本に限ったことではない。真の国際的な精神を作り上げねばならないのは、すべての国民であり民族である。とはいえ、外部への依存が、いかにも頼りなげでありながら、なおかつ将来を形づくる力量や技能をもちあわせている国民の場合には、この要請も高まらざるを得ない。日本はこの両面において、もっとも高位、ないしはそれに近いところに位置している。

一九七〇年にいたり、日本が官民ともに、この問題についての認識を深めつつあるのは、喜ばしいことである。国際協力事業も増えている以外に、国際的な討議の場でも従来よりは積極的な姿勢に転じつつある。一九七二年、政府はジャパン・ファンドを設置し、外部世界との文化交流、とくに外国の日本理解の振興をめざしている。

国連大学も、その本部が東京に招致された。ただ同大学は、その成果自体は未だしで、むしろ前途の、はるけくもきびしいことをあらわにしているといってよい。すなわち同大学は、世界各地の研究機関のいわば連合体であり、その意味では日本人を国際化するための有効な機関というよりは、むしろ国際主義のシンボルという面がつよい。事実、国連大学ができたとはいうものの、日本の大学はいまだにもっとも国際的ならざる存在に止まっている。

日本の大学制度の精髄であるはずの国立大学は、外国人を正規の教官として雇用することはできない法制上のしくみになっている。主としてキリスト教系の、少数の非一流大学に、若干の外国人教官はみられるものの、その数はごく限られ、しかも大体が英語の教師である。

私立大学の一部が外国人学生向けの特殊な課程を設けてはいるが、日本の各大学には留学生はほとんどいないにひとしい。一応、統計には若干の数が示されてはいる。だがそれを子細にみると、その多くは日本に永住している朝鮮人や中国人で、日本語を母語としている。他の国であれば、外国人とはみなされない存在なのである。

れっきとした日本人であっても、日本の正規な高校課程を経ずに、外国で修学した子弟は、日本の大学には入学が許されないし、入学試験に合格することも不可能に近い。いきおい彼らは海外で学業をつづけることを余儀なくされ、その結果は、教育面でのよそ者として、通常の職歴からは疎外される破目におちいる。

日本自体、もっと国際化することが焦眉の急であるにもかかわらず、すべてのしくみは、日本の大学を、できるだけ非国際的なものにとどめておくように仕向けられており、日本の学生は、狭い日本的なわくぐみの中にとじこめられている実情である。

このように、国際主義の方向に向かうために、日本が克服しなければならない障害はまことに大きい。ただ私は、この点をあまりにも暗鬱に描きすぎたかもしれない。私が対象にしたのは、主として中高年層と彼らがかかえる問題であった。

それにひきかえ、近ごろの若者には、あたかも新種を思わせるものがある。彼らは古いステロタイプの多くを無意識のうちに否定し、先人のもつ偏見や恐怖からもかなり自由である。彼らの外国語能力もなにがしかの改善をみせているが、それは教授方法がよくなったからというよりは、むしろ彼ら自身の熱心に由来するといえそうである。海外での生活体験にかける彼らの熱情は大きい。外国人との付き合いも、実にのびのびしている。

日本のティーンエージャーが夏休みを利用してアメリカにやって来ては、ことばのハンディがあるにもかかわらず、違和感や過剰な自意識をみせることなく、みごとに適応しているのを目のあたりにするのは、一陣の涼風のおもむきがある。

彼らは、国際社会の一員として、同じ関心や問題を分かち合う用意ができており、世界のどの国と比べても、とくに変わった面もなく、過剰な自意識にとらえられていると いう風情もない。もちろん彼らも、はじめの勢いはどこへやら、やがては伝統的な型に立ち戻ってしまう、という面もあろう。だが、いつの日にか、彼らはその型自体を打ち破っていくであろう。いずれにせよ、日本が隔絶感をはなれ、真の国際主義に転換していくのは、制度そのものの改良よりは、世代の交代に拠るところが多かろう、と思われるのである。

39　日本の未来

将来への展望は、過去を正しく理解しているかどうかによって決まるのが常である。過去の流れが正しく捕捉されさえすれば、これが将来もひきつづき継続するであろう、と予測してもそうあやまることはない。

むろん、いままでの流れの直線的延長ではない。いくつかの流れが互いに矛盾することもあれば、状況に応じて上昇カーブもしくは下降カーブのいずれかを描くこともあろう。

従来の例からみてただ一つ確かなことは、予期しない事態が出現すれば、これらの流れを大きく変えることもありうる、という事実である。未来が明らかでないことははっきりしている。ただその薄もやを通して、どこに大きな問題が横たわっているかを見通すことは不可能ではない。

一つの問題領域は、天災という領域で、この点では日本はいつもたっぷり手痛い目にあってきた。一九二三年の関東大震災の災禍は、日本人の意識に深く焼きついているが、当時とくらべ、人口がより密集し、高層建築や高速道路、高架鉄道や地下鉄、れっきとした地下都市――その中には海抜以下のものもある――がひしめいている今日では、大地震はおろか大暴風雨ですらが、旧に倍する災害をもたらす恐れがある。

一九七〇年代の初期、その名もそのものずばりの『日本沈没』と題した小説がベストセラーとなり、全日本列島が太平洋の奥底ふかく沈んでいく状況を生々しく描いてみせたのも、日本人の側にあるこの種の不安を裏書きしている。もっとも日本の進路を大きく変えるほどの大天変地異がおきる可能性はほとんどなく、むしろ一連の人為的な災禍の方が、日本を脅かす種であろう。

すべての国にとってのいま一つの問題領域は、社会の内部機構であり、とくに日本のように大人口を擁する国にとって、この問題は大きい。現代の工業化社会はあまりに複雑化した結果、自らの重みに耐えかねて、管理不能かつ崩壊の兆《きざ》しをみせつつある。なかでも、多数の大衆によって指導者が選ばれ、難問についての決定が下される近代民主主義のばあいは、とくに運営がやっかいで、機能不全も表面化しやすく、ひいては現行の条件下で究極的な「自己管理能力《ガヴァナビリティ》」が問われかねない。

一方、社会と経済とが一握りの少数者の統制下にある全体主義政権も、その能率はむしろ低い。この点においては、日本はうまくいっている方で、恐らくは他の大国のどこよりもよい成績をあげているといえそうである。少なくとも現段階では、この種の問題をみごとに処理しているからである。

個人主義や豊かさの増大が、これらの処理能力に水をさすことも予想されるし、労働力の高齢化や労使関係の悪化が現行の能率を低めることもありえよう。しかし全体としていうなら、この種の問題についての展望には、日本人は自信をもってよい。問題領域の第三は、世界的な環境ならびに資源という分野である。この点において、すべての国がおしなべて同じ問題に直面することは必至だが、それでも国によって脅威の度合いは異なる。大国のうちで一番の脅威にさらされるのは日本であろう。ただし、人口増加という領域を除いてである。

多くの国とは異なり、日本の人口増加率は年間一パーセントを心もち上まわる程度で、西暦二〇〇〇年ごろには、一億三千五百万人見当で完全に頭打ちになるだろうと予想されている。

この程度の人口増加率なら、日本の経済成長率とひきくらべて、物の数ではない。もっとも日本の人口がいまほど大きくなかったとしたら、環境・資源問題もはるかに解決容易であろうことは疑いない。人口増加がなかったとしても、これらの問題は日本にとり、深刻きわまりないからである。

この認識には手間暇を要した。だが最近にいたり日本人は精力的な対応をはじめ、日本国内に関するかぎりは、問題解決の兆しがみられる。ただ世界規模での環境・資源問題となると、日本人単独では解決不能であり、解決をめざしての世界各国民の協力への意思と、目標達成のための国際的な手腕に依拠せざるをえない。

となると、第四の問題領域が出てくる。国際間協力がこれである。単に環境・資源問題のみでなく、世界大での貿易と平和のための国際間協力が欠かせない。

これらの問題は、日本にとっては決定的な重要性をもつ。他国であれば、広範な秩序の攪乱《かくらん》や、長期にわたる戦闘行為——むろん核兵器による終末戦は除く——にも耐えうる可能性がある。しかし日本は耐ええない。同様に他の国なら多少の被害だけで、おそらくは凌《しの》ぎうるような世界貿易の低落傾向、ないしは頭打ち状態も、日本にとっては決定的である。

むろん国際間協力には相手があり、日本人自身の態度いかんでことが決まっていくわけではないが、それにしてもこの次元での日本人の成績はお世辞にもかんばしくはなかった。日本人自体、この点での不備に気づきつつあるが、その根源が、自分たちを他と隔絶した特異な存在とみなす点にあることは、まだ気づいていないかもしれない。

日本の将来に関連して、彼ら自身が左右しうる諸問題のうち、最大なものはこれである。若い日本人に接して私が抱く思いは、長い目でみれば彼らもこの難問によく立ち向かうだろうし、よしんば破局が日本を見舞うことがあっても、若者自身は免責されてしかるべきだ、ということである。

日本人はたえず現代世界における自らの役割について、意識し、自問自答している。自らに特異な役割をみいだすことにあそこまで意を用いるのは、あるいは健全でないかもしれないし、事実、彼らが常に口にする解答は、明らかに不正確かつ不健康である。

彼らは日本をもって、欧米工業国に伍した唯一の「東洋」の国とみなしている。そこで東洋と西洋との仲介者としての役割を自らにみようとする。しかし、よしんば「西洋」という実体があったとしても、単一な「東洋」などありはしない。「西洋」自体、かなり根拠のうすい概念だが、「東洋」となるとなおさらである。

いずれにせよ、東洋からも西洋からも理解が困難だとみられている現状では、日本が両者の仲介役をつとめることなど、そもそも条件がととのってはいない。韓国や台湾など、元来が日本に類似し、旧植民地であった地域に関しては、あるいはこの役割も可能であろうが、アフリカ、中近東、インドはおろか、東南アジアについてすら、そんなことはほとんど考えられない。

これらの地域の欧米——その全体ではないにせよ——についての理解は、日本についての理解よりも深いし、これらの地域との日本のかかわりは、一部の欧米の国々と比べて、ずっと浅いからである。

しかしながら、日本はまことに意義深い役割をはたす能力を潜在的に有しており、しかもそれは日本が強大であるという事実にのみ由来するものではなく、それを超えたユニークな事実に起因する。

それは、日本が経済的に強大な国であるにもかかわらず、戦争を放棄し、小規模の自衛隊を保有するにとどまっている、という事実である。この点、日本はすべての国々に対し、軍備競争の重圧をとり除き、より平和な繁栄の時代をきずきあげる方途について手引きすることができよう。

非西欧の諸国民に対しては、過去におけると同様、日本はこんごともいくつかの点で彼らを鼓舞することができる。今世紀初頭のアジア民族主義は、日本が欧米の強国と軍事力で対抗し、より具体的には帝政ロシアを打ち負かしたことに触発された面が少なくなかった。

また近年、日本が豊かになったことで、経済力と豊かさとは欧米社会の専売特許ではないことが明らかにされた。それ以上に、日本が完全に開放的な民主社会をつくり出し、代議制を成功させたことは、海外で十分に知られさえすれば、よりいっそうの影響を与えるであろう。この分野での日本の成果は、経済面のそれよりも、さらに目覚ましいものだが、韓国と台湾の民主的勢力以上にその影響力は及んでいないのである。

とにかく日本が確固たる独自の文化伝統を維持保存しつつ、欧米の文化をたくみに取り入れ、活力に富む独自の文化的統合を成しとげたことは、これまた他国によってきちんと理解されさえするなら、非欧米の諸民族に勇気と刺激とを与えることであろう。近代化することで、文化的アイデンティティーが損なわれることへの彼らの恐れは根深いからである。

先進工業国に対しても、日本は特殊な役割をもっている。非欧米の文化的背景をもつ唯一の先進工業国としての日本は、工業化された都市文明や大衆民主主義のかかえる諸問題に対し、特異な態度や手法をもたらしたが、それは他国のそれとは明らかに区別されるユニークさを有している。

すでにわれわれは、日本的な芸術手法や美意識が欧米、とくにアメリカに対しどれほど大きな影響を与えたかをみてきた。同種の影響は、やがて他の領域にも及ぶかもしれず、日本が、単なる追随者や借用者の域を越え、近代がもたらした諸問題に対し、僅かな国土の広がりしかもたない国とは思えない程の、大きな貢献をはたすこともありえよう。

日本人はまた、全人類の存立のためには不可欠な、全地球次元の感覚をつくり上げていく作業の先頭に立つようになるかもしれない。

たしかに私は、本書で日本の伝統的な孤立と、相も変わらぬ違和感に焦点をあててきたし、一部の他国民にくらべれば、最終目標から隔たっているようにみえるのも事実である。だが、一世紀半前の出発点を思いおこすなら、日本人の進歩の方がより大きかった、ともいえそうである。言語面での大きな障害を思い、心中深くしみついた孤立感を考えれば、それは長く、きびしい道のりであった。

直面する問題が何であるかをさだかに見据えさえすれば、後発の彼ら日本人の方がさいしょにゴールインすることも、決してありえぬ話ではない。日本人自身も、あるいはこういうマラソンの譬《たと》えで発想しているかもしれないが、いつの日にか、この譬え自体が時代おくれになることを望みたいものである。

日本はアメリカ、それにある程度までは西欧との間にも、広範かつ密接な協力関係を作り上げることに成功したが、この関係こそ、いまだに世界をわかつ文化と人種の差を埋め、平等の原則のもとにみごとに構築されたものとして、世界史上さいしょの例である。この関係は、決して完璧でもなければ十全でもない。だが、やがて全世界の人々を包みこまずにはおかない関係の、先鞭をつけるものであることも事実である。

対外関係の既往に寄せる日本人の不安や、他者とのかかわりにまつわる不器用さと無神経さを考えると、世界大での同胞意識の構築に主導的な役割をはたすうえには、日本もいささか準備不足であるかもしれない。にもかかわらず、日本の歴史的体験や、地理的な位置という偶然は、日本人にこの分野での指導性を発揮することを強制するかもしれない。

外部世界に対する若い日本人の開放的な姿勢をみていると、彼らこそはこの挑戦に十分対応できそうだという期待を抱かされるのである。

二十一世紀が一部の外国人がごたいそうに予言したような「日本の世紀」になるかどうかは分からない。でも日本が指導的な諸国家の一角を占めるであろうことは容易に考えられる。いや、もっとも先導的なリーダーとしての地歩を占めることすら、決してありえぬことではない。

むろんそれは、二十一世紀の全人類が直面するであろう諸問題への、解決策を見つけ出すという作業においてである。

訳者あとがき

本書はライシャワー元駐日大使、現ハーヴァード大学教授の、本人のことばを借りるならライフワーク『ザ・ジャパニーズ』の完訳である。

思えば著者からこれを訳すよう慫慂《しょうよう》を受けたのは、一昨年の初夏であった。一応イエスと答えてはみたものの、私の気分は決して軽やかではなかった。

第一に、これは何といっても著者の畢生《ひっせい》の大著であり、畏敬の念を抱かさずにはおかない。はたして訳者に、原著の重さに見合うだけの学識と力量の持ち合わせがあるかどうか心もとなかったのである。いまようやくにして訳書は完成をみたが、著者の学殖のふかさと見識のたしかさを損なうものでないようひたすらに願っている。

第二に、翻訳は反逆なりとよくいわれる。古代ローマの諺だが、ひろく人口に膾炙《かいしゃ》している。しかも、ライシャワー教授の著作の場合、翻訳者が反逆者であることはまず著者自身によってすぐに見抜かれてしまう。同氏が日本語に通じていることが、むろんその理由である。

しかもその日本語は、日本に生まれ、かつて東京大学や京都大学に学んだという域をはるかに超えている。同氏の学位論文は円仁の『入唐求法《にっとうぐほう》巡礼行記』の翻訳と解説であり、このことは彼が現代日本語だけでなく、平安朝の古文、ならびに漢文をもよくすることを物語っている。

私もいままで多くの翻訳を手がけ、そのなかには現代の碩学《せきがく》といわれるリースマン博士のいくつかの労作も含まれているが、いまだかつて訳文の可否を原著者自らが吟味し、（よくもあしくも）評価できるというケースにぶつかったことはない。

その点、今回のこの訳業には、従来にない気苦労がともなったのである。

加えて、著者が、日本語と英語との翻訳作業のもつむずかしさとあやうさとを十分に承知しており、ときにはその可能性についてかなり懐疑的であるという点もあげられる。本書の「言語」という章でその点が力説されていることに読者は気づかれるであろう。

翻訳のみならず、同時通訳というような綱渡り的なしごとにも永らく携わり、あわせて日本外交の最前線で、異文化間伝達の一環としての対外交渉がどれほど落とし穴にみちたものであるかを実感してきた訳者には、ライシャワー教授の懸念がよく分かるのである。

この訳業が、はたして教授の高い採点基準にかなうものであるかどうか、学位論文審査試験を前にしたときのような恐れで、頭の中が白っぽくなってしまっている。

これはほんの一例だが、教授によれば、manyという形容詞を「たくさんの」とか「多くの」とかに置きかえるのは反逆に近い。英語のmanyには、案に相違した、という意味での意外感がともなっているから、というのである。この種の、ことばを超え、ことばの背後にあってことばを生かしている「こと」と「こころ」との把握において、教授の感覚はまことにするどく、評価の物差しはすこぶるきびしい。

でもそれは、異質な文化や社会の間に橋を架け、人間としての全き理解の確立を目指すものにとっては欠かせない準備であり、心がまえなのであろう。

ここにわれわれは、日本と外部社会との風通しをよくすることに、最初は学究として、一九六〇年からの一時期は実務家外交官として、さいきんにおいてはアメリカ有数のアジア問題についての警世家として、その生涯を貫いてきたライシャワー氏の良心と真骨頂をみる思いがする。

些事をゆるがせにしていて、異文化同士の架橋作業などできうべくもない。そして教授が神経質なくらいに問題にするこれらのことは、異なる文化の間に橋を架けようとするものにとっては決して些事とはいえないのである。

このように、本書の翻訳は必ずしも気楽とはいえなかった。アメリカ本国でベストセラーになった英文の原著が日本にも広く行なわれ、大学その他でかっこうなテキストとして読まれていることを知るにおいては、私の気分はいっそう悴《やつ》れるのである。ましてやライシャワー教授の英文は達意をもって知られ、現代的名文とすら評される。

この訳書もおそらくは彼ら教授者や学生によって広く読まれ、ときとしては重箱のすみをつつくような精査の対象になるであろう。

ただ、直訳を避け、うんと意訳をという著者のたっての要望もあり、英文和訳的でないよう心をくばった。事実関係についても、著者の了解のもとにアップトゥーディトに改めた部分がある。あわせて了承を得たい。

とはいえ、本書の訳出が、これらの気づまりな制約にもかかわらず、訳者にとり心たのしい、目をひらかされることの多い体験であったことは特記しておく必要がある。それはなによりも原著のもたらす知的爽快さのゆえである。

本書が日本人と日本社会を取り上げている以上、その内容に既知の部分が少なくないのは当然である。むろん著者一流の博識のこととて、われわれの知らないデータや事実があちこちにちりばめられ、お互いの蒙をひらいてくれてはいる。だが、それよりも爽快感を強いるのは、一つには、事実の解釈にままみられる斬新さであり、いま一つには、一見なんのつながりもないような事実をいくつかしかるべく配列することによって、その事実をつらぬいて背後に存在するであろう原理、ないしは法則性がみごとに浮かび上ってくるという点である。

とくに後者は、英米に独特な帰納的学問ないしは発想のあらわれといってしまえばそれまでだが、日本と日本人の観察にかけた年輪の厚さ、それに単なる書斎派《アームチエア》の研究者としてだけでなく、いわば書を捨てずに街に出たという形で日本社会に入りこみ、日米交流の第一線にあって縦横の活躍をしてきた閲歴がしからしむるのであろう。

あわせて、日本を思い、日米関係よ安全であれかしという願いが、よい意味での感情移入として同氏の日本論や日米関係論を色どっているという面もあろう。

日米関係に、風雨つよかるべしとの予報がしきりな昨今、ライシャワー教授を日本のこよなき友人として、太平洋のかなたにもつことの意味はたとえようもなく大きい。

しかも大使というポストをはなれ、自由な立場から日米双方に直言できる立場にあることの恩沢はまことに大きい。というのも、大使時代のライシャワー氏は、その職責上の当然の制約から、ややもすれば日本に過当にきびしかったり、アメリカへの批判に対しことさらにまなじりを決したりするシーンがしばしば見られたからである。日本生まれで日本人を夫人とする大使にとっては、そのアメリカ国内向けの影響力を維持することからいっても、日本に厳格主義でのぞむことがときには必要だったと想像される。

これは同氏を偽善者扱いすることではない。属地主義の上に立つアメリカ人の常識からいうなら、日本に生をうけ——彼の父君はオーストリア系の新教の宣教師で、長く東京女子大に関係、聾啞児に対する教育活動とともに、『日本仏教史』なる大著によっても知られる——日本婦人をめとっている人は、アメリカ市民であるよりは、日本市民とみなされるのがふつうだからである。

外交官としてこのアメリカ的常識と闘わねばならなかった微妙な立場をはなれ、いまや自由人となったエドウィン・O・ライシャワー博士を、有力かつ真摯な理解者としてもつ日本は幸せといわねばならぬ。

同じことは、同氏の名とともに知られる日本近代化論争についてもあてはまろう。

非西欧の伝統の上に立ちながら「近代化」にみごとに成功した唯一の例としての日本という視点と、しかるがゆえに発展途上国のモデルたりうるという論点とは、大使に着任直後に公にされた日本近代化論の要旨であった。

この視点はそれなりの現実性と妥当性をもっているが、資本主義の普遍性の理論化を目指すという点でイデオロギー性から自由ではなかった。また、(同氏が大使であったがゆえに) アメリカの対外政策の一環として、高度の実践的政策志向の存在がうたがわれたのである。

これは学問的な着想としては、やはり不幸なことといわざるを得ない。

その点、もはや著者が色めがねで見られることから解き放たれている本書は、われわれに成心なく日本を考え、日本社会をみるよすがを与えてくれるだろう。

本書の訳出にあたっては、多くの知友の合力を忝けなくした。

現在、ハワイにある東西センターのコミュニケーション研究所で、日本人の意思伝達様式や政策決定過程の調査にしたがっている加藤三雄君の助力はとくに貴重であった。

あわせて、國弘事務所の年少の友人、長嶋俊介、内藤正行らの諸君にも感謝したい。

文藝春秋の小田切一雄部長が拙訳と原本の読みあわせを綿密に行なわれ、疑問点をいちいちあげ、お互いに納得のいくまで話しあうことで訳文の正確と暢達《ちょうたつ》とをはかることができたのは感銘ふかいことであった。むろん訳業の一切の責任は私一人にある。

そして何よりもうれしいのは、本書の翻訳を手がける過程で、将来のぞむらくは同じように巨視的しかも網羅的で、骨太かつ堅牢なアメリカ人論をという願いが徐々に訳者の中で発酵していったことである。

むろんライシャワー教授と比べて浅学非才な訳者のこと、手間暇かかることはうたがいないが、『ザ・ジャパニーズ』には、私のような弱輩にもそうした志操を触発するなにかがあった。

そのなにかが、はたして何であるのかを、訳者は読者とともに探っていきたいと願っている。

一九七九年五月

國弘正雄

解説——世界の中の日本の役割とは何か

池田雅之（早稲田大学名誉教授）

本書『ザ・ジャパニーズ』（一九七九）は、アメリカの元駐日大使で日本史家のエドウィン・O・ライシャワー氏（一九一〇〜一九九〇）のライフワークと称してよい大作である。彼の日本研究の代表的著作といえるもので、『ライシャワーの日本史』（一九八六、文藝春秋／二〇〇一、講談社学術文庫）と並んで、日本で広く読まれた日本・日本人論である。両書の翻訳は國弘正雄氏の手になるものであった。当時、ベストセラーとなったが、それについては、氏の達意の翻訳の力が大きかったといえる。

『ライシャワーの日本史』の方は、日本の歴史を古代、封建時代、近代そして二十世紀の現代へと通史的に辿った浩瀚な歴史書といってよいが、本書の方は少し構成の趣きを異にしている。通史的な章立てを立てず、「舞台」、「歴史的背景」、「社会」、「政治」、「世界のなかの日本」といったように、五つのテーマを別々にもうけて、日本論を展開している。したがって、本書は歴史書というより、『ザ・ジャパニーズ』という書名が示すとおり、日本人論あるいは日本論と称してよかろう。

ライシャワー氏自身が「まえがき」で述べているように、先の五つのトピックに絞り込むことによって、氏が心がけたのは、アメリカ人や外国人読者に向けて、「日本のあるがままの姿を提示すること」であった。そして氏が主に読者として想定していたのは、英語圏の人々や外国人読者であったが、おそらく一番熱心に本書を読んだのは、当の日本人である私たちであったと思う。

しかし氏の本書執筆の動機は、世界における日本理解の欠如と、日本側の海外に向けての日本理解のための発信力の弱さへの危機感から発していたように思われる。つまり、日本の世界における立場と役割について、もっと世界の人々も日本人自身も、自覚すべきである、と氏は読者に問いかけているのである。本書の初版は一九七〇年代末に刊行されたものだが、四十年後の今日の状況から見ると、この点に関して、だいぶ改善されてきたと考えられる。しかし、日本側の日本理解のための海外への発信力や交流が、まだまだ不十分であるように思われるのは、私だけではあるまい。

ライシャワー氏は、その要因として、日本という島国の地理的な特異性、欧米の言語や他のアジア言語ともかけ離れた、孤立言語である日本語の特殊性にも触れている。氏の指摘するとおり、日本の地理的条件（島国性）と日本語のもつ孤立性が、日本人のメンタル面での閉鎖性を生んでいることは、たしかであろう。しかし、これも徐々に私たち日本人は、自覚的に克服していかなければならない課題のひとつにちがいない。

一般に今日の「豊かな」日本人には、日本国内だけで、生活も食べものも交友関係もすべて自己充足しており、自己完結してしまっている感が拭えない。それゆえ、日本人には世界の危機的な政治情勢が一大関心事として視野に入らなくなっているきらいがある。ライシャワー氏が危惧していたように、日本人は今日でも、国際化と世界的動乱の荒波にゆさぶられながらも、依然として他国からの「隔絶」という安全地帯に浸っているのであろうか。いわゆる日本人の「平和ボケ」ということが、よく言われる。これは、戦後七十五年間にわたって、私たちが経済成長にかまけ、人為的に、意図的に生み出した、一種の鎖国的なメンタリティ上の病理現象のひとつなのではないだろうか。

しかし一方では、氏は、日本人が意識している以上に、世界が日本を理解することがきわめて重要な課題であるし、世界は日本の役割の必要性を実感している、と論じている。さらに氏は、日本はいまや、世界の有力な一員であると論じた上で、「国家、文化、人種などの壁を越えて、相互に理解を深め、より高度な協力のための手法を磨いていくことは、われわれすべてにとって必要な課題となっている」（「まえがき」）と述べている。そして、日本が世界に占める地位がどれほどのものであり、どのような役割をはたしうるかについて、日本人側が正しく認識することが何よりも大切である、と日本人に対して釘を刺している。こうしたライシャワー氏の大所高所からの辛口の指摘は、大方の日本人には、欠落している認識といってよかろう。

先に述べたように、『ザ・ジャパニーズ』が主として、アメリカ人や外国人の日本理解に向けて書かれた日本・日本人論とはいえ、私たち日本人にとっては、今なお二十一世紀の日本の進むべき路を見極める上でも、きわめて示唆に富んだ問題提起の書といえよう。とりわけ最後の「世界のなかの日本」という章は、日本人が心して取り組まなければならない難問の数々を取り上げ、それに向き合うことを提唱している。氏は、日本の孤立性や発信力の弱さだけを指摘しているだけではない。むしろ、世界における日本の立場とその役割への自覚を強く日本人に促しつつ、私たち日本人への力強いメッセージを発信しているのである。氏は「日本人はまた、全人類の存在のためには不可欠な、全地球次元の感覚をつくり上げていく作業の先頭に立つようになるかもしれない」と日本の進むべき道を示唆しているのである。

そして、氏は二十一世紀が「日本の世紀になるかどうか分からない」にしても、「日本が指導的な諸国家の一角を占めるであろうことは、容易に考えられる」と述べている。「むろんそれは、二十一世紀の全人類が直面する諸問題への、解決策を見つけ出すという作業においてである」と、日本の役割と将来への期待を大いに語り、「世界のなかの日本」を結んでいる。

日本という国は、古来、その時代時代のトップネーションとの交流・交渉の中で国づくりの舵取りをせざるを得なかった。また日本人は、そのトップネーションによって記述された日本観察や日本像に、格別の関心を払ってきた。日本が国づくりのために向き合う国々も、時代によって異なっていた。古代においては中国であり、近世においてはスペイン、ポルトガルに注目せざるを得なかった。鎖国時代以降は、オランダと向き合うこととなり、明治維新後は、オランダからイギリスへと急激に舵を切ることになった。十九世紀は、イギリス帝国主義・植民地主義の時代であったからだ。

昔から日本の国づくりの舵取りは、こうした圧倒的な経済力・軍事力を誇るトップネーションとの交渉・交流（当然、この日本と諸外国との力関係は、ほとんどが不平等条約で成り立っていたが）から必然的に帰結されるものであった。この屈辱的外交は当時、植民地化を免れるための、文明的・軍事的後発国であった日本の宿命といってよかった。

しかし、後発国家日本がこうした先進国に従い、そこから学ぼうという習い性《しょう》は、必ずしも日本の近代化にマイナスに働いたわけではない。むしろ、日本がアジア諸国の中で唯一、近代化に成功したのは、この日本人の外交感覚と習い性によるものであるといってもよい。日本が他のアジアの国々と異なって、植民地化されなかった要因も、この日本人の外交の方法と学《まね》びの精神に基づくものと考えてよいのではなかろうか。

私は、この日本の習い性をたんに欧米への屈辱的追従とか西欧かぶれと言い切れぬと思う。また日本の近代化の弊害も指摘することはたやすいが、今日まで、日本が欧米列強に屈することなく、おおむね一国の平和と安全を保持していることの幸せをもっと評価し、感謝すべきであろう。

日本人の海外の文物をバランスよく学び、柔軟に受容していく姿勢は、今日でも生きているように思う。明治以後、日本の知識人たちは欧米人の書いた日本・日本人論をせっせと翻訳し、紹介に努めてきた。また一般の日本人も、そうした書物を熱心に読み、自分たちの襟《えり》を正すのに活用してきたのである。

ライシャワー氏の本書もそうだが、欧米人の書いたすぐれた日本・日本人論は、日本人自身が気づかぬ短所や盲点を衝いてくれる。本書のように、私たちの意識化できない、正すべき問題点を指摘してくれているかと思えば、日本の良さや日本人の長所も教えてくれている。自己評価が低くなりがちな日本人にとって、本書もバランスの取れた有難い評価を下してくれている。しかし考えてみれば、一番理解がむずかしいのは、自国のことを客観的にみていくことであるから、自分自身の国の良さも欠点も、外国の卓越した論者の眼を通さなければ、理解しがたいところが多々あるのは正直なところである。

そういう意味で、私たち日本人は自己と自国のあり方を正しく見定めていくために、客観性のある公平な外国人の視点、知見がどうしても必要となってくる。例えば、私たちは、これまでラフカディオ・ハーンの『日本の面影』、『神国日本』やルース・ベネディクトの『菊と刀』などの数多くの日本・日本人論から、日本・日本人とは何かについて多くを学んできた。そうした日本論の系譜の中で、ライシャワー氏の『ザ・ジャパニーズ』も、私たち自身を知るうえで、同様の重要な役割を果たしてくれると思われる。

今後、日本は、日韓対立の激化、北朝鮮の脅威、中国とロシアへの不信、さらには米中の貿易戦争などの危機的な状況を抱えて、どのように将来の展望と活路を見い出してゆくのであろうか。ライシャワー氏は、日本は近代国家の中で最も成功した、平和な国のひとつであるという。そうであるなら、日本はバランスの取れた成熟国家として、アジア諸国や欧米諸国に対して、時代に先がけた、どのような平和的な政策とメッセージを発信し、それを実現してゆくことが出来るのであろうか。そう考えるなら、世界における日本の存在と役割は、決して小さくないことが頷けよう。

本書の特筆すべき特徴を一言でいえば、日本史家としての学術的な論理展開と、元外交官としての政治的洞察力とが、見事に融合した稀有な著作と評してよいであろう。本書が再び評価され、さらに多くの読者の目に触れることを希望している。今回の復刊は、訳者の故國弘正雄氏も、きっと黄泉の国で喜ばれていることであろう。

訳者の故國弘氏と私は、少なからぬご縁があった。三十数年前にご著書の書評をしたことがあったが、氏は拙文をいたく喜ばれ、しばらく文通などのやり取りが続いた。直接お会いすることは、残念ながら叶わなかったのだが、最後に一言、学恩を受け、ご縁を頂いた者として、敬愛する先生に感謝のことばを捧げさせていただきたい。

二〇一九年九月九日

本書は一九七九年六月に文藝春秋より刊行された単行本を文庫化したものです。

本書には「裏日本」「部落民」など今日の人権擁護の見地に照らして不適切と思われる語句や表現がありますが、著者の執筆当時の意図を正しく理解するため、また著者・訳者ともに故人であることを考慮し、底本のままとしました。

ザ・ジャパニーズ

エドウィン・O・ライシャワー　國《くに》弘《ひろ》正《まさ》雄《お》＝訳

令和元年 10月25日　初版発行

発行者●郡司 聡

発行●株式会社KADOKAWA
〒102-8177　東京都千代田区富士見2-13-3
電話　0570-002-301（ナビダイヤル）

角川文庫 21779

印刷所●旭印刷株式会社
製本所●株式会社ビルディング・ブックセンター

表紙画●和田三造

ISBN 978-4-04-400467-5　C0136

角川文庫発刊に際して

角川源義

第二次世界大戦の敗北は、軍事力の敗北であった以上に、私たちの若い文化力の敗退であった。私たちの文化が戦争に対して如何に無力であり、単なるあだ花に過ぎなかったかを、私たちは身を以て体験し痛感した。西洋近代文化の摂取にとって、明治以後八十年の歳月は決して短かすぎたとは言えない。にもかかわらず、近代文化の伝統を確立し、自由な批判と柔軟な良識に富む文化層として自らを形成することに私たちは失敗して来た。そしてこれは、各層への文化の普及滲透を任務とする出版人の責任でもあった。

一九四五年以来、私たちは再び振出しに戻り、第一歩から踏み出すことを余儀なくされた。これは大きな不幸ではあるが、反面、これまでの混沌・未熟・歪曲の中にあった我が国の文化に秩序と確たる基礎を齎らすためには絶好の機会でもある。角川書店は、このような祖国の文化的危機にあたり、微力をも顧みず再建の礎石たるべき抱負と決意とをもって出発したが、ここに創立以来の念願を果すべく角川文庫を発刊する。これまで刊行されたあらゆる全集叢書文庫類の長所と短所とを検討し、古今東西の不朽の典籍を、良心的編集のもとに、廉価に、そして書架にふさわしい美本として、多くのひとびとに提供しようとする。しかし私たちは徒らに百科全書的な知識のジレッタントを作ることを目的とせず、あくまで祖国の文化に秩序と再建への道を示し、この文庫を角川書店の栄ある事業として、今後永久に継続発展せしめ、学芸と教養との殿堂として大成せんことを期したい。多くの読書子の愛情ある忠言と支持とによって、この希望と抱負とを完遂せしめられんことを願う。

一九四九年五月三日